ヴィーコ論集成

上村忠男

みすず書房

人をも地をも知らぬまま、わたしたちはさまよっていた。

ウェルギリウス『アエネーイス』

目次

第二部　専攻研究

第三部　雑録

付録

プロローグ

ヴィーコとヨーロッパ的諸科学の危機

1

いまから思えば、わたしは大学生になって間もないころ、はじめてヴィーコに出会っている。それもほかでもない、マルクスの『資本論』の一節においてである。

一九六〇年、日本とアメリカ合州国とのあいだの安全保障条約の改訂をめぐって、国民的規模の反米・反政府運動が沸点に達そうとしていたとき、わたしは東京大学に入学した。当時はわたしのマルクス主義的シュトルム・ウント・ドランク時代であった。『資本論』をわたしは一ページまた一ページと食い入るように読んだ。その第一巻第一三章「機械装置と大工業」に付されている註89の一節のなかで、わたしはヴィーコに出会っていたのだった。

ダーウィンは自然的テクノロジーの歴史、すなわち動植物の生活を支えるための生産道具として役立つ動植物器官の形成に注意を向けさせた。社会における人間の生産器官の形成史、あらゆる特殊的な社会組織の物質的基礎をなすそれらの器官の形成史も、同等の注意に値するのではないか。しかも、そのような歴史はより容易に提供されるのではないか。ヴィーコも言っているように、人間史が自然史と区別されるのは、前者はわたしたちが作ってきたが、後者はそうではない、ということによるからである。テクノロジーは、自然にたいする人間の能動的な態度、かれの生活の直接的生産過程を明らかにし、それとともにまたかれの社会的生活関係およびそれらの関係から生じる精神的諸表象の直接的生産過程を明らかにする。[1]

しかしながら、いまでもわたし自身説明がつかないのだが、マルクスの『資本論』のなかにそのようなヴィーコへの言及があったという記憶はまったくないのである。わたしが『資本論』のなかのテクノロジーにかんする右のような註でヴィーコに出会っていたことに気づいたのは、一九七〇年代の初めごろだったとおもうが、ジョルジュ・ソレルの「ヴィーコ研究」（一八九六年）を読んだときであった。ソレルはその註をマルクスのうちでも最も高く称賛に値する点として引いていた。[2]

しかし、そのころまでには、わたしはすでにマルクス主義にたいして六〇年当初のような熱い関心をもてなくなっていた。六〇年代の十年間というのは、「技術革新」がわたしたちの社会経済構造を根底から変容させつつあった十年間であった。それはマルクス主義から革命的ポテンシャリティを奪い去るに十分な変容であるとわたしには受けとられた。なかでも、マルクスがテクノロジーについて高い評価をあたえているということが、問題であった。もしヴィーコがマルクスやソレルの言うようにテクノロジーの理論家なのであれば、そのような人物に惹かれる理由はさらさらなかった。

ヴィーコにかんしては、すでに第二次世界戦争中の一九四二年、ベネデット・クローチェの記念碑的な著作、『ジャンバッティスタ・ヴィーコの哲学』（一九一一年）が青木巌によって日本語に翻訳されて東京堂から出版されていた。同書をわたしは一九六〇年代の半ば頃、イタリア語と日本語を突きあわせながら読んだ記憶がある。ヴィーコとの二番目の出会いである。

しかし、このときも、わたしの関心は、ヴィーコではなく、クローチェ自身のほうにあった。そして、わたしがクローチェを読んだのは、主として、アントニオ・グラムシの思想を理解するためであった。新左翼系のマルクス主義者として、わたしは当時、グラムシの思想に深く共感するところがあった。

一方、クローチェのヴィーコ論が書かれたのは、かれの「精神の学としての哲学」の体系が完結した直後のことであって、ヴィーコをつうじて、じつはかれ自身の哲学を説明しているという感があった。さらに、クローチェによれば、ヴィーコは「萌芽形態における十九世紀」であるという。(3) それであれば、ヘーゲルで十分であって、ヴィーコまでさかのぼる必要はあるまい、というのがわたしの考えであった。そのうえ、わたしのグラムシも忠告してくれていたのである。ヘーゲルの哲学はフランス革命との有機的関連のなかで生まれているが、それに相当するものをヴィーコのうちに見いだせるだろうか、と。(4) 今回も、結局のところ、失われた出会いであった。

3

三度目の出会い、そしてここではじめて、わたしはヴィーコとほんとうに出会うことになるのだが、それは思いがけないところからやってきた。エトムント・ノッサールと、それから十八世紀日本の文献学者、本居宣長を介してである。

一九六八年の春、わたしは大学院における修業を途中で棄てて、妻の郷里・北陸地方の田舎町での自由浪々の生活をフッサールの『ヨーロッパ的諸科学の危機と超越論的現象学』（一九三六年／一九五四年）を読むことから始めていた。

大学院におけるわたしの研究テーマはイタリア・ファシズムであった。が、そのためにまず従来の解釈史を通覧しておこうと、クローチェをはじめとするファシズム時代のイタリアにおける代表的知識人たちのファシズム観を検討していたときのことである。そもそも学問とは何なのか。世界に学的にかかわるとはどういうことなのか。簡単にいえば、このような問いがいつ知れずとなく湧き起こってきて、どうにもこうにもならない状態におちいってしまった。あるいは、学的世界把握にともなう理性主義的錯誤の問題といってもよいだろう。

近代ヨーロッパ的学問は、その完成された形態（ヘーゲル）においては、現実的なものを即合理的なものとして、かつまた合理的なものを即現実的なものとして了解するところまで到達していながら、民衆のあまたの注目すべき生活史的事実を非合理的であるとして理解の外に追いやってしまっている。ファシズムにたいするイタリア知識人たちの見方も、その典型的な一事例である。しかし、ここにはひとつの重大な錯誤、しかも学的認識というものの構制自体に由来する錯誤があるのではないか。こうわたしにはおもわれてならなかった。これは、ひるがえっては、学的認識のあり方をその起源というか始まりの地点にまでいまいちどさかのぼって反省しなおしてみる必要があるということにほかならない。ニーチェにならっていうなら、学の系譜学的反省をくわだてる必要があるのだ。

こうして、いまから思うととんでもない強迫観念にとりつかれてしまったわたしは、すべてを一から問いなおす決意をした。そして、フッサールが晩年に構想していた「生活世界の学」というのがこの課題に応えようとしたものではなかったのか、ということで読み始めたのだったが、そのときに手引きに使ったイタリアの現象学者エンツォ・パーチの『諸科学の危機と人間の意義』（一九六三年）という『危機』書註解のなかに、フッサールの「生活世界の学」の理念は「ほとんどヴィーコ的な意味においての新しい学」の理念であるという指摘があった。(5) これがひとつ。

それともうひとつには、フッサールはその「生活世界の学」のくわだてを言語という相互主観性の場を媒介させつつ遂行しようとしているということがあった。フッサールの意図では、その試みはたぶんヴィルヘルム・ディルタイとマルティン・ハイデッガーの解釈学との関連に起因するものであった。しかしながら、フッサールが「生活世界」を根源的意味形成の場ととらえたところからその構想を出発させようとしているのを知ったとき、わたしにはなによりもまず、本居宣長の文献学的方法のことが想い起こされた。『古事記伝』全四十八巻（一七九〇―九七年および一八二〇年）の序章において説明されているように、事《こと》と意《こころ》を言《ことば》において統一的に把握し、あくまで「言語《ものいひ》のさま」に即して世界を解釈していこうとする方法である。(6) この意味においては、宣長はたしかにフッサールを先取っている。だが、そうであってみれば、同じことはヴィーコについてもいえるのではないか。これがわたしの期待であった。

4

手にとってみた『新しい学』は、うわさにたがわず、読みづらい本であった。しかし、じつに含蓄があって示唆に富み、クローチェのものなどをつうじて思い描いていたのとはまた異なった独特の味わいのある本でもあった。そして、辛抱強く読み進んでいくと、たしかに、そこには学の理念と方法の面でフッサールや宣長のそれとも通じあうものがうかがえるのだった。

たとえば、『新しい学』一七四四年版の第一巻、「方法」の部の冒頭の一節。その節をヴィーコは「この〈学〉はその素材が始まったところから始められるのでなければならない」と書き起こしている。[7]『新しい学』のフルタイトルは『諸国民の共通の自然本性についての新しい学の諸原理』である。このフルタイトルが示しているように、諸国民の「共通の自然本性」を解明しようというのが、ヴィーコが立てようとしている学説の主題である。そして、人間性（umanità, humanitas）がそれの素材である。したがって、ヴィーコにいま要請されているのは、異教世界の「最初の人間たち」がまさに「人間的に思考する」ことを開始し、かれらのあいだに人間性が創建されるにいたった、その当の人間性の創建の時点から推理を開始することである。ところが、「〔そのような原始の状態を〕具体的に心のなかに想像してみることはわたしたちにはまったく拒まれており、ただかろうじて頭で理解することが許されているにすぎない」とヴィーコはいう。そして、こう付け加えている。「そのような最初の人間的思考が異教の世界に生まれたありさまを再現しようとするにあたっては、わたしたちはいくつもの険しい難関に遭遇して、じつに二十年におよぶ探究を要したのであった」と。[8]

このくだりに接して、わたしはそこに、イタリアの古事記の世界に分け入ろうとしている、いまひとりの宣長を見つけ出した思いがした。そして、この人間性の原初の世界へのかれらの旅は、そのままにまた、学的認識の始源へのフッサールの遡行のくわだてに対応するものと了解したのであった。

同じく第一巻の「要素」と題された部には、つぎのようにある。「人々は遠くて未知のことどもについていかなる観念も作り出すことができないところでは、それらを既知の眼前にあることどもから判断しようとするのが、人間の知性のもうひとつの特性である。この公理は、人間性の始源についてあらゆる国民およびすべての学者たちによって犯されてきたすべての誤謬の尽きせぬ源泉をはっきりと指し示している」。そして、このことのうちにヴィーコは「諸国民のうぬぼれ」と「学者たちのうぬぼれ」という二種類の「うぬぼれ」の起源を見てとろうとしている。[9]

ここで「学者たちのうぬぼれ」といわれているものは、一般に学的な世界把握にはらまれる理性主義的錯誤の危険性を指摘したものと受けとめて差しつかえないだろう。そのような危険性についてのかくも明確な自覚から出立して、ヴィーコの学は展開されているのである。いいかえれば、ヴィーコの試みはたしかにひとつの新しい学を基礎づけようとする試みでありながら、同時にそこには、そうした基礎づけの試み自体をたえず自己反省的に超越していこうとするところがあるのだった。

さらに、『新しい学』のヴィーコは、「さまざまに分節化したあらゆる言語に起源をあたえる知性の内なる辞書」にもとづいた「新しい批判術」なるものを提唱している。[10]

この批判術は、アイザイア・バーリンがそうと受けとめているような「自己移入」の方法ではない。[11] それはむしろ、理性主義的錯誤（「漢意《からごころ》」）の危険性をするどく認識しつつ、しかも感情的自己移入（Einfühlung）の不可能性をも自覚して、あくまでも「言語《ものいひ》のさま」に即しながら、日本の神々の世界に分け入っていこうとした本居宣長の方法によほど近い。[12] そして、それはまた、フッサールが『危機』の「ガリレオによる自然の数学化」およびそれに対応する手稿「幾何学の起源について」において「生活世界」の根底に横たわっていると想定した「意味の構造的アプリオリ」とも深く触れあうところがある。[13]

わたしはいつしか、すっかりヴィーコのとりこになっていた。

5

けれども、一九六八年以後の数年間は、わたしは主として以下の理由から、ヴィーコが一七〇八年にナポリ大なった。

学でおこなった開講講演、『われらの時代の学問方法について』（一七〇九年公刊）に時間の大半を費やすこととなった。

ものごとには一般に方法というものがある。そして、それはそのものごとにおいて目指されている目的と不可分離の関係にある。こうして、近代ヨーロッパがその草創期、十七世紀科学革命の時代に、デカルトにおいてひとつの新しい学問の方法を手に入れたときにも、そこにはまずもって学問のそもそもの目的についての明確な自覚が存在した。真理がそれである。デカルトにとっては、学問とはなによりも第一義的には真理探求の行為のことであり、真理こそは学問の究極目的、それもおそらくは唯一の目的であった。ひいては、かれが「方法」という場合にも、それはまさに『方法叙説』（一六三七年）のフルタイトルにもあるように、「理性を正しく導き、諸科学において真理を求めるための方法」のことにほかならなかった。そして、これをデカルトはかれが諸科学のうちで唯一その知識の確実性を信用するに足るとみた数学の証明諸規則を範として編み出すのだが、こうして編み出されたかれの「方法」がかれのかかげる学問目的にとってきわめて適合的なものであり、それなりに有効なものであったことは、この学問目的を共有して真理の探求に専念していったその後の近代諸科学の歩みが実証しているとおりである。

しかし、このデカルトによって切り拓かれた近代ヨーロッパ的な学問方法の危機が意識されるようになってすでに久しいこともまた事実である。知識の確実性を求めて「方法」の研磨に励めば励むほど、その一方で学問の生にたいする有意味性が見失われていく――ニーチェが『反時代的考察』の第二考察「生にとっての歴史の利害について」（一八七四年）において指摘し、フッサールも『危機』の冒頭において確認しているように、端的にいってこのようなアンビヴァレントな状況が、いまやいたるところで露顕するにいたっている。これはまたどうしたことなのか、原因はなんなのか、どこかがまちがっていたのだろうか、どこがまちがっていたのだろう。こう人々は深い不安のうちに自問しつつある。
ところで、まさにヴィーコの『われらの時代の学問方法について』こそは、そのデカルトの「方法」を世界で最初に根底から批判した著作であることがわかったのである。
第一には、自然学への幾何学的方法の導入という、十七世紀科学革命の最も特徴的で核心的なくわだてにたいする、簡潔ながらもじつに透徹した批判。

最近の自然学者たちは、豪奢さと便利さにおいてはなんの不足もなく、ただ多くある家具の置き場所を変えるとか、なにか少しばかり手を加えて時代の様式に合ったように飾り立てることだけが残されている邸宅を祖先から遺贈された人々に似ているようにおもわれる。しかも、学識ある人々は、かれら自身がそういった〔幾何学的〕方法にもとづいて教えるこの自然学は自然自体と同一であり、あなたが宇宙の観照に向かうところではどこでもこの自然学を眺めることになると主張している。したがって、かれらは、自然についてさらに思索する多大な労苦からわたしたちを解放し、かくも広大で設備のととのったこの邸宅を遺贈してくれた創始者たちに感謝すべきであると考えている。しかし、もし自然が他の仕方でできているとしたなら、もし運動法則の一つでも虚偽であったとしたなら（これまで虚偽であることが判明しているのはけっして一つだけではないということは措くとして）、かれらは注意しなければならない。自然についてもう間違いなく心配ないものとふるまわないよう、邸宅の屋根の手入れをしている最中に危険なことにも土台のことを忘れてしまわないよう、繰り返し繰り返し注意しなければならない。(14)

これはほんとうに驚きであった。そもそもヴィーコに数学や自然学についての知識があるということ自体がまずもって驚きであった。そのヴィーコがフッサールと見まがうばかりの批判を展開していようとは！　フッサールの『危機』の「ガリレオによる自然の数学化」を論じた第九節が、それに対応する手稿「幾何学の起源について」とともに、諸科学の機能を「生活世界」の意味基底との関連において遡行的に問い返そうというかれの企図全体のなかでも最も成功を見ている部分であり、同時に最も啓発的な部分であることはよく知られているところだろう。じっさいにも、そこでは、幾何学という十七世紀科学革命の時代に諸科学の革新にとって範例的役割を演じていた学の起源へのまさにニーチェ的意味において系譜学的と呼ばれるにふさわしい反省をつうじて、その幾何学を範としてみずからを構成していった近代ヨーロッパの諸科学、ことに演繹的なそれらの問題性——自然をそれ自体本質的には数学的構造をもつものとみることに起因する自然の学と自然そのものとのすりかえ——がみごとにあばき出されている。そのフッサールを先取りするかのような批判をヴィーコはやってのけているのである。また、フッサールがその未完の著作のなかで指摘している代数解析の発明によって引き起こされた意味の空洞化という事態についても、ヴィーコもすでに問題にしているではないか(15)。

第二には、「知識（scientia）が用いる判断方法を見識（prudentia）の使用のなかに持ちこむ者たち」にたいする容赦ない攻撃。

政治生活における見識にかんしていうなら、人間にかんすることがらを支配しているのは機会と選択といういずれも不確実きわまりないものであり、また、大概は見せかけと包み隠しというきわめて欺瞞に満ちたものがそれらを導いているので、もっぱら真理のみに気を配っていると、人間にかんすることがらにおいてはそれらを実現していくための手段を獲得することがむずかしくなり、目的についてはなおさら達成が困難になる。〔中略〕したがって、実生活においてどう行為すべきかはことがらの生じた時とそれに付帯しているいわゆる事情とから判断されるのであり、しかも、それらのうちの多くはその人の目的とは無縁かつ無用のものであるかもしれず、あるものはしばしば逆の、そしてときには敵対するものですらあることもあるから、人間たちの行為はこの知性の硬直したまっすぐの定規によって裁断することはできないのであり、まっすぐな自分に物体を合わせるのではなく、でこぼこの物体に自分のほうを合わせていく、あのレスボスの柔軟な定規によって計測されなければならないのである。〔中略〕したがって、知識が用いる判断方法を見識の使用のなかに持ちこむ者たちは正しくふるまっているとはいえない[16]。

これもまたほんとうに新鮮であった。もっとも、このくだりは、それにつづく「かれらは共通感覚（sensus communis）を磨いておらず、また真らしく見えることども（verisimilia）に従ってきたことも一度としてなく、もっぱら真理だけで満足しているので、その真理について人々は共通になにを感じとっているのかということには、いわんや、それがはたして人々にも真理と見えているのかといったようなことには、まったく無頓着である[17]」という言明とともに、ヴィーコの思想における典型的にアリストテレス的＝キケロ的な、あるいは人文主義的な要素を表明したものであった。そのようなものとして、かれの開講講演の聴衆には、どちらかといえば常套句に属するものであったのかもしれない。しかし、すくなくともわたしには、ヴィーコのこれらの言葉は別世界からのメッセージのように聞こえた。ヨーロッパは一見そう見える合理主義の背後でじつはこのような豊かな知恵をつちかっていたのか、というのが偽らざる感慨であった。

これが一九六八年以後の数年間におけるわたしの時間の大半をヴィーコの一七〇八年の開講講演に費やすことになった理由である。

わたしの省察は後者の問題から始まった。

6

「知識が用いる判断方法を見識の使用のなかに持ちこむ者たち」にたいするヴィーコの攻撃から、わたしはまずもって、実践は理論の技術的応用ではないということを学んだ。また、さきに述べたような近代の社会科学における方法と生にとっての有意味性とのアンティノミーは実践を理論の技術的適用と混同し同一視したところから出てきているものと考えた。そして、そのようなアンティノミーからの脱却の方途を求めて、「今日ではクリティカのみがもてはやされている。トピカは先に置かれるどころか、まったく無視されている。ふたたび、不都合なことにも。というのも、あたかも論点の発見がことがらの本性からしてその真理性の判断に先立つように、トピカは教授においてクリティカに先立たねばならないからである」[18]というヴィーコの主張の系譜学的解釈を試みた。

クリティカというのは、ある命題が真であるか偽であるかについての判断の術（ars iudicandi）のことであり、トピカというのは、論点ないし論拠の在り場所の発見にかかわる術（ars inveniendi）のことである。この区別をヴィーコはキケロの『トピカ』から引き出している。なかでも論点の発見が自然の順序からして真理の判断に先行するという主張にかんしては、同書の第七節に同様の趣旨の言明が見られる。

しかし、キケロ自身が認めているように、キケロの『トピカ』の背後には明らかにアリストテレスの『トピカ』が控えているのだった。そして、ディアレクティケー（これにキケロの発見術は相当する）はエンドクサ（人々に共通に受けいれられている意見＝通念）に依拠しているという、同書におけるアリストテレスの言明は、共通感覚は真らしく見えるものから生まれるというヴィーコの言明を想起させたのであった。

さらに、アリストテレスは、ディアレクティケーはあらゆる学の諸原理に近づく道をもっているとも示唆していた（101a37-101b4）。このアリストテレスの示唆は、フッサールの『危機』のそれにも似た諸科学についての系譜学的自己省察のパラダイムを提供してくれるもののようにおもわれた。

これらの点については、『知の考古学』第一一号（一九七七年三―四月号）に掲載されたわたしの論考「ヴィーコの懐疑」において提示しておいた。

ちなみに、一七〇八年の開講講演における「知識が用いる判断方法を見識の使用のなかに持ちこむ者たち」にたいするヴィーコの攻撃には、ユルゲン・ハーバーマスも、マールブルク大学教授就任演説「古典的政治学とそれの社会哲学との関係」（一九六一年）のなかで注目している。かれもまた、近代の社会哲学は〈科学〉への道をたどるなかで、かつて古典的政治学が実践知として提供しえていたものを提供しえなくなってしまったとみるところから議論を始めていた。そして、「実践的に統御されるべき状況が理論的に洞察されるようになるにつれて、このようにして状況解釈能力が失われていくということについては、すでにヴィーコがこのことを見抜いていた」として、いましがたわたしの引いたくだりをかれもまた参照すべく引いていたのである。(19)このハーバーマスの指摘は、わたしにとって裨益するところ大であった。

7

自然学への幾何学的方法の導入の問題と代数解析の問題については、それについてなにか言うに値するものを言うために必要とされる理論的および文献学的条件を準備することができるまでには、さらに数年の年月を要した。

ヴィーコの最初の哲学的著作『イタリア人の太古の知恵』第一巻『形而上学篇』（一七一〇年）を読んでいて、わたしはヴィーコがかれの著作を「実験的自然学に奉仕することのできる形而上学」と定義しているのを知った。[20]ヴィーコ自身の理解によれば、これが「真なるものと作られたものとは相互に置換される（verum et factum convertuntur）」という命題の意味なのであった。すなわち、その命題は、ガリレオを初めとする近代の自然学者たちが幾何学をつうじて試みてきた実験に形而上学的正当化の根拠をあたえようとしたもの以外のなにものでもないのであった。

わたしはまた、同書から、インゲニウム（ingenium）という、バロック時代のイタリアとスペインにおいて隆盛をみた綺想主義（concettismo/conceptismo）と称される文学の流派のなかでことのほか尊重されていた能力について、これをヴィーコがインジェネーレ（ingenere）、つまりは「技師」に結びつけているということも知った。[21]

これらの「発見」に心躍る思いをしながら、わたしはヴィーコの青年時代におけるナポリの知的環境に注意を向けた。そして、とりわけ、アッカデミア・デッリ・インヴェスティガンティ（一六六三―一六七〇年）の指導的メンバーであった生理学者にして医学者のトンマーゾ・コルネリオの『プロギムナスマタ・フュシカ（自然学予備演習）』（一六六三年）と、同じく生理学者にして医学者のレオナルド・ディ・カプアの『医術の起こりと歩みを逐一語りつつ医術とはいかに不確実なものであるかを明らかにしている八つの論からなるリオナルド・ディ・カポア氏の見解』（一六八一年）を古書店から取り寄せ、この二人に代表される当時のナポリの自然探求者たちとヴィーコの思想とのあいだに存在すると想定される連関について検討してみた。

調査の結果は、『思想』一九八七年二月号に掲載された「数学と医学のあいだで――ヴィーコとナポリの自然探求者たち」という論考において報告した（本書所収）。わたしは、この論考のなかで、ヴィーコの思想は十七世紀科学革命への外部からの後ろ向きの反応ではなくて、近代の自然学者たちによって試みられたさまざまな実験の結果についての多かれ少なかれ直接的な知見にもとづく、内側からの批判であったということを明らかにしたつもりである。

8

いうまでもなく、わたしの究極的な標的は『新しい学』であった。

『新しい学』に取り組むにあたって、わたしは政治哲学者のビアジオ・デ・ジョヴァンニが『チェンタウロ』第二号（一九八一年五―八月号）に発表した論考「G・B・ヴィーコの「国家神学」」から示唆を得て、「根拠の弁証法」というテーマを取っかかり点に選んだ。

あらゆる国民が時間のなかで経過してきたとヴィーコのいう勃興、前進、停止、衰退、終焉の歴史的過程を概括して、デ・ジョヴァンニはつぎのように述べている。

> 生は力を、政治を求める。そして、力、政治は、ひとつの差異をつうじて正統性を得るという意味で、根拠の存在を示唆する。しかし、根拠はそのまったき姿では自存しえず、不断に測定され、内面化され、分割されていく。それは根拠を欠いた状態へと転化していくのである。生と死は、この両極端のあいだに位置している。〈ヴィーコにおいては〉近代の伝統全体においてそうであるように、〈政治〉こそが生の保存のための唯一の答えである。しかし、〈政治〉は、それ自体がまた根拠の弁証法（la dialettica del fondamento）を反復する。そして、その運動そのものがそれを正統性の分散化と失墜にさらす。たえず自己の根拠自体を危険に

陥れていく。(22)

デ・ジョヴァンニの分析は、主として、一方における感覚および想像力と、他方における悟性との二律背反的関係に照準をさだめたところから、繰り出されたものであった。このデ・ジョヴァンニの指摘する二律背反的関係の背後に、同時に、本来は存在論的な根拠ないし権威であったものが認識の対象へと転化していく様子を確認しようというのが、わたしの意図であった。これこそは、わたしの見るところ、『新しい学』の中心的な主題のひとつなのであった。考察は「はじめに怖れありき――ヴィーコと根拠の弁証法」という論考にまとめて、『東京外国語大学論集』の第三五巻（一九八五年）と第三六巻（一九八六年）に発表した。

9

『新しい学』にかんしては、さらに谷川渥編『記号の劇場』（昭和堂、一九八八年）に寄せた「〈想像的普遍〉について――ヴィーコの詩的記号論」という論考において、異教世界の最初の人間たちは詩的記号によって語っていたという、ヴィーコが〈新しい学〉の親鍵であると称している「発見」についても論じる機会があった。

マイケル・ムーニィは、かれの著書『レトリックの伝統におけるヴィーコ』（一九八五年）のなかで、ヴィーコの「発見」は弁論家の行為を一般化したものだと示唆している。「レトリカルな行為、粗野な者たちのあいだで効果的に語る術――この弁論家の行為がここでは一般化され、人類の祖先たちが共通にいとなんでいた普遍的で必然的な行為に転化されている(23)」というのである。これにたいして、わたしは、右の論考において、ヴィーコの「発見」はこれを「発見」と認めるにはその構成要素をあまりにも重たくレトリックの伝統から借り受けていることは事実であるが、だからといって、それは、ムーニィの示唆するように、弁論家の行為を一般化したものであることを意味するものではかならずしもない、と主張した。

じっさいにも、第一には、ヴィーコの「発見」の背後には、「学者たちのうぬぼれ」から脱却しようとするかれのたゆむことのない努力があった。

第二には、ヴィーコの「発見」は、ハンス＝ゲオルク・ガダマーが、『真理と方法』（増補版、一九七二年）のなかで、「言語意識の基礎的隠喩作用」と呼んでいるものを想起させる。それはあらゆる論理的な思考とあらゆる分類作業に先立って根底において作動していて、わたしたちの出会う諸事物のあいだに類似性を見つけ出しては、それらにひとつひとつ名前をあたえていく、「自然的な」概念形成にほかならないのである。(24)

さらに第三には、ヴィーコは、かれの「発見」にいたる過程で、ガダマーのいう「言語意識の基礎的隠喩作用」の場そのものを突き抜けて、いっそう本源的な地点にまで分け入っている。ガダマーにおいては、隠喩作用は言語の世界がすでに構成されていることを前提にしている。結局のところ、隠喩作用はそれ自体あくまでも「言語意識」の作用なのだ。これにたいして、ヴィーコは、いわば言語意識のゼロ地点に立ったところから、言語の世界の構成過程そのものをつかもうと試みている。そして、まさにその構成過程そのもののうちに、一種の隠喩的な作用が存在しているのを見てとるのである。いいかえれば、異教世界の最初の人間たちの「詩的知恵」の起源には隠喩的表現法が存在するとかれがいうとき、そこでいわれる「隠喩」とはすでに構成された言語の世界の内部にあっての語義の転用のことではない。そうではなくて、ドナルド・フィリップ・ヴェリーンも「始源の言述としてのレトリック」にかんするエルネスト・グラッシの主張に言及しつつ指摘しているように、(25)異教世界の最初の人間たちがなおも事物の自然的原因を知らず、またいずれもが初めての経験であったため、それらを類似する事物によって説明する手立てすらないという状態のもとで、かれら自身の自己観念《イデア》像から自己差異化的につくりだしていった形像――このような「詩的知恵」の原初の場面においてはたらいていたとみられる自己差異化的な転移の作用を指して、これをヴィーコは「隠喩」と称しているのであった。

一九八八年、わたしはそれまで各種の雑誌に発表してきた論考を一冊の本にまとめ、『ヴィーコの懐疑』と題してみすず書房から出版した。ヴィーコにかんするわたしの最初の本である。

また、その間、わたしは『われらの時代の学問方法について』を科学史家の佐々木力と共同で日本語に翻訳し（岩波書店、一九八七年）、さらには単独で『イタリア人の太古の知恵』の翻訳も試みた（法政大学出版局、一九八八年）。

10

『ヴィーコの懐疑』を出してからの十年間は〈バロック人ヴィーコ〉の解明に努力を集中した。きっかけをあたえてくれたのは、今回もまた、ビアジオ・デ・ジョヴァンニであった。『チェンタウロ』第六号（一九八二年九―十月号）に発表された論考「バロック人ヴィーコ」において、デ・ジョヴァンニは、『新しい学』についてのエーリヒ・アウエルバッハの反クローチェ的な文献学的解釈の再評価から出発して、まずもっては、表象としてのその形式にわたしたちの注意を喚起している。そして、とりわけ、扉頁の前に置かれている一枚の寓意画とそれについての「著作の観念」と題された序論における説明のうちに、典型的にバロック的な精神を見てとっている。[26]

このデ・ジョヴァンニの指摘から示唆を得て、またマリオ・プラーツの『十七世紀の図像にかんする研究』

（一九六四年）に助けられて、わたしは、まずもっては、その寓意画のなかの頭に翼を生やして地球儀すなわち自然界の上に立っている女性像の分析から始めた。そして、その女性は「形而上学」であると称されているが、当時人気を博していたチェーザレ・リーパの『イコノロジーア』（図版入り増補版、一六一一年）などからうかがうかぎり、それはむしろ「観照的生活」の像に近いことを突きとめた。じっさい、『イコノロジーア』の「形而上学」の項目には、頭に翼を生やしているというような記述はどこにも見あたらない。これにたいして、「観照的生活」の項目には、たしかに頭に翼を生やした女性の像が出てくる。[27]

くわえては、「観照的生活」のほうが、「彼女（形而上学）は神のうちに人間の知性たちの世界を観照する」[28]というヴィーコの説明と合致する。こういった説明も、「形而上学」についてのリーパの説明のなかには出てこないのである。ついでながら、パオロ・ロッシは、問題の女性像はリーパの『イコノロジーア』のなかの「形而上学」の像と「科学＝知識」および「数学」の像とを「混淆」したものではないか、と想定している。[29]しかし、この想定は受けいれられない。

ついで、わたしは「神のうちに人間の知性たちの世界を観照する」という謎めいた文言の意味するところについての思弁を試みた。

じつをいえば、「神のうちに人間の知性たちの世界を観照する」という言い回しそのものはただ一個所、この「著作の観念」に登場するだけで、ほかの個所には出てこない。しかし、これと類似する「神のうちに人間の知性を認識する」という文言の出てくるくだりが『新しい学』自体のなかにも二個所あるほか、とりわけ、『イタリア人の太古の知恵』のなかに一個所、きわめて注目に値する個所がある。

知恵は異教徒たちのあいだではムーサとともに始まった。これはホメロスによって『オデュッセイア』の黄金の一節において「善悪についての知識」と定義されている。そして、それはやがて神占と呼ばれるようになった。〔中略〕さらにのちになると、〈知恵〉という語は自然界における神にかんすることがらについての知識、すなわち形而上学を指すようになり、それゆえにこの学は〈神にかんする知識〉と呼ばれているのだが、しかしまた、この形而上学はいまや人間の知性を神のうちに認識することへと向かっていって、神があらゆる真理の源泉であることを承認しているのであるから、神があらゆる善の規制者であることをも承認すべきなのである。(30)

こうして、この〔巨人＝詩人たちの〕通俗的形而上学は、彼女もまた、神のうちに人間の知性を認識しはじめたのであった。(31)

しかしながら、もしいとも明敏なマルブランシュがこれらの〈観念の神的起源にかんする〉命題が真実であることを証明しようと努めているのであれば、どうしてそのかれがルネ・デカルトの第一真理〈わたしは思考している、ゆえにわたしは存在する〉に賛同するのか、わたしには不思議でならない。神がわたしのうちに観念を創造するということからは、むしろこう論を導くべきであろうからである。すなわち、〈何ものかがわたしの内部で思考している。ゆえにそれは存在する。ところが一方、思考のうちにはわたしは物体のなんらの観念も見いださない。したがって、わたしの内部で思考しているそのものは、このうえなく純粋な知性、つまりは神である〉と。〔中略〕じっさい、知性は思考することによって自己を現す。が、わたしの内部において思考しているのは神である。したがって、わたしはわたしの知性そのものを神のうちに認識するのである。(32)

これらの資料を根拠にして、わたしは「神のうちに人間の知性を認識する」というのは「神があらゆる真理の源泉であることを承認する」という意味であることを確認した。そして、とりわけ最後に引いた『イタリア人の太古の知恵』のくだりから、すくなくとも観念が神に起源をもつということにかんしては、ヴィーコは十七世紀におけるキリスト教的プラトニズムの代表者であったマルブランシュに近い考え方をしていたのではないか、という想定を導き出した。

しかしながら、もしわたしが思弁をこの点で停止していたなら、わたしはデ・ジョヴァンニからほとんどなにも学ばなかったことになってしまっていただろう。共著『近代的理性の生成』（一九八一年）に発表された論考「スピノザとヴィーコにおける〈身体〉と〈理性〉」でもいわれているように、デ・ジョヴァンニの「バロック人ヴィーコ」がなかでも強調していたのは、「身体のまなざし」によって規定された形而上学者としてのヴィーコ、つまりは非プラトニスト、いや反プラトニストとしてのヴィーコということであったからである。[33] したがって、ヴィーコにおける反転するプラトニズムの過程を解明することが、わたしのつぎの課題となった。

この課題に取り組むにあたって、わたしは『新しい学』のなかの「大洪水から、メソポタミアでは百年、世界のその他の地では二百年ののち〔中略〕、天がついにものすごく恐ろしい雷光をひらめかせ、雷鳴をとどろかせた。すると、山頂にある森に散開していた、巨人たちのうちでも最強の者たちであったにちがいない〔中略〕一部の巨人たちは、その原因のわからない大いなる現象に驚き、びっくりして、目を上げ、天〔の存在〕に気づいた」、そして「肉体の眼をもって」天を観照しはじめたというくだり[34]を分析することから始めた。

わたしの試みがどの程度まで成功したのかどうかについては、あなたがたに判断を任せたい。しかし、ヴィーコが「この諸国民の世界もしくは国家制度的世界はたしかに人間たちによって作られたのだから、その諸原理はわたしたち人間の知性自体の諸様態のうちに見いだすことができるはずである」[35]というとき、アントニオ・コルサーノも指摘しているように、ヴィーコは「わたしたち人間の知性の諸様態」という語をマルブランシュから借り受けているのであった。[36]そして、マルブランシュの『真理の探求』において、「知性の諸様態」というのは、知性にとって表面的なものにとどまる「純粋知覚」とはちがって、知性の内部に多かれ少なかれ生き生きと浸透する「感性的知覚」を指していわれているのだった。[37]このことは、ヴィーコにおけるプラトニズムの反転はすでにヴィーコが諸国民の世界もしくは国家制度的世界の諸原理を「わたしたち人間の知性自体の諸様態」のうちに求めようとした時点で始まっていたという想定を立てることをゆるしてくれるのではないかとおもう。

11

わたしの思弁の暫定的成果は、一九九八年、『バロック人ヴィーコ』というタイトルのもと、みすず書房から出版された。

このヴィーコにかんする第二番目の本のなかで、わたしはまた、インゲニウムを中核にすえたヴィーコのレトリックを、クリスティーヌ・ビュシ゠グリュックスマンが「見ることの狂気」と定義している、[38]そのバロック的過剰のなかに投げ入れることをも試みた。

さらに同書には、わたしは二つの論考を付け加えた。「喩としての『自伝』」と「森のバロック――ヴィーコと南方熊楠」である（いずれも本書所収）。

前者では、ヴィーコが『自伝』においてかれの人生におけるさまざまな機会や瞬間を説明するのに用いている「運命」とか「前兆」とか「守り神」といった言葉は、直接には言表することのできない何ものかの喩なのだということ、そして、新しいフィロロジーとしての『新しい学』の確立にむけてのかれの努力は、それ自体、それらがなぜ喩でしかありえないのかという理由をめぐっての省察であったということを指摘した。

後者は文化人類学者・中沢新一の南方熊楠論『森のバロック』（せりか書房、一九九二年）を書評したものであったが、そこでは、とりわけ、日本における民俗学（土俗学）の開拓者のひとりである南方熊楠とヴィーコとのあいだには、ソナタ形式の論理の破砕とひとつのレヴェルから別の異質なレヴェルへのカタストロフィックなジャンプあるいはアリストテレスのいうメタバシスという点において、思考スタイルの類似性が認められることを指摘した。

12

わたしは目下、エドワード・W・サイードによって提起された〈始まり〉をめぐる問題についての再考作業を進めつつある。

その著書『始まり――意図と方法』（一九七五年）のなかで、サイードはヴィーコの公理「学説はその素材が始まったところから始められなければならない」をエピグラフに掲げている。そして、最終章を「かれの著作とこの著作におけるヴィーコ」に捧げるとともに、とりわけ第一章において、始まりとは何かについて注目すべき言明をおこなっている。

今日では、人が文学批評を書くとき、伝統のなかで書いていると想像することはますます許されなくなっている。しかしながら、このことは、あらゆる批評家はいまや革命家になって、カノンをぶち壊し、それに自分の規準を取って代えるべきであるということではない。よりよいイメージは、自分の素材を求めて場所から場所へと渡り歩いていきながら、本質的に家郷と家郷のあいだの人間にとどまっている、放浪者のそれである。[39]

わたしはこれまで、現代の文学批評家が書き始めるとき、その批評家はもはや王朝的な伝統のなかにとどまりつづけていることはできないということを示そうと努めてきた。〔中略〕したがって、批評家が自分の仕事に取り組むには、イニシアティヴを発揮しなければならない。また、かれは自分の研究のために、もっとふさわしい出発点、異なったトポスを探すべきである。わたしはきわめて茫漠としたものではあるが、「始まり」ということこそがそのようなトポスであると示唆してきた。〔中略〕始まりはわざと別の意味生産——（聖なるものに対置された）異教的な意味生産を開始する。それが「別の」意味生産であるのは、書くなかで、この異教的意味生産は他のもろもろの作品と並ぶひとつのステータスを要求するからである。それは、XないしYの血筋を引く家系図のなかのひとつの作品というよりは、むしろもうひとつ別の作品なのだ。[40]

「家郷と家郷のあいだにある」という現代の人間の条件によって規定された、異教的な意味生産としての始まり。——この考え方は、自伝的覚え書き『アウト・オヴ・プレイス』（一九九九年）において、「人生のなかでかくも多くの不協和音を奏でているうちに、わたしは、本来いるべき場所ではなくて、そこから外れたところにいるほうを好むようになってしまった」と告白しているパレスティナ出身の亡命者としてのサイード自身の生涯を反映したものであるが、[41]それはまた、ミシェル・フーコーが『言葉と物』への一九六六年の序言[42]と一九六七年にチュニスでおこなった講演「異他なる空間について」[43]において呈示していた「ヘテロトピア」という概念のことをわたしに想起させた。ある文化のなかに見いだされるあらゆる他の場所を表象するとともに、それらに異議申し立てをおこない、ときには転倒もしてしまう、異他なる反場所である。要するに、アブドゥル・R・ジャンモハメドがかれの論考「世界をもつことなく世界的でありつづけること、家郷なき境涯を家郷として生きること――〈鏡〉的な境界知識人の定義にむけて」（一九九二年）においてフーコーをパラフレーズしながら述べているように、[44]サイードはみずからを言説の「ヘテロトピア」に定位させた典型的に〈鏡〉的な境界知識人なのだ。

一方、この〈鏡〉的境界知識人のサイードは、イギリスの放送局BBCでおこなった知識人のさまざまなありようをめぐっての一九九三年度リース講義において、ヴィーコのことを「わたしのヒーロー」と呼んでいる。[45]このようにして言説の「ヘテロトピア」にみずからを定位させたサイード的ヴィーコとともに、ヨーロッパ的諸科学の危機についていまいちど徹底した省察をくわだててみようというのが、わたしの現在意図しているところなのである。

（1）Marx-Engels, *Werke*, Bd. 23（Berlin, Dietz, 1962）, pp. 392-93.
（2）Cf. Georges Sorel, “Étude sur Vico,” *Le Devenir Social*, 2e année（Octobre 1896）, p. 786.
（3）Benedetto Croce, *La filosofia di Giambattista Vico*（Sesta ed.: Bari, Laterza, 1962）, p. 259.
（4）Cf. Antonio Gramsci, *Quaderni del carcere*. Edizione critica dell'Istituto Gramsci, a cura di Valentino Gerratana（Torino, Einaudi, 1975）, p. 1317.
（5）Cf. Enzo Paci, *Funzione delle scienze e significato dell'uomo*（Milano, Il Saggiatore, 1963）, pp. 21-22.
（6）『本居宣長全集』第九巻（筑摩書房、一九七八年）、三三頁。
（7）Giambattista Vico, *La Scienza nuova seconda*, giusta l'edizione del 1744 con le varianti dell'edizione del 1730 e di due redazioni intermedie inedite, a cura di Fausto Nicolini（Quarta ed.: Bari, Laterza, 1953）, p. 123.
（8）Ibid., pp. 123-24.

(9) Ibid., pp. 73-74.

(10) Ibid., pp. 77-78.

(11) Cf. Isaiah Berlin, *Vico and Herder: Two Studies in the History of Ideas* (London, Hogarth, 1976), p. 27.

(12) 前掲『本居宣長全集』第九巻、四九—六三頁。

(13) Cf. Edmund Husserl, *Die Krisis der europäischen Wissenschaften und die transzendentale Phänomenologie*, hrsg. von Walter Biemel (2. Aufl.: Haag, Martinus Nijhoff, 1962), pp. 20-60 et 365-86.

(14) Giambattista Vico, *Le orazioni inaugurali, il De Italorum sapientia e le polemiche*, a cura di Giovanni Gentile e Fausto Nicolini (Bari, Laterza, 1914), p. 85.

(15) Cf. Ibid., p. 87.

(16) Ibid., pp. 91-92.

(17) Ibid., p. 92.

(18) Ibid., p. 82.

(19) Cf. Jürgen Habermas, *Theorie und Praxis. Sozialphilosophische Studien* (Frankfurt am Main, Suhrkamp, 1971), pp. 49-53. Erste Aufl.: 1963.

(20) Cf. Vico, *Le orazioni* cit., p. 191.

(21) Cf. Ibid., p. 179.

(22) Biagio de Giovanni, "La « teologia civile » di G. B. Vico," *Il Centauro*, n. 2 (maggio-agosto 1981), p. 22.

(23) Michael Mooney, *Vico in the Tradition of Rhetoric* (Princeton, New Jersey, Princeton University Press, 1985), p. 210.

(24) Cf. Hans-Georg Gadamer, *Wahrheit und Methode. Grundzüge einer philosophischen Hermeneutik* (3., erweiterte Aufl.: Tübingen, Mohr, 1972), pp. 405-06.

(25) Cf. Donald Phillip Verene, *Vico's Science of Imagination* (Ithaca and London, Cornell University Press, 1981), pp. 79, 181-83; Ernesto Grassi, *Rhetoric as Philosophy. The Humanist Tradition* (University Park and London, The Pennsylvania State University Press, 1980), pp. 19-20.

(26) Cf. Biagio de Giovanni, "Vico barocco," *Il Centauro*, n. 6 (settembre-dicembre 1982), pp. 53-69.

(27) Cf. Cesare Ripa, *Iconologia* (Reprint of the 1611 ed. published by P. P. Tozzi, Padua: New York & London, Garland, 1976), pp. 350 et 544.

(28) Vico, *La Scienza nuova seconda* cit., p. 5.
(29) Cf. Paolo Rossi, *Le sterminate antichità. Studi vichiani* (Pisa, Nistri-Lischi, 1969), pp. 184-85.
(30) Vico, *La Scienza nuova seconda* cit., pp.137-38.
(31) Ibid., p. 219.
(32) Vico, *Le orazioni* cit., pp. 173-74.
(33) Cf. Biagio de Giovanni, "« Corpo » e « ragione » in Spinoza e Vico," in: Biagio de Giovanni, Roberto Esposito, Giuseppe Zarone, *Divenire della ragione. Cartesio, Spinoza, Vico* (Napoli, Liguori, 1981), p. 140.
(34) Vico, *La Scienza nuova seconda* cit., p. 147.
(35) Ibid., p. 117.
(36) Cf. Antonio Corsano, *Giambattista Vico* (Bari, Laterza, 1956), pp. 219-20.
(37) Cf. Malebranche, *Œuvres*, I (Paris, Gallimard, 1979), p. 23.
(38) Cf. Christine Buci-Glucksmann, *La folie du voir. De l'esthétique baroque* (Paris, Galilée, 1986).
(39) Edward W. Said, *Beginnings. Intention and Method* (New York, Basic Books, 1975), p. 8.
(40) Ibid., p. 13.
(41) Edward W. Said, *Out of Place. A Memoir* (New York, Knopf, 1999), p. 295.
(42) Cf. Michel Foucault, Préface à *Les mots et les choses. Une archéologie des sciences humaines* (Paris, Gallimard, 1966), pp. 7-16.
(43) Cf. Michel Foucault, "Des espaces autres" (1967), in: Id., *Dits et écrits*, vol. 4 (Paris, Gallimard, 1994), pp. 752-62.
(44) Cf. Abdul R. JanMohamed, "Worldliness-without-World, Homelessness-as-Home: Toward a Definition of the Specular Border Intellectual," in: Michael Sprinker ed., *Edward Said. A Critical Reader* (Cambridge, Mass. and Oxford, Blackwell, 1992), pp. 96-122.
(45) Edward W. Said, *Representations of the Intellectual: The 1993 Reith Lectures* (London, Vintage, 1994), p. 45.

＊　本稿は、二〇〇五年十一月十一―十二日、マルコ・ポーロ生誕七百年を記念してナポリ大学で開催された国際会議《ヴィーコと東洋――中国、日本、韓国》での報告 "Giambattista Vico in the crisis of the European sciences" を日本語に訳しなおしたものである。

第一部　ヴィーコ――学問の起源へ

第1章　ヴィーコの懐疑

1　人間の自然本性に適合した学問の目的

一六六八年ナポリの小さな本屋の息子に生まれたヴィーコは、修業時代のほとんどを実質上独学で通したのち、一六八六年からの九年間、ナポリの南、チレント半島のヴァトッラという僻地において、そこの領主ドメニコ・ロッカの居城で息子たちの家庭教師をつとめている。しかし、一六九五年、ロッカ家の息子たちが成人したため、ロッカ家を去り、職探しに奔走。一六九九年、王立ナポリ大学の雄弁術（修辞学）教授に採用された。

その王立ナポリ大学では、毎年十月十八日が新学年度の開講式の日であった。そして、当日は雄弁術の教授が新入生を対象に「学問のすすめ」とでもいうべき内容の講演をおこなうのが慣例になっていた。したがって、ヴィーコも毎年、開講式の日には、そのような趣旨の講演をおこなっていた。

『開講講演集』

うち、一六九九年の第一回目から一七〇七年の第六回目までの分に、一七〇八年におこなわれた第七回目の講演をあわせて、一七〇八―〇九年にヴィーコがまとめなおした原稿が残っている。『開講講演集』と呼ばれているものがそれである。

ナポリ王国は十六世紀初頭以来スペインの支配下にあったが、一七〇八―〇九年当時はそのスペインのカルロス二世亡きあとの王位継承をめぐる戦争（一七〇一―一四年）の最中で、王都ナポリは一七〇七年からオーストリア＝ハプスブルク家のカールの率いる軍隊によって占領されていた。こうした情勢のもと、ナポリ大学は、一七〇八年の開講式を特別に公開で挙行し、恭順の証しとしてカールに奉献することにした。ひいては、同年の開講講演についても、大学が費用を負担して出版されることとなった。ヴィーコは、この機会にそれまでの開講講演もまとめなおして、同時に出版しようと考えたものと推測される。しかし、実際に出版されたのは一七〇八年におこなわれた第七回目の講演『われらの時代の学問方法について』だけで、第六回目までの講演はヴィーコの生前には出版の機会が得られないままにおわってしまった。

ヴィーコの学問観を探るには、まずもって、この『開講講演集』を検討しておく必要がある。ヴィーコは、学問研究の世俗的名誉をなによりも重んじる政治的人文主義者のひとりであった。そして、知識は国家の善ないし市民たちの共通善のためにこそ研鑽されるのでなければならない、と固く信じていた。この信念をはじめとして、『開講講演集』では、ヴィーコの学問理念の骨格部分がそれこそ文字どおり雄弁に物語られている。

各講演の論題はつぎのとおりである。

第一講演――「自己自身の認識こそは各人が学問のあらゆる分野を速やかに学びおえるための最大の刺激となる」

第二講演――「愚者が愚者自身にたいして敵となる場合ほど、敵対的で恐るべき敵はない」

第三講演――「もしわたしたちが真実のものであってうわべだけのものでなく、堅実なものであって空疎なものでない知識を身につけようとおもうならば、学芸の社会からいっさいの欺瞞を駆逐しなければならない」

第四講演——「もし人が学芸の研究からつねに名誉と結びついた最大の利益を得たいと願うのであれば、国家の善、もしくは市民たちの共通善のためにこそ知識の研鑽に努めるべきである」
第五講演——「諸国家が軍事的栄光に輝き、政治的にも支配権を確立しえたのは、いずれも同時に学芸の華が最大限に咲きほこったときであった」
第六講演——「堕落した人間の自然本性についての認識は〔わたしたちをして〕人文的教養ならびに諸科学の全分野の修得へと向かわせるとともに、それらを学習するさいの正しく容易にして永続的な順序を提示する」
第一から第三までの講演は「人間の自然本性に適合した学問の目的」についてのものであるとされており、第四と第五の講演は「政治的目的」、第六の講演は「キリスト教的目的」および「学問の方法」にかんするものであるというように整理されている。そして、同じく「学問の方法」を論じたものとして、一七〇八年におこなわれた第七回目の講演が最後に置かれている。

汝自身を知れ

第一講演から順を追って見ていこう。

講演は有名なデルポイの神託「汝自身を知れ」の話から始まる。

古来、人々はデルポイの神託を人間の不遜を戒めたものであると受けとめてきた。しかし、現実には人間の弱さと惨めさの例ばかりがいたるところに見られる以上、このような訓戒としての意義は低下しつつあるといってよいのではないか、とヴィーコは言う。そして、これを「汝の精神（animus）を知れ」という意味にとって、人々に人間精神の尊厳についての自覚をうながそうとした古代ローマの弁論家、キケロの解釈（『トゥスクルム荘対談集』一・五二）こそが顧慮されるべきであろう、と主張する。

こうしてヴィーコは言う。「したがって、青年よ、きみ自身を、知恵を獲得すべく定められた者として認識せよ」と。なるほど、「万物を透視する知性の鋭いまなざしも、自己自身を直観するとなると鈍い」。そして、自己認識には大いなる努力が必要とされることも事実である。しかし、自己認識に努力してみようではないか。そうすれば、「きみはきみの精神が神的なものであることを悟るとともに、それが至尊至大の神の似像であることに気づくにちがいない」というのだった（Vico, I, 7-8）。

神の似像としての人間の精神

神の似像としての人間の精神。――ここには、デカルトの生得観念の思想、すなわち、事物の観念は人が生まれたときからその人のうちに植えつけられているという思想に通じるものが認められる。ヴィーコは述べている。「わたしたちのうちに植えつけられ、ほとんど封印されて、精神のなかにいわば灰に埋もれた火種のように隠されている、かくも多数の重要な事物の観念を掻き起こそう。そうすれば、わたしたちは全学識の大いなる炎を掻き立てることになるだろう」と（Vico, I, 13）。

しかしまた、デカルトの生得観念の思想が古くはプラトンに由来するものであって、ルネサンス期のプラトン主義に通有の思想であったことも、一般に知られているところである。この点については、ヴィーコの『自伝』にも、十七世紀末のナポリにあってかれが初めてデカルトの『省察』に接したとき、そこにむしろ伝統的なプラトン主義のモティーフを見いだしたことを告白した興味深いくだりがある。ヴィーコが回顧しているところによると、当時のナポリの人たちには『省察』はきわめて難解に見えた。「なにしろ、それは感覚から知性を引き抜いて省察することができるというのであるから。そこで、あの人は『省察』がわかる、というのが人を偉大な哲学者と呼ぶ場合の褒め言葉であった」。しかしながら、ヴィーコ自身はというと、親友の数学者パオロ・マッティア・ドリア（一六六七—一七四六）がデカルトにおける「卓抜にして偉大かつ新しいもの」であると称賛したもののうちに「格別に新しくもなく、プラトン主義者のあいだでは普通のことがら」をしか確認しなかったというのである（Vico, V, 25）。

ともあれ、第一講演のヴィーコは、さしあたってデカルト的な、しかし基本的にはとくにルネサンス期のプラトン主義的な見地から、「汝自身を知れ」、すなわち自己自身の認識にかんする思索を出立させているのであった（cf. Gentile, 1927, 47-50）。

働きにおける神と精神との類似

だが、ヴィーコにおけるこのデカルト的というよりはプラトン主義的な観念の受容についてここで確認しておかなければならないのは、精神と神との類似性は、あくまでも、働きないし活動性の相のもとにとらえられているということである。〔中略〕ヴィーコは述べている。「神が世界のうちにあるのと同じような仕方で、精神は身体のうちにある。〔中略〕両者ともに、具体的なものにはいっさいからめとられることなく、また、いっさいの物体から自由なまま、活動する。神は世界のうちにあって、また精神は身体のうちにあって、いたるところに現在しており、しかも、どの場所にもとらえ込まれることがない。〔中略〕神はつねに活動しており、精神もつねに働いている。〔中略〕神は自然の製作者であり、精神はこういう言い方がゆるされるなら技芸の神である」（Vico, I, 8）。

この精神の働きについてのヴィーコの関心のありように注目するなら、第一講演における「汝自身を知れ」の主張は、頭脳を一個の機械と見立てたうえで、精神の働きをその機械としての頭脳の諸性能の効果ととらえた十六世紀イタリアの哲学者、ベルナルディーノ・テレジオ（一五〇九—一五八八）の自然主義的な見方に近いものであったと解釈できるのかもしれない（cf. Rak, 1974, 337ff）。

しかし、働きにおいての精神と神との類似性ということは、これ自体がとりもなおさず、ルネサンス期のプラトン主義的な自由意志論に通じるものでもあるのだった。じっさいにも、「アダムよ、おまえにはどんな特定の場所もどんな生得の形貌もどんな特別の才能もあたえないから、どんな場所でも、どんな形貌でも、どんな才能でも、おまえ自身で好きなように選びとるがよい」——ルネサンス期のプラトン主義者ジョヴァンニ・ピーコ・デッラ・ミランドラ（一四六三—一四九四）がその演説『人間の尊厳について』（一四八六年）のなかで述べているところによると、神は世界を創り、最初の人間アダムを造ったとき、こうアダムに告げたという（cf. Gentile, 1927, 44-45）。

ところで、このようにして人間存在に特権的にあたえられた自由意志は、一方においては、神的存在への上昇の原動力であるが、他方においては、獣的存在への下落の起源でもある。ピーコ・デッラ・ミランドラがつづけて述べているところによると、神はアダムにつぎのように告げたという。「わたしはおまえを世界の中間に置いたから、おまえには世界中のものがよく見渡せるはずだ。おまえは下等な獣的存在に堕ちることもできれば、おまえの意志しだいでは高等な神的存在としてよみがえることもできる」。人間には自由意志が授けられている。それゆえ、人間は愚昧にも走りうるというのである。第二講演においては、この人間存在の否定的様態が考察される。

愚者の悲惨

第一講演において「汝自身を知れ」として示された知恵の道は、第二講演では「自然本性（natura）に従え」という言い回しでもって示される。そのうえでヴィーコは言う。もしわたしたちが知恵の研鑽へと精神を向かわせるなら、そのときにはわたしたちはわたしたちの自然本性に従っている。これにたいして、もしそれから離れて愚昧へと転じていくなら、わたしたちはわたしたちの自然本性から遠ざかっているのだ。そして、愚昧に走る者は、自然本性を逸脱した者として、自己自身にたいする戦いを戦うべく運命づけられる、と（Vico, I, 16–17）。しかも、それはじつに凄惨な戦いである。あらゆる戦争にもまして恐るべき戦争である。愚者の自己自身との戦いは、愛情と憎悪、歓喜と苦悩が交互に立ち現われては消え去っていくなかにあって、休まるところを知らない。そして、自己との戦いに敗れると、愚者は理性の国を追われ、最後には、身体という「暗闇に包まれた牢獄」に幽閉されて、さながら獣のごとく、運命の支配に服さねばならなくなる。だからこそ、わたしたちは従おうではないか、わたしたちの自然本性に。「各人が終始一貫して自己のもとにあるよう命じている自然の法」に。「それは容易である。というのも、それは生来のことであるから。それは恵み深い。というのも、それは自然のことであるから」（Vico, I, 19–25）——こう呼びかけて、ヴィーコは第二講演を結んでいる。

自然本性に従え

自然本性に従え。自然の法に従え。なんとなれば、自然は恵み深いのだから。——ことによると、わたしはここまであまりにもプラトン主義に近づけすぎたところからヴィーコを読もうとしてきたのかもしれない。じっさい、このヴィーコの言葉には、プラトン主義的というよりはむしろ、キケロの流れを汲む人文主義の響きがこもっている（cf. Corsano, 1935, 35–59; 1956, 26–27）。そもそも、第一講演における「汝自身を知れ」の解釈にしてからが、キケロからの引照を糸口とするものであった。

しかし、このようにして、ヴィーコの思想のうちに、あるいはプラトン主義を、あるいはデカルト主義を、あるいはキケロ的人文主義を、あるいはむしろテレジオ的自然主義をというように、そこに流れこんでいるとみられる諸潮流を識別的かつ対立的にとりだしていくことは、これもまた思想史研究の必須の作業であるとはいえ、ややもすると思想の根本動機を見失うことになりかねない。位相幾何学で「同位相」と呼ばれる事態がある。二つの図形X、Yがあって、XからYへの一対一写像が連続的で、その逆写像も同時に連続的であるような事態のことである。この位相幾何学の術語を借用させてもらうなら、それらの諸潮流が混在するままに、思想主体にたいしてひとつの同位相的な関係を構成しえていることのうちにこそ、思想の根本動機は見いだされると考えるべきなのだろう。

学問界にはびこる欺瞞

つぎに第三講演においては、ヴィーコは照準を学問研究の現場に定める。そして、そこに横行している「欺瞞」をきびしく弾劾する。

ただ、この第三講演におけるヴィーコの論の進め方には、率直にいって、いまひとつ納得しえないものがあるといわざるをえない。

ヴィーコは言う。被造物一般が創世にさいして神に定められた自然本性を離れることをゆるされていないなかにあって、ただひとり人間のみが自分の思うままに活動しているということは、人間の神的尊厳の証しであると同時に、「あらゆる悪の根源」をなしてもいる。しかも、「このゆがんだ自由意志のもたらす悪を正すところに本来の用途のあるべき」学問研究の分野においてすら、これを悪用する者がいる。学者たることの資格条件は自己の知識について謙虚であることである。ところが、かれらは内容空疎な知識を欺瞞的にひけらかしては、それを知恵のためにではなく、名声のために利用しようとしている。こうした欺瞞をこそ、わたしたちは学問界から駆逐する必要がある、と（Vico, I, 27–28）。

これは至極もっともな主張である。たしかに欺瞞こそは学問界にはびこる最大の病弊のひとつであるといっても過言ではないだろう。それではいったい、欺瞞を学問界から駆逐するにはどうすればよいのか。ここでヴィーコは、準拠すべき規定として、「各人を相互に交わらせ結びつける、きわめて偉大にして強力な力が、人間の精神のうちには存在する」（Vico, I, 29）という規定を導入する。真の知恵の成立すべき根拠は人間が自然本性上社交的な存在であるということのうちに求められるというのだ。

しかしながら、これはどうであろう。人間が自然本性上社交的な存在であるというのは、アリストテレス以来のヨーロッパ哲学の主要なカノンのひとつである。が、このことがどうして学問界にはびこっているとヴィーコのみる欺瞞の駆逐に貢献しうるのか。欺瞞もまた、ほかならぬ人間が社会を形成して生活しているからこそ、起こりうることではないのか。これは、わたしにはいまもって解消されないままになっている疑問のひとつである。

2　真らしく見えるものの擁護

ともあれ、第三講演において、知恵の基礎は人間が自然本性上社交的な存在であるということのうちに求められるべきことを学問界という限定された場面に即して主張したヴィーコは、学問の「政治的目的」にあてられた第四および第五講演においては、それをさらに広く国家ないし公共社会一般の領域に関連させて論じている。そして、第六講演において、これまで展開してきた学問目的論を総括するとともに、新たに学問の方法にかんする議論を試みている。

第六講演における視座転換

ただ、第六講演において展開されている学問目的論は、たしかにこれまでの議論の総括でありながら、視座のとり方にあるひとつの重大な変化が生じているようにも見受けられる。そこでは、これまでの「自己自身についての認識」が「堕落した人間の自然本性についての認識」というように、まさに「キリスト教的目的」に向けて言いかえられているのだ。いまや、知恵への道は必然的に「堕落した人間の自然本性」をいわば実存の境位として経由しなければならないものと了解されるにいたっている。そして、この人間存在についての新たな視座に立ったところから、学問の方法にかんするヴィーコの議論は展開されるのである。

一七〇八年の開講講演

新たに獲得された視座の意味するところは、とりわけ、一七〇九年に『われらの時代の学問方法について』と題して出版された第七回目の開講講演から明らかになる。

まずもって特記されるのは、「真らしく見えるもの（verisimilis）」の擁護である。「新しいクリティカの不都合」という見出しの付いた第三章を見てみよう。そこでは、開口一番、つぎのように切り出されている。すなわち、「今日わたしたちは学習をクリティカから始める。その第一真理をあらゆる虚偽だけでなく、虚偽の疑いのあるものからも浄化するために、あらゆる二次的真理や、あらゆる真らしく見えるものをも、虚偽と同様、知性から追放するよう命じるクリティカから始める。しかし、こうすることには不都合がともなう」と（Vico, I, 81）。

ヴィーコにおいては、「クリティカ（critica）」というのは、広い意味では、真偽の判断にかかわる術（ars iudicandi）を教える科目のことを指している。そして、それは、論拠の在り場所の発見にかかわる術（ars inveniendi）を教える科目として古来弁論家の養成にとって必須の科目と考えられてきた「トピカ（topica）」と対をなして用いられる。

『ポール＝ロワイヤルの論理学』

しかし、ここでいわれている「クリティカ」は、そういった一般的な意味においての判断術を教える科目のことではない。そうではなくて、より限定的に、ポール＝ロワイヤル女子修道院の隠士の一人で、教父学とスコラ神学の双方に通じた第一級の神学者でありながら、デカルト哲学にも深い関心を寄せたことで知られるアントワーヌ・アルノー（一六一二—一六九四）が、同じくポール＝ロワイヤル女子修道院付属の学校で教えていたピエール・ニコル（一六二五—一六九五）と共同で著した『論理学もしくは思考の術』、通称『ポール＝ロワイヤルの論理学』（一六六二年初版）において提示している「新しい論理学」を指しているものとみられる。

『ポール＝ロワイヤルの論理学』の冒頭に配されている「この新しい論理学のもくろみを示した第一の講話」を見てみよう。そこでは、「新しい論理学」の任務を「わたしたちをまちがいなく真理へと導いていくような諸規則」の提示にあるとしたうえで、そのためには、虚偽だけでなく、カルネアデス（前二一四頃—前一二九頃）に代表される古代の新アカデメイア派が「真らしく見えるもの」と称していたものまでをも、真偽の判断にさいしては遠ざけるべきである、という趣旨のことが述べられている（Arnauld & Nicole, 1964, 1-17）。

この『ポール＝ロワイヤルの論理学』の立場には、デカルトの『方法叙説』（一六三七年）、および没後に公刊された『知能指導の規則』（一六二八年頃執筆）とのあいだに、理念あるいは精神において、明らかに呼応するものがうかがわれる。じじつ、『知能指導の規則』では「わたしたちの精神が確実にして疑うことのできない認識をもちうるとおもわれるような対象にのみかかわるべきである」と定められている（Descartes, 1964-1974, X, 362）。デカルトにとって、知識とは確実にして明証的な認識のことであり、真らしく見えるものは、ただそう見えるにすぎないものとして、さらには「ほとんどつねに虚偽である」として、学問的探究の領域からは排除されるべきなのであった。

共通感覚と真らしく見えるもの

この『ポール＝ロワイヤルの論理学』に代表される新時代のデカルト主義的な教育実践のあり方には「不都合がともなう」とヴィーコは言うのである。

それというのも、ヴィーコが開講講演で相手にしている青年たちの多くは、将来、政治の舞台や法曹界で活躍することが期待されている。そのかれらが長じてからの政治生活において奇矯な行動におちいることがないようにするためには、できるだけ早い時期から、共通感覚（sensus communis）、すなわち、人々がなんらの反省を加えることもなく感じとって分かちもっている通念をつちかっておく必要がある。ところでまた、その共通感覚は古代の新アカデメイア派が「真らしく見えるもの」と称していたものにこそ宿っている、という理由によってである。「知識が真理から、誤謬が虚偽から生まれるように、共通感覚は真らしく見えるものから生まれる」というのがヴィーコの見方なのであった（Vico, I, 81）。

こうしてまたヴィーコは主張するのだった。「青年たちには共通感覚が最大限教育されるべきなのであるから、わたしたちのクリティカによってそれがかれらにおいて窒息させられてしまうことのないように配慮されなければならない」と（Vico, I, 81）。

機会と選択、見せかけと包み隠し

さらにヴィーコによると、「人間にかんすることがら〔政治と倫理〕を支配しているのは、機会と選択という、いずれも不確実きわまりないものであり、また、大概は、見せかけと包み隠しという、きわめて欺瞞に満ちたものがそれらを導いている」(Vico, I, 91)。したがって、人はもっぱら真理のみに心を配っていると、これら不確実と欺瞞に満ちた世の中、ひいては政治的＝公共的な社会生活の場において、どのような手段を用いて、どのようにして目的を達成していけばよいのか、皆目見当がつかなくなる。そして、志をくじかれ、他人の教唆にあざむかれて、ついには失意のうちに隠遁を余儀なくされるにいたる。デカルトのように、絶対に確実で明証的なもののみを求めて、蓋然的にしか真理とは見えないもの、すこしでも疑いをかけうるものをすべて「ほとんどつねに虚偽である」として排斥していると、人はやがて実人生において不適応を来たさざるをえなくなるのである。

もっとも、デカルトとて、この危険にまったく無自覚であったわけではない。デカルトは、時としてそうおもわれているのとは逆に、孤独な哲学者であったどころか、社交の達人であった。そして、人々との社会的対面の場では「暫定的道徳」によって現実主義的に対処していこうとするのだったが、そのデカルトのかかげる「暫定的道徳」の第二格率は、実人生における蓋然的なものの意義を強調している (Descartes, 1964–1974, VI, 24–25)。しかし、それはデカルトにとってはあくまでも暫定的なものであって、その彼方には、やがて見いだされるにちがいない絶対の真理にもとづいた決定的道徳が遠望されていた。

レスボスの定規

これにたいして、ヴィーコには、そのような遠望はない。ヴィーコにとっては、蓋然性を重んじるべきことは、それ自体決定的な格率である。ヴィーコは述べている。「実生活においてどう行為すべきかは、ことがらの生じた時とそれに付帯しているいわゆる事情とから判断される。しかも、それらの事情のうちの多くはその人の目的とは無縁かつ無用のものであるかもしれず、あるものはしばしば逆の、そして時には敵対するものですらあることもある。したがって、人間たちの行為は知性の硬直したまっすぐの定規によって裁断することはできないのであり、まっすぐな自分に物体を合わせるのではなく、でこぼこの物体に自分のほうを合わせていく、レスボスの柔軟な定規によって計測されなければならないのである」(Vico, I, 91)。

「レスボスの定規」というのは、アリストテレスの『ニコマコス倫理学』第五巻第一〇章に出てくる言葉である。そこでアリストテレスは衡平と正義の関係を論じて、法律はすべて一般的な規定であるため、そこには規定されないで残されているものがあり、したがって法律的な正しさには補正の必要が生じることを指摘するとともに、この法律を補正するという性質が衡平の本性をなすとしている。そして、ちょうどレスボス建築には「石の形状にしたがって曲がりくねり、同じ形を保たない』鉛の定規があるのと同じように、人間にかんすることがらには、法律を制定することが不可能で、それぞれの個別的状況に応じて定められる民会の議決を要する場合が少なからずあると述べている(一一三七a三一―一一三八a三)。ヴィーコによると、公共的な社会生活の場において必要とされるのは、理論的な知識(scientia)であるよりは、この「レスボスの定規」を自在に使用しうる能力である。これがすなわち実践的な賢慮もしくは見識(prudentia)というものにほかならない。

ところが、新時代のクリティカ主義者たちは理論的な「知識」の領域で用いられる判断方法をそのまま実践的な「賢慮＝見識」の使用にも持ちこもうとする。しかし、「かれらは共通感覚を磨いておらず、また真らしく見えるものに従ってきたことも一度としてなく、もっぱら真理だけで満足しているので、その真理について人々は共通に何を感じとっているのかということには、いわんや、それがはたして人々にも真理と見えているのだろうかといったようなことには、まったく無頓着である」(Vico, I, 92)。そのようなかれらが政治の現実のなかでたちまちにして挫折を味わい、引退を余儀なくされるのは、目に見えて明らかであるというのが、ヴィーコの診断なのであった。

実践は理論の技術的応用ではない

ここでヴィーコによって展開されている批判は、実践は理論の技術的応用ではないということをわたしたちにあらためて認識させる。テクノロジーの発達と歩調を合わせながら展開されてきた近代科学のもとでは、実践とは理論の技術的応用にほかならないというのが、わたしたちの常識になってしまっている。ヴィーコは、このような現代の常識の端緒をデカルト的な『ポール＝ロワイヤルの論理学』の主張のうちに見てとる。とともに、この現代の常識にたいして、理論の技術的応用に還元されつくされることのない実践固有の意義を強調したアリストテレス以来の実践哲学の伝統に依拠したところから批判を加えているのである。

この点は、ドイツの社会哲学者、ユルゲン・ハーバーマスが『理論と実践』（一九六三年）の冒頭に収められている「古典的政治学とそれの社会哲学との関係」という論文のなかでなによりも注目した点であった。ハーバーマスは、近代の社会哲学は「科学」への道をたどるなかで、かつて古典的政治学が実践知としてなしえていたもの、すなわち、その時々の具体的状況のもとにあって正しく行為するための実践的方針の呈示ということをなしえなくなってしまったとみるところから議論を始めている。そして、「実践的に統御されるべき状況が理論的に洞察されるようになるにつれて、状況解釈能力が失われていくということについては、すでにヴィーコがこのことを見抜いていた」として、ヴィーコの右のくだりを参照すべく引いている（Habermas, 1971, 49–53）。

また、日本の社会学者の清水幾太郎は、倫理学の危機、というよりは経済学に代表される現代の社会科学が倫理の問題にかんして行きあたっているアポリアについて反省をめぐらせた『倫理学ノート』（一九七二年）のなかでヴィーコとの決定的な出会いを経験しているが、そのさい、清水が真っ先に注目したのも、ヴィーコのこの一面であった。全体で十九篇の文章からなる『倫理学ノート』において清水が意図したのは「科学」に弱い規定をあたえることであった。全体を回顧した「余白」のなかで清水は書いている。「十九篇の文章を通読してみると、私は、至るところで、「科学」というものに弱い規定を与えたいと願っている。勿論、強い規定に堪え得る科学があってもよいし、また、あるべきであろうが、しかし、それと同時に、強い規定に堪え得ない科学があってもよいのではないか。厳密性の程度を異にする多くの種類の科学があってもよいのではないか。そう考えなければ、倫理学を据える場所がないし、総じて、人間に関する諸問題を有意味に論じる場所がない」。理論的な「知識」の領域で用いられる判断方法をそのまま実践的な「賢慮＝見識」の使用にも持ちこもうとする「新時代のクリティカ主義者」にたいするヴィーコの批判は、この清水の願望にまたとない保証をあたえるものであったのである（清水、一九七二、二一九―二六八頁）。

3　クリティカとトピカ

だが、人間の堕落した自然本性の認識に立脚したところからの学問の方法ということでは、「真らしく見えるもの」の擁護もさることながら、クリティカにたいするトピカの先行性の主張こそが注目されてしかるべきだろう。

トピカの先行性

アルノーとニコルの『ポール＝ロワイヤルの論理学』では、修辞学者や論理学者がインウェンティオ（inventio）と呼んでいる、論拠の在り場所の発見にかかわる術については、概して消極的な意義しか認められていない（Arnauld & Nicole, 1964, 302ff.）。

このことがまたヴィーコにはきわめて不都合なことと受けとめられる。ヴィーコは述べている。「今日では、クリティカのみが称揚されている。トピカは先に置かれるどころか、まったく無視されている。これまた不都合なことにも。というのも、論点の発見が、ことがらの本性からして、その真理性の判断に先立つように、教授法においてもトピカはクリティカに先立たねばならないからである」(Vico, I, 82)。

知性の発達の「自然な流れ」

ヴィーコによると、知性の発達には「自然な流れ」(Vico, V, 14) というものがあるのであって、学習の順序もこの流れにそって立てられていなければならない。そして、この知性の発達の「自然な流れ」にそった学習の順序ということでは、古代ギリシアの人たちはなかなか道理にかなった行き方をしていた。というのも、かれらは幾何学を「子供たちの論理学」であると考えて、この学問を「自然の向かうところに従っていた医師たちに見ならって」青少年にはまずもって教授し、年齢に見合った能力を段階的に開発しながら、青少年を理性の行使へと慣らしていこうとしていたからである (Vico, I, 81)。

ところが、新時代のデカルト主義的学問方法にあっては、このような知性の発達の「自然な流れ」にそった学習の順序を無視して、一足飛びにクリティカが教授されている。このような行き方は、提起された問題の全体を十分に見てとる前から、正しい判断をくだせ、と命じるようなものであって、知性の青春を枯渇させてしまうに等しいといわざるをえないのではないか、とヴィーコはみるのである。

デカルトの絶望

デカルトが『方法叙説』で回顧しているところによると、かれが若い頃学んだイエズス会の学院で見いだしたのは、自分がますます無知になっていくということであった、という。そこで、デカルトは学院の教師たちの束縛から解放されるやいなや、「文字による学問」を捨てて、「世間という大きな書物」のなかへと飛び立っていく。そして、生まれてこのかた言い聞かされ教えこまれてきたことすべてについての普遍的懐疑にもとづく学問全体の根本的改革をこころざすこととなるのだが、そのデカルトには、「わたしたちはすべて一人前の人間である前に子供であった」ため、欲望と教師とに支配された一時期を経由せざるをえないことにたいする、絶望にも似た思いがあった（Descartes, 1964–1974, VI, 12–13）。

デカルトにおける方法の理念は、すくなくとも心理的に見た場合、まさにこの絶望感に発して、幼児性の経由という人間存在にとって廃絶不可能な自然的条件を曲げてでも、人間をして生誕当初から理性の完全な使用を正しくおこなうことのできる大人にしようとする、狂気に近いものであったといえないこともない。

これにたいして、あくまでも知性の発達の「自然な流れ」に即して堕落からの救済の道を探ろうとするヴィーコは、かえって人間における幼児的なもの、前理性的なものを擁護することから始めなければならないのであった。

万学の原理にいたる道

なお、ここでヴィーコが依拠しているのは、キケロの『トピカ』（二・七）における「発見術」は「判断術」にたいして「自然の順序からしてたしかに先にあるべきである」という述言である。

しかしまた、ヴィーコによる自然の順序ないしことがらの本性からするトピカの先行性という主張は、キケロの『トピカ』を超えて、さらにその背後にひかえているアリストテレスの『トピカ』にまでわたしたちを連れ戻す。そして、アリストテレスが同書の冒頭（一〇〇a二七―一〇〇a三〇）において「通念（endoxa）」から出発してなされる推論であるディアレクティケー（dialektike〔弁証術〕）――これにキケロの「発見術」は相当する）を「真実な最初のことども」から出発してなされる推論であるアポデイクシス（apodeiksis〔論証〕）――これにキケロの「判断術」は相当する）と対比させたうえで、つづくくだり（一〇一a三七―一〇一b四）で「通念」に立脚したディアレクティケーは「万学の原理にいたる道」を有していると述べていたのを想い起こさせる。

それとともに、同じ主張は、やがて『新しい学』へといたる道程では、フッサールが『危機』書において試みたのにも似た、「生活世界」に立ち戻ったところからの諸科学の反省のためのひとつのパラダイムをわたしたちに提供することともなるのである。

4　民衆の心をつかむために

さてまた、このようにしてクリティカにたいするトピカの、自然の順序からする先行性を主張するとき、ヴィーコは、『ポール゠ロワイヤルの論理学』におけるトピカについての消極的評価に加えて、真理の伝達にとっての修辞学ないし弁論術の不要性を説いた『方法叙説』の有名な一節のことも思い浮かべていたのではないだろうか。デカルトは書いている。「わたしは雄弁術を大いに尊重した。〔中略〕しかし、きわめて強い推理力をもち、自分の思想をこのうえなくうまくまとめて、これを明晰で理解しやすいものにすることのできる人なら、たとえ低ブルターニュ地方の言葉しか話さなくても、また、修辞学を一度も学んだことがなくても、自分の主張をいつも完全に人々に納得させることができる」（Descartes, 1964-1974, VI, 7）。

これにたいして、ヴィーコは直接にはアルノーを批判して、しかし明らかにデカルトをも強く意識した口調で述べている。しばしば弁論家たちは、虚偽であっても信頼すべきもののような様相を呈している訴件よりは、むしろ真理であってもなんら真らしいものをもたない訴件を弁護するのに苦労するものである、と（Vico, I, 81）。

ミロ裁判の教訓

じっさい、過去の事例に照らしてみても、弁論家がただ真理を主張することのみを意図して不成功におわった訴訟のなかで、もし真理に加えて真らしく見えるものをも提示することに配慮していたならうまく行ったのではないか、とおもわれるものがある。

このような例として、ヴィーコがとりわけ教訓的であると考えるのは、古代共和政末期のローマでおこなわれたミロ裁判である。護民官ティトゥス・アンニウス・ミロはポンペイウスの部下で、紀元前五二年、ユリウス・カエサルの部下プブリウス・クロディウスをローマ市郊外で暗殺したかどで裁判にかけられた。マルクス・ブルートゥスとキケロはともにミロを救いたいと考えたが、そのさい、ストア派で「わたしたちのとよく似たクリティカ」で教育されていたブルートゥスは、ミロの弁護は最後の嘆願の段階でおこなうのが最適であり、ミロが共和国に尽くした功績や極悪漢クロディウスを共和国から抹殺したことを理由に挙げて釈放をかちとるのがよいと判断した。これにたいして、「トピカに長じていた」キケロは、当時の事情からして裁判官の寛大に期待するのは危険であると判断し、むしろ最初の推測の段階で犯罪事実自体の否認を貫き通すほうが適当であると考えた。結局、キケロには弁論の機会があたえられず、ミロは流刑に処せられた。しかし、もしキケロの方針で裁判に臨んでいたなら自分は確実に無罪になったであろうとは、ミロ自身があとで述懐しているとおりである――と、こうヴィーコはミロ裁判を総括する。そして聴衆＝読者に問いを発して言うのだった。「ところが、他の追随をゆるさぬ学識の士であるアルノーは、トピカを軽侮し、まったく無益なものと考えている。どちらを信じるべきなのであろうか。トピカを否定するアルノーか。それとも、自分がきわめて力強い雄弁をものにすることができたのはトピカのおかげであると認めているキケロのほうなのか」と（Vico, I, 82-83）。

アルノーとキケロ。クリティカとトピカ。さしあたってヴィーコはどちらかを排他的に選択するということはしないで、ただ慎重に、「クリティカがわたしたちをして真理の人にするとすれば、トピカはわたしたちをして言葉豊かな〔雄弁な〕人にする」と答えるにとどめている。そして、古代ギリシアの哲学者の諸学派を概観して、かれらは真理のみにもとづこうとするクリティカ第一主義の立場から遠ざかれば遠ざかるほど、それだけいっそう雄弁であった、と指摘している（Vico, I, 83)。

学識ある弁論家

しかしまた、このような事態が生じるのは、ヴィーコによれば、「真理は一つであり、真らしく見えるものは多くあり、虚偽は無限にある」ことに由来している。それゆえ、どちらの論弁方法も、それだけでは欠陥をもつといわなければならない。というのも、トピカ主義者はしばしば虚偽をつかまえてしまうし、クリティカ主義者は真らしく見えるものをとりあげようとはしないからである（Vico, I, 83)。こうしてヴィーコは結局のところ、キケロが『弁論家について』（三・一四三）において弁論家の理想として提示している「学識ある弁論家」の育成を政治教育の理念とすることとなる。そして、この人文主義的な政治教育の伝統に立ったところから、雄弁にとって不可欠の条件として二点を挙げて、それぞれにおいてのトピカの意義を力説している。

包括的かつ即時的な把握

第一には、ことがらの全体を包括的に把握できるということ、しかも、これを即座におこないうるということ。クリティカのみを宣揚してトピカを排斥する者たちは言う。人々がクリティカを習得しているなら、なにかあるひとつのことがらを教えられただけで、そこに含まれている真理を発見するであろうし、あらかじめトピカの訓練を受けていなくても、その同じ真理の規準にしたがって、それ以外の真らしく見えることがらをも見いだしていくだろう、と。しかし、すべてを見てとった、とだれが確実に言いうるというのか。だからこそ、あらゆる論点に触れて余すところのない弁論は「完璧」と呼ばれるのだが、このような包括的な把握をなしうるためには、トピカを学んでいることが不可欠なのである（Vico, I, 82）。

くわえて、そもそも法廷においての弁論家の任務は、およそ寸刻の遅滞や逡巡をもゆるされない緊急の問題において、即座に被告の弁護をおこないうることである。この点において、トピカの訓練を積んでいる者は、弁論のさいにはすでに論拠のあらゆる在り場所を知りつくしているので、どのような問題に直面しても、そこに含まれている説得性のあることがらを「あたかもアルファベットにざっと目を通すかのように」即座に見てとることができる。ところが、クリティカ主義者たちは、疑わしいことに出くわすたびにこう答えるのをつねとしている。少し考えさせてください、と（Vico, I, 82）。

話し手と聞き手の関係

第二には、話し手と聞き手との関係。——弁論を進めるにあたっては、話し手は聞き手の心の動きにたえず注意し、それに調子を合わせていく必要がある。じっさいにも、どれほど強力な論拠によっても動かされなかった人が、ほんのちょっとした論拠でいとも簡単に考えを変えるというようなことがよくある。したがって、弁論家が聞き手のあらゆる心を確実にとらえるためには、ここでもまた、論拠のあらゆる在り場所を通覧していることが必要なのである、云々（Vico, I, 82）。まことに、王立大学雄弁術教授の面目躍如といったところである。

雄弁と社会的身体

クリティカ主義的な新時代の教育方針にたいするヴィーコの批判はなおも多岐にわたって延々と続く。しかし、ここではあと一点、とりわけ、雄弁にとってのトピカの意義が論じられたさいの、聞き手との関係という第二の論点に関連してヴィーコが提起しているもうひとつの問題だけを見ておくことにする。それはすなわち身体の問題である。しかも、たんに人間学的な意味においての身体ではなく、民衆と呼ばれる、すぐれて社会的な意味においての身体の問題である。

ヴィーコは述べている。――聞き手の心をつかまえるということについて、クリティカ主義者たちはこう主張する。たとえ雄弁によって魅惑的な言葉を吹きこんで聞き手の心を制してみても、それらの言葉が消え失せるとともに聞き手の心も元の状態に戻ってしまうのであってみれば、真の論拠を提示して、理性と分かちがたく結びついた暴力を聞き手の頭に加えるほうが、どれほどよいことか、と。しかし、雄弁に属することがらはすべて頭とではなく心と関係があるとしたら、どうするのか。「なるほど、頭はそれらの真理の繊細な網によってとらえることができるだろうが、心はこれらの雄弁のどっしりとした機械によってねじ伏せるしかないのである」。

頭と心。これらによってヴィーコが具体的に思い描いているのは、一方では賢者であり、もう一方では民衆である。そして、雄弁とは「人々をして義務を果たすべく説得する能力」のことをいうが、いまヴィーコがこの力を行使すべき対象として想定しているのは民衆であって賢者ではない。というのも、弁論家が説得の目的を達成することができるのは聞き手の心のうちにそうした義務へと向かう気持を起こさせるのに成功するときであるが、賢者は自分の意志によってそのような心境を自身のうちに生み出す術を心得ているから、賢者には雄弁をふるうまでもない。

しかし、民衆はといえばどうか。「民衆は、欲望によってしかとらえることができず、奪い去ることができない。ところでまた、欲望というものは、いつも騒々しくて落ち着くことを知らない。そして、じつのところ、それは心の汚れのようなものであって、身体の病に感染しており、身体の本性に従っているので、身体的なものによってしか動かない」。

したがって、民衆になにものかへの愛を生じさせるには、なによりもまず「身体的なものの形象をつうじて」民衆の心をとらえる必要がある。まさにこの点にこそ、雄弁の果たすべき第一の任務と意義がある。というのも、民衆がひとたびなにかを愛するようになれば、つぎにそれを信じるよう導いていくことは容易であろうから。そして、民衆がひとたびなにかを愛し信じるようになりさえすれば、あとは民衆の心のうちに情念の火を燃え立たせ、民衆のいつもながらの無節制ぶりをうまく利用して、それを意志するように仕向けていけばよいのである（Vico, I, 93–94）。

ロムルスの汚水溜めのなかで

欲望に翻弄された民衆。身体から伝染病を移され、身体的なものによってしか動かされなくなった心をもつ民衆。——この民衆の世界、この堕落した人間の自然本性の世界の奥深くに、いま四十歳のヴィーコは降り立とうとしている。キケロが『アッティクス宛て書簡集』（二一・八）で揶揄している「まるでロムルスの汚水溜めではなくて、プラトンの国家に住んでいるかのように語る」哲学者とは逆に、ヴィーコが必要としているのは、あくまでロムルスの汚水溜めのなかにあって、ロムルスの汚水溜めのなかにあることを自覚しつつ、しかもロムルスの汚水溜めそのもののうちにプラトンの国家にいたりうる道、つまりは自然のうちなる法を発見することなのだ。

第2章　自然学者ヴィーコ

1　自然の学と自然自体

デカルト主義的な新しい学問方法のもとで真理と対立的にとらえられ、ほとんどつねに虚偽であるとして排除されるにいたった「真らしく見えるもの」を擁護するヴィーコ。生きていくうえでなにが必要でなにが有益かについて人々が共通に分かちもっている「共通感覚」に依拠したところから知恵の達成にいたる道を展望しようとするヴィーコ。青少年の教育にあたっては、知性の発達の「自然な流れ」にそった学習の順序を確立して、真偽の判断にかかわる術としてのクリティカに先立って論拠の発見にかかわる術としてのトピカを教授し、またとりわけ想像力の育成に努めるべきことを力説するヴィーコ。理論的な知識とならんで、実践的な見識と雄弁を知恵の三つの柱として強調するヴィーコ。

このヴィーコの立場は、ところでまた、たんにクリティカの排撃を意図したものではないばかりか、近代派にたいする古代派、新しい科学にたいする人文的教養の弁護論に尽きるものでもない。それは、究極においては、科学と人文的教養という、ともに知識に属するもののあいだの対立を超越したところ、あるいはそれに先立つところで、およそ知識一般が生活とのあいだで取り結んでいる関係そのものに批判的に注がれている。このことは、とりわけ、自然学の新しいあり方にたいするヴィーコの懐疑から明らかとなる。

新しい自然学の特色

近代における自然学の特色は、そこに算術化された幾何学が方法として導入されていることに求められる。ヴィーコは述べている。――幾何学を自然探求の道具として利用すること自体は、古代ギリシアにおいても試みられていた。しかし、古代ギリシアの場合には、それはあくまで限られた範囲での断片的な利用にとどまっていた。これにたいして、わたしたちはそこに代数学との結合による改良を加えたうえで、幾何学の継続的かつ体系的な利用をなしうるにいたっている。新しい発明・発見をつぎつぎに達成しつつある近代の科学者たちは、「自然の暗い道を歩むなかでそれらの発見や発明を逸することがないようにと、幾何学的方法を自然学に導入し、さながらアリアドネの糸のようにその方法にすがりつつ、予定された道程を歩みおえる」。しかも、この世界という驚嘆すべき機械が神によって組み立てられたさいの諸原因を挙示するときのかれらの態度たるや、手探りで歩む自然の探索者というよりは、巨大な建造物をみずから設計する建築師のそれに近い、と（Vico, I, 79）。

ここで「アリアドネの糸」といわれているのは、デカルト自身、『知能指導の規則』のなかで、不明瞭な錯綜した諸問題を明証的に直観される単純なものにまで還元したうえで、つぎに演繹によって、推論の長い連鎖をたどりながら、複合的な真理の認識へと上向していくかれの方法を指して、形容している言葉である。デカルトのテクストでは「テセウスの糸」となっている（Descartes, 1964-1974, X, 380）。ギリシア神話によると、テセウスはアリアドネから贈られた糸を頼りに迷宮のなかに入っていき、そこに棲む怪獣ミノタウロスを殺害したうえで、無事迷宮から戻ってきたという。この英雄譚が念頭におかれている。

しかしながら、ヴィーコによると、明証的に直観される単純な真理から出発して、推論の長い連鎖をたどりながら、複合的な真理の認識へと向かっていこうとするデカルトの方法では、「どの部分を否定しても基礎に置かれた命題そのものに打撃をあたえることになる」。したがって、新しい自然学には、進みうる道として、つぎの三つしかない。第一は、その種の自然学を放棄して、宇宙の観照に立ち戻るという道。第二は、新しい自然学そのものの意義は認めたうえで、それを幾何学的方法とは別の新しい方法によって体系づけなおすという道。第三は、あくまで幾何学的方法にもとづく自然学の立場を貫いて、どのような新しい現象をもそれの系として説明するという道である（Vico, I, 84-85）。

自然の学と自然自体の同一視

こう指摘するヴィーコの目には、これらのうち、とくに第三の道をとろうとしている近代の自然学者たちの姿が、あたかも、豪壮で便利なことにおいては申し分のない邸宅を相続し、残されていることといえば、家具をあちこちへ移動させたり、小さな装飾品を付け足して当世風に仕立てあげたりする程度のことしかない人々のように映る。じっさい、かれらは主張してはばからない。わたしたちの幾何学的方法にもとづく自然学は自然そのものなのであって、あなたがたが宇宙の観照に向かうときには、どこでもこの自然学を眺めることになるだろう、と。かれらにとって、自然はすでに知られているのであり、自然の学はそのままに自然自体なのだ（Vico, I, 85）。

こうしてまたかれらは言う。これ以上自然を探求しつづけるという労苦からわたしたちを解放し、こんなにも豪壮で便利な邸宅をわたしたちに遺贈してくれた創始者たちに感謝しなければならない、と。だが、これにたいして、ヴィーコはつぎのように反問する。なるほど、自然の仕組みがかれら創始者たちの考えたとおりであるなら、大いにかれらに感謝すべきだろう。しかし、かりにもその仕組みが違っていたときにはどうだろうか、と。そして、聴衆＝読者に呼びかけるのである。「そのときには注意しなければならない。自然についてもう間違いなく心配ないものとふるまわないよう、邸宅の屋根の手入れをしている最中に、危険なことにも土台のことを忘れてしまわないよう、重ね重ね注意しなければならない」と（Vico, I, 85）。

ヴィーコの懐疑の意義

そもそも、自然学への幾何学的方法の導入を可能にしているのは、自然はその真の存在においては数学的であるという、すでに端緒的にはプラトンによって抱懐されていて、近代にいたってとりわけガリレオやデカルトによって継承されることとなった信念である。他方、わたしたちの日常的な生活のなかに現われて、色、臭い、味、硬軟などの感性的性質において経験される自然については、その法則性はそれ自体経験的に帰納されるほかないと考えられる。

しかし、デカルトは、およそ物体における感性的性質のすべてをたんに主観的なものであるとして捨象する。そして、自然そのもの、物体の世界そのものを「延長しているもの（res extensa）」の数量化された関係のなかでとらえようとする。このような「即延長的物体観」（所、一九七一）を獲得しえてはじめて、数学に範をとった単純本性からの演繹的推論の方法――いわゆる幾何学的方法――の自然学への適用は可能とされたのである。

だが、このようなかたちでの自然の数学化は、とりもなおさず、自然自体の理念化を意味しているのではないか。そして、そこでは、現実の自然、日常的に生活のなかに現われて感性的性質において経験される自然の世界の、数学化された自然という、理念性の世界へのすりかえが生じているのではないか。（一）算術化された幾何学、（二）自然の探求、（三）自然自体。本来、これら三者はそれぞれ下の（三）から上の（一）へと順次その有意味性ないし真理妥当性を汲みとってきているはずである。ところが、デカルトの場合には、逆に上の（一）から下の（三）へと降りていく。しかし、このように逆立ちした関係のなかで、学はそれにとっての本来の根源的な意味基底であるはずの生活にたいする錯視におちいる危険性を必然的にはらむことにならざるをえないのではないか。ヴィーコが問うているのは、このことにほかならない。

不可知論

ところでまたヴィーコは、デカルト的演繹の方法について、それは「幾何学においてはもっとも真実らしい証明の方式であり推論であるが、ことがらが証明を容れないものであるときには」とも述べている（Vico, I, 85）。すなわち、そもそも証明になじまないことがらが存在するというのだ。

ここには自然認識の可能性そのものにたいする一種の不可知論的な立場の表明が見られるといってよい。自然の学を自然自体と同一視して疑うことを知らないデカルトの徒たちと異なり、ヴィーコにとって、自然自体はつねに学を超えたところにある。人間の認識が及びうる境域の外にある。なるほど、自然学者たちは幾何学的方法を「アリアドネの糸」として自然の暗い道を歩むなかで多くのことがらを見いだすかもしれない。しかし、こうして見いだされる自然学上のことがらは、見いだされるにあたって幾何学から方法は導き出しているにしても、証明までを導き出しうるものではありえないのである。

原因による知

それというのも、ヴィーコによれば、あることがらが真であることの証明は、その原因を知っている者、つまりはそれを作った者のみが、よくなしうるからである。そして、「幾何学上のことどもをわたしたちが証明するのは、わたしたちはそれらを作っているからである。もしかりに自然学上のことどもをわたしたちが証明できるとしたならば、わたしたちはそれらを作っていることになる」。しかし、自然を作ったのは、もとより、わたしたち人間ではなくて、神である。事物の本性を形づくる真の形相はただ神のうちにのみ存在している。他方、自然の製作者ではない人間には、まさにそれゆえに、自然についての知識をもつ可能性はあたえられていないのだ(Vico, I, 85)。

こうしてヴィーコは忠告する。自然学に専念するのはよいが、それは「哲学者として」でなければならない、と。いいかえると、神にくらべて人間の精神がいかに卑小で無に等しい存在であるかを悟るためにこそ、自然学は学ばれなければならないのである。「わたしたちもまた、わたしたちがかくも熱望してやまない真理を探求しよう。しかし、それを発見しえないところでは、この真理への欲求そのものが、至高至大の神、唯一の道であり真理である神へとわたしたちを導いてくれんことを」(Vico, I, 85)。こうヴィーコは自然学への幾何学的方法の導入の問題性を指摘したくだりを締めくくっている。

2　代数解析と意味の空洞化

自然学の近代的なあり方について、そこにおける幾何学的方法の導入の問題性を以上のように指摘したヴィーコは、つづいてアナリュシス、すなわち代数解析の問題へと論を進める。

ちなみに、「アナリュシス(analysis〔解析〕)」は、古代ギリシアの幾何学においては、通常の論証法である「シュンテシス(synthesis〔総合〕)」とは逆の証明や解法を求める発見の手順のことであった。問題を解かれたものと前提して推論を進め、その最後の帰結として既知のものに到達する方法である。近代になって、フランソワ・ヴィエト(一五六〇―一六〇三)が『解析法序説』(一五九一年)においてこのアナリュシスの方法に代数記号を用いることを試みた。代数解析の誕生である。そして、この代数解析の様式はその後デカルトによっても『幾何学』(一六三七年)のなかで用いられて大いに普及するところとなり、十七世紀には、たんに「アナリュシス」といえば、代数解析を意味したほどであった(佐々木、一九八七、一〇八―一三八頁)。ヴィーコが「アナリュシス」という場合も、この用法にならっている。

インゲニウムと代数解析

代数解析が近代人を謎解きの名人にしたことはヴィーコも認める。しかし、もろもろの発明・発見の能力であるインゲニウム(ingenium〔構想力〕)は困難によってこそ鋭敏となるのであって、容易さによっては弛緩してしまいかねない。このことからして、近年の自然学上の発明・発見のうちでなにか代数解析という便利な解法が開発されたことによって達成されたと評価しうるものがあるかどうかを検討してみるべきである、とヴィーコは言う。

これにたいするヴィーコの答えは否である。騎手が馬を疾走させるのに瞬時手綱を引き締めるのと同様、幾何学はそれが習得されているあいだはインゲニウムを抑制しておき、応用の段になってはじめてインゲニウムの力が鋭敏に発揮されることを狙う。そのとき、幾何学は知性に多数の図形をあたえる。そして、知性はインゲニウムをいかんなく発揮して、あたえられた図形を驚くべき迅速さでもって一瞥し、それらを結合し合成することによって、提起された問題を解く。これにひきかえ、代数解析はさながら「巫女がいまだにフォエブス神〔太陽神アポロン〕に耐えられず／この大いなる神を胸から追い出すことができぬかと／洞内で荒々しく猛り狂う」(ウェルギリウス『アエネイス』六・七七―七九)ようにして、手当たり次第の推論を繰り出すのみである。じっさい、近代における発明の多くは代数解析の普及する以前にすでに達成されていたのであり、機械学に代数解析が導入されてからも、発明の天才たちは代数解析を無視していた。その一方で、代数解析のみに頼ってなにかを発明しようとくわだてた者は、みじめにも失敗しているではないか。こうヴィーコは問い返すのだった（Vico, I, 87-88）。

幾何学が直観的な作図的解析という古来の行き方を守っていたあいだは、それはなおも、理念化された数量的関係自体を生活世界における意味基底との具体的なつながりにおいて意識しえていた。ところが、ここに代数解析的な方法が開発され、数量的関係がxとかyといった記号からなる関係へと移し換えられたことによって、幾何学には意味の空洞化、つまりは生活にたいする有意義性の自覚の喪失という事態が生じることになりはしなかったか。――やがて近代という時代が全体として問題化されるにいたる二十世紀も半ばを迎えようという時期になって、こう問うているのは、『危機』書のフッサールである。同書において、フッサールは、近代ヨーロッパにおける自然科学について、とくにこの点を――さきに見た自然の学と自然自体とのすりかえとならんで――指摘している（Husserl, 1962, §9 et Beilage III）。ここでヴィーコが問題にしているのも、フッサールが問うているのと同じ代数解析の開発にまつわるこの問題点であるとみてよいだろう。

3　医学の問題

最後には、近代における医学の問題。――近代の医学はいまだ病気の原因を十分に知らないにもかかわらず、症状の注意深い観察を怠って、診断を急ぎがちであるが、この点では古代人のほうがわたしたちよりもすぐれていたとヴィーコは言う。おそらく、かれら古代人には病気の原因が隠れたところにあって不確かにおもわれたのだろう。だからこそ、かれらは、長い観察によって確信を得ることのできた唯一のこと、すなわち、病気の原因ではなくて、その症状の重さと進み具合についての徴候をことのほか大事にしたのだった。

流動的な生命の現実としての病

これにたいして、今日わたしたちはまずもって真理とおぼしきものを大前提として立てたうえで、そこから身体にまつわる諸問題についてのわたしたちの推論を演繹している。しかし、「長い観察から収集される徴候とか診断はただ蓋然的に真と見なしうるものであるにすぎない」。また、「病人がつねに同一ではないのと同様、病気というものはつねに新しく、同一ではない」。したがって、この病気というつねに新しく変化してやまない生命の世界にたいしては、すでにフランシス・ベーコンも『学問の尊厳と増進』（一六二三年）のなかでガレノスの徒を批判して、「人間は死ぬ、ソクラテスは人間である、それゆえソクラテスは死ぬ」といったたぐいの三段論法によっては病気の原因は認識できないと述べているように、演繹的な推理はそもそも通用しないとみるべきである。というのも、そうした論法によっては、最初に前提された真理のうちにすでに含まれているもののみが順次明らかにされていくにすぎないが、病気というものは、本来、そうした大前提のうちにはついに包摂され尽くされることのない流動的な生命の現実であるからである。病気にたいしては、むしろ個々の事例に即した帰納の方法を適用するのが、正しく賢明な行き方なのだ（Vico, I, 89-90）。

つねに新しく変化してとどまるところを知らない生命の世界。そして、このつねに流動してやまない生命の世界にたいしては、演繹的推論の体系性は現実から遊離し隔絶した体系性でしかないとの認識。ひいては、状況の個別性に即した観察にもとづく帰納的推論の妥当性の強調。――ここでもまた、明らかにヴィーコの眼は、知識と生活とのあいだに張り渡された意味連関が、真なるものの相においてよりもむしろ真らしく見えるものの相において、存在を現象させることを見てとっている。このことの理由そのものはいまのヴィーコにはまだ見きわめられていない。が、ともあれ、かくては真らしく見えるものをデカルトのように一概に虚偽と決めつけて排斥するようなことはさしひかえるほうが賢明かつ安全なのではないか、というのがヴィーコの考え方なのであった。

4　インヴェスティガンテたちとの関係

それにしても、自然学についてのこのような知見をいったいどこからヴィーコは得たのだろうか。

インヴェスティガンテたちのアカデミー

自然学研究の近代的なあり方についてヴィーコがこのような批判を展開しえているという事実は、かれとあるひとつの科学アカデミーとの関係へとわたしたちの注意を向けさせる。アッカデミア・デッリ・インヴェスティガンティ（Accademia degli Investiganti〔探求者たちのアカデミー〕）がそれである。時あたかも十七世紀の初めからヨーロッパで進行しつつあった「科学革命」のうねりのなかでナポリに生まれた自然研究の学会である。

中心人物は、生理学者にして医学者のトンマーゾ・コルネリオ（一六一四―一六八四）と、同じく医学者のレオナルド・ディ・カプア（一六一七―一六九五）。二人とも、ナポリ大学の解剖学教授ですぐれた外科医として知られるマルコ・アウレリオ・セヴェリーノ（一五八〇―一六五六）の晩年の弟子であった。ディ・カプアの勧めで一六四四年に北イタリアに出かけたコルネリオが、ローマやフィレンツェでの数年間の研修の末、四九年の暮れに、ガリレオ、ガッサンディ、デカルト、ベーコン、ハーヴィ、ボイルなど、それまでナポリではほとんど知られていなかった新時代の科学者や哲学者の著作を旅嚢いっぱいに詰めこんで帰ってきたのが、集まりのそもそものきっかけであったという。

勉強会はその後、ナポリの総都市人口六十万のうち四十万の生命を奪ったといわれる一六五六年のペストで中断を余儀なくされる。が、一六六三年の秋、コルネリオの『プロギムナスマタ・フュシカ〔自然学予備演習〕』が上梓されたのを機に、アレーナの侯爵がパトロンとなって正式にアカデミーとして発足する。そして、十数名からなる会員がほかにも少なからぬ数の参観者を得て侯爵の館で定期的に会合を開いては、北方から入手した自然学上の新しい諸学説やその実験結果について、かれらもまた自分の手で再実験し、自分の目で確認しながら討議しあっていたようである（cf. Fisch, 1953; Torrini, 1981）。

もっとも、アカデミー自体は一六七〇年頃、すなわち、ヴィーコが誕生してまもなく、副王の勧告を受けて解散してしまう。王室侍医を中心とするガレノス派との化学医療をめぐる抗争が原因であったという。

しかし、アカデミーの解散後も、メンバーたちは、各自の著作の出版や、次代の若者たちを集めた私邸でのサロン活動をつうじて、知的革新の事業を継続していく。ヴィーコもまた、そうした元インヴェスティガンテたちとの直接または間接の交流のなかで知的形成をとげた青年の一人であった（Nicolini, 1932, 97-99）。ヴィーコが自然学研究の現状についてさきに見たような知見を得たのには、この若き日における元インヴェスティガンテたちとの交流があったのではないかと推察されるのである。

とりわけ注目されるのは、ヴィーコとインヴェスティガンティ・グループとのあいだには、知識理論の面において互いに通じあい呼応しあうものが認められることである。

ヴィーコの知識理論の前提をなしているのは、さきにも述べたように、「原因によって知る」ことこそが知識の条件であるとする考え方であろう。しかし、もしそうであるとするなら、これはとりもなおさず、技術知およびそれを範としてレオナルド・ダ・ヴィンチからガリレオへといたる過程で成立を見ることになった科学的実験主義の中核をなす考え方でもあったことに注意する必要がある（cf. Mondolfo, 1969）。そして、アッカデミア・デッリ・インヴェスティガンティに結集していた自然探求者たちもまた、そのガリレオの流れを汲む実験主義者たちであったのである。

感覚的経験主義批判

インヴェスティガンテたちは、ルネサンス期以来のナポリにおける自然主義の伝統のおそらくはもっとも正統の継承者であった。ただ、その伝統における感覚的経験主義にかんしては、たぶん自然主義への沈潜の度合いが深かったからこそであろう、かれらはそれの限界をもするどく認識していた。

たとえば、生理学者のコルネリオの場合。――コルネリオは、『プロギムナスマタ』の第一演習「哲学の方法について」を、幾何学や算術などの数学的諸学科においてはじつに精緻な証明法が案出され、技術の分野においてもつぎつぎに巧妙な人工機械が発明されつつあるというのに、ただひとり生理学だけは幾世紀にもわたる多くのすぐれた人々の研鑽努力にもかかわらず、いまだにほとんど成長の跡が見られないのはなぜか、と自問することから始めている。そして、その理由を生理学の場合には対象とする自然のことどもの像を感覚器官をつうじて精神のうちに取りこんでこざるをえないという点に求めて、つぎのように述べている。

「自然のことどもの像はすべて外から感覚器官をつうじてわたしたちの心の中に入りこんでくる。〔中略〕しかるに、感覚器官は、わたしたちがわたしたちの感じとるこれらのことどもからなんらかの仕方で刺激を受けているということは教えてくれるが、事物自体のうちに存在している本性をわたしたちに認知すべく現示してくれることはけっしてない。このために、わたしたちは感覚器官によって受け入れたことどもについてはきわめてしばしば誤った判断をしてしまうのである。これにたいして、同様の誤謬に数学的観照がおちいることはけっしてない。というのも、数学的観照は、その像が心の中に生じるにさいしてなんら感覚器官を経由することのないようなことどもを対象とするからである。じっさいのところ、数学者たちがその特性と類比を調べる図形ならびに数にかんしては、知性はそれらを感覚器官の助けなしに自分自身の力で思い描くことを十分適宜になしうるのである」(Cornelio, 1688, 59-70)。

しかしまた、この点については、かれの僚友ディ・カプアの『医術の起こりと歩みを逐一語りつつ、医術とはいかに不確実なものであるかを明らかにしている八つの論からなる、リオナルド・ディ・カポア氏の見解』(一六八一年——以下、『見解』と略記)のなかに、さらにはっきりとした言明が見られる。

ディ・カプアは、『見解』のなかで、まずもっては、「感覚は自分自身をも霊魂をも欺くことはけっしてありえない。なぜなら、感覚は外部の感知しうる事物の印象を、つねに、自分がまさにそれらを受け取ったままに、なんの配慮も工夫も加えることなく、霊魂に表象するからである」と述べて、〈感覚の欺き〉にかんするアリストテレスの説をしりぞける。そのうえで、こう主張する。感覚は「判断をつかさどる知性にとっては誤謬と錯誤の原因となりうる」と。それというのも、「物体のさまざまな作用からそれらの物体の本性にかかわることどもを探り出そうとするのが理性である」。ところが、「感覚をつうじて確認されるもろもろの作用の原因はさまざまでありうるし、いかにももっともらしい真理の仮面をつけて立ち現われる」。したがって、「理性はたやすくだまされてしまう」というのだった(Di Capua, 1681, 150, 152-53)。

実験的方法の意義

このように、インヴェスティガンテたちは、感覚的経験主義にたいしてはきわめて批判的な自然主義者であった。知識の資格条件である〈原因による知〉をそれはあたえてくれないとの理由からである。そして、この感覚的経験主義の限界を突破しうるもの、それがかれらによれば実験的方法なのであった。実験的方法こそは〈原因による知〉の可能性を開いてくれるものとかれらは受けとめるのである。

じっさいにも、コルネリオは、『プロギムナスマタ』のなかでデカルトの哲学方法の意義に言及したさい、それの画期性をとりわけ「自然のことどもの力と現象とは人工のものとの類比から機械学の法則に準拠して定義すべきであると教えた」点に求めている（Cornelio, 1688, 93）。

一方、ディ・カプアにとっては、生理学および医術の分野にあって真にその名に値する実験は化学のそれでなければならなかった。ディ・カプアによれば、人体のすべての部分を解剖によって枚挙し確認しおえることができたからといって、それら各部分の性質と役割とに通じていなかったとしたら、それは医者にとってなんの役にも立たない。ところでまた、「結合した物体を分離し、また分離した物体を結合すること」が、化学という術の役目である。じっさい、「自然物体を分解することがそれらの自然物体を構成している諸原理についてのなんらかの認識に到達するためのもっとも確実でもっとも容易な方法であることは、いったい、だれが疑いえようか。それは、時計その他の人工物の場合、それらを分解することによって、それらを組み立てている諸部分がただちに確認されるのと同じである」（Di Capua, 1681, 497–98, 503–05）。

機械学的な実験と化学的な実験との差こそあれ、両者ともに、従来の自然主義の伝統における感覚的経験主義の限界を実験という方途によって突破しようとしていることは明らかだろう。そして、そのさいの動機がどのあたりにあったのかも十分に読みとれることとおもう。要するに、〈原因による知〉の可能性をあたえてくれるかどうか――これがかれらをして感覚的経験主義の限界を認識させるとともに実験的方法へと向かわせていった最大の動機であったのだ。ここにわたしたちは、ヴィーコとインヴェスティガンテたちとのあいだには知識理論上の浅からぬ類縁性、〈原因による知〉という理念に媒介された類縁性が存在するのを見てとることができるのである。

数学と自然学

なお、自然学への幾何学的方法の導入には自然の学と自然自体との同一視の危険がはらまれているのをヴィーコが指摘していることについてはすでに見たとおりであるが、同様の指摘はコルネリオによってもなされていた。じっさいにも、『プロギムナスマタ』のなかの自然研究における原子論の意義を論じた個所には、レウキッポス、デモクリトス、エピクロスらによって考案されたアトムすなわち「形状、運動、位置、数、および大きさの差に応じて、物体の各種各様の合成を産み出す微小粒子」の理論の重要性が述べられたのち、そのアトムをまるで数学的な点であるかのようにとらえたガリレオを批判して、つぎのようにある。

「ところが驚くべきことにも、より堅実な哲学の創始者にして発明者たるガリレオは、〔中略〕アトムについて、まるでそれらが数学的点に似てまったく大きさをもたないかのように論じている。〔中略〕自然物体がなんらの大きさももたない最小のもの、もしくは点から合成されていると説明しようとして、ガリレオはどれほど多くのさまざまな思いがけない困難にみずから好んでおちいるつもりなのか。ガリレオはなるほど精確さにおいては欠けるところのない多くのことどもを幾何学から引き出している。しかし、その努力にもかかわらず、それらが〔自然事象と〕適合する度合いはそれほど多くはないのである。というのも、じつのところ、幾何学上の図形について証明されるすべての特性がつねにうまく自然学上の物体に妥当するわけではないからである。自然学の領域ではまったくありえないようなあまたのパラドックスが数学においては生じる」(Cornelio, 1688, 101-04)。

5　人知、この有限なるもの

しかしながら、ヴィーコとインヴェスティガンティ・グループとを結びつけているもののなかでもことに注目されるものといえば、それはなんといっても、人間存在ひいては人知の有限性および不完全性についての深い自覚にささえられた、学問的探求の精神そのものではなかっただろうか。

「大革新」構想へのヴィーコの批判

ヴィーコにおいてこの自覚がいかに深甚なものであって、学問の進め方についてのかれの思想全体のなかで統制的原理としての位置と役割を占めていたかは、一七〇八年の講演が、開口一番、つぎのように切り出されていることからも十分にうかがえるところである。

「フランシス・ベーコンは、珠玉の小冊子『学問の進歩』において、人間の知恵をすべての点において完全なものとするために、わたしたちがこれまで獲得しているものに加えて、もろもろの新しい学芸を指摘するとともに、わたしたちが獲得しているものをどの程度まで発展させる必要があるかということについても指摘している。しかし、こうして諸科学の新しい世界を明らかにするとき、かれ自身この地球上におけるわたしたちの世界よりもむしろその新しい世界にこそ似つかわしいことを示している。というのも、かれの巨大な願望はあまりにも大きくて人間の精励の域を超えてしまっており、何が補充可能かということよりもむしろ、絶対無比の知恵に到達するためにはわたしたちには必然的に何が欠落しているかということを示しているようにおもわれるからである。こういったことになるのは、よくあるように、最高のものを保持している者は並外れて巨大なものや無限のものを求めようとするからである、とわたしはおもう。それゆえ、ヴェルラム卿は、国事において、きわめて大きな帝国の支配者たちが、人類にたいする最高の権力を手に入れたのち、巨大なその資力を自然それ自身にも振り向けて悪用し、海を石材でならすとか、山を船で航行するとか、自然によって禁止されているその他のことを無益にもくわだてようとしたのと同じようなことを、学芸の分野においておこなっていることになるのである。しかし、じっさいには、人間に知ることが許されているものはすべて、人間自身と同じく、有限であり不完全であるのだ」(Vico, I, 76-77)。

ヴェルラムの男爵フランシス・ベーコンは、ヴィーコがもっとも深く敬愛してやまない人であり、まさに学者の鑑ともいうべき存在であった。「理念の賢者」プラトンに代表される深遠な知恵と「実践の賢者」タキトゥスに代表される通俗の知恵の双方をともにひとしく、他に比肩しうる者のないほど兼ね備えた人、ベーコン！　稀有の哲学者であったと同時に政治家としても活躍し、枢密顧問官から国璽尚書、さらには大法官までつとめた「普遍人」、ベーコン！　こうヴィーコはベーコンを称揚してやまない(Vico, I, 26)。

しかしまた、そのほかならぬベーコンの抱懐する「大革新」の構想、かれの描く学問の新世界は、あまりにも遠大で、人知の及びうる限界を大きく超え出てしまっている、とヴィーコはみる。とともに、有限にして不完全な存在であるわたしたちのとるべき道は、むしろ、この人間存在ひいては人知の有限性および不完全性を十分に認識したうえで、古代人からも学ぶべきところは学び、近代人と古代人双方の欠陥を補いあって方法の改善に努めていく、そのような道でなければならないと考える。じっさいにもヴィーコはつづけて述べている。「もしわたしたちの時代を古代と比較して、双方の学芸の利得と損失を秤にかけてみるなら、わたしたちの比は古代人の比とおそらく同じになるだろう」と(Vico, I, 10)。ヴィーコの学問方法論の全体は、このように人間存在ひいては人知の有限性と不完全性についての深い自覚に支えられつつ、組織されているのである。

インヴェスティガンテたちの場合

そうであったとすれば、インヴェスティガンティ・グループの知的革新の事業全体も、ほかでもなく、この同じ自覚に貫かれており、これが統制原理として働いていたということ――このことはかれらによっても生理学や医学の進め方をめぐるアリストテレス＝ガレノス派との論争の過程において繰り返し持ち出されている古代人と近代人の比較論からうかがい知ることができる。

もっとも、この比較論において、ヴィーコのほうはどちらかといえば近代派に批判的であるようにみえるのにたいし、インヴェスティガンテたちは断固として近代派であった。しかし、この点にかんしては、そもそも問題のコンテクストが両者の場合では異なっていたことに注意する必要がある。ヴィーコの場合には、問題はデカルト的ないしポール＝ロワイヤル的な教学カリキュラムのあり方にあった。これにたいして、インヴェスティガンテたちの場合には、なによりもまずアリストテレスとガレノスの権威への盲目的な追従者たちの存在こそが問題であった。事物の真理は事物それ自体のうちにしか見いだせない。にもかかわらず、アリストテレス＝ガレノス派の者たちは、当の事物そのものを直視し、つぶさに観察することをしないで、この努力を師の言説の権威によって代理させてしまっている。このような知的怠惰をこそ、インヴェスティガンテたちは打倒しなければならなかったのだった。そして、一種戦術的な意図もこめて問い返すのである、古人もその時代には新しい人ではなかったのか、と。また、もし「古い」ということが「年をとっている」という意味であるとすれば、そのときには、なおも歴史の青年期にあった古代人よりは年老いた時代に生きているわたしたち近代人のほうが明らかに「古い」のではないか、と（Cornelio, 1688, 2, 10; Di Capua, 1681, 61-67）。

しかも、インヴェスティガンテたちの近代人擁護論自体、古代人よりも近代人のほうが優秀であるとの自負によるものであるよりは、むしろ、古人の言説も、それがたとえどれほど秀でた人の言説であっても、けっして完全かつ絶対無謬ではありえないという認識、いや、そもそも、この有限で不完全な死すべき存在である人間には完全な知識に到達する可能性はあたえられてはいないのだとの自覚に発するものなのであった。「おお、わたしたち死すべき者どものいとも不幸な条件よ！」――こうディ・カプアは、「理論医学の体系を確立することは人間には困難、というよりはまったく不可能であるということをはっきりと認識すべきである」と結論したさい、嘆息まじりに叫んでいる（Di Capua, 1681, 464）。

また、コルネリオは『プロギムナスマタ』の冒頭に、序言に代えて、ステリオーラ、トゥルージアヌス、ブルーヌスという三人の人物の「対話」を置いている。いずれも実在の、ただし時代を異にする人物で、ステリオーラは光の屈折作用の根拠を最初に見いだしたといわれる十六世紀末から十七世紀初めの時期のナポリの科学者、トゥルージアヌスはガレノスの註解者として知られる十三世紀末から十四世紀初め頃のフィレンツェの医師、そしてブルーヌスはかの有名なジョルダーノ・ブルーノである。このアッカデミア・デッリ・インヴェスティガンティの綱領的宣言ともみなしてよい「対話」で、コルネリオはかれの代弁者の役割をあてがわれているとみられるステリオーラに言わせている。「トゥルージアヌスさん、お願いですから、人間の理解力の貧弱さを事物のいまだ把握されていない広大無辺さと較べてみてください、そして、自然がそれの深奥に隠していることどものすべてを心のうちにとらえ込むことがどれほど法外で難儀な仕事であるか、よくよく思案してみてください」と（Cornelio, 1688, 13-14）。人間存在ひいては人知は有限で不完全なものでしかありえないと考えるからこそ、かれらは「古人」とはいってもつまるところそのような有限で不完全な存在でしかない人間が繰りだす言説の権威に盲従することの愚を戒めるのだった。

病原微生物学者の川喜田愛郎は『近代医学の史的基盤』（一九七七年）のなかで十七世紀医学者たちの状況を診断したさい、「物理学、化学によるかれらの開眼が、往々性急な一般化への誘惑と転化したのにも無理のないふしがあったとみなければなるまい」と述べている（川喜田、一九七七、二九四頁）。しかし、コルネリオとディ・カプアに代表されるナポリのインヴェスティガンテたちは、けっして「物理学、化学によるかれらの開眼」を「性急な一般化」へと転化させるようなことはなく、かえって人知の限界についての深い自覚に支えられた蓋然主義の立場から、近代医学の「模索」過程にはらまれる困難をよく見通し、わきまえつつ、その探求の歩みを進めていたようにおもわれる。そして、ヴィーコは、ほかでもなく、このインヴェスティガンテたちにおける蓋然主義の精神を受け継いだところから、かれもまた探求の歩みを開始しているのである。

第3章　真なるものと作られたものとは置換される

1　『形而上学篇』の知識理論

第七回目の開講講演をもとにした著作『われらの時代の学問方法について』が公刊された翌年の一七一〇年、ヴィーコの最初の哲学的著作『ラテン語の起源から導き出されるイタリア人の太古の知恵』第一巻『形而上学篇』（以下、『形而上学篇』と表記）が世に問われる。起源におけるラテン語の言い回しを介して「イタリア人の太古の知恵」を探り当てるという体裁のもと、第一真理や最高神性、人間の精神とその諸能力などにかんするヴィーコ自身の見解を披瀝しようとしたものである。

とりわけ、同書では、ヴィーコにおける知識理論上の基礎命題といってよい「真なるものと作られたものとは置換される（verum et factum convertuntur）」という命題、すなわち、「真理の規準は当の真理自体を作り出したということである」という命題が初めて体系的に論じられている。

真なるものと作られたもの

見てみよう。そこでは開口一番、ラティウムすなわち古代ローマの人々は、〈ウェールム〉verum（真なるもの）

と〈ファクトゥム〉factum（作られたもの）とは相互に取り替えられる、あるいは学校《スコラ》で一般におこなわれている言い方に従うなら、置換されるとみていたことに注意が喚起されている。そして、ここからイタリアの古賢たちは真理についてのつぎのような見解、すなわち、真理とは作られたもののことにほかならないという見解において一致を見ていたものと推測することができるとされている（Vico, I, 131）。

ついでは、「知識（scientia）」についても、知識とは「事物が作り出されるさいの様式（genus, seu modus, quo res fiat）の認識」のことであるとイタリアの古賢たちは考えていたと主張されている（Vico, I, 132）。

そして、このような「イタリア人の太古の知恵」についての語源学的推理にもとづいて、「真理の規準は当の真理自体を作り出したということである」とのヴィーコ自身の見解が表明されている（Vico, I, 136）。これは、たしかに注目に値する命題であるといってよい。

証拠の提示要求と回答

もっとも、ここでヴィーコが開陳してみせている語源学的推理がどの程度まで信用できるものなのかについては、少なからず疑問が残るといわざるをえない。

じっさいにも、〈ウェールム〉と〈ファクトゥム〉が古代ローマ人のもとで同義的に使用されていたという事実にかんしては、すでに当時、『形而上学篇』が公刊されてまもなく、ヴェネツィアの『イタリア文人雑誌』第五巻（一七一一年）の匿名書評者から証拠の提示要求があった（Vico, I, 202）。これにたいして、ヴィーコのほうではさっそく回答を書き（『第一の答弁』）、プラウトゥスの喜劇『プセウドルス』のなかでカリドルスから「フルキフェル（Furcifer）！」、すなわち、熊手のかたちをしたくびき（furca）を背中にかついで刑場に送られてしかるべき悪党！とののしられた女衒のバリオが「ファクトゥム・オプトゥーメー（Factum optume）」と答えている個所を証拠として提示している。ヴィーコによると、これは「まったく、そのとおりさ（È verissimo）」という意味だというのである（Vico, I, 204–205）。

しかし、このヴィーコの回答にたいしては、匿名書評者のほうからも『イタリア文人雑誌』第八巻（一七一一年）であらためて応酬があった。匿名書評者によると、問題の個所はむしろ字義どおり、自分を刑場に送ることができるというならやってみるがよい、もしできたなら「それは上出来なことだ（Egli è fatto benissimo）」ととるべきだというのだった（Vico, I, 233–234）。ヴィーコは一七一二年に書いた『第二の答弁』のなかでこの匿名書評者の解釈は採用できないとしているが（Vico, I, 253）、はたしてどうであろう。これはむしろ匿名書評者のほうに分があるとみるべきではないだろうか（cf. Mondolfo, 1969, 16–18）。

キリスト教信仰に適合した形而上学

それだけではない。イタリアの哲学者ベネデット・クローチェがその記念碑的な著作『ジャンバッティスタ・ヴィーコの哲学』（一九一一年）において高らかに宣言しているところによると、「真理の規準は当の真理自体を作り出したということである」とするヴィーコの命題は、認識論の歴史上独創性を誇りうる画期的な命題であるという（Croce, 1911, 17–18）。が、その命題は独創性を誇りうるには、あまりにも深くキリスト教神学の伝統に根ざしており、その伝統の制約を受けているようにもみえる。

なるほど、ヴィーコの命題がいくつかの面でキリスト教神学の伝統から逸脱ないし離反する内容を含むものであったことは、たしかである。

たとえば、トマス・アクィナスが『神学大全』（一・一四・一二）において述べているところによると、「神の知識こそが事物の原因である」という。同じ趣旨のことはすでにアウグスティヌスも述べていた。『三位一体について』（一五・一三）には「霊的および肉的な被造物一般を神はそれらが存在しているから認識するのではなくて、神がそれらを認識しているからこそ、それらは存在するのである」とある。ここでは、明らかに、事物を認識しているということこそが事物の存在ないし製作の条件であると考えられている。このキリスト教神学の考え方と、「真理の規準は当の真理自体を作り出したということである」ととらえるヴィーコの考え方とでは、クローチェも「ヴィーコ認識論の諸源泉」（一九一二年）において指摘しているように、認識（「知ること」）と製作（「作ること」）の関係をめぐって力点の置き方が正反対になっていることを見落としてはならない（cf. Croce, 1967, 236)。

しかし、この点に留意したうえでなお、ヴィーコの命題をささえている推論が全体としてキリスト教神学の伝統の延長線上にあって繰り出されたものであったことには疑いの余地がないのではないかとおもわれる。じっさいにも、『形而上学篇』において開陳されている形而上学が「人間における知識を神における知識の規準にするのではなくて、神における知識を人間における知識の規準にする、キリスト教信仰に適合した形而上学」であるということは、ヴィーコ自身が『形而上学篇』の結論で明言しているとおりである（Vico, I, 191)。

理解と思考

また本文中では、ラティウムの人々にとっては〈インテルリゲレ〉intelligere（理解する）という言葉は「完全に読みとる」ということを意味しており、〈コギターレ〉cogitare（思考する）という言葉は「拾い集めて回る」の意味であったとしたうえで、神の知性と人間の知性を比較して、神の知性は事物の全要素を自身のうちに含みもっているので、それらの要素を「完全に読みとる」ことができる、すなわち事物についての「理解」をおこなうことができるが、人間の知性は制限されており、自分以外のあらゆる事物の外部に存在していて、自分が知ろうとするものを自身のうちに含みもっていないために、人間の知性にはたかだか事物のもっとも外的な要素を「拾い集めて回る」という意味での「思考」しか許されていないというようにも指摘されている（Vico, I, 131-132）。神の知性と人間の知性のこのような比較論がキリスト教神学の伝統に根ざしたところからの発言であることは疑いの余地がない。

ドイツの哲学者カール・レーヴィットは『創世記』の記述を引き合いに出して、「神のことばはすでにそのまままただちに創造者であるのだから、神においては認識することと製作することとは同一であり、そして人間は神に似せて造られている」というのがキリスト教神学の前提をなしていたとしたうえで、「このキリスト教神学の前提がなかったなら、真なるものと作られたものとの相互置換性にかんするヴィーコの基礎命題は、形而上学的、すなわち存在神学的な根拠を欠いたものになってしまうだろう」と指摘したことがあった（Löwith, 1968, 80）。レーヴィットの指摘は、このかぎりでは正鵠を射たものであったといってよいだろう。

2　デカルト批判

真理と製作の相互置換性にかんするヴィーコの命題、ならびにこの命題に依拠した神の知性と人間の知性の比較論が深くキリスト教神学の伝統に根ざしたものであり、その伝統の制約を受けていたことは、デカルトにたいするヴィーコの批判のあり方からもうかがうことができる。

ヴィーコの命題は、いくつかの注目すべき系を導き出すこととなった。なかでも注目されるのは、その命題に依拠したところから繰り出されているデカルト批判である。

明晰かつ判明な観念は真理の規準たりうるか

まずは、デカルトが真理の探求のためには「わたしたちの知性の明晰かつ判明な観念」から出発しなければならないとしていることへの批判。

デカルトの『知能指導の規則』を見てみよう。その「規則三」には、「ある対象が示された場合、それについて他人が考えたことや、自分が臆測することではなくて、わたしたちが明晰かつ明瞭に直観しうることか、確実に演繹しうることを求めなければならない」とある。「これ以外の仕方では知識は獲得されえないからである」というのだった。そして、そこでは、とりわけ「直観」について説明して、ここで「直観」というのは、いっさいの臆断から解き放たれて、事物に純粋な注意を向ける知性によって把握される「わたしたちが理解していることがらについてもはやいかなる疑いも残らないほど、容易で判明な観念」のことであるとされている（Descartes, 1964–1974, X, 366, 368）。

また、「明晰」と「判明」の区別については、たとえば『哲学の原理』（一六四四年）の第一部「人間的認識の原理について」の四五に、「明晰な知覚」というのは、「注意している知性に現前しており、かつ明瞭であるような知覚」のことであり、これにたいして、「判明な知覚」というのは、「明晰であると同時に、他のいっさいのものからはっきりと区別されていて、明晰なもの以外の何ものも自身のうちにまったく含んでいない知覚」のことであるとの説明がある（Descartes, 1964–1974, VIII-1, 21–22）。

このデカルトの「わたしたちの知性の明晰かつ判明な観念」を指して、それは「他のもろもろの真理の規準でありえないばかりか、知性自身の規準でもありえない」とヴィーコは言う。というのも、「真理の規準は当の真理自体を作り出したということである」。ところが、「わたしたちの知性の明晰かつ判明な観念」の場合には、「そこに製作の行為がともなっていない」。知性が自己を認識するとき、知性は自己を作ることをしてはいない。

そして、作ることをしてはいないため、自己を認識するさいの様式を知ってはいない。これが理由だというわけである（Vico, I, 136）。意表をついた、しかしまたじつに警抜な指摘であるといってよい。

〈わたしは思考している、ゆえにわたしは存在する〉への批判

しかも、デカルトにたいするヴィーコの批判はこれだけに尽きない。

デカルトは、一六三七年にレイデンで出版された『方法叙説』のなかで、一六二九年以来のオランダ滞在中になしとげた省察の結果を披露している。それによると、デカルトは、真理の探求のためには、まずもって、少しでも疑問をさしはさむ余地のあるものはすべて、虚偽であるとして放棄しなければならないと考えたという。そのように疑いの余地のあるものを全面的に放棄してしまったあとでも「わたしの信念のなかになんら疑う余地のないものが残るかどうかを見とどける」ためにである。しかしまたデカルトによると、このようにしてすべてのものを虚偽と考えようとしていたあいだにも、そう思考している「わたし」だけはどうしても何ものかとして存在していなければならないことに気づいた。また、〈わたしは思考している、ゆえにわたしは存在する〉というこの真理は、「懐疑論者のどんなに途方もない仮定といえども動揺させることができないほど、堅固で確実なものであることがわかった」。そこで、「わたしはこれを自分が探し求めつつあった哲学の第一原理としてなんの疑念もなく受けいれることができると判断した」というのだった（Descartes, 1964-1974, VI, 31-33）。

ちなみに、この省察の経緯と内容については、一六四一年、デカルトがパリに戻って出版した『省察』のなかでも詳述されている。とくにそこでは、〈わたしは思考している、ゆえにわたしは存在する〉という真理が哲学の第一原理として取り出されるに先立って、あらゆるものについての普遍的な懐疑の遂行が試みられたさい、懐疑を徹底させるためと称して、「だれかしらきわめて力のある、このうえなく悪賢い欺瞞者がいて、故意にわた

しをいつも欺いているのではあるまいか」とまで疑ってみているのが注目される（Descartes, 1964-1974, VII, 23-34)。

ところが、このようにしてデカルトが自分の探し求める哲学の第一原理として受けいれた〈わたしは思考している、ゆえにわたしは存在する〉という真理にも、ヴィーコは批判の矛先を向けるのだった。

独断論者・対・懐疑論者

古代ギリシアの著作家ディオゲネス・ラエルティオスが『ギリシア哲学者列伝』（一・序・一六）で記しているところによると、哲学者たちは「独断論者」と「懐疑論者」とに分けることができるという。「事物についてそれらが知りうるものであるとの想定に立って確言をおこなう者たちはすべて独断論者である。これにたいして、事物は知られえないのだとの理由にもとづいてそれらについての判断を停止する者たちはすべて懐疑論者である」。

たぶん、このディオゲネス・ラエルティオスの規定を念頭においてであろう。ヴィーコは、かれの時代の哲学者たちを大きく「独断論者」と「懐疑論者」に区分する。そして、デカルト派の者たちを「独断論者」に見立てたうえで、「わたしたちの時代の独断論者」とそれに異を唱える「懐疑論者」とのあいだにつぎのような対立の構図を描き出してみせる。見てみよう。

ヴィーコはまず、かれによって「わたしたちの時代の独断論者」を代表する「形而上学の偉大な省察者」と見立てられたデカルトが、〈わたしは思考している、ゆえにわたしは存在する〉という真理を哲学の第一原理として取り出すに先立って、あらゆるものについての普遍的な懐疑を遂行しようとしたさい、「わたしたちを欺く悪賢い霊」を呼び出していることについて、このやり方は、キケロの『アカデミカ』（二・一五・四七）に登場するストア派の哲学者が、自分が存在していることの確証を得ようとして、「神によって送りこまれた夢」なるものを想定してみせているのとなんら異なるところがないと指摘する（Vico, I, 138-139）。

ソシアの「省察」

そして、じつはローマの喜劇作家プラウトゥスの作品『アンフィトルオ』に出てくる下僕のソシアも、デカルトのいう欺く霊やストア派の哲学者のいう神から送りこまれた夢によるのとなんら異ならない仕方で、自分とそっくりの姿で現われたメルクリウスによって、この俺は存在するのであろうか、と自分自身の存在を疑わざるをえない状態におちいったとき、やはりデカルトと同様の「省察」をおこなって、デカルトが見いだしたのと同じ〈わたしは思考している、ゆえにわたしは存在する〉という真理を見いだして安心を得ていることに読者の注意をうながす（Vico, I, 139）。

じっさいにも、プラウトゥスの『アンフィトルオ』（四四一—四四七）では、ソシアはつぎのような「省察」をめぐらせている。

「なるほど、たしかに、奴をよく眺めてこの俺の姿かたちと引き較べてみると、／俺は時々鏡をのぞくことがあるが、まったく俺にそっくりだ、／帽子も同じ、服も同じ。本当にどこからどこまで俺そっくりだ。／ふくらはぎ、足、背丈、頭の刈り方、目、鼻、歯、唇、／ほっぺた、顎、髭、首。どれもこれも全部、まったく文句なしさ。／もしも背中に傷跡があったなら、これ以上そっくりな奴はいないだろうよ。／でも、こうして思案しているのは俺なんだから、たしかに俺は今までどおり存在しているんだ」。

デカルトが『方法叙説』で述べているところによると、かれがオランダでめぐらせた省察は「普通の人々には容易に理解しがたい」形而上学的な性質の省察であるとのことであった（Descartes, 1964-1974, VI, 31）。しかし、ヴィーコに言わせると、この程度の省察であれば下僕のソシアでもたやすくおこないうるというのだ。これはまた、形而上学という崇高このうえない学問の当代きっての偉大な省察者への、なんとユーモアに満ちあふれた、しかも辛辣きわまりない揶揄ぶりであることか。

意識と知識

ともあれ、ヴィーコは、デカルトが哲学の第一原理として受けいれようとする真理〈わたしは思考している、ゆえにわたしは存在する〉を指して、この程度のことであればプラウトゥスの『アンフィトルオ』に登場する下僕のソシアによってもすでに認識されていたのではなかったか、と皮肉たっぷりに言い返してみせる。そのうえでヴィーコは言うのである。懐疑論者とて、自分が思考していること自体は疑ってはいないし、自分が存在することも疑ってはいない。ただ、自分が思考しているのが確実であるというのはあくまでも意識（conscientia）に属することであって知識（scientia）ではないということ、このことを懐疑論者は強調するのだ、と（Vico, I, 139）。

それというのも、ヴィーコの定義によると、いまも見たように、知識というのは事物が作り出されるさいの様式の認識のことである。一方、意識というのはそれらの様式をわたしたちが証明することのできないことがらについてのものである。じっさいにも、わたしたちは常日頃、わたしたちに証拠や論拠が提示されていないことがらについては、意識を証人に立てている。ところで、懐疑論者も、自分が思考していることを意識はしている。ところが、思考がどのようにして作り出されるのか、その原因については知らないと懐疑論者は答えるだろう。こうヴィーコは診断するのだった（Vico, I, 139）。

思考していることの意識から存在の知識は獲得されるか

なるほど、独断論者のほうでは「懐疑論者も思考していることの意識から存在の知識を得ているのだ」と言い返すだろうということはヴィーコも認める。思考していることの意識からは疑いもなく存在の確実性が生じてくるのであるから、とである（Vico, I, 140）。

しかし、この独断論者の言い分にたいしては、懐疑論者は思考していることの意識から存在の知識が獲得されることを自体を否定するだろう、とヴィーコは言う。そして、懐疑論者の主張を忖度してこう続ける。——知るというのは事物が生じる原因を認識することであるが、思考しているわたし自身は知性であるとともに物体でもある。だから、もし思考がわたしの存在の原因であるとしたなら、思考は物体の原因でもあるということになる。ところが、物体は思考しない。いやむしろ、物体と知性の双方からなっているからこそ、わたしは思考するのであって、物体と知性は結合してはじめて思考の原因なのである。もしわたしが物体のみであったなら、わたしは思考しないだろうし、もし知性のみであったなら、思考ではなく、理解をおこなっているだろうからである。じつをいうと、思考しているということはわたしが知性であるということの原因ではなくて徴候である。そして、徴候の確実性までをも思慮深い懐疑論者であれば否定はしないだろう。かれが否定するのはただ原因の確実性である、云々（Vico, I, 140）。

ディオゲネス・ラエルティオスが古代ギリシアの哲学者たちを独断論者と懐疑論者に腑分けしたとき、ディオゲネス・ラエルティオス自身は明らかに懐疑論者の側に立っていた。ヴィーコがディオゲネス・ラエルティオスの区分を受け継いで、デカルト派とその主張に異を唱える者たちとの対立を独断論者と懐疑論者の対立に見立てたとき、ヴィーコもまたディオゲネス・ラエルティオス同様、懐疑論者の言い分のほうに親近感をいだいていたことが右に紹介したくだりからはうかがえるのではないだろうか。

懐疑の根絶にむけて

しかしまた、ヴィーコによると、自分は懐疑論者ではないという。そして、ほかでもない真理と製作の相互置換性にかんする命題によって懐疑の根絶をめざそうとするのだが、そこでよりどころにされているものは何であったかといえば、それは何あろう、キリスト教の神なのであった。

懐疑論者たちは、自分たちの眼前にはもろもろの事物の像らしきものが立ち現われているのが見えるが、それらが実際に何であるかは自分たちにはわからない、と言い立てている。すなわち、現象そのものはかれらも受けいれているのだ。また、それらの現象がそれぞれの原因をもっていることも承認している。ただ、かれらはその原因を自分たちが知っているということを否定する。それぞれの事物が作り出されるさいの様式を自分たちは知らないからという理由によってである。

だが、どうであろう。この諸原因の総体、これこそは、もっとも些細なものにいたるまですべてのものを包括しているがゆえに、第一真理なのではないか。そして、すべてのものを包括しているがゆえに、無限なのではないか。また、すべてのものを包括しているがゆえに、物体よりも先にあって、物体そのものの原因をなす霊的なものかなのではないか。それは神、それもたしかにわたしたちがキリスト教徒として公に認めている神にほかならない。こうヴィーコは主張するのだった（Vicc, I, 141）。キリスト教のドグマへの忠誠の度合いがどれほど強いものであったかがうかがえようというものである。

3　人間における知識の特性

このようにしてヴィーコは、ただひとり神のうちにのみ真理は存在する、と考える。そして、わたしたちには事物の真理を完全に把握することはできないのだから、神から啓示されるものをわたしたちは全的に真なるものとして承認すべきであり、それがどのようにして真であるのかをわたしたちは問うてはならないと言う（Vico, I, 133）。

自然の解剖

くわえてヴィーコは人間における知識を評して、それはあたかも自然を解剖したもののようだとも言う（Vico, I, 133）。

じっさいにも、人間における知識はまず人間を身体と精神とに切断し、そして精神を悟性と意志とに切断する。また、身体からは形と運動とを抜き出し、あるいはいわゆる抽象をおこなって、これらから、他のあらゆる事物からと同様に、有と一とを導き出してきた。そして、形而上学によって有を、算術によって一とその数多化を、幾何学によって形とその大きさを、機械学によって周囲からの運動を、自然学によって中心からの運動を、医学によって身体を、論理学によって悟性を、倫理学によって意志を考察している。

しかし、通常の人体解剖の場合でも、鋭敏な解剖医であれば、死による体液の凝固と運動の停止の結果、また解剖したことそのことによって、生体の位置も構造も壊れてしまったのではないか、そのために個々の部分の機能を検査することも不可能になってしまっているのではないか、と少なからず不安になるものであるが、自然の事物の解剖にさいしても、これと同じことが起こるとヴィーコはみる。この有、この一、この形、運動、身体、悟性、意志は神と人間とでは異なったあり方をしており、神においては生きているが、人間においては死んでしまっているというわけである（Vico, I, 133–134）。

抽象と実験

そのうえでヴィーコはこう主張する。人間における知識はわたしたちの知性の欠陥から生じている、すなわち、あらゆる事物の外に存在していて、自分が知ろうとするものを自身のうちに含みもっておらず、そして含みもっていないために、求める真理を製作することができないでいるという、それのこのうえなく甚だしい短小さから生じているのだから、この人間の知性の欠陥を償い、数学（幾何学と算術）のように、「神に倣って」、「なんらの基体もないところから、あたかも無から創造するようにして」、描示しうる点と数多化しうる一とからなる抽象の世界を仮構するか、自然学の場合でも、実験をつうじて「神における知識に似たものになる知識」を生み出す知識こそが、もっとも確実な知識なのだ、と。数学の場合であれ、実験的自然学の場合であれ、そこでは真なるものと作られたものとのあいだの相互置換が実現をみているというのであった（Vico, I, 135–136）。

幾何学の特質

ここでまず特記されるのは、数学の特質と人間における知識のなかで数学の占める位置についてのヴィーコの理解である。

人間は、自分の知性の欠陥を逆にうまく利用して、いわゆる抽象によって二つのもの、すなわち、描示しうる点と数多化しうる一とを自身の前に作り出す。そのうえで、点と点を結んでできる線を延長したり、短縮したり、組み合わせたりして、また、一を単位にしてできる数を足したり、引いたり、合計したりして、無限に製作をおこなっていく。こうして人間は、宇宙全体を包蔵した図形と数の世界を自分の前に建設してみせるのである。

もっとも、点は描示されればもはや点ではない。また、一は数多化されればもはや一ではない。要するに、描示しうる点と数多化しうる一というのは、あくまで虚構（fictum）でしかない。このことはヴィーコも認める（Vico, I, 135）。

さらに、そこでなされているのがあくまで名辞の定義であることもヴィーコは否定しない。人間には事物を真なるものに従って定義することが許されていない。このため、人間は名辞の定義を試みる。たとえば、幾何学者は「点」という名辞によって部分をもたない何ものか、「線」という名辞によって点の延長、あるいは広さと深さをもたない長さ、「面」という名辞によって一点で交わる二本の異なる線、あるいは長さはもつが深さはもたない広さを意味させようとする。そして、このように定義された名辞から事物の観念が惹起されることを狙うのである（Vico, I, 135-136）。

ただ、ヴィーコは、数学の世界が名辞の定義からなる虚構の世界であることを認めつつも、そこでは神による世界の創造にも似た製作の行為がなされていることに着目する（Vico, I, 135）。

と同時に、その製作の行為には、知識を真の意味で知識と呼びうるための要件である「原因からの証明」がともなっている、とヴィーコはとらえる。見てきたように、真なるものとは作られたもののことである。そうであってみれば、事物の真理を原因から証明するというのは当の事物自体を完全に作りあげてみせるということにほかならない。いいかえると、人が事物の諸要素を順序正しく配列し、ばらばらになっていたそれらの要素をひとつのまとまりあるかたちに合成してみせるとき、そのときには人は原因からの証明をおこなっていることになるというわけである。そして、数学の立てる定義や命題については、人間の知性はそれらの定義や命題の真理をかたちづくる諸要素を自身のうちに含みもっている。したがって、数学はまさしくそのような意味での「原因からの証明」をおこなっているというのが、ヴィーコの見解なのであった（Vico, I, 149-150）。

その一方で、ヴィーコは、まさに同じ理由から、自然の事物についてはそれを構成している諸要素がわたしたちの外部に存在しているため、自然学上のことがらを原因から証明することはわたしたちにはできないとみる。そして、同様の主張は一七〇八年の開講講演『われらの時代の学問方法について』においてもなされていたこと（cf. Vico, I, 85）に読者の注意をうながしつつ、こう主張するのである。「幾何学上のことどもをわたしたちが証明するのは、わたしたちはそれらを作っているからである。もしかりに自然学上のことどもをわたしたちが証明できるとしたならば、わたしたちはそれらを作っていることになる」、と（Vico, I, 150）。特記しておきたいゆえんである。

ホッブズとの関係

なお、「幾何学上のことどもをわたしたちが証明するのは、わたしたちはそれらを作っているからである。もしかりに自然学上のことどもをわたしたちが証明できるとしたならば、わたしたちはそれらを作っていることになる」というヴィーコの述言については、すでにトマス・ホッブズの著作中にも似たような言い回しが出てくる。

ホッブズの著作『数学の教授たちにあたえる六つのレッスン』（一六五六年）に付されている献辞を見てみよう。そこでは、つぎのように述べられている。

「諸学芸のうち、あるものは証明可能であり、あるものは証明不可能である。証明可能であるのは、それの対象を製作したのがその学芸に携わる者自身であるような学芸である。この場合には、かれはかれの証明のなかでかれ自身の製作行為の諸結果を演繹する以上のなにごとをもおこなってはいないのである。このような学芸が証明可能である理由はつぎの点、すなわち、およそあらゆる対象についての知識はその当のものの原因、それの生成および製作の様式をあらかじめ認識していることからもたらされるということにある。ひいては、原因が知られているところでは証明のための余地があるが、原因が探し求められなければならないところではそうした余地はないのである。それゆえ、幾何学は証明可能である。というのも、わたしたちが推理をおこなうさいに用いる線と図形とは、わたしたち自身によって引かれたり描かれたりしたものであるからである。〔中略〕しかし、自然物体にかんしては、わたしたちはそれらの作られ方を知らず、もろもろの結果からそれを探り当てているにすぎない。したがって、そこでは原因が何であるかを証明することは不可能とされており、ただたんに原因とおぼしきものについての証明があるにすぎないのである」(Hobbes, 1839-1845a, VII, 183-184)。

同様の趣旨の説明は『人間論』の第一〇章第五節でもなされている(Hobbes, 1839-1845b, II, 93-94)。

ヴィーコがホッブズのこれらの個所を知っていたのかどうかは定かでない。たぶん知らなかったのではないだろうか。それだけに、両者の主張内容の符合には注目のうえにも注目に値するものがあるといってよい(cf. Garin, 1970, 7-12; Focher, 1977)。

実験的自然学の評価

ついで特記されるのは、実験的自然学についての高い評価である。

いまも見たように、ヴィーコによると、自然のことがらについてはわたしたちには知識の可能性はあたえられていないのであった。ただし、自然のことがらについての思索を実験に付し、実験をつうじてなにか自然に似たものを作り出してみせる場合には、事情は異なるとヴィーコは言う。その場合には、その思索はことのほか明晰であるとみなされて万人の賛同を得るだろうというのだ(Vico, I, 136-137)。

規準とされているのは、ここでもまた、わたしたちが真であると認識することがらを現実に生じさせることができるかどうかということである。結論の部分では、神における知識を人間における知識の規準にする「キリスト教的信仰に適合した形而上学」であるという、さきに見た指摘に続けて、「今日人類に莫大な利益をもたらしつつ研鑽されている実験的自然学に奉仕しうる形而上学」であるという点が『形而上学篇』において開陳された形而上学の最大の特色のひとつとして挙げられている。そして、その理由を説明して、この形而上学に依拠するとき、わたしたちが実験をつうじて自然のことどもとなにか類似するものを作り出すときにのみ、わたしたちはそのことどもを自然において真なるものであるとみなすことができるからである、と主張されている（Vico, I, 191）。ここには、インヴェスティガンテたちの伝統を汲む自然学者としてのヴィーコの面影が色濃くにじみ出ている。注目しておきたいとおもう。

第4章　諸国民の世界は人間たちによって作られた

1　法学者への道

さて、ホッブズは『数学の教授たちにあたえる六つのレッスン』に付されている献辞のなかで幾何学の証明可能性と自然学の証明不可能性について論じたさい、政治哲学にも言及していた。そして政治哲学も証明可能であるとしていた。「わたしたちはコモンウェルス〔国家〕をわたしたち自身が作っているからである」というのが、その理由であった（Hobbes, 1839-1845a, VII, 183）。

不確実性の領域としての政治と倫理の領域

同様の主張は『人間論』の第一〇章第五節でもなされているが（Hobbes, 1839-1845b, II, 94）、政治哲学の証明可能性にかんするこのようなホッブズの主張は、『われらの時代の学問方法について』や『形而上学篇』のヴィーコからすればとうてい容認しがたいものであったにちがいない。

じっさいにも、『われらの時代の学問方法について』では、「人間にかんすることがら〔政治と倫理〕を支配しているのは、機会と選択という、いずれも不確実きわまりないものであり、大概は、見せかけと包み隠しという、きわめて欺瞞に満ちたものがそれらを導いている」（Vico, I, 91）と言われていた。また、『形而上学篇』でも、「人間における知識は抽象によっているので、諸学は物体的な質料に浸っている度合いが大きければ大きいほど不確実なものとなる」としたうえで、「倫理学は自然学よりもなおいっそう不確実である。というのも、自然学は自然という確実なものから生じる物体の内的な運動を考察するが、倫理学は精神の運動という、きわめて奥深いところにあって、大概は欲望という無限定なものから生じる運動を探査するからである」（Vico, I, 136）と述べられている。政治と倫理の領域は、当時のヴィーコにとっては、不確実性の支配する領域以外の何ものでもなかった。ひいては、「原因からの証明」がもっとも困難な領域なのであった。

ところが、『形而上学篇』の公刊から十五年後、ヴィーコの認識には、政治哲学の論証可能性をめぐって、まさに「コペルニクス的転回」と称しても過言ではない転回が生じることとなる。

法学への関心

背景にあったのは、ヴィーコにおける若い頃からの法学志向であった。

ヴィーコには数多くある学問のなかでもとりわけ重視していた学問があった。法学がそれである。法学こそはヴィーコにとって学問の王者たるにふさわしい学問なのであった（cf. Donati, 1936; Cantone, 1952; Candela, 1968）。

ナポリでは十七世紀後半以来、封建領主層に対抗して、法曹関係の職務に従事する中間層が勢力を増大させ、絶大な権力を掌握するにいたっていたという事実を歴史研究は明らかにしている（cf. De Giovanni, 1968b; Ajello, 1968; Ajello, 1976）。そうした時代の趨勢を反映してか、ヴィーコも若い頃から法学関係の著作にことのほか熱い関心を寄せていた。そして、できれば法律家の道に進みたいと願っていたようである。『自伝』には、一六八五年、ヴィーコが十七歳の夏に二カ月ほど教会法学者フランチェスコ・ヴェルデ（一六三一—一七〇六）の主宰する法律学校に通い、裁判の実務を習ったとの記述がみえる（Vico, V, 6）。また翌年には、ヴィーコの父親がある訴訟事件に巻きこまれたさい、みずから弁護人を務めて、弱冠十八歳でみごと勝訴し、多くの人々から祝福されたとのことである（Vico, V, 8）。

もっとも、ヴィーコ自身は実務家の仕事は自分には向いていないと判断したらしく、弁護士になる希望はまもなく断念する。しかし、法学への関心そのものは、その後もますます高まるばかりであった。これも『自伝』の記述によると、ヴィーコは同じく十八歳のとき、当時ローマ法のもっとも著名な註解者として知られていたドイツの法学者ヘルマンヌス・ヴルテイウス（一五五五―一六三四）の『ユスティニアヌス編市民法学提要註解』をひもといて、帝政時代のローマの法律家たちが個々人の利益の衡平をおもんぱかって解決してきた訴訟案件がその後明敏な註解者たちの手によって巧みにも普遍的な正義の原理にまで高められているのを知り、このことに「このうえない喜びをおぼえた」という（Vico, V, 6-7）。

また、一七〇九年に本になった第七回目の開講講演『われらの時代の学問方法について』でも、ヴィーコは異例に長いスペースを割いて、古代ローマにおける「法賢慮（iurisprudentia）」のあり方についての立ちいった考察を展開している（Vico, I, 100-113）。

『戦争と平和の法』との出会い

さらには、『形而上学篇』を世に問うてしばらく経った一七一三年頃のことである。ヴィーコは、かれがナポリ大学で教えたことのあるトラエットの公爵、アドリアーノ・カラファ（一六九六―一七六五）から、公爵の伯父にあたる元帥、アントニオ・カラファ（一六四二―一六九三）の伝記の執筆を依頼される。

執筆には二年の歳月を要した。そして本は一七一六年、『アントニオ・カラファの功業』と題して出版されたのだったが、この伝記を執筆するための準備段階で、ヴィーコはグローティウスの『戦争と平和の法』をひもといている。元帥アントニオ・カラファはウィーンでハプスブルク家出身の神聖ローマ皇帝レオポルト一世に仕えていた。そして、ヴィーコがウィーンのある高官にあてた書簡のなかで明らかにしているところによると、アントニオ・カラファ伝の主たる目的は、そのレオポルト一世が遵守していた「万民の自然法」を世界に知らしめることにあったという（cf. Vico, 1993, 162）。ヴィーコが『戦争と平和の法』をひもといたのは、このための必要に迫られてのことだったのではないか、と推測される。

模範と仰ぐべき第四番目の著作家

ところでまた、ヴィーコが『自伝』で回顧しているところによると、ヴィーコは『戦争と平和の法』の著者のグローティウスのうちに「模範と仰ぐべき第四番目の著作家」を見いだしたとのことである（Vico, V, 39; cf. Fassò, 1949; Fassò, 1971）。

ヴィーコは、それまでとりわけ三人の著作家を模範と仰ぐべき存在と見立ててきたという。「人間をあるべき姿において観照している」プラトンと「人間をあるがままの姿において観照している」タキトゥス、それにプラトンの賢者がそなえている「深遠な知恵」とタキトゥスの賢者がそなえている「通俗的な知恵」の双方をともに体現した「普遍人」フランシス・ベーコンの三人である（Vico, V, 26）。

しかし、「プラトンは、かれの深遠な知恵をホメロスの通俗的な知恵によって確固としたものにするというよりはむしろ飾り立てているにすぎない。タキトゥスは、もろもろの事実のうえにかれの形而上学、道徳学、政治学をふりまいているが、それらの事実はどういう性質のものであるかといえば、昔からかれの時代にいたるまで、体系化されることがないまま、ばらばらに混乱したかたちで生起してきたものであった。ベーコンは、当時存在していた神と人間にかんする学識のすべてについて、いまだ持たれていないものは補充し、すでに持たれているものは改善しなければならないことを見てとっているが、法律にかんしては、諸都市の世界をあらゆる時代とあらゆる国民にいたるまでかれの規準によって高めあげることはしなかった」(Vico, V, 39)。

ところが、これら三人の著作家にくらべて、グローティウスはどうかとみれば、この『戦争と平和の法』の著者は「哲学と文献学のすべてを動員して普遍法の体系化をくわだてている」というのだった (Vico, V, 39)。

『普遍法』から『新しい学』へ

しかしまたヴィーコが『自伝』のなかでつづけて述べているところによると、そのグローティウスの努力にもかかわらず、「最善の哲学、すなわち、キリスト教に従属させられたプラトン哲学が、その両部門、すなわち、言語の歴史と事物の歴史という二つの歴史の双方において知識 (scienza) としての必然性をそなえた文献学と合致しているような一体系」は学問界にはなおも存在しないことがわかったという (Vico, V, 39-40)。

そこでヴィーコはそのような「一体系」の構築をめざして、『形而上学篇』を公刊してから十年の歳月が経過した一七二〇年から二二年にかけての時期、『普遍法の単一の原理ならびに単一の目的』と『法律家の一貫性』、それに両書への『註解』からなる、いわゆる『普遍法』三部作を世に問う。そして、この『普遍法』三部作を土台にして、一七二五年には『諸国民の自然本性についての新しい学の諸原理——それをつうじて万民の自然法のいまひとつ別の体系が見いだされる』と銘打った著作を刊行する。また、一七三〇年には、構成そのものも含めて、これを全面的に書きなおした第二版を『諸国民の共通の自然本性についての新しい学の諸原理の五つの巻』と題して出版する。ついでは、これのさらなる増補改訂版『諸国民の共通の自然本性についての新しい学の諸原理』が、一七四四年、ヴィーコの死後半年後に公刊されることとなるのだが、ここで注目されるのは、『形而上学篇』が公刊されてから十五年後の一七二五年に世に問われた『新しい学』第一版である。この著作において、政治哲学の論証可能性をめぐって、ヴィーコの認識には「コペルニクス的転回」と呼んでもよい一大転回が生じるのである。見てみよう。

2　信頼するに足りない哲学と文献学の現状

そこではまず、第一巻の第四章において、「いまここで願望されているもの、それはまさしくローマの法学者たちがかれらの先祖から受けとって、〈神の摂理によって、もろもろの人間的な必要と利益の命ずるところに従って制定され、すべての国民のもとでひとしく遵守されている法〉というように定義している万民の自然法についての学である」として、『新しい学』の目的が「万民の自然法」の解明にあることが宣言されている（Vico, III, 13–14）。

そのうえで、つづく第五章において、近代になってグローティウス、セルデン、プーフェンドルフという三人の著名な人物が登場して、それぞれ万民法の体系化に努めたが、この近代自然法論の「三人の大御所」の試みも、いずれも失敗に終わってしまっているとの断定がくだされる（Vico, III, 14–17）。

さらに第六章では「この学がこれまで哲学者たちによっても文献学者たちによっても達成されずにきた原因」について論じて、原因はこれまで哲学者たちの論議してきた「道理（ragione）」と文献学者たちの提供してきた「権威（autorità）」のいずれもがともに拠りどころとするに値しないものであったことにある、とされている（Vico, III, 18）。

「道理」と「権威」

『普遍法の単一の原理ならびに単一の目的』の本論に先立って置かれている「序言」においてヴィーコが説明しているところによると、「道理（ratio）」とは「知性が事物の秩序と合致している状態」をいう。一方、「権威（auctoritas）」には「〈アウトプシア〉と呼ばれる、わたしたち自身の感覚したことから生じたもの」と「とくに〈アウクトーリタース〉と呼ばれる、他人の言ったことから生じたもの」の二種類がある。そして、「道理」からは「真実なるもの（verum）」についての知識（scientia）が生まれるのだとすれば、「権威」からは「確実なるもの（certum）」についての意識（conscientia）、すなわち、疑いをさしはさむ余地のあるものから守られているという意識がもたらされるのだという（Vico, II-1, 35）。

また、『普遍法の単一の原理ならびに単一の目的』につづいて世に問われた『法律家の一貫性』の前半部「哲学の一貫性」につづく後半部「文献学の一貫性」の冒頭においてヴィーコが述べているところによると、「道理」の一貫性を守りぬくのがほかでもない哲学の任務であるとすれば、「権威」の一貫性は文献学によって守りぬかれなければならないとのことである（Vico, II-2, 307）。「道理」の一貫性を守りぬく哲学と「権威」の一貫性を守りぬく文献学双方の協力があってはじめて「万民の自然法」の解明は可能となるとヴィーコは考えるのである。

ところが、その「万民の自然法」の解明のためには必要不可欠の条件であると考えられる「道理」と「権威」について、それぞれ、これまで哲学者たちが論議し、文献学者たちが提供してきたものはどうであったかとみればどうか。それらはいずれもが拠りどころとするに値しないものであるというのだ。

3　『新しい学』第一版における「コペルニクス的転回」

では、どうすればよいのか。諸国民の文明の起源ないし万民の自然法についての〈新しい学〉を発見すべきことの必然性。しかしながら、その〈新しい学〉の発見にいたる道は、結局のところ、閉ざされてしまっているのだろうか。「絶望」という言葉すら、『新しい学』第一版の第八章の見出しには見える（Vico, III, 20）。また、第一一章にいたっては、つぎのようにもある。

学識の白紙状態への立ち戻り

「わたしたちは、この学の諸原理を省察するにあたっては、〔中略〕あたかも、この探究のためには、わたしたちには哲学者も文献学者もかつてひとりとして存在したことがなかったかのように思いなして、人間および神にかんするいっさいの学識についてのこのうえなき無知の状態にまでみずからを引き戻さなければならない」（Vico, III, 29）。

ちなみに、ヴィーコは「文献学（philologia/filologia）」という語を、たんに言語の歴史だけでなく、事物の歴史をも含めた広い意味で使用している。

『法律家の一貫性』の後半部「文献学の一貫性」の「新しい学が試みられる」と見出しされた第一章を見てみよう。そこではまず、「文献学とは何か」と問うて、それは言語の歴史と事物の歴史の二つの部門からなるとされている。そして、その理由を説明して、「文献学はたしかに話し方の研究であり、言葉に注意を集中して、言葉の起源と進展の過程を詳述することによって、言葉の歴史を伝達することを目的としている。このようにして、文献学は言語を年代順に整理し、その本来の意味と時が経つにつれて変化していった様態、ならびに使われ方を把握しようとする。しかし、言葉には事物の観念が対応しているのであるから、まずもっては事物の歴史を把握することが文献学の任務となる」というように解説されている（Vico, II-2, 308）。

さらに『新しい学』第一版でも、「ここでは、文献学者という名称のもとに詩人、歴史家、弁論家、文法学者が包括される」とあり（Vico, III, 24）、『新しい学』第二・三版にも、「文献学者とは諸言語および内にあっての習俗や法律と外にあっての戦争、講和、同盟、旅行、通商などの双方を含めた諸国民の事績の認識に携わっている文法学者、歴史家、批評家の全体のことである」との規定がみえる（Vico, 2004a, 94; Vico, IV-1, 77［139］）。

この意味での文献学も含めて、人間および神にかんするいっさいの学識についてのこのうえなき無知の状態にまでみずからを引き戻さなければならないとヴィーコは言うのだった。

闇の夜に光り輝く永遠の真理

だが、このような学識の白紙状態への立ち戻りが必要とされるのは何あろうか、これらいっさいの疑わしさのなかにあって、それでもなお、いかにしても疑いに付すことのできないあるひとつの真理、かくてはめざす〈新しい学〉の第一真理となるべき真理の存在を確認し確保するため以外の何でもないのであった。じっさいにも、『新しい学』第一版の第一一章では、つぎのような文言が続いている。

「かくも長くて濃い闇の夜にあって、ただひとつ、つぎの光だけがほのかに輝いている。すなわち、異教諸国民の世界（il mondo delle gentili nazioni）はそれでもなおたしかに人間たちによって作られてきたのだ、というのがそれである。そして、この結果、そのような無限の疑わしさの大洋のなかに、ただひとつ足を踏まえることのできる、つぎのような小さな陸地が立ち現われる。すなわち、それ〔異教諸国民の世界〕の諸原理はわたしたちの人間の知性の自然本性的なあり方のうちに、ひいてはわたしたちの理解の能力のうちに、見いだされるのでなければならない、というのがそれである」（Vico, III, 29）。

これは『われらの時代の学問方法について』や『形而上学篇』における立場からのなんとドラスティックな転

換であることか。「コペルニクス的転回」と称するゆえんである。

なお、このくだりは、『新しい学』第二版第一巻の「原理について」と題された部では、つぎのように微修正がほどこされている。

「古代を覆っている、そのような濃い闇の夜にあって、この無限の疑わしさの大洋をつうじて、わたしたちがこの学の待望の港に到着するための道しるべとなる北極星として役立ちうる、つぎのような真理の消えることのない永遠の光が立ち現われる。すなわち、この国家制度的世界（questo mondo civile）はたしかに人間たちによって作られてきたのだった、したがって、それの諸原理はわたしたちの人間の知性自体の諸様態の内部に見いだすことができる、なぜなら、見いだされてしかるべきであるので、というのがそれである」（Vico, 2004a, 122）。

また第三版では、さらに簡潔で、しかも「エウレカ〔われ発見せり〕！」の修辞的効果をいっそう高めた、つぎのような彫りの深い表現になっている。

「しかし、わたしたちから遠く離れた原始の古代を覆っている、そのように濃い闇の夜のなかにあって、なんとしても疑いに付すことのできない、つぎのような消えることのない永遠の光が見える。すなわち、この国家制度的世界はたしかに人間たちによって作られてきたのであり、したがって、それの諸原理はわたしたちの人間の知性自体の諸様態の内部に見いだすことができる、なぜなら、見いだされてしかるべきであるので、というのがそれである」（Vico, IV-1, 117–118［331］）。

証明方法における新しい学と幾何学との類似性

ついでは、『新しい学』第二・三版の第一巻の「方法について」と題された部。そこでは、諸国民の諸事万般は、神の摂理によってかくあるべく秩序づけられている以上、「この学によって推理されるとおりに進行しなければならなかったのであり、ならないのであり、ならないであろう、という種類の証明」が支配するとされたうえで、この〈新しい学〉における証明方法と数学ないし幾何学における証明方法との類似性に言及して、「幾何学〔第二版では「数学」〕がそれの諸要素にもとづいて大きさの世界を構成したり観照したりするとき、それはその世界をみずから自分の前に作り出しているわけであるが、この学もまさしく幾何学〔第二版では「数学」〕と同様の行き方をすることになる」と断言されている（Vico, 2004a, 131–132; Vico, IV–1, 128–129 [348–349]）。

神的な喜悦の約束

しかも、そこにはつぎのような但し書がついている。「人間たちの事績にかんするもろもろの秩序には点、線、面、図形以上に実在性（realtà）があるだけに、そこには、それだけいっそう多くの実在性〔第二版では「真実性」（verità）〕がともなっている。そして、このこと自体が、そのような証明は一種神的なものであって、読者よ、あなたに神的な喜悦をもたらすにちがいないということの論拠になる。それというのも、神においては認識することと製作することとは同一のことがらであるからである」（Vico, 2004a, 132; Vico, IV–1, 129 [349]）。「読者よ、あなたに神的な喜悦をもたらすにちがいない」。神の創造能力にも比肩しうる人間の知性の能力のこれほどまでに高らかな顕彰の辞がほかに見いだせるだろうか。「諸国民の世界」ないし「国家制度的世界」の証明可能性にたいするヴィーコの信頼度には、いまやホッブズが政治哲学に託した以上に強くて揺るぎないものがあるかにもみえる。

ついでながら、ヴィーコが「諸国民」と言うとき、それは——いましがた引いたくだりからもうかがえるように——多くの場合、「異教諸国民」のことを指しており、「神に選ばれた民」であるヘブライの民は除外されている。文明は異教諸国民の場合、神占（divinazione）の行為、すなわち、鳥卜官たちが前兆を受けとって吉凶をうかがう行為から始まっているのが確認されるが、その神占がヘブライの民には神によって禁じられていたというのが理由であった。「神性（divinitas）」という名称は、どの民族のもとでも、ラティウムの人々が〈ディーウィーナーリー（divinari）〉、すなわち、「将来を気づかせる」と言っていたさいに観念されていたのと同一の観念から出てきている。ただ、そのさい、ヘブライ人のもとでは、神は神みずから、あるいは知性存在である天使たちを介して、あるいはまた神が語りかけるのを聴きとる預言者たちを介して、その民に将来のことどもを気づかせた。これにたいして、異教徒たちは物体が神々であると想像していたため、神は可感的な徴候を用いてかれら異教の民に将来のことどもを気づかせることとなったというのである（cf. Vico, III, 9–10; Vico, 2004a, 32; Vico, IV-1, 10–11 [9]）。

第5章　ヴィーコとキリスト教的プラトニズム

1　観念の神起源説との親近性

しかしながら、どうであろう。ほんとうにそうなのだろうか。たしかに『新しい学』のヴィーコは宣言している。この「諸国民の世界」ないし「国家制度的世界」は人間たちによって作られてきた、と。ひいては、それの諸原理はわたしたち人間の知性自体の諸様態の内部に見いだされるはずである、と。また、そのようにして「諸国民の世界」ないし「国家制度的世界」を作りあげた人間の知性の能力をことのほか称揚して、それを神の創造能力になぞらえてみせてもいる。が、このことを事実として認めたうえでなお、ヴィーコが『形而上学篇』において開陳した「人間における知識を神における知識の規準にするのではなくて、神における知識を人間における知識の規準にする、キリスト教信仰に適合した形而上学」という基本線そのものは、『新しい学』においても依然として堅持されているとみてよいのではないだろうか。

観念の神起源説

この問題を考えるうえでまずもって留意されてしかるべきであるとおもわれるのはつぎのこと、すなわち、ヴィーコが『形而上学篇』において開陳した「人間における知識を神における知識の規準にするのではなくて、神における知識を人間における知識の規準にする、キリスト教信仰に適合した形而上学」という理念は、アウグスティヌスの流れを汲むキリスト教的プラトニズムの伝統一般に通有のものとして知られている観念の神起源説と思想的基盤をともにしたところからうち出されたものであったということである。この観念の神起源説は、ヴィーコの時代にも、とりわけ、オラトリオ会に属する敬虔なアウグスティヌスの徒であった神学者にして哲学者、ニコラ・マルブランシュ（一六三八―一七一五）の『真理探求論』における「わたしたちは万物を神のうちに見る（nous voyons toutes choses en Dieu）」という所説のうちにもっとも典型的な表現を見いだしていた。両者の類縁性にまずもっては留意する必要があるのではないかとおもわれるのである。

マルブランシュの『真理探求論』

『真理探求論』を見てみよう。この著作は一六七四―七五年に全六巻からなる本文が二分冊で出版されたのち、さまざまな批判に答えて、七八年に『釈明』が追加出版された。わたしの手元にあるのは『釈明』をも含む著者生前最後の版（一七一二年）のテクストであるが、これによって見ると、「観念（idée）の本性」について論じた第三巻第二部において、「精神（esprit）が知覚する事物には二つの種類がある。それらはすべて、精神の内部にあるか、精神の外部にあるかのいずれかである」とあったのち、観念というものが問題となるのは後者つまりは精神の外部にある事物の認識の場合であることがつぎのように説明されている。

「精神の内部にあるものを知覚するためには、わたしたちの精神は観念を必要としない。なぜなら、これらは精神の内側にあるからである。というよりはむしろ、なんらかの仕方における精神自身にほかならないからである。〔中略〕しかし、精神の外部にあるものについては、わたしたちは観念の媒介がなくてはそれらを知覚することができない。こちらの事物のほうは〔それだけでは〕精神に親密に結びつくことはできないものと想定されているからである」(Malebranche,1979, 321-322)。

そのうえで、観念の媒介を得て精神が外部にある事物を認識するさいの様式として、(一) それらの観念は外部にある物体または対象自体からやってくる、(二) 精神にそれらの観念を産出する力がある、(三) 神が精神を創造したときに精神といっしょにそれらの観念も産出した、または人がなんらかの対象を思考するそのたびごとに神がそれらの観念を産出する、(四) 精神は自分がそれらの物体のうちに認識する完全態のすべてを自分自身のうちに有している、(五) 精神が「被造物の叡智的完全態または観念のいっさいをあまねく包含しているあるひとつの存在」つまりは神と結合する、という五つの場合が想定されうることが指摘されるとともに、それぞれについて検討がくわえられたのち、第五番目の様式のみが唯一道理にかなっているようにおもわれるとの結論がくだされている (Malebranche,1979, 323-338)。そして、そこにはつぎのような補足的説明が添えられている。

「このことをよく理解するためには、〔中略〕神は自分が創造したすべての存在の観念を自分自身のうちに有していることが絶対に必要であるということ——なぜなら、もしそうでなかったなら、神はそれらの存在を産出することはできなかったであろうから——、また、かくて神はそれらの存在のすべてを自分が包含しているそれぞれの存在の完全態を考慮しつつ認識するのだということが想起されなければならない。さらにはまた、神はそれの現前によってきわめて親密にわたしたちの精神に結びついているのであり、それゆえ、空間がある意味で物体の宿る場所であるのと同じく、神は精神の宿る場所であるといってもよいことが知られなければならない。これら二つのことがらが前提されるなら、神のうちに存在していてもろもろの被造の存在を表象しているものを精神が認識することができるのは、確実なことである。かくて精神は神の作品を神のうちに認識することができるのである」(Malebranche, 1979, 338)。

『形而上学篇』の場合

『形而上学篇』のヴィーコは、この観念の神起源にかんするマルブランシュの所説にことのほか深い関心を寄せていたのだった。そして、「人間における知識を神における知識の規準にするのではなくて、神における知識を人間における知識の規準にする、キリスト教信仰に適合した形而上学」という理念自体、このマルブランシュの観念の神起源説と思想的基盤をともにしたところからうち出されているのであった。このことは、『形而上学篇』の「知性（mens）について」と題された第六章における叙述から裏づけられる。

見てみよう。そこでは、「ラティウムの人々は〈知性は神々からあたえられる〉というような言い方をしていた」と指摘されるとともに、「したがって、当然にも、このような言い回しを案出した者たちは、観念は神によって人間の精神のうちに創造され、呼び起こされるのだと考えていたことになる」と主張されている（Vico, I, 173）。そして、この問題をめぐっては「現代のこのうえなく繊細緻密な形而上学者たち」もはるかに巧妙な仕方で論じているとして、そのうちの代表格と目されるマルブランシュが名指しされたうえで、そのマルブランシュがデカルトの第一真理〈わたしは思考している、ゆえにわたしは存在する〉に賛同していることに疑問を呈して、つぎのように論じられている。

「神がわたしのうちに観念を創造するということからは、むしろこう論を導くべきであろう。すなわち、〈何ものかがわたしの内部で思考している。ゆえにそれは存在する。ところが一方、思考のうちにはわたしは物体のなんらの観念をも見いださない。したがって、わたしの内部で思考しているそのものは、このうえなく純粋な知性、つまりは神である〉と。〔中略〕じっさい、知性は思考することによって自己を現わす。が、わたしの内部において思考しているのは神である。したがって、わたしはわたしの知性そのものを神のうちに認識するのである」

(Vico, I, 173-174)。

また、ヴェネツィアの『イタリア文人雑誌』に出た『形而上学篇』の書評をめぐっての、書評者たちへの『第二の答弁』でも、「わたしたちは神からわたしたちにやってくるのではないなんらの認識をも有さない」というのがイタリアの太古の哲学者たちの見解であったと再確認したうえで、それがどのようにしてやってくるのかについては、アリストテレスやエピクロスの感覚経由説、ソクラテスとプラトンのものであるとされている想起説、デカルトの観念生得説、そして「神がそれらをわたしたちの内部に創造するのだ」とするマルブランシュの説などがあるとするとともに、最後のマルブランシュの説に「わたしとしては喜んで賛同したいとおもっている」とある (Vico, I, 254)。

『新しい学』における観念の神起源説

そうであってみれば、しかしながらどうだろう。観念の神起源にかんする同様の考え方はなにあろうか、『新しい学』においても変わらず堅持されていることがいくつかのくだりから判明するのだ。

まず注目されるのは、『新しい学』第二・三版の「著作の観念」と題された序論に「神のうちに人間の知性たちの世界を観照する」という文言が登場することである。

『新しい学』の第二・三版において序論の役割をあてがわれている「著作の観念」は、第二版において新しく扉頁の前に配され、第三版でもそのまま引き継がれることとなった口絵（**図1**）について、それの寓意を説明することをつうじて、著作全体の概要をあらかじめ提示しようとしたものであるが、うち、地球儀の上に立って、左上方の太陽か、そのなかの三角形に囲まれた眼を仰ぎ見ている、頭に翼を生やした女性像にかんする説明部分を見てみよう。そこでは、その女性は「形而上学」であり、見ている眼を内部にもった光り輝く三角形は「摂理

図１　『新しい学』1744年版の扉頁の前に置かれている口絵。

の顔をした神」であるとことわったうえで、「この摂理の顔を介して、形而上学は、これまで哲学者たちが神を観照するさいに媒介にしてきた自然界のことどもの秩序を越えて、恍惚とした面持ちで神を観照している」が、それは「形而上学は、この著作においては、これまでよりもさらに上方へと高まりあがって、神のうちに〈本来の〉形而上の世界である人間の知性たちの世界を観照しようとする」からであると説明されている（Vico, 2004a, 27; IV-1, 5 [2]）。

ここからは、ヴィーコが『形而上学篇』の立場を『新しい学』の段階でも依然として保持していたこと、それどころか、ほかでもなく、「わたしたちは万物を神のうちに見る」というマルブランシュの所説に代表されるキリスト教的プラトニズムの観念の神起源説と共通の思想的地盤に立脚したところからこそ、かれの〈新しい学〉のくわだてを推進しようとしていることが明瞭に見てとれるといってよいだろう。

それればかりではない。

「訂正・改善・追加」ノート

ヴィーコは『新しい学』第二版の出版直後から近い将来におけるさらなる改訂版出版の機会にそなえて「訂正・改善・追加」と題されたノートを作成している。それによって見ると、さきに引いた「方法」にかんする部の「人間たちの事績にかんするもろもろの秩序には点、線、面、図形以上に実在性があるだけに、そこには、それだけいっそう多くの実在性がともなっている。そして、このこと自体が、そのような証明は一種神的なものであって、読者よ、あなたに神的な喜悦をもたらすにちがいないということの論拠になる。それというのも、神においては認識することと製作することとは同一のことがらであるからである」と結ばれているくだりのあとには、『真理探求論』のなかの観念の神起源にかんするマルブランシュの論証をほとんどそのままなぞったつぎのような文章が追加される手筈になっていたことが知られる。

「わたしたちの知性のうちにはいくつかの永遠の真理が存在している。そして、これらについては、わたしたちは認めないわけにも否定するわけにもいかない。それというのも、それらはわたしたちによって存在しているのではないからである。残余のものについては、わたしたちは、身体に依存するすべての事物を、そこに理解をはたらかせつつ作り出す自由がわたしたちにはあると感じている。それゆえ、わたしたちは、それらを時間の中で、すなわち、そうしたいと欲するときに、作り出す。しかも、そこに理解をはたらかせつつ作り出す。想像力によって像を、記憶力によって記憶を、欲求によって情念を、感覚によって匂い、味、色、音を。そして、これらすべてのものをわたしたちはわたしたちの内部に含みもっているのである。それらのうちのどれひとつとしてわたしたちの外部にあっては存立を得ることはできないのであって、それらが存続しえているのはそこにわたしたちがわたしたちの知性をはたらかせているかぎりにおいてのみであるからである。しかし、永遠の真理についていうなら、それらは身体によってわたしたちのうちに存在しているのではないのだから、あるひとつの永遠の理念こそが原理であると理解せざるをえない。そして、この永遠の理念は、これはこれでまた、それの認識作用のなかで、そうしたいときにいつでも、すべての事物を時間の中で創造しているのであり、それらを自身の内部に含みもっているのである。そして、そこに意を用いることによって、それらを保持しているのである」（Vico, IV-II, 189-190）。

この文章は、もともと『自伝』にあった一節を一部手直ししたうえでそのまま転載したものである。

ヴィーコの『自伝』は、イタリアにおける学問の進歩のために現役の著名なイタリア人学者たちの自叙伝記集の編纂を思い立ったヴェネツィア在住の伯爵、ジャン・アルティコ・ディ・ポルチーア（一六八二―一七四三）から依頼を受けて、一七二五年、『新しい学』第一版刊行後に執筆され、一七二八年に一部追補のうえ、アンジエロ・カロジェラ（一六九九—一七八一）なる神父が同年ヴェネツィアで創刊した『学芸論集』という季刊雑誌の第一巻に収載された部分と、『新しい学』第二版刊行後の一七三一年に追加された部分、それに十九世紀の初めにヴィッラローザ侯爵カルロ・アントニオ・デ・ローザ（一七六二—一八四七）によって追補された「ヴィーコの晩年」にかんする部分からなる（詳細については「文献一覧」を参照）。

『自伝』での記述

その『自伝』の一七二八年に公表された第一部を覗いてみるとよい。そこには、ヴィーコが「ヴァトッラの森」でその地の領主ドメニコ・ロッカの子息たちの家庭教師をしていた時期にナポリの青年知識人たちを魅了していた「エピクロスの哲学」を指して、それは「まったくのところ感覚の形而上学」であり、物体的自然の諸形式についての説明はそれなりにみごとであるものの、「人間の知性の作用様式」を説明する段になったとたん窮境におちいっているのがわかるとするとともに、この「エピクロスの哲学」との対比において、「わたしたちの人間の知性の形式そのものから出発して、なんらの仮説も立てることなく、わたしたちがわたしたち自身についてもっている知識と意識にもとづいて、永遠の理念をすべての事物の原理として確立している」「プラトンの教説」の卓越性を顕彰したくだりがある（cf. Vico, V, 16-17）。そのくだりからとってこられたのが右に引用した文章である。

が、経緯はさておき、この『自伝』の文中にある「わたしたちがわたしたち自身についてもっている知識と意識にもとづいて」というのが、プラトンもさることながら、それ以上に『省察』のデカルトを想起させずにおかない表現であるとするなら（cf. Corsano, 1956, 209）、しかしまた、そこから導き出されている論証——すなわち、わたしたちの知性の内部には、わたしたちによっては存在しておらず、わたしたちの身体に依存していないものと、わたしたちの身体に依存しているものとがあるが、もろもろの永遠の真理については、それらはわたしたちによって存在しているわけではなく、わたしたちの身体に依存してはいないのだから、あるひとつの永遠の理念、つまりは神に由来すると考えざるをえないという論証のほうは、デカルト以上に『真理探求論』のマルブランシュを想起させるものといってよいだろう。

アメリオの解説

したがって、たとえばフランコ・アメリオという研究者がそのカトリック系のヴィーコ解釈を代表する『ヴィーコ研究序説』（一九四七年）でつぎのように解説しているのは、すくなくともいまの場合についていえば、正鵠を射たものと評価されてしかるべきではないだろうか。

「『新しい学』は人間の知性の認識に依拠している。それの基礎は人間の知性である。しかしながら、その基礎が真なるものであるのは、それが知性の形而上学的な認識であって、心理的ないし経験的な認識ではないかぎりにおいてのことである。そして、知性の形而上学が知性の形而上学たりうるのは、ただ、知性が永遠の本性たる神の知性の真理性のうちにあって見られるかぎりにおいてのことである」（Amerio, 1947, 53）。

ちなみに、「知性の形而上学（metafisica della mente）」というのは、ヴィーコ自身によってかれの〈新しい学〉の性格を特徴づけるのに用いられている言葉のひとつである（cf. Vico, 2004a, 131; IV-1, 128 [347]）。

2　究極原因者としての神

そもそもヴィーコは、かれのいわゆる「諸国民の世界」ないし「国家制度的世界」をたしかに人間たちによって作られてきたものであるとしながらも、それの究極の原因者自体は人間たちではなくて神であるとみている。そして、この観点を基礎に据えたところから『新しい学』の議論全体を繰り出している。このことを見落とさないようにしよう。

神の摂理についての悟性的に推理された国家神学

じっさいにも、「著作の観念」のすでに参照した冒頭のくだりでは、神はたんに自然界だけでなく、「社会生活を営もうとするという特性をもっている人間たちによりいっそう固有の部分」にも摂理を立てて、人間にかんすることどもをつぎのように秩序づけていると主張されている。すなわち、「原罪によって完全無欠な正義から堕落した人間たちは、〔正義とは〕ほとんどいつも異なったことばかりを、またしばしば正反対のことさえをもおこなおうと意図する。そして、利益を得るのに役立ちさえするなら、野獣同然の孤独な生活を送るのも厭わない。しかも、このかれらの〔正義とは〕異なり、また正反対の道そのものを通って、当の利益自体によって、人間らしく、正義にのっとって生き、社会生活を維持する方向へと引き寄せられていく」。このように人間にかんすることどもを秩序づけているというのである。ひいては、この学は、この面からすれば、「神の摂理についての悟性的に推理された国家神学（una teologia civile ragionata della provvedenza divina）」であることになる、とも（Vico, 2004a, 27–28; IV-I, 6〔2〕）。

超人間的な知恵

また「著作の結論」にもあるであろう。「なるほど、この諸国民の世界を作ってきたのは人間たちである。〔中略〕しかしまた、この世界は疑いもなく、人間たちがみずから提起してきた個別的な諸目的とはしばしば異なり、ときには正反対の、そしてつねにそれらよりも上位にある、あるひとつの知性から生じている」と（Vico, 2004a, 376; IV-II, 164［1108］）。そして、この「あるひとつの知性」は、これに先立つくだりでは「超人間的な知恵（una sovraumana sapienza）」と呼ばれている（Vico, 2004a, 376; IV-II, 164［1107］）。

大工の棟梁と職人

要するに、ヴィーコは、人間たちによって作られてきたという「諸国民の世界」または「国家制度的世界」についても、その究極の原因者は人間たちではなくて神であるとみているのである。『新しい学』の第一版には、この「諸国民の世界」または「国家制度的世界」の製作過程における神と人間の関係を大工の棟梁ないし建築家と職人の関係になぞらえた個所も見える（cf. Vico, III, 39）。

しかも、これは『新しい学』における議論の全体を終始一貫して支え導いている基本的な観点中の観点といってよい。とすれば、読者に「神的な喜悦」を約束している「方法」にかんする部のくだりについても、構造の全体がそれ自体キリスト教的プラトニズムの観念の神起源説にきわめて親和的なこの観点のもとで統一されているはずであるとみて、なんの不思議があるだろうか。

「人間における知識を神における知識の規準にするのではなくて、神における知識を人間における知識の規準にする、キリスト教信仰に適合した形而上学」という『形而上学篇』の立場は、『新しい学』においても揺るぎなく堅持されているとみるべきだろう。

3　プラトンと「学識の錯誤」

しかしまた、『新しい学』の第一版には、そこでも――いま見た『自伝』の記述を先取りして――、「エピクロス派もストア派も、相互に異なるばかりか、まったく正反対の道をとりながら、いずれも残念ながら、〔人類の〕通俗的知恵から離反し、それを見捨ててしまった」なかにあって、「ただひとり神のごときプラトンだけが、宗教と法律を求める〔人類の〕通俗的知恵から習得したもろもろの格率にしたがって人間を律する深遠な知恵に思いをめぐらせた」としながらも、そのプラトンにおける「学識の錯誤」をきびしく批判したくだりが出てくる。

プラトンの誤謬

ヴィーコの推理によると、「異教の文明の最初の創建者たちは、かつてハムとヤフェトの種族がそうであったにちがいないように、神を敬う心もなければ国家的制度ももたず、粗暴そのもので、なにごとにもただただ驚愕するばかりの、巨大な野獣でしかありえなかった」。したがって、プラトンは、本来なら、かれの「イデア」の世界から抜け出て、そのような「異教の文明の野蛮で粗野な起源の状態」にまで深く下降していくべきであった。ところが、プラトンは、かれもまた、「よくはわからない他人の本性は自分を尺度にして推し量ろうとする人間の知性に通有の誤謬」を犯して、「異教の文明の野蛮で粗野な起源の状態を自分の位置しているこのうえなく高くて神のごとき深遠な認識の完全状態にまで高めあげてしまった」。そして、「今日にまで続いている学識の錯誤(un dotto abbaglio)におちいって、異教の文明の最初の創建者たちが深遠な知恵をもったきわめて賢明な存在であったことを立証しようとする」。こうヴィーコはプラトンにおける「学識の錯誤」を批判するのである（Vico,

III, 12–13)。

「よくはわからない他人の本性は自分を尺度にして推し量ろうとする人間の知性に通有の誤謬」に由来する「学識の錯誤」。これは、『新しい学』の第二・三版で「学者たちのうぬぼれ」と称されているものに当たる。

「諸国民のうぬぼれ」と「学者たちのうぬぼれ」

『新しい学』の第二・三版では、これまで哲学者たちの論議してきた「道理」と文献学者たちの提供してきた「権威」のいずれもがともに拠りどころとするに値しないものであったことについて、その原因は「諸国民のうぬぼれ（boria delle nazioni）」と「学者たちのうぬぼれ（boria de' dotti）」という二種類のうぬぼれに求められるとされている。諸国民は、ギリシア人であれ、バルバロイ〔ギリシア語でない言語を話す民族〕であれ、総じて、自分たちこそは他のすべての国民に先駆けて人間的な生活を送るうえで必要とされるものや利益になるものを見つけ出してきたのであり、自分たちの保持している諸事績の記憶は創世の時点にまでさかのぼる、というように思いこんできた。また、学者たちも、自分たちの知っていることは世界の年齢と同じだけ古いと思いたがっている。このような諸国民と学者たちの双方がともに抱いている二種類のうぬぼれが原因だというのである（Vico, 2004a, 92; IV-1, 74 [125, 127]）。

そして、これら二種類のうぬぼれはそれ自体、「人間は、遠くにあってこれまで知らないでいたことがらについてなんらの観念も作り出すことができないところでは、それらを自分たちの知っている眼前にあることがらから判断する」という「人間の知性の特性」に由来するものであるとされている（Vico, 2004a, 91; IV-1, 73 [122]）。

この二種類のうぬぼれのうちでも「学者たちのうぬぼれ」に「神のごときプラトン」もおちいってしまったとヴィーコは言うのだ。具体的には、プラトンがホメロスを至高の深遠な知恵の持ち主であったかのようにみなしたことがそうであったとされている。

「深遠な知恵の持ち主」ホメロス？

『新しい学』第一版の第三巻「言語の面にかんしてのこの学の諸原理」のなかの「ホメロスの知恵と神のごとき技法について」と題された第二一章を見てみよう。そこにはつぎのようにある。

「ホメロスには、かれの生きた英雄時代の気風にふさわしい国家制度的知恵以外の知恵を主張することもできなければ、ギリシアの英雄語の時代に生を享けたという幸運と結びついた、ただ素朴に自然なままを描写するというその技法以外の技法を主張することもできない。プルタルコス〔四六頃—一二〇頃〕が〔『ホメロスの生涯と詩』において〕プラトンにならってホメロスのうちに見てとっている深遠な知恵や、批評家たちがホメロスのうちに発見している詩の技法は、人間的な諸観念の系譜や哲学者たちと詩人たちについての確実な〔証拠資料にもとづいた〕歴史にはそぐわないことがわかるのである。／〔中略〕いったい、どのようにして、突然、しかも歴史の流れを逆転させて、ホメロスの心胸のなかにプラトンの願望するような深遠な知恵が天から降ってきたというのだろうか」（Vico, III, 170-171）。

さらには『新しい学』の第二・三版。そこでも、ヴィーコは、まず第二巻で、紙数にして著作全体の半分にのぼる量を費やして、かれが「異教諸国民の最初の通俗的な知恵」であったと想定する「詩的知恵（sapienza poetica）」の諸相についての詳細な考察を展開したのち、「真のホメロスの発見」と題された第三巻の冒頭で、第二巻における「詩的知恵」の諸相についての考察からは「ホメロスの知恵もそれ〔最初の異教諸国民の通俗的な知恵〕とまったく異なった種類のものではなかった、という結論が必然的に導き出される」と主張している（Vico, 2004a, 291; IV-II, 3 [780]）。そして、そのうえで、「ところが、プラトンがホメロスは至高の深遠な知恵をそなえていたという意見を高々と掲げて人々の心に深く刻印した。その結果、他の哲学者たちもこぞってプラトンの意見に従ってきた。なかでもプルタルコスは、この問題についてまるまる一巻の書物を著したほどであった。このため、ここではとりわけ、ホメロスは哲学者であったのかどうかを検討してみることにしようとおもう」と述べ(Vico, 2004a, 291; IV-II, 3 [780])、ホメロスの二篇の詩に語られている英雄たちの性格や行動様式がいかに「粗野で、卑俗で、獰猛で、凶暴で、移り気で、無分別で、あるいは無分別なまでに意固地で、軽薄で、愚かで」あったかを具体的に実証してみせたのち、「ホメロスには、およそいっさいの深遠な知恵は否定されなければならない」との断定をくだしている(Vico, 2004a, 294; IV-II, 7 [787])。

4　感覚からの出発

それにどうであろう。いまいちど『新しい学』第二・三版の扉頁の前に置かれている口絵を見てみよう。

「形而上学」像と「ホメロス」像

「神の摂理の眼」であるという光り輝く三角形の中心に描かれた眼からは「形而上学」の胸元をめがけて一条の光線が発せられており、その光線は「形而上学」が胸の飾りにしている宝石にあたって反射し、屈折して、幅をひろげながら、ひび割れた台座の上に立って俯き加減に瞑想する男性立像の背後にまで達している。

地球儀の上に立って、光り輝く三角形を恍惚とした面持ちで仰ぎ見る、頭に翼を生やした女性と、ひび割れた台座の上に立って、俯き加減に瞑想する男性。そして、画面の左片隅から発して、画面全体をするどく切り裂くようにして両者を結ぶ幾何学状の線条。じつにコントラストのあざやかな構図であるが、この構図について、男性立像は「ホメロス」であるとことわりつつ、ヴィーコはつぎのような説明をあたえている。

「同じ神の摂理の光線が形而上学の胸のところで反射して、拡散しながら、〔その業績が〕わたしたちのもとに届いている異教世界最初の著作家であるホメロスの像にまで達しているのは、その光線が、形而上学――それは、そのような〔異教世界を創建することになった最初の〕人間たちがそもそも人間的に思考することを最初に開始したとき以来、人間的な諸観念の歴史にもとづいて形成されてきたのであるが、その形而上学の力によって、わたしたちのもとで、ついに、全身がこのうえなく強靱な感覚とこのうえなく広大な想像力のかたまりであった異教世界の最初の創建者たちの愚鈍な知性にまで降りていくにいたったからである」（Vico, IV-1, 8 [6]; cf. Vico, 2004a, 29-30）。

ここで注目されるのは、異教世界の最初の創建者たちの知性のもとにまで神の摂理の光線が降りていくのを可能にしたもの、それはほかでもない「形而上学」であったとされながら、そこに「それは、そのような〔異教世界を創建することになった最初の〕人間たちがそもそも人間的に思考することを最初に開始したとき以来、人間的な諸観念の歴史にもとづいて形成されてきたのである」という補足的説明が付いていることである。

感覚にもとづく形而上学

このヴィーコの補足的説明の意味するところを明らかにするには、『新しい学』の第二・三版でいえば、「詩的知恵」の考察にあてられている第二巻の「詩的形而上学」にかんする部を見てみる必要がある。

見てみよう。そこでは、それに先立つ導入部分で、やがて古代異教世界を創建することになる「最初の人間たち」は、「世界大洪水」後、歳月とともに一面が鬱蒼とした大森林と化しつつあった地上のあちこちを、途方もない凶暴さと、とどまるところを知らない放縦のうちにあって、食物を求め、女どもを追い回して、「野獣的放浪（erramento ferino）」を続けていたことが述べられたのち（Vico, 2004a, 139–141; IV–I, 141–144［369–373］）、まずはつぎのようにある。

「このように愚鈍で、無分別で、恐ろしい野獣であった最初の人間たちから、すべての哲学者および文献学者は、異教古代人の知恵についての推理を始めるべきであったのである。〔中略〕また、その推理を形而上学から始めるべきであった。形而上学は、それを省察する者自身の知性の諸様態の外部からではなくて内部から証拠をとってこようとする。その形而上学から始めるべきであったのだ。なぜなら、この諸国民の世界はたしかに人間たちによって作られてきたのであるから、その諸原理は人間たちの知性の諸様態の内部に見つけ出しにおもむくべきであったからである」（Vico, 2004a, 142; IV–I, 145［374］）。

そのうえで、ヴィーコは確認する。「人間の自然本性は、それが野獣どもと共通の状態にあるかぎりにおいては、感覚が事物を認識する唯一の道であるという特性をたずさえている」と（Vico, 2004a, 142; IV–I, 145［374］）。そして、こう続けるのである。「したがって、異教世界の最初の知恵であった詩的知恵は、今日の学者たちのそれのような悟性によって推理される抽象的なものではなくて、感覚にもとづき形像によって表現されるような形而上学から始まったにちがいない」と（Vico, 2004a, 142; IV–I, 145［375］）。

学の始まるところ

「今日の学者たちのそれのような悟性によって推理されるものではなくて、感覚にもとづき形像によって表現されるような形而上学」！

第一巻の「方法」にかんする部の冒頭でヴィーコは述べていた。「この学はその素材が始まったところから始まらねばならない」と（Vico, 2004a, 126; IV–I, 123［338］）。「学説はそれの扱う素材が始まるところから始まるのでなければならない」というのは、ヴィーコにとっての公理中の公理であった（Vico, 2004a, 118; IV-I, 113［314］）。そこで、ヴィーコは、かれ自身の理解にあってはなによりも「万民の自然法」にかんするものであったかれの〈新しい学〉をも、その素材が始まったところから始めようとする。

愚鈍で、無分別で、恐ろしい野獣ども

ところで「万民の自然法」はどこから始まったかといえば、それは「世界大洪水」後、歳月とともに一面が鬱蒼とした大森林と化しつつあった地上のあちこちを、途方もない凶暴さと、とどまるところを知らない放縦のうちにあって、食物を求め、女どもを追い回して、「野獣的放浪」を続けていた「最初の人間たち」からにほかならない。したがって、素材は、そのような「最初の人間たち」——「愚鈍で、無分別で、恐ろしい野獣ども」——から採ってこられるのでなければならない。そして、かれら野獣同然の状態にあった「最初の人間たち」が「人間的に思考することを始めた時点」（Vico, 2004a, 126; IV-I, 123［338］）から、推理を開始する必要があるのだ（cf. Velotti, 1995）。

そのかれらの「知性の諸様態」

しかも、その推理は、かれら「最初の人間たち」の「知性の諸様態」の内部へとさしむけられるのでなければならない。それというのも、「各自が自分たちこそは世界で最初の国民であったとうぬぼれている諸国民のうぬぼれは、この学の諸原理を文献学者たちのところから採ってくる意欲を失わせ、他方、自分たちの知っていることは世界が始まったとき以来ずっときわめてよく理解されてきたことがらであると思いたがっている学者たちのうぬぼれは、同じくこの学の諸原理を哲学者たちのところから採ってくる希望を失わせる」（Vico, 2004a, 121-

122; IV-I, 117〔330〕）といった絶望的な状況のなかにあって、第4章でも見たように、「わたしたちからはるか遠く離れた原始の古代を覆っている濃い闇の夜」のなかにほのかながらも確認することのできる「なんとしても疑いに付すことのできない真理の、つぎのような消えることのない永遠の光」、すなわち、「この諸国民の世界または国家制度的世界はたしかに人間たちによって作られてきたのであり、したがって、それの諸原理はわたしたちの人間の知性自体の諸様態のうちに見いだすことができる」という見通し（Vico, 2004a, 122; IV-I, 117〔331〕）こそは唯一の頼りであるからである。

かくては「形而上学」からの出発。なぜなら、形而上学は「それを省察する者自身の知性の諸様態の外部からではなくて内部から証拠をとってこようとする」ものであるからである。

しかしまた、その形而上学たるや、今日の学者たちのそれのように悟性的な推理にもとづいた抽象的な形而上学ではなくて、「感覚にもとづき形像によって表現されるような形而上学」なのだ。そのような感覚の形而上学からこそ、〈諸国民の共通の自然本性についての新しい学〉は始まるのでなくてはならないとヴィーコは言うのである。

5　反転するプラトニズム

だとすれば、どうであろうか。

神々の詩的創作

ヴィーコの見るところ、「最初の人間たち」はまさしく「なんらの悟性的判断力もそなえてはおらず、全身が強力な感覚ときわめて旺盛な想像力であった」と想定されるのだった。そして、そのような存在であった「最初の人間たち」がもちまえの強力な感覚ときわめて旺盛な想像力とによって作り出した「詩的創作（poesia）」こそが、かれらの「形而上学」にほかならなかったのである（Vico, 2004a, 142; IV-I, 146［375］）。

また、その「最初の人間たち」による「詩的創作」は、もろもろの事物の原因について無知であるところから生まれたものであった。そして、この無知があらゆる事物にたいするかれらの驚嘆の母なのであった。かれらはあらゆる事物について無知であった。そのために、出会うものすべてに強く驚嘆したのだった（Vico, 2004a, 142; IV-I, 146［375］）。

さらに、そのような「詩的創作」はかれらにおいては「神々の創作」として始まったが、それは、かれらが自分たちの感覚し驚嘆した事物の原因を神々であると想像したからにほかならない。「それと同時に、言わせていただくが、かれらはその驚嘆した事物にかれら自身のイデア〔自己観念像〕にもとづいて実体的存在をあたえたのだった」（Vico, 2004a, 142; IV-I, 146［375］）。

驚いて目を上げ、天に気づいた

具体的には、〈雷鳴る天〉＝〈神なる天〉ゼウスの創作に始まる「自然神統記（una teologia naturale）」、すなわち、「最初の人間たちの頭の中で自然に作られていった神々の系譜」（Vico, 2004a, 31; IV-I, 10［7］）がそうである。そのゼウスの創作の過程についてのヴィーコの描写を見てみるとよい。

「大洪水から、メソポタミアでは百年、世界のその他の地では二百年ののち〔中略〕、天がついにものすごく恐ろしい雷光をひらめかせ、雷鳴をとどろかせた。〔中略〕そのとき、巨人たちのうちでも最強の者たちであったにちがいない一部の巨人たちは山頂にある森に散開していたのだが〔中略〕、その原因のわからない大いなる現象に驚き、びっくりして、目を上げ、天〔の存在〕に気づいた。ところでまた、〔中略〕このような〔原因のわからない現象に出遭った〕場合には、人間の知性は現象に自分自身の自然本性を付与しようとするものである。そして、そのかれら巨人たちの自然本性は、そのような〔野獣同然の原始の〕状態のもとにあっては、どこからどこまでも頑強な肉体の力そのもので、唸り、ごろごろという音声を発しながら、かれらの凶暴きわまりない情念を発散させていたような人間たちのそれであった。そこで、かれらは天を一個の生命ある巨大な物体であると想像し、そのような相貌のもとで、それをゼウスと呼んだ」（Vico, 2004a, 143–144; IV-I, 147［377］）。

肉体の眼

「巨人たちは、その原因のわからない大いなる現象に驚き、びっくりして、目を上げ、天〔の存在〕に気づいた」。――ここでは、知は、あくまでも目の届くところ、それも「肉体の眼」の届くところに限定されている。形而上学がそれにもとづいて形成されてきたとヴィーコのいう「人間的な諸観念の歴史」は、「肉体の眼（occhi del corpo）をもってなされた天の観照」とともに始まったのであった（Vico, 2004a, 148; IV-I, 155［391］）。ひいては、そのかれらの「肉体の眼」によって認知されたゼウスは「山々の頂上よりも高いところにいたわけではなかった」（Vico, 2004a, 145; IV-I, 149［379］）。

身体のまなざしに規定された形而上学

ここからは、ヴィーコの形而上学が『新しい学』第二・三版の巻初に置かれている「著作の観念」の説明の冒頭において高らかにうたいあげられていたプラトニズム的な志向性を大きく反転させつつあることが見てとれる。それは「形而上学」とはいいながら、およそ非プラトン的で、そればかりか反プラトン的ですらある形而上学である。「身体のまなざし（vista del corpo）」に規定された形而上学。こう政治哲学者ビアジオ・デ・ジョヴァンニ（一九三一—）の一九八一年の論考「スピノザとヴィーコにおける〈身体〉と〈理性〉」にはある（De Giovanni, 1981a, 140）。

マルブランシュの定義との関係

ちなみに、「知性の諸様態（modificazioni della mente）」というヴィーコの用語であるが、これはもともとマルブランシュが「純粋知覚（perception pure）」と区別して「感性的知覚（perception sensible）」の別称として使っていた用語である。

『真理探求論』第一巻の第一章第一節を見てみよう。そこには、物質が受けとる形状にはたんに外面的な形状——一塊の蜜蠟の呈している丸さ——と内面的な形状——その蜜蠟を構成している小部分のそれぞれに固有の形状——の二種類が識別されうるのと同様、精神が事物の観念についてもつ知覚にも「純粋知覚」と「感性的知覚」の二種類があるとして、つぎのような説明と定義があたえられている。

「純粋知覚と呼ばれる第一のものは、いってみれば、精神にとっては表面的なものである。それらは精神の内部に浸透することもなければ、精神を感性的なかたちで変化させることもない。〔これにたいして〕感性的と呼ばれる第二のものは、精神の内部に多かれ少なかれ生き生きと浸透する。快楽と苦痛、光と熱、味、匂い、等々がそうである。なぜなら、感覚というのは精神の存在様式以外の何ものでもないことがひきつづいて明らかにされるだろうからである。したがって、わたしはそれら〔感性的知覚〕を精神の様態（modifications）と呼ぶことにする」（Malebranche, 1979, I, 23）。

「知性の諸様態」というヴィーコの用語はこのマルブランシュの「感性的知覚」についての定義から借用され

たものではないか、と推測される（cf. Corsano, 1956, 219-220)。ただし、マルブランシュの場合には、それはあくまでも個々人について言われていた。それをヴィーコは人類一般にまで敷衍して使用しようとしているのである。

そうであってみれば、ヴィーコにおけるプラトニズムの反転は、かれが「諸国民の世界」ないし「国家制度的世界」の原理を「わたしたちの人間の知性自体の諸様態の内部に」探りあてようとした時点ですでに始動していたとみてもよいのかもしれない。

ついでながら、ここでヴィーコが「わたしたちの人間の知性自体の諸様態の内部に」という場合の「わたしたち」は「最初の人間たち」のことであって、すでに文明の開化した状態のもとで生を享けた人間たちのことではない。じっさいにも、『新しい学』第一版の該当個所では、「諸国民の世界」ないし「国家制度的世界」の原理を「世界大洪水以前のカインの子孫たち、そして世界大洪水以後のハムとヤフェトの子孫たちにおけるわたしたち人間の思考の諸様態のうちに見つけ出しにおもむかなければならない」と述べられている（Vico, III, 29)。誤解のないようにしたい。

バッティスティーニの解釈

また、ヴィーコにおけるプラトニズムの反転にかんしては、一九九〇年に新しい二巻本のヴィーコ著作集を編んだアンドレーア・バッティスティーニ（一九四七―）も、右の「肉体の眼をもってなされた天の観照」の個所に注記して、「顔の眼（occhi del fronte)」と「心の眼（occhi della mente)」の区別はすでにガリレオの『プトレマイオスとコペルニクスとの二大世界体系についての対話』（『天文対話』）（一六三二年）でもなされていたことに読者の注意をうながす一方（cf. Vico, 1990, commento e note: 1566)、巻頭に付されている編者序文のなかで、「十七世紀の科学革命の根源には人間の感覚機能の同じく深刻な変化が存在していて、知がもっぱら聴覚的伝達を旨とするようなタイプから眼を優先させる方向へと移行していっている」との確認をおこなったのち、その「眼」をめぐってのガリレオとヴィーコの関係について、つぎのような指摘をおこなっていることに留意しておこう。

「ヴィーコにかんしていえば、かれは自然の諸科学には関心がなかったけれども、かれもまた〔「肉体の眼」によってなされる〕視覚の役割を重視している。視覚は、人間の意識や内的かつ主観的な経験を知覚し音声をつうじて表明するのに向いている聴覚と異なって、起源においては、事物の身体的な自然物理性により直接的に結びついた感覚を代表していたからである。ガリレオは自然的空間を心の眼によって研究するのにたいして、ヴィーコは、視覚的言語のほうが人類の父祖たちの置かれていた条件により忠実であり、ひいてはより大きな診断力かつ陳述力をそなえているという理由で、歴史の時間性を視覚的言語によって表現される空間的諸形態に置換しようとするのである」(Battistini, Introduzione a: Vico, 1990, XXVIII-XXIX)。

ヴィーコが自然の諸科学には関心がなかったというのはいささか正確を欠く断定である。ヴィーコが十七世紀「科学革命」の動向に熱い関心を寄せていたことについては、第2章においてインヴェスティガンテたちのアカデミーとの関連を探ったなかで確認しておいたとおりである。しかし、この点を除けば、おおむね妥当な指摘であるといってよい。

第6章　諸国民の創建者にかんする新しい批判術

1　立ちはだかる困難

それにしても、文明の起源にむかってのヴィーコの旅、これはまたなんと多くの険しい困難に満ち満ちた旅であったことか。そして、このことについては、ヴィーコ自身も鋭く察知していたところであった。

じっさいにも、『新しい学』第一版の第一巻は、諸国民の自然本性についての新しい学の諸原理を見つけ出すことがどれほどまでに困難な仕事であるかを確認して結ばれている。

絶望的なくわだて

ヴィーコは言う。諸国民の自然法についての推論は「観念の自然的な順序」にしたがって進められるのでなければならないが、それらの観念が「最初の人間たち」のあいだでどのようにして生まれたのか、その生成の様式を理解しようとするのは「絶望的なくわだて」である、と。

なぜなら、人類の生についても、年齢を重ねるにつれて老いていく個々人の生と同じような仕方で評価しなければならない。そして、この見方からすれば、わたしたちは老人であり、これにたいして諸国民の創建者たちは幼児であったということができる。

しかしまた、すでに言葉を供給されている国民のなかで生まれた幼児たちは、七歳にもなれば、すでに大部の語彙集を手にしていて、なんらかの観念が頭の中で目覚めると、その語彙集を速やかに通覧し、その観念を他人に伝えるのに適当な音声語をただちに見つけ出す。また、なんらかの音声語を耳にすると、その音声語に付着している観念を頭の中で目覚めさせる。さらに、かれらは幼児であるとはいえ、数を計算するという、このうえなく抽象的で、なんらの感官に触れることもない行為の習性も身につけている。これは、諸国民の世界の創建者たちの場合にはそれまで人間の声らしきものを一度として耳にしたことがなかったと想定されるのとは大違いである。

かろうじて頭で理解することができるにすぎず、心に表象してみることはまったくできない

「このため、いまだ神への信仰を知らないでいた最初の人間たちが、それまで人間の声を一度として聞いたことのなかったそのような状態のもとで、どのようにして思考したのか、また、かれらの思考をどれほど粗野なかたちで形成し、どれほど不恰好な仕方で結合したのか、これらについてはかろうじて頭で理解することができるにすぎず、心に表象してみることはまったくできない」——と、こうヴィーコは嘆息まじりに吐露するのだった(Vico, III, 31-32)。

場所も人々もわからぬまま

そして、こうも述懐するのである。「このくわだてには以上のように苛酷な不確かさばかりが付きまとっており、ほとんど絶望的な困難が立ちはだかっていて、実際に存在したどのような最初の人間たちから、ひいては世界のどのような最初の場所から、異教の諸国民がやってきたのか、何ひとつわからないので、わたしたちはそのような人間たちの野獣的放浪を思考によってたどりつつ、ここでさきに「この著作の観念」のなかで、この巻はすべて、〈人をも地をも知らぬまま、わたしたちはさまよっていた〉というモットー〔ウェルギリウス『アエネーイス』一・三三三〕に要約されると提起しておいたのであった」と（Vico, III, 32-33）。

『新しい学』第二・三版における記述

同様の趣旨の記述は『新しい学』の第二・三版にも見られる。いわく、「最初の人間たちの知性は何ひとつ抽象的なところはなく、何ひとつ繊細化されたところはなく、何ひとつ精神化されたところはなかった。なぜなら、すべてが感覚のなかに浸りきっており、すべてが情念によって鈍くなっており、すべてが肉体のなかに埋没していたからである」（Vico, IV-1, 148［378］）。

ところが、「今日では、わたしたち人間の知性は、庶民自身のあいだでも、あまたの抽象作用によってあまりにも感覚から退いてしまっており、言語も数多くの抽象的語彙でいっぱいになっている。また、書記の技法によってあまりにも繊細化しており、数を用いることによってほとんど精神化してしまっている。というのも、庶民であっても数を数えたり計算したりするすべを知っているからである。〔中略〕だから、今日では、最初の人間たちの広大な想像力のなかに入っていくことは、わたしたちにはことがらの自然本性からして拒まれているのである」（Vico, IV-1, 148［378］; cf. Vico, 2004a, 144-145）。

こうして、ここでもまた、ヴィーコは思わず吐露するのである。どのようにして「最初の人間たち」のあいだに最初の人間的思考が生まれたのかは「かろうじて頭で理解することができるにすぎず、具体的に心に表象してみることはまったくできない」と（Vico, 2004a, 145; IV-1, 123-124［338］; 148［378］）。

限界の自覚

「最初の人間たち」のあいだに最初の人間的思考が生まれたありさまについて、どのような認識の可能性がわたしたちにあたえられているのかをめぐって、ヴィーコにはいかんともしがたい限界の自覚があったのである。

2　新しい批判術

しかしまた、ヴィーコは同じく『新しい学』の第三版でこうも述べている。「そのような最初の人間的思考が異教の世界に生まれたさいのその生成の様式を発見するためには、わたしたちはいくつもの険しい難関に出遭い、じつに二十年に及ぶ探究を要したのであった。なんといっても、このわたしたちの人間的な文明化された状態から、そのようなまったくのところ凶暴で途方もない状態にまで降りていかなければならなかったのであるから」と（Vico, IV-1, 123 [338]）。ということは、ヴィーコは二十年に及ぶ探究ののち、いくつもの険しい難関を乗りこえて、最初の人間的思考が異教の世界に生まれたさいの生成の様式をついに発見するにいたったということでもある。

それでは、その発見に到りつくのに、ヴィーコは一体全体、どのような方法を考案したというのだろうか。つぎにはこの問題について見ていきたいとおもうが、その前に一点、検証しておかなければならないことがある。

「二十年に及ぶ探究」？

それは、いま引いたくだりに「二十年に及ぶ探究」という文言が出てくることである。この文言は、一七三〇年に出た『新しい学』第二版でもそのようになっている（Vico, 2004a, 126）。この計算で行くと、探究が開始されたのは、一七一〇年、すなわち、『ラテン語の起源から導きだされるイタリア人の太古の知恵』の第一巻『形而上学篇』が出版された時点以来ということになる。

だが、これはどうであろう。『形而上学篇』において「イタリア人の太古の知恵」を掘り起こすためと称して語源学的詮索らしきものがくわだてられていることは事実である。また、同書におけるヴィーコの主張にたいして『イタリア文人雑誌』の匿名書評者たちからなされた批判への「第二の回答」には、他人の言ったことに惑わされずに自分で考えて判断したことを真理の規準にしようとしたデカルトには感謝すべきであるとしながらも、文献学の提供する「権威」にもなにがしかの考慮を払うべきであると述べた個所も出てくる（Vico, I, 274-275）。しかし、「最初の人間たち」の思考様式に省察をめぐらせた形跡は『形而上学篇』のどこを探しても見あたらないといわざるをえないのではないだろうか。

一方、一七二五年の『新しい学』第一版には、同じく「最初の人間たち」がどのように思考していたかは「かろうじて頭で理解することができるにすぎず、心に表象してみることはまったくできない」と述べた個所に、「たえざる厳しい省察のいまや二十五年に及ぶ経過ののち」という言い回しが出てくる（Vico, III, 150）。こちらのほうの証言を採用した場合には、「省察」の開始された時点は、一六九九―一七〇〇年頃、すなわち、ヴィーコがナポリ大学の雄弁術教授のポストを得て開講講演を受け持つようになった時点にまでさかのぼることになる。

しかし、記憶の確実さという点からいえば、おそらく一七二五年時点での証言のほうが信憑性が高いとみてよいのだろうが、この証言についてもどうであろう。開講講演にかぎらず、同じ時期にヴィーコが書いたもので、はたして「最初の人間たち」の思考様式について「省察」をめぐらせたテクストがあっただろうか。管見のかぎりではあるが、そのようなテクストの存在をすくなくともわたしは知らない。

もっとも、一七二〇年に世に問われた『普遍法の単一の原理ならびに単一の目的』の「序言」には、「神と人間にかんすることがらについてこれまで論証されてきたあらゆる普遍的な知識の基礎をなす単一の原理」を「二十二年にわたってたゆむことなく省察を重ねてきた」のち、その成果をここに提出しようとおもうとある（Vico, II-1, 25)。この点については、『自伝』でも、第一回目から第六回目までの開講講演の要旨をかいつまんで紹介したさいに、「第一回目の講演のときから、神と人間にかんする知識のすべてを単一の原理のもとに統一するという新しくて偉大なテーマがヴィーコの心中では動いていたことが見てとられる」との注意喚起がなされている（Vico, V, 6)。

ひょっとすると、ヴィーコのなかで、普遍法の原理をめぐっての省察と「最初の人間たち」の思考様式をめぐっての省察との同一視がいつしか生じるにいたっていたのだろうか。疑問の残るところである。

人類の共通感覚

だが、この「二十年に及ぶ探究」にまつわる問題については、ここではただ疑問が残るとだけ述べておくにとどめたい。そして、本題に戻るとして、最初の人間的思考が異教の世界に生まれたさいの生成の様式を探りあてるにさいしてヴィーコが着目するのは、「人類の共通感覚（il senso comune del genere umano)」である。

「共通感覚」といえば、ヴィーコはすでに第七回目の開講講演『われらの時代の学問方法について』のなかでも、その意義を青少年の教育上の観点からことのほか強調していた。このことは第1章で見たとおりである。その同じ「共通感覚」をヴィーコは『新しい学』の第二版において「ある階級全体、ある都市民全体、ある国民全体、あるいは人類全体によって共通に感覚されている、なんらの反省をもともなっていない判断」というように再定義する（Vico, 2004a, 94)。とともに、『新しい学』の第三版では、この「共通感覚」にかんする再定義をそのまま引き継いだうえで、そこに「互いに相手のことを知らないでいる諸民族すべてのもとで生まれた一様な観念には、あるひとつの共通の真理動機が含まれているにちがいない」との推理を重ね合わせる。そして、つぎのように主張するのである。すなわち、「この公理は、人類の共通感覚が万民の自然法についての確実なるもの（il certo）を定義するために神の摂理によって諸国民に教示された基準であることを確定する一大原理である」とである。「諸国民が万民の自然法の存在についての確証を得るのは、様態こそ多様でありながらも、そこにおいてかれらのすべてが一致を見ている、その法の実体的統一性を理解することによってである」というわけなのだ（Vico, IV–1, 77–78 [142, 144–145]）。特記に値する着目であるといってよい。

『新しい学』第一版における「共通感覚」

ただし、「人類の共通感覚」にヴィーコが着目するようになったのは、『新しい学』の第二版が最初であったわけではない。「人類の共通感覚」については、公理として命題化こそされていないものの、すでに『新しい学』の第一版においてもその意義に着目したくだりが登場する。

第一巻の第一章を見てみよう。そこではまず開口一番、「諸国民の自然法はたしかにかれらの共通の習俗とともに生じたのであった。そして、神への信仰をもたない者たちからなる国民といったものはこの世にはかつてひとつたりとも存在したことはなかったのである。それというのも、諸国民はすべてなんらかの宗教から始まっているからである」（Vico, III, 9）とあって、『彗星にかんする雑考』（一六八二年）、ことにその『続篇』（一七〇四年）において、神への信仰をもたない者たちからなる社会の存在可能性を主張したフランス啓蒙前期の思想家、ピエール・ベール（一六四七―一七〇六）への正面からの論駁がなされている（cf. Cantelli, 1971）。そのうえで、「そして」と言葉を接いで、つぎのように続けられている。

「もろもろの宗教はすべて、万人が生まれつきもっている、永遠に生きたいという願望のうちに根を下ろしてきたのだった。この人間生来の共通の願望は、人間の精神は不滅であるという、人間の知性の根底に隠されている共通の感覚から生じてきているのであって、この感覚は、原因が深くに秘匿されていてわからないぶん、それだけ明白な結果を生みだす。すなわち、わたしたちは死の病に倒れたとき、自然に優位する力が存在していて、その力が病を克服してくれるのを願うというのがそれである。そうした力はただひとつ、自然自体ではなく、自然に優位する神、つまりは無限にして永遠の知性のうちに見いだされるべきものなのだ」(Vico, III, 9)。

『普遍法』の立場からの大転換

「永遠に生きたい」という「人間生来の共通の願望」。そしてまた「人間の精神は不滅である」という「人間の知性の根底に隠されている共通の感覚」。——『普遍法』のヴィーコは、宗教の起源を、「神にたいする恐怖心」という、啓蒙前期の自由思想家たちの宗教論の基礎でもあった心理学的かつ社会学的な経験的与件のうちに見てとりながらも、しかしまたただちに言葉を接いで、それは「罪を犯したという意識」に由来するものだとしていた(Vico, II-2, 277)。そして、この意識はこの意識で「真理を知らなかったことにたいする羞恥心」以外のなにものでもないとしていた(Vico, II-1, 72)。「神および人間にかんするあらゆる知識の要素は認識(Nosse)、意志(Velle)、権力(Posse)の三つ、原理はただ一つで知性(Mens)。その知性の目が理性(Ratio)であり、光が神(Deus)なのだ」というプラトン的＝アウグスティヌス的な神学の存在論的前提に立ってである(Vico, II-1, 34)。この『普遍法』における説明からの、これはまたなんと大きな転換であることか。

「共通感覚の新たなドグマティズム」？

ヴィーコにおける宗教意識の問題に鋭利な分析のメスを入れてきた思想史家のアントニオ・コルサーノ（一八九九―一九八九）は、このような『普遍法』の立場から『新しい学』の立場への転換を指して、「真理‐存在の形而上学」に代えての「確実‐存在の形而上学」と規定するとともに、「意識ないし反省の内的な根拠」を犠牲にしての「共通感覚の新たなドグマティズム」であると指摘している（cf. Corsano, 206–207）。もっともな指摘ではある。が、ヴィーコにおけるこの転換を「ドグマティズム」への陥落として弾劾するよりは、そうした転換を遂行せざるをえなかったヴィーコの苦渋に満ちた思索の過程にこそ思いを致すべきではないだろうか。

新しい批判術

ともあれ、『新しい学』のヴィーコは、このように定義された「人類の共通感覚」から出発しようとする。そして、この「人類の共通感覚」を「諸国民の創建者にかんする新しい批判術」として利用していくことを考える（Vico, IV-1, 77 [143]）。

知性の内なる辞書

なかでもヴィーコが着目するのは、「人類の共通感覚」からは「さまざまな分節言語のすべてに起源をあたえる任務を担った知性の内なる辞書（il dizionario mentale）」が得られるのではないか、ということである（Vico, IV-1, 78 [145]）。

哲学的批判であれ、文献学的批判であれ、これまでの批判はもっぱら著作家たちが書いたものを素材にして進められてきた。しかし、ヴィーコの推理によると、「諸国民のなかにこれまで批判が携わってきた著作家たちが出現するまでには、〔諸国民が誕生してから〕優に千年以上の歳月が経過していたにちがいない」のだった（Vico, IV-1, 77［143］）。しかし、もし「人類の共通感覚」から出発して「さまざまな分節言語のすべてに起源をあたえる任務を担った知性の内なる辞書」を編纂することができたならどうか。その辞書はこの間の空白を埋め合わせるのにも利用できるのではないか、というのがヴィーコの期待であった。

ちなみに、この「さまざまな分節言語のすべてに起源をあたえる任務を担った知性の内なる辞書」については、『新しい学』第一版の第三巻第四三章「諸国民すべてに共通の知性の内なる言語の辞書という観念」において、最初の家父長たちの名前の由来に即して、具体的な一例があたえられている（cf. Vico, III, 217）。そして、第二・三版で大いに活用されている。

3　想像力を発揮しての自己移入？

ところで、最初の人間的思考が異教の世界に生まれたさいのその生成の様式を発見するためにヴィーコがとった方法について、それは想像力を発揮しての自己移入の方法であったとする見解がある。

バーリンの見解

たとえば、イギリスの思想史家アイザイア・バーリン（一九〇九―一九九七）の見解がそうである。かれはその著作『ヴィーコとヘルダー』（一九七六年）において「この国家制度的世界はたしかに人間たちによって作られてきたのだった、したがって、それの諸原理はわたしたちの人間の知性自体の諸様態の内部に見いだされるはずである」という『新しい学』におけるヴィーコの述言を解説して、つぎのように述べている。

「〈諸様態〉という言葉で、かれ〔ヴィーコ〕は、わたしたちならば、十分な想像力を〈そしてまた合理的方法によって獲得された知識を〉そなえている者であればだれでもそこに〈入っていく〔enter into〕〉ことのできる人間の思考、想像力、意志、感情の発達の諸段階、あるいは範囲や方向の諸段階とでも呼ぶであろうものを考えているようである。ヴィーコは、わたしの知るかぎり、人間がほかの人間を理解する方法〔中略〕について十分明確な説明はどこでもしていない。ほかの人間の自我を〔中略〕わたしたちが知る仕方を、感情移入とか、類比的推論とか、直観とか、一なる世界精神への参与というような言葉を持ち出して説明することはしていない。この点は解釈者たちに委ねられた。かれはただ、人間が作ったもののなかには、ほかの人間も、後者も人間であるかぎり前者と同じ心をもっているのだから、いつでも原則として〈入っていく〉ことができるというかれの確信を述べるのみである」（Berlin, 1976, 27）。

だが、はたしてそうであろうか。想像力によってほかの人間たち、それも「最初の人間たち」の心的状態のなかに入っていくことができるなどと、どこでヴィーコは述べているのか。見てきたように、「最初の人間たち」がどのように思考していたかは「かろうじて頭で理解することができるにすぎず、心に表象してみることはまったくできない」とこそ、ヴィーコは述べていたのではないか。

ヴェリーンの見解

同じ疑問は、アメリカ合州国のヴィーコ研究者、ドナルド・フィリップ・ヴェリーン（一九三七―）にたいしても提出せざるをえない。

ヴェリーンは、ヴィーコの後期の認識理論においては反省〔reflection〕という考え方、わたしたちにはわたしたち自身の世界の見方および世界にたいする態度のとり方を自覚的に反省する能力がそなわっているという考え方が中核をなしているとした『ヴィーコ——〈新しい学〉の研究』（一九七五年）の著者、レオン・ポンパの指摘（Pompa, 1975, 166-167）を「ヴィーコの想像力の哲学」という論文（一九七六年）のなかで取りあげ、これはむしろ「想起的想像力（recollective fantasia）」の使用と言ったほうが適切であろうと主張している（Verine, 1976, 410-426; cf. Verine, 1981）。

ヴェリーンによると、『新しい学』のなかでは二つの意味の想像力が作用しているという。ひとつは「最初の人間たち」が「諸国民の世界」を創建する過程で発揮した想像力であり、いまひとつは『新しい学』自身が人間世界についての想起的理解を獲得するさいに媒体として機能している想像力である。しかも、この想起の過程で、想像力は同時にみずからがそもそも人間の知性の本源的形式をなしていたことを発見するにいたるのだという。

しかしながら、どうであろう。『新しい学』が「諸国民の世界」の創建と展開の過程で演じられる想像力の第一義的役割を明らかにしているというのは、そのとおりである。また、この意味においてヴィーコによって構想された〈諸国民の共通の自然本性についての新しい学〉がまさに想像力の学と呼ばれるにふさわしいものであることも事実である。が、その学の方法までもが想像力に依拠しているというのは、大いに疑問の残るところである。

想像力の使用される場所

いや、たしかにヴィーコはかれの学の方法にある種の想像力を用いてはいる。しかし、それが用いられているのは、「学説はそれの扱う素材が始まるところから始まるのでなければならない」というヴィーコの基礎命題をライトモティーフにして、現代という時代にあって文学、哲学、あるいは批評の仕事を〈始める〉ことの意味と可能性の条件を探ろうとした『始まり——意図と方法』という知的刺激に満ちた本（一九七五年）のなかで批評家のエドワード・W・サイード（一九三五―二〇〇三）が的確にとらえているように（cf. Said, 1975, 351-352）、遠く離れたもの同士のあいだに類似性を見つけ出していくトピカ的な発見のコンテクストにおいてであって、ヴェリーンが想定しているような太古の出来事の想起の過程においてではないのである。

テクストとしての世界

なるほど、ヴィーコの方法は内的な理解の方法ではある。「諸国民の世界」の創建と展開の過程をかれは内在的に理解しようとする。そして、それは可能であるとかれは言う。その世界は人間たちによって作られてきたのであるからという理由によってである。だから、それが作り出されたさいの様式は「わたしたちの人間の知性自体の諸様態の内部に」見いだされるはずであるというのである。

しかし、そのさいにヴィーコが用いようとしている方法――それはヴェリーンやバーリンが想定しているような想像力による自己移入の方法ではない。それはこれとは別種の方法である。すなわち、いましがた見たように、「さまざまな分節言語のすべてに起源をあたえる任務を担った知性の内なる辞書」を用いての「新しい批判術」がそれである。ヴィーコは世界をあたかも一冊のテクストのように見立てる。そして、そのテクストを織りなしている意味のコンテクストを「知性の内なる辞書」を頼りにして読み解いていこうとするのである。

宣長の方法との親近性

したがって、『新しい学』においてヴィーコがとろうとした方法は、自己移入による共感的理解の方法とは明らかに異なる解釈の方法であるといわなければならない。それはむしろ、同じくわたしたちが『古事記』の世界に向かおうとするさいにおちいりがちな主知主義的＝理性主義的錯誤――「漢意《からごころ》」――の危険性を鋭く認識しつつ、しかも感情的自己移入の不可能性をもおそらくは自覚して、「凡て人のありさま心ばへは、言語《ものいひ》のさまもて、おしはからるゝ物にしあれば、上ツ代の萬ヅの事も、そのかみの言語をよく明《あき》らめさとりてこそ、知ルべき物なりけれ」と述べ、あくまでも「言語のさま」に即しながら、日本の神々の時代の奥深く分け入っていこうとした本居宣長（一七三〇―一八〇一）の『古事記傳』の方法（本居、一九六八、三三頁）によほど近い。

4　永遠の理念的な歴史のデッサン

それだけではない。ヴィーコによると、「人類の共通感覚」に立脚して編纂される「知性の内なる辞書」からは、つぎには「諸国民すべての歴史がかれらの勃興、前進、停止、衰退、終焉にわたって時間の中を経過していくさいの根底に存在しているひとつの永遠の理念的な歴史（una storia ideal eterna）」が導き出されるという（cf. Vico, IV-1, 78［145］et passim）。

学の省察者による再創造

そして、この「永遠の理念的な歴史」については、たとえば、『新しい学』第二・三版の第一巻の「方法について」と題された部において、諸国民の諸事万般は、神の摂理によってかくあるべく秩序づけられている以上、「この学によって推理されるとおりに進行しなければならなかったのであり、ならないのであり、ならないであろう、という種類の証明」が支配すると主張されているのを見たくだりには、「それどころか、わたしたちはさらに一歩を進めて断言したいのだが」と言葉を接いで、「この学を省察する者がこの永遠の理念的な歴史を自分自身に語るのは〔中略〕、その〈ならなかったのであり、ならないのであり、ならないであろう〉という証明のなかで、かれ自身がそれを自分の前に作り出してみせるかぎりにおいてなのだ」とある（Vico, 2004a, 131-132; IV-1, 128-129 [349]）。

レヴィ＝ストロース

ここに登場する「この学を省察する者がこの永遠の理念的な歴史を自分自身に語るのは、かれ自身がそれを自分の前に作り出してみせるかぎりにおいてなのだ」という文言は、ヴィーコの『新しい学』には「想起的想像力」の作用がみとめられるというヴェリーンの主張に裏書きをあたえるもののようにもみえる。

しかし、わたしとしてはむしろ、「人類の共通感覚」に立脚して編纂される「さまざまな分節言語のすべてに起源をあたえる任務を担った知性の内なる辞書」とそこから導き出される「永遠の理念的な歴史」のデッサンを「新しい批判術」として利用していこうというヴィーコの方法には、フランスの人類学者クロード・レヴィ＝ストロース（一九〇八―二〇〇九）の構造主義的方法にこそ似たものがあることに注目しておきたい。レヴィ＝ストロースもまた、世界の各地に散在する神話には驚くべき構造的類似性が認められることに着目して、神話的思考には普遍的な法則が支配しているにちがいないとの想定に立ったところから、大著『神話論理』全四巻（一九六四―一九七一年）を著したのだった。

フッサールの「構造的アプリオリ」との関連

さらにまたヴィーコの方法は、フッサールの手稿「幾何学の起源について」のつぎの一節とも深く触れあうところがある。

「なんであれ歴史的事実として経験的に現在しているもの、あるいは歴史家によって過去の事実として示されるものは、必然的にその内的な意味構造をもっている。しかし、そのさい、日常的にわかりやすい仕方でその動機づけの連関が明らかにされるようなものは、それだけになおさら、どこまでも深部に及ぶ含蓄をもっているのであって、この含蓄こそが問われ、露わにされなければならない。ただたんに事実だけを書きつらねた歴史がすべてわけのわからないものにおわっているのは、それがいつも素朴にもすぐさま事実から推論をおこなっていて、それらの推論が依拠している普遍的な意味基盤を主題化することをせず、また、その基盤にもともと付着している強力な構造的アプリオリを探究することもけっしてしなかったからにほかならない。わたしたちの現在やあらゆる過去ないし未来の歴史的現在のうちに横たわっている本質的に普遍的な構造を露わにすること、しかも、その全体的な本質的に普遍的な構造にかんして露わにすることによって、露わにすること。ただこのことによってのみ、真に理解をなしとげたといえる歴史学は可能となるのである」(Husserl, 1962, 380)。

見られるように、ここでフッサールは、あらゆる歴史的現在をつうじて、その根底には〈意味の本質的に普遍的な構造的アプリオリ〉が横たわっているとしている。そして、このアプリオリを露わにすることによってのみ、本来の意味においての科学的な歴史学、真にことがらを理解したといえる歴史学は可能になるとしている。基数の起源についての推理を試みた『算術の哲学』(一八九一年)から出発して、最後にはついに歴史的世界への接近をくわだてるにいたったフッサールの、その極点における認識である。フッサールは歴史的世界へのかれの接近方法を「超越論的」方法であると称している。フッサールのいう「超越論的」方法とは具体的にはどのようなものであるのか、その一端をわたしたちは右の一節からうかがい知ることができる。

ヴィーコが「人類の共通感覚」のなかから取り出そうとした諸国民に共通の「知性の内なる辞書」、そしてこれにもとづいて導き出されるという「永遠の理念的な歴史」とは、ここでフッサールが〈意味の本質的に普遍的な構造的アプリオリ〉と呼んでいるものに相当するのではないだろうか。ヴィーコもまた、そのような「永遠の理念的な歴史」のデザインを手に入れることによってのみ、文献学、すなわち、諸民族の言語、習俗、平時および戦時における事績についての歴史のすべてなど、人間の自由な選択意志に依存することがらにかんする学問を真の意味においての知識（scienza）の形式にまで引き戻すことは可能になると考えていたのである（cf. Vico, 2004a, 30; IV-1, 9 [7]）。

第７章　最初の諸国民は詩的記号によって語っていた

１　〈想像的普遍〉の概念

古代ローマにおける法観念の歴史的変遷にかんする解釈をはじめとして、ヴィーコの『新しい学』が挙げた学問上の成果には刮目すべきものが多々あった。

〈新しい学〉の親鍵

なかでも、わたしたちの学問論的関心からして注目されるのは、ヴィーコが『新しい学』の第三版において「この学の親鍵」であると自負している「発見」である。「異教の最初の諸国民は自然本性上の必然からして詩人たちであり、詩的記号（carattere poetico）によって語っていた」というのがそれである（cf. Vico, IV-1, 28-29 [34]）。「詩的記号」とは「それぞれの類に類似したところのあるすべての個別的な種があたかも理念的なモデルまたは肖像に還元されるかのようにしてそこに還元されるべき想像的な類または普遍（genere o universale fantastico）」のことをいう（Vico, 2004a, 104; IV-1, 91 [209]）。具体的には、ギリシア＝ローマ神話に登場する神々や英雄たちの像のことを指している。

これは一見したかぎりではなんとも奇抜な推理であり「発見」である。だが、少しばかり立ち入って検討してみると、なかなかよくできた推理であることがわかる。

ヴィーコによると、さきに第5章でも見たように、異教諸国民の世界を創建することになった「最初の人間たち」は、悟性的判断力はいまだ全然持ち合わせていなかった反面、全身がこれ感覚と想像力のかたまりであったにちがいないのだった。ひいては、かれらには詩的創作の能力が生まれつきそなわっていたはずなのであった。いやそれのみか、かれらはその能力にことのほか恵まれていたにちがいない、とヴィーコはみる（Vico, 2004a, 142; IV-1, 146［375］）。つまり、異教世界の「最初の人間たち」は、天性の詩人ないし創作の天才であったというわけである。

そして、この天性の詩人ないし創作の天才であった異教世界の「最初の人間たち」によって、その天性の「詩的知恵」を発揮しつつ仮構的に創造されていったものが、ヴィーコによると、神話に登場する神々であり、さらにはまた英雄たちの像なのであった。

しかも、ヴィーコの推理によると、かれら異教世界の「最初の人間たち」は、かれらがかれらの特異な経験のなかで想像力をたくましくしつつ作りだしていった形像を、つぎには、それに類似する経験を表示しようとするさいの記号つまりは語彙として使用していくことになったのにちがいないのであった。

それというのも、これについては『新しい学』第一版に要領を得た説明があたえられているのでこちらのほうを引用しておくと、つぎのような理由によってである。

ヘラクレスという呼称の場合

「ある国民が、知性がなおもきわめて不足しているために、ある特性を表現するのに抽象的あるいは類的な言い方をする術《すべ》を知らないとしよう。また〔その一方で〕ある人間を呼ぶのに最初に目にとまった特性に応じて種的な（in ispecie〔形相的な〕）呼び方をし、その人間が最初にその相貌のもとに見られたところの特性によって呼んでいるとしよう。たとえば、ある大仕事を家族の必要から命ぜられてなしとげ、その仕事によって、かれの家または氏族、そしてかれに割り当てられた部分にかんして、人類を守ったということで栄光に輝く存在となった人物をまさしくこの相貌のもとでとらえて、婚姻ひいては家族の女神であるヘラのクレオス〔栄光〕ということから、ヘラクレスと呼んだとしよう。すると、そのような国民は疑いもなく、その後ほかにもさまざまな人間がさまざまな時にその仕事と同じ特性をもつ行為をなしとげていたことに気づいた場合には、まずはそれらの行為に目をとめて、それらの人間にその当の特性によって最初に名づけた人物の名前をあたえることだろう。そして、いまの例でいうと、それらのだれをもヘラクレスと呼ぶだろう。しかも、そのように未開で無教養と想定される国民は同時に愚鈍でもあって、きわめて強烈な印象をあたえる行為にしか目をとめないにちがいないので、さまざまな人間によってさまざまな時に同一の種類の特性においてなされる行動の、もっとも強く感じとられる部分――いまの例でいうと家族の必要の命ずるところにしたがって果たされる大仕事――にもっぱら目をとめて、それらのすべてを最初にその特性によって名づけた人物の名前に結びつけることだろう。そして、いまの例でいうと、そのような人間の全員をヘラクレスという共通の名前でもって呼ぶだろう」（Vico, III, 150-151）。

このような呼称法――詩的アレゴリー――は、一般には、詩人たちの意図的な作為による換称であると解釈されている。しかし、これをヴィーコは「そのようにして思考し、また自分の考えていることを説明するほかなかった、すべての異教諸国民に共通の自然本性上の必要性」から生じたものであったとみる（Vico, III, 151）。そして、このようにして自然本性上の必要性によって作りだされていった〈想像的普遍〉たる詩的記号から最初の異教諸国民の言語はできあがっていた、というのがヴィーコの推理＝「発見」であったのである。言語ないし一般に記号というものの本質とそれが人間存在にとってもつ意味を考えるうえで教示されるところの少なくない推理＝「発見」であるといってよい。

2　レトリックの伝統とのつながり

もっとも、ヴィーコの推理は、これを「発見」と称するにはあまりにもレトリック（弁論術＝修辞学）の伝統的概念からの借用が目立つことも事実である。

ヴィーコは、一六九九年に王立ナポリ大学に採用されて以来、一七四二年に退官するまで雄弁術の教授を務めた、その筋の専門家であった。また、詩作のほうも若い頃からたしなんでおり、詩学にも通じていた。この弁論術と詩学の双方にわたるレトリックの素養をいかんなく活かしつつ、ヴィーコの推理は展開されているとみられるのである。

アリストテレスの『詩学』

じっさいにも、〈想像的普遍〉としての詩的記号というヴィーコの規定に接して第一に想い起こされるのは、歴史の語りと比較した場合の詩が語ることがらの普遍性についてのアリストテレスの『詩学』における説明であろう。

「歴史家と詩人との差異は韻文で語るか否かという点にあるのではない。〔中略〕歴史家はすでに起こったことを語るのにたいして、詩人は起こる可能性のあることを語るという点に両者の差異はある。したがって、歴史にくらべて詩のほうがより哲学的であり、より深い意義をもつ。なぜなら、詩はどちらかといえば普遍的なことがらを語るのにたいして、歴史が語るのは個別的な事件であるからである。ここで普遍的とは、どのような人物にとっては、どのようなことがらを語ったり行為したりするのが、ありそうなことであるか、あるいは必然的なことであるか、ということである」。

こうアリストテレスは『詩学』（一四五一a三八—一四五一b一〇）のなかで述べている。これは、この著作の存在が広く知られるようになったルネサンス期以来、人文主義的教養人のあいだでの歴史記述法および詩作法双方の特質をめぐる議論のなかでもっとも主要な参照基準となってきた一節であって、ヴィーコも無論、この一節にはよく通じていた。そして、やがて〈新しい学〉の探究の過程で神話に登場する神々や英雄たちの像の普遍的類型性に着目して、それらを〈想像的普遍〉と規定するにいたったときにも、なによりもまず、このアリストテレスの『詩学』の一節を念頭に置いていたものと推察される（cf. Fubini, 1965, 201-204; Pagliaro, 1961, 403; Mooney, 1985, 207）。『新しい学』第二・三版の公理集にはつぎのようにあるが、これなどは、そっくりそのままアリストテレスの詩学思想の解説と受けとってさしつかえないのではないだろうか（cf. Pagliaro, 1961, 403）。

理念上の真理としての物語

「人間の知性は、生来、一様なものを好む傾向がある。／この公理は、物語（favola〈神話伝説〉）にかんしていえば、一般に庶民には、かくかくしかじかの状況のもとでかくかくしかじかの面において有名な人間たちについて、そのような状態のもとにあってその者たちにふさわしいことがらをつうじて適切な物語を作りあげるという習性があることから確認される。物語とは、庶民がそれらを作りあげるさいの対象となる者たちの功績と一致した理念上の真理（verità d'idea）なのである。そして、その者たちの功績にたいしてかれらが受けるに値するだけのものがあたえられていないなら、そのときには物語はそのぶんだけ事実においても虚偽なのである。そうであるから、よく考えてみると、詩的に真なるものとは形而上学的に真なるもののことであって、これに照らしてみて、これと一致しない自然学的に真なるものは虚偽なるものの場にとどめおかれなければならないのである」(Vico, 2004a, 103-104; IV-1, 90［204-205］)。

格　言

第二に、ヴィーコは「個別的なものの観念をつねに拡大しようとするのが物語の永遠の特性である」と述べているが (Vico, 2004a, 302; IV-2, 18［816］)、ここでヴィーコが念頭に置いているのも、この場合にはつづけて「この点については、アリストテレスの『道徳書』のなかに、思考力の足りない者たちはあらゆる個別をそのまま格言に仕立てあげる、と述べたみごとな個所がある」とあることから明らかなように、同様にアリストテレスである。

ここでヴィーコが「アリストテレスの『道徳書』」と呼んでいるものが何を指すのかははっきりしない。ただ、アリストテレスは、『弁論術』のなかで、格言は「個別的なことがらに関わるのではなくて、普遍的なことを扱う」(一三九四a二一―二三) としたうえで、つぎのように述べている。「格言は弁論にとって大きな援けとなるが、それは、ひとつには、聴衆が野暮で知性を欠いていることによる。だれかが〔格言を用いて〕一般的なかたちで論じ、それが特定の事例について自分の抱いている見解とたまたま一致することがあると、聴衆はいつでも喜びを覚えるものなのだ」(一三九五b一―三)。

たぶんヴィーコは、このアリストテレスの『弁論術』の一節か、そのパラフレーズを読んだのであろう。そして、アリストテレスのいう「野暮で知性を欠いている」聴衆における個別的なものをそのまま普遍的なものとして受けとめようとする性向は、同様に知性の不足した野暮な存在であったと想定される最初の諸国民が神話や英雄伝説を作りだしていくさいにも発揮されたにちがいないと考えたものとおもわれる。

インゲニウム

第三には、インゲニウム（ingenium）という知的能力にかんする考え方の点でのつながり。

さきに引用した『新しい学』第一版における詩的記号「ヘラクレス」の説明にもあるように、ヴィーコによると、最初の諸国民は、たとえば家族の必要から命ぜられて遂行される大仕事を指すのにひとたび「ヘラクレス」という象徴人格化された詩的記号を作りあげたのちには、その後はそれに類似する特性をもつ個別的行為のすべてを「ヘラクレス」なる詩的類概念ないし〈想像的普遍〉へと還元していったのだった。そして、このようにして個々のことどものあいだに類似性を見いだしつつ、それらをひとつの〈想像的普遍〉へと連結していく能力を指して、これをヴィーコはインゲニウムまたはイタリア語でインジェーニョ（ingegno）と呼んでいるのだが（cf. Vico, 2004a, 303; IV-2, 20 [819]）、じつをいうと、このインゲニウムという能力はレトリックの伝統のなかでとくに警句的表現の案出にさいして働くものとみられてそう呼ばれていた能力にほかならなかったのである。

クインティリアヌスの証言

クインティリアヌス（三五頃—一〇〇頃）が『弁論家の教育』（八・五・二—三）のなかで証言しているところによると、アリストテレスが「野暮で知性を欠いている」聴衆を相手にした弁論においてきわめて効果的であるとして大いに活用することを奨励している格言は、やがてローマの弁論家たちによってセンテンティア（sententia）という呼称のもとに受け継がれていったようである。しかしまた、同じくクインティリアヌスの証言によると、かれの時代には、そのセンテンティアという語には格言以外にいまひとつの新たな意味が付け加わるにいたっていたという。すなわち、弁論を引き立たせるための気の利いた警句的表現というのがそれである。

綺想主義

この警句的表現という意味においてのセンテンティアは、その後、弁論術の世界から文学的修辞の世界へと主要な舞台を移しつつ、他方における正雅を旨とする古典主義的表現法とのあいだでいくたびとなく対立・拮抗を繰り返しながら、中世をつうじて用いつづけられていく。そして、とりわけ十七世紀に入ってからは、この流派はスペインとイタリアで綺想主義（conceptismo〔スペイン語〕concettismo〔イタリア語〕）と呼ばれて大いにもてはやされ、バルタサル・グラシアン（一六〇一―一六五八）やマッテーオ・ペレグリーニ（一五九五―一六五二）、あるいはまたスフォルツァ・パッラヴィチーノ（一六〇七―一六六七）やエマヌエーレ・テザウロ（一五九二―一六七五）などの理論家がそこから輩出するのであるが、そのさい、かれら綺想主義の理論家たちは、かれらが「コンセプト（concepto〔スペイン語〕）／コンチェット（concetto〔イタリア語〕）」とか「アグデサ（agudeza〔スペイン語〕）／アクテッツァ（acutezza〔イタリア語〕）」と呼ぶ警句的表現としてのセンテンティアの案出にさいしてはとりわけインヘニオ（ingenio〔スペイン語〕）またはインジェーニョ（ingegno〔イタリア語〕）なる創意工夫の能力が働くものとみて、この能力の意義の解明に努めたのだった。

ペレグリーニの定義

たとえば、一般に綺想主義の最初の理論的著作と目されているグラシアンの『インヘニオの術――綺想論』（一六四二年）よりも三年早くに出ているペレグリーニの『綺想について』（一六三九年）には、つぎのようにある。「あるひとつの言い回しのなかにあるものといえば、言葉と、指示されている対象と、それらの相互的な結びつきだけである。だが、言葉は、そしてまた対象あるいは事物も、それだけを別個に取り出して見た場合には、ただの無感覚な物質でしかない。それゆえ、綺想（acutezza）は必然的に結びつけ方によって支えられていることにならざるをえない。〔中略〕こうしてわたしたちは、インジェーニョの機敏さ（accortezza dell'ingegno）とはうまく媒辞を見つけ出すことによって相異なることどもを驚くべき綺麗さをもってあるひとつの言い回しのなかに比喩的に結びつけていこうとするわたしたちの意図のことである、と定義することができるだろう」（Peregrini, 1960, 118, 124）。

ヴィーコへの影響

このような警句的表現の案出にさいしてのインゲニウムの働きにかんする綺想主義の理論家たちの考察に、ヴィーコは修辞学を学びまたそれを大学で教えるようになった当時から深い関心を寄せていたようである。じっさいにも、ヴィーコには大学での講義に用いた弁論術の教程本があるが、そこでは、ほかでもなくペレグリーニに大きく依拠しつつ、センテンティアの項にかなりのスペースが割かれるとともに、それの案出にさいして働くとされるインゲニウムについてのことのほか立ちいった説明がなされている（cf. Vico, 1989a, 282-307）。また、このインゲニウムなる知的能力については、『われらの時代の学問方法について』や『形而上学篇』などでも、再三再四の言及と、それが人間の認識活動一般ひいては人間の形成そのもののなかで果たす役割の重要性についての熱のこもった論述が見られる（cf. Vico, I, 95, 179）。これをヴィーコは最初の異教諸国民の語彙であったとかれのみる〈想像的普遍〉としての詩的記号の形成過程の説明にも利用しているのである。

発見術の占める位置

第四には、このようにして個々のことどものあいだに類似性を見いだしつつ、それらをひとつの〈想像的普遍〉へと連結していく能力としてのインゲニウムまたはインジェーニョをもって、これを『新しい学』のヴィーコは事物を記憶し想起する能力としてのメモリア（memoria）およびそれらを改作し変様させつつ新たな形像を仮構的に作りだしていく能力としてのファンタジーア（fantasia）とならんで知性の第一の操作に属するものとするとともに、この知性の第一の操作は判断を任務とする知性の第二の操作にたいして発見を任務とするとしている。そして、第二の操作がクリティカと呼ばれる術によって規制されるのにたいして、第一の操作のほうはトピカと呼ばれる術によって規制されるとしている（cf. Vico, 2004a, 261–262, 303, 183–184; IV–1, 336–337 [699]; IV–2, 20 [819]; IV–1, 212 [497]）。が、このヴィーコの説明の背後にあるものも、すでに第1章で見たように、これまた、発見術と判断術の区別と連関にかんするキケロ以来のレトリックの伝統的な考え方にほかならないのである。

キケロの『トピカ』

あらためて見ておくと、キケロは『トピカ』（六—七）でつぎのように述べている。

「あらゆる用意周到な論弁法は二つの部分をもつ。ひとつは発見の部分であり、もうひとつは判断の部分である。そして、わたしの知るかぎりでは、双方ともにアリストテレスが創始者であった。ところが、ストア派の者たちは後者だけに励んできた。かれらは判断術のほうはなるほどかれらがディアレクティケーと呼ぶ学問によって熱心に究めてきたが、トピケーと言われて、実用の面ではより重要で、また自然の順序からしてたしかに先にあるべき発見術のほうはまったく無視してしまったのである。しかし、わたしたちは、両方ともこのうえなく有益であるし、暇さえあれば両方を究めたいと考えているので、まずは先にあるものから始めることにする」。

ここで発見と言われているのは、論拠ないし論法の発見のことであり、判断というのはそれらについての真偽の判別のことである。キケロは、あるものの論拠ないし論法を探り出すためにはアリストテレスによって〈トポス〉と名づけられた、それらの論拠ないし論法の在り場所がまずは知られなければならないとする。そして、そのような論拠ないし論法の在り場所をかれ自身はロクス（locus）と名づけるとともに、このトポスないしロクスの具体的諸事例の説明に入っていくのだった。

この論弁法における発見術と判断術の区別と連関についてのキケロ的とらえ方をヴィーコはトピカとクリティカという呼称のもとに受け継ぐ。そして、とりわけ、前者は後者にたいして「自然の順序からして先にある」というキケロの指摘に着目して、両者の関係を知性の第一の操作と第二の操作の関係というようにとらえ直したうえで、これを最初の諸国民の知性の様態の解明にも適用しようとしているのである。

3　人類の幼児としての「最初の人間たち」

しかし、このようにヴィーコの「発見」にはレトリックの伝統からの借用とおぼしきものが少なからず認められるからといって、ここからただちにヴィーコの〈詩的知恵〉の世界を「レトリカルな行為の一般化」（Mooney, 1985, 210）であると断定するのは妥当ではないだろう。

幼児の遊戯

それというのも、第一に、レトリックの世界には、自らは学識があり悟性的判断力を十二分にそなえた弁論家がいる。なるほど、かれらが相手とする聴衆は、アリストテレスも述べているように、「野暮で知性を欠いている」かもしれない。しかし、その聴衆に向かう弁論家自身はあくまでも学識ある存在であり、悟性的判断力を十二分にそなえた者たちなのだ。

これにたいして、異教世界の最初の諸国民は詩人たちからなっていたとヴィーコが述べるときの詩人たちは、かれら自身が「野暮で知性を欠いている」存在である。というか、ヴィーコによると、異教世界を創建した「最初の人間たち」は、いってみれば「人類の幼児」なのであった。ひいては、かれらが詩人たちであったといわれる場合のかれらの詩的創作活動なるものも、本質的に幼児の遊戯に等しいものとして理解されるのである（cf. Velotti, 1995）。

『新しい学』第二・三版の公理集にはつぎのようにある。

「詩のもっとも崇高な仕事は感覚をもたない事物に感覚と情念とをあたえることである。そして、これは、生命のない事物を手にとり、戯れて、それらがまるで生きている人物であるかのように話しかけている幼児の特性である。／この哲学的‐文献学的公理は、幼児期の世界の人間たちが生まれながらに崇高な詩人たちであったことを証拠づけている」（Vico, 2004a, 101; IV-1, 87 [186-187]）。

「自分が最初に見知ることになった男性や女性、あるいはまた事物の観念と名前をもとにして、それ以後は、その最初のものとなんらかの類似性や関係をもっているすべての男性、女性、事物をそれらの観念によって把握し、それらの名前によって呼ぶというのが、幼児の自然本性である。／〔中略〕／この公理は、いわば人類の幼児であった最初の人間たちには、事物についての悟性的な類概念を形成する能力がなかったので、想像的な類または普遍である詩的記号を作りあげる〔中略〕自然本性的な必要性があったことを証明している」（Vico, IV-1, 90-91 [206, 209]; cf. Vico, 2004a, 104）。

「幼児は模倣することに長《た》けている。なぜなら、よく目にするように、かれらは大抵、自分たちが覚え知ることのできるものを真似して遊んでいるからである。／この公理は、幼児期の世界が詩的国民からなっていたことを証明する。詩とは模倣にほかならないからである」(Vico, 2004a, 105; IV-1, 92 [215-216])。

このような児戯にも等しいかたちで「最初の人間たち」の〈詩的知恵〉はいとなまれていた、とヴィーコはみるのだった。

4　基礎的隠喩作用の場へ

第二に、「異教の最初の諸国民は自然本性上の必然からして詩人たちであり、詩的記号 (carattere poetico) によって語っていた」というヴィーコの「発見」が開き示しているものは何かといえば、それはまさしく、ドイツの哲学者ハンス゠ゲオルク・ガダマー(一九〇〇—二〇〇二)が解釈学の哲学的基礎づけを試みた著作『真理と方法』(一九六〇年)において「言語意識の基礎的隠喩作用」と名づけているところのものにほかならない。

言語意識の基礎的隠喩作用

ガダマーによると、語るという行為には、あるひとつの「自然的な」概念形成の過程が最初からすでにつねにともなっているという。ただし、その段階では、互いに相異なることどものあいだに共通的なものが存在するということについてのなんらの明確な反省もいまだ生じてはいない。類という意味での普遍性は、なおも言語意識から遠く離れたところにある。人がそこでたどっているのは、むしろ、類似性を見つけ出していく自己拡大的な経験である。そして、そのようにして「類似性に表現をあたえる」ことができるということのうちにこそ、言語意識に固有の天賦の独創性が存在しているのである(cf. Gadamer, 1972, 405-406)。

この「類似性に表現をあたえる」言語意識固有の作用を指してガダマーは「言語意識の基礎的隠喩作用」と呼

ぶのであるが、これはとりもなおさず、ヴィーコによって悟性的類概念の形成に先立つ〈想像的普遍〉の形成としてとらえられていたものでなくて、いったい何であろう。ヴィーコは、その「発見」によって、ほかでもなく、そのような「言語意識の基礎的隠喩作用」の場、概念形成の自然的な作用の場に到り着いていたのだった。

歴史の喩法

もっとも、この場合にも、たしかに「隠喩」ではある。そしてヴィーコもまた、「隠喩」という言葉を用いているのは事実である。ヴィーコは、最初の異教諸国民の世界、その〈詩的知恵〉の世界の根源に隠喩作用の存在を確認するとともに、その世界の歴史的展開過程をも、そこに隠喩法から換喩法へ、さらには提喩法、そして反語法へというように修辞学上の四種類の喩法を段階的に重ね合わせつつ説明している（cf. Vico, 2004a, 155–157; IV–1, 164-167 [404-408]）。そして、アメリカ合州国の批評家ヘイドン・ホワイト（一九二八—）の言葉を借りるなら、この「歴史の喩法」をもって〈新しい学〉の世界の深層構造となしている（cf. White, 1976）。

「名の転用」としての隠喩

また、この場合「隠喩」という言葉によって意味されているところも、語の定義そのものとしては、おそらく、「隠喩とは、あることがらにたいして、本来は別のものを指す名を転用することである」というアリストテレスの『詩学』（一四五七b六—七）における有名な定義を出るものではないだろう。

ガダマーの批判

しかし、とガダマーは言う。この〈名の転用〉をもってこれをただちに「本来の語義の非本来的な使用」というように受けとってしまうのは「言語に疎遠な論理学的理論の先入見」以外の何ものでもない、と。一般にレトリックの伝統のなかでは隠喩とは「本来の語義の非本来的使用」という意味においての語の転義的使用のことであると解されてきた。だが、ガダマーによると、このような意味における隠喩は、かれが「言語意識の基礎的隠喩作用」と名づける自然的概念形成の原理が悟性的反省の場へと吸いあげられ、そこで文法学者たちの手によって喩法化されたものにほかならないのであって、これと「言語意識の基礎的隠喩作用」そのものとは断じて混同されてはならないのである（cf. Gadamer, 1972, 406–409)。

ヴィーコの場合

そして、同様の指摘は、さきに紹介した詩的記号「ヘラクレス」の説明個所にもあったように、ヴィーコによってもなされているのだった。ここにもう一個所、この点についての総括的な指摘がなされている部分を引いておこう。いまも述べた太古の〈詩的知恵〉の世界における隠喩法から換喩法、そして提喩法から反語法への展開順序にかんする説明の最後に置かれている一節がそれである。

「これらすべてのことから、これまで著作家たちの機知に富む発明物だと信じられてきた喩のすべては〔中略〕、最初の詩的諸国民の必然的な説明様式であり、起源においてはその生まれつきの特性をそっくりそのまま有していたこと、ところがのちに人間の知性が展開するようになるにつれて、抽象的な形式や種を包括したり部分を全体に合成したりする類概念を指す言葉が発明され、最初の諸国民のそのような語りは本来の語義の転移態に転化してしまったことが明らかになる。ひいては、ここから文法家に共通の二つの誤謬が作動しはじめる。散文家の語りが本来的なものであって、詩人の語りは非本来的なものであるとする誤謬と、散文による語りが初めにあって、そのあとに韻文の語りが登場したとする誤謬である」(Vico, 2004a, 157; IV-1, 167［409］)。

「隠喩」とはいいながら、ガダマーのいわゆる「言語意識の基礎的隠喩作用」、そしてまたヴィーコの〈詩的知恵〉の世界におけるそれは、論理学的思考の成立を前提としてこれの平面上で文法学者たちによってとらえられているレトリカルな文彩の一種としての隠喩とは、およそその位置と性質を異にしている。この点、誤解があってはならない。

トピカの意味するもの

同様のことはガダマーとヴィーコの双方によって言及されている「トピカ」についても指摘することができる。ガダマーは、かれのいわゆる「言語意識の基礎的隠喩作用」にかんする論述のなかで、概念と言語の連関の不可分離性の豊富な確証例を提供しているものとしてアリストテレスの『トピカ』を挙げ、「そこでは共通的な類の定義的定立ははっきり共通的なものにまず目をやることから導き出されている」ことに注意をうながしている(Gadamer, 1972, 407)。類似性を見つけ出していく言語意識の自己拡大的経験としての基礎的隠喩作用は、それ自体、一種のトピカ的な発見の技法を内包した作用であるというのである。が、ガダマーにとってのトピカがもはやアリストテレス自身の場合にはそうであったような論理学的思考の平面上における推論の一技法、あるいはそのための用例集でないことは、基礎的隠喩作用の場において実現されているとかれのみる概念形成が「自然的」と形容されていることから明らかであろう。

またヴィーコのほうも、同じく示唆的なことに、『新しい学』の段階では、トピカに「感覚的」という形容詞を付している。

「文明の最初の創始者たちは感覚的トピカ(una topica sensibile)に専念していた。それによってかれらは個や種の言ってみれば具体的な特性や性質あるいは関係を一つにまとめ、そこからそれらの詩的な類概念つくりあげていたのである。／だから、世界の最初の時代は人間の知性の第一の操作に専念していたと、偽ることなく言うことができる。／また、まずもってはトピカが彫琢されはじめた。人があることがらを十分にあるいは完全に知りたいとおもう場合には、そのことがらのなかに存在しているかぎりの論拠をくまなく渉猟していなければならない。トピカとは、そのような論拠の在り場所を教えることによって、わたしたちの知性の第一の操作を巧く規制する術にほかならないのである」（Vico, 2004a, 183; IV-1, 212［495-497］）。

「詩的論理学」と題された章の「学者たちの論理についての最後の系」という見出しの付いた節に出てくる文章である。ヴィーコの場合にも、ここでいわれる「論理学」、ひいてはまた「トピカ」は、あくまでも感覚的なそれであって、悟性的な推論のための道具ないし技法とは断じて混同されてはならないものなのだった。

5　言語の創出過程自体のうちにあって働く隠喩作用

それだけではない。第三に、ヴィーコは、その「発見」に到り着く過程で、ガダマーのいう「言語意識の基礎的隠喩作用」の場自体をも突き抜けて、いっそう原初の場面にまで降りていった。そして、その原初の場面に降り立ったところから、当の「言語意識の基礎的隠喩作用」そのもののよって来たるところを見さだめうる視座を獲得している。

ガダマーとの相違

ガダマーの理解のうちにある隠喩作用というのは、あくまでもすでに形成されて秩序を構成している言語の内部においての出来事である。要するに、それは言語意識の作用なのだ。

一方、ヴィーコもまた、〈詩的知恵〉の世界の始源には、まずもっては隠喩的な作用が存在したと言う。が、ヴィーコがそう述べるときの隠喩的な作用とは、すでにできあがった言語の世界の内部にあってのものではない。ヴィーコは、当の言語の世界の成立過程そのものを視野のうちにとらえこもうとする。そして、ほかでもなく、その言語の創出過程そのもののうちに隠喩的な作用を見てとるのである。

たとえば最初の神、〈天神〉ゼウスの誕生がそうである。さきに第5章でも見たように、ゼウスとは、その自然的原因がわからず、また初めての経験であったために類似する事物によって説明する手立てすらなかった「最初の人間たち」によって、かれら自身のイデア＝自己観念像から自己差異化的に創出されていった形像にほかならないのであった。この異教諸国民の〈詩的知恵〉の世界のもっとも原初の、言語が成立する以前の場面においていていたとみられる自己差異化的な転移の作用を指して、ヴィーコは「隠喩」と称しているのである。

事物の自己差異化的同一性の原理

したがって、ヴィーコが〈詩的知恵〉の世界の始源に措定している隠喩的な作用というのは、ガダマーの「基礎的隠喩作用」におけるような「類似性に表現をあたえる」ことではない。それは「類似性に表現をあたえる」以前に、なによりもまず人間の心的世界のなかに事物がそもそも自己同一性をそなえて立ち現われてくるさいの当の事物の自己同一性の原理にほかならない。

ソシュール言語学に造詣の深いイタリアの言語学者、トゥッリオ・デ・マウロ（一九三二―）がアリストテレス的＝約定説的と呼んでいる、言語の起源についての見方がある。世界は、そこに人間が介入する以前に、すでに自己同一性をそなえ、相互に区別されて存在する事物の布置関係からなっている。そして、それらの相互に区別された事物が人間の心の中に反映して観念は作りあげられるのであって、事物の観念自体はだれにとっても同一であるが、ただそれらを表現する音声形式はそれぞれの社会を構成する人々のあいだの約定によって相異なったかたちで成立しているとする見方である（cf. De Mauro, 1965, cap. II; 1969, 279-295）。

これにたいして、ヴィーコのほうでは、事物の自己同一性自体が人間のイデア＝自己観念像の自己差異化的な転移の作用をつうじてはじめて確立されるものとみるのである（cf. Grassi, 1980, 19-20; Verene, 1981, 79, 181-183）。

そして、このようにして最初の人間たちがかれら自身の自己観念像から自己差異化的に作りだしていった形像がやがて〈想像的普遍〉としての条件を具備した詩的記号――こちらのほうは類似性の発見をつうじて形成されていくわけであるが、そのような詩的記号として機能するにいたるまでには、なおもその間に、まさに相異なることどものあいだに類似性を見いだすことができるようになるだけの類似する経験の少なからざる積み重ねが必要とされるはずなのであった。

クローチェの批判

なお、ヴィーコの〈想像的普遍〉概念にかんしてはクローチェの有名な批判がある。

クローチェによると、ヴィーコの〈想像的普遍〉なる知的形成物にあっては想像の要素に普遍性の要素が結合されなければならないが、後者の普遍性の要素はそれ自体としてはあくまでも真の意味での普遍、すなわち、悟性的なものであって、想像的なものではない。それゆえ、そこでは、説明されなければならないはずの悟性的普遍の生成が前提に置かれてしまっており、いわゆる「論点先取の虚偽」が生じている、という（cf. Croce, 1962, 59）。

しかし、ヴィーコは、以上の考察からも明らかなように、悟性による総合以前のところに独自の総合の層、真理把握と普遍形成のある独自の層が存在するということをこそ明らかにしようとしていたのである（cf. Paci,

1969)。そして、そこに「論点先取の虚偽」を見るような悟性主義的なものの見方をこそ打破しようとしていたのだった。

第8章　バロック人ヴィーコ

1　『新しい学』の口絵

最後に見ておきたいのは、〈バロック人ヴィーコ〉（cf. Meinecke, 1959, 62; De Giovanni, 1982, 53-69; Patella, 1995, 160）という要素である。

ヴィーコは、啓蒙主義的合理主義の最初の芽生えがみられ、また古典主義が新たに勢力を回復しつつあった十八世紀の前半期にあって活動していながら、その精神というか、趣味は、まったくのところ十七世紀的でバロック的であった（cf. Giusso, 1943）。

記憶術の伝統との関連

このバロック人としてのヴィーコの一面がよくあらわれているのは、なんといっても、『新しい学』の第二・三版において扉頁の前に置かれている口絵（**図1**、一一一頁）ではないだろうか。

なるほど、ヴィーコの説明によると、口絵は「読者にとって、この著作の観念を、これを読むまえに自分のうちに宿しておき、また読んでしまったのちにも、想像力の援助を得て、よりたやすく想い起こすのに役だつはずである」との配慮のもとに作成されたものだという（Vico, 2004a, 27; IV-1, 5［1］）。

だとすれば、このような寓意画による本論への導入という案内方法そのものは、古典古代のギリシア・ローマ以来、ヨーロッパ思想史の奥深い伝統をかたちづくってきて、とりわけルネサンス時代のイタリアにおいて隆盛をみた記憶術にかんする議論の流れを汲んだものである。なにか記憶しておきたいことがらがあるとき、人間の生来の記憶力には限界があるため、まず、一定の秩序ある構造をもった〈場所〉を選定する。それから、記憶しておきたいことがらの観念の特徴をとらえて〈形像《イメージ》〉化し、それを〈場所〉の適当な部分に按配する。こうした措置によって、記憶力の補強を図ろうというものである（cf. Rossi, 1960; Yates, 1966）。そして、それ自体としては、この案内方法はとりたててバロック的であったわけではない。

プラーツ

しかし、美術史家のマリオ・プラーツ（一八九六―一九八二）が『十七世紀における図像《イメジャリー》の研究』（増補版一九六四年）において明らかにしているところによると、バロックの時代とは「形像《イメージ》への志向が極端にまで達していた」時代であったという（Praz, 1964, 15）。そうであってみれば、寓意画を用いての案内方法の採用も、そうしたバロックの時代の趣味を反映したものとみてさしつかえないのではないだろうか。

バロック的作風

じっさいにも、口絵はヴィーコの指示にもとづいて友人の画家ドメニコ・アントニオ・ヴァッカーロ（一六七八―一七四五）が描いているが、そこでは、もろもろの事物が一本の垂直の線にそって配列されるとともに、そ

図2　フランチェスコ・ソリメーナ作《ディアナとエンデュミオン》(1700–1730頃)。リヴァプール国立美術館（National Museums Liverpool）所蔵。

れらが表示していることがらはそれらの相互的な結合関係のなかではじめて明らかになるように配列されている。また、画像の全体は、あるひとつの暗くて定かでない背景から浮き出ている。そして、光に照らし出された各平面の周りには、暗くて定かでないもの、無限定なものがつねに残っていて、光に照らし出されたものとのあいだで一種の同調関係をかたちづくっている。これは、光と影とが互いに相手をさえぎりあい、両者の交錯が画像に意味とリズムとをあたえていた、ナポリ派を代表する画家フランチェスコ・ソリメーナ（一六五七―一七四七）のバロック的作風（**図2**）そのままであるということができる（cf. De Giovanni, 1982, 64）。

ついでながら、ソリメーナはヴィーコの肖像画（**図3**）も描いている。そして、このソリメーナの原画にもとづいて版刻された肖像画が『新しい学』一七四四年版の口絵の左側の頁に配されている（**図4**）。

図3　フランチェスコ・ソリメーナによって1742-43年頃に描かれたと推定される、いまは現存しないヴィーコの肖像画のコピー（1804年)。このコピーは現在、ローマのブラスキ館(Palazzo Braschi）に保管されている。

図4　『新しい学』1744年版の口絵の左側の頁に置かれているヴィーコの肖像画。ソリメーナの原画にもとづいて、フランチェスコ・セゾーネによって版刻された。

口絵考案の経緯

もっとも、一七二五年に出版された『新しい学』の第一版にはいまだ口絵の採用ということはなされていない。寓意画による著作の観念の説明という方法をヴィーコが考案したのは、一七三〇年の改訂版においてであった。それも、本論の原稿がすでにできあがって印刷に回してしまってから、印刷の途中で生じた「ある緊急事態」に対処するための窮余の一策として考案されたものなのであった。

ヴィーコの『自伝』によると、一七二五年に出版された『新しい学』は、出版後まもなく、ナポリだけでなく、イタリア中に知られるところとなった。なかでもヴェネツィアでの評判は高く、ナポリに駐在していたヴェネツィア共和国の弁理公使は出版元のフェリーチェ・モスカ書店に残っていた部数全部を買い取るとともに、なお多くの注文を受けているということで、ほかにも見つかりしだい届けるよう命じた。そのため、それは出版後三年も経った頃にはほとんど手に入らなくなっていたという。

そんな一七二八年のある日のことである。ヴェネツィアの神学者で図書検閲官をつとめるカルロ・ロドリ神父（一六九〇―一七六一）から、同じくヴェネツィアの貴族で優れた形而上学者・数学者として知られるアントニオ・コンティ（一六七七―一七四九）の書簡を添えて、ヴィーコのもとに一通の問い合わせ状が送られてきた。自分たちは各方面からの要望に応えるべく『新しい学』のヴェネツィアでの再刊を企画しているが承諾してくれるか、というのだ。今回の再刊にさいしては追加や訂正を自由におこなってくれてかまわない、とのことでもあった。

この申し入れにヴィーコはことのほか気をよくしたようである。申し入れを承諾したヴィーコは、さっそく、初版の文章の訂正と、これに新たに付加すべき一連の評註の作成作業にとりかかる。そして、一七二九年の十月には、ロドリ神父のもとに原稿一式が送り届けられる。

ところが原稿が届いたとたん、再刊を請け負うことになっていたヴェネツィアの書店主は、ヴィーコにたいして、「まるでヴェネツィアで印刷してもらうしかないのだろうというような態度に出てきた」。この書店主の態度に自尊心を傷つけられたヴィーコは、ロドリ神父に原稿類すべての返還を要求するとともに、こうなったらいっそのこと旧版そのものを全面的に書きなおそうと思い立つ。

書きなおし作業は「聖なるキリスト降誕祭〔一七二九年十二月二十五日〕の朝に開始されて、復活祭の日曜日〔一七三〇年四月九日〕の二十一時に終了した」。ところが、第一版のときと同様に新企画を請け負ったフェリーチェ・モスカ書店での印刷が半分以上終了した時点で、「これもまたヴェネツィアで生じた最後のある緊急事態がすでに印刷済みの紙のうち四十三枚分の変更を余儀なくさせることになった」。というのも、ヴィーコは、事件の顚末をロドリ神父との往復書簡を含めて洗いざらい暴露した文章を巻頭に置くべく用意していた。その文章を、たぶん神父のほうから公表を思いとどまるようにとの要請があったのだろう、削除せざるをえなくなったのだ。こうして、空いた部分を埋め合わせるための窮余の一策として急遽案出され、作成されたのが、巻頭の寓意画であり、それについての説明文なのであった（cf. Vico, V, 63-74）。

したがって、この経緯を見るかぎり、口絵とそれについての説明文はたしかにあとから急場しのぎに付け足されたものであり、本論はこの部分を予想することなくさきに書かれていたわけであるから、たとえこの部分がなかったとしても全体の論の構成に影響はないといえないこともない（cf. Nicolini, Nota a: Vico, IV-2, 349）。

だが、たとえ当初の事情が以上のようであったことは事実であるにしても、この新たな構成様式はそのまま一七四四年版に引き継がれていることもまた事実なのだ。ヴィーコはどうやら、この思いつきがよほど気に入ったものとおもわれる。

しかも、このヴィーコの得心には、それなりの理由があった。

2 〈有益なもの〉と〈甘美なもの〉の混合

視覚的直截性の発揮する説得効果

そもそも、絵画ないし一般に図像的表象媒体には、それに特有の視覚的直截性によって、絶大な説得効果を発揮することができるという利点がある。

ホラティウスの格率

ホラティウス〔前六五―前八〕はつぎのように語ったことがあった。
「詩人の務めは、役に立つか、楽しみをあたえるか、それとも人生の喜びとなり導きとなる言葉を告げることです。〔中略〕有益なものを甘美なものと〔utile dulci〕混ぜ合わせて、観客を楽しませながら導くことのできる詩人は、あらゆる人にほめられ、もてはやされることでしょう」（『詩論――ピーソー父子へ』三三三―三四六）。

この近代にいたるまでの全ヨーロッパ文学の理論的基礎をなしてきたといっても過言ではないホラティウスの格率をバロックの人々は人間の自然本性についての一種感覚主義的な理解のもとで受けとめた。人間というものは不完全で、いつまで経っても子供のような存在であって、感覚的なものによってしか動かされることがなく、甘美な糖衣で包んでやらないかぎり、それがどれほど真実で有益なものであっても、哲学の教えなどといったものは受けつけない。この点にこそホラティウスはわたしたちの注意を喚起したのだというわけである。

道徳的善導の手段としての絵画

それと同時に、バロックの人々は、ここに図像の惹起しうる直截的な視覚的魅力についてのかれら特有の認識を重ね合わせた。そして、ホラティウスの格率において詩ないし一般に文学の務めであるとされている人々の道徳的善導のためには、図像、ことに絵画ほど有効な手段はないとの確信を深めていったのだった。

このことは、「絵画ほど、人を楽しませ、あることがらを魂の中に甘美に滑りこませるものはなく、それを深く記憶に刻みつけるものもなく、また、魂に揺さぶりをあたえてそれを力強く感動させるべく、意志を効果的に生じさせるものはない」というイエズス会士ルイ・リシュオム（一五四四―一六二五）の言葉（cit. in: Praz, 1964, 173）に典型的に示されているとおりである。

じっさいにも、バロックの時代にはとりわけ対抗宗教改革運動の精力的な推進者であったイエズス会士たちによるエンブレム〔標語付きの象徴的図案〕の頻繁な利用が見られたが、それはかれらがエンブレムという絵画的表象媒体のうちに、道徳的真理を民衆に直観的形態によって教えこむための最適の手段を見いだしたからにほかならなかった（cf. Praz, 1964, 16）。

ヴィーコの場合

そして一方、ヴィーコはどうであったかというと、対抗宗教改革運動とのそれ自体こみいった関係についてはいまはおくとして、ヴィーコもまた人間の自然本性についてのバロック人の一種感覚主義的な理解の共有者であったことは、わたしたちもさきに第1章で第七回目の開講講演『われらの時代の学問方法について』の学問論的意義を考察したさいに確認しておいたとおりである。その講演＝著作の詩作にかんする章には、詩人も人々に義務を教え、有徳な行動へといざなおうとしている点では哲学者と同じであるが、ただし、「詩人は哲学者が厳格に教えることがらを心楽しませつつ教える」という、明らかに〈有益なもの〉と〈甘美なもの〉との混ぜ合わせにかんするホラティウスの格率に準拠した文言が登場する（Vico, I, 97）。

エピグラフ作家としてのヴィーコ

くわえて、ヴィーコは、当代一流の詩文家でもあり、とくにエピグラフ作家として数多くの仕事を請け負っていた。ヴィーコの『自伝』には、ナポリがオーストリアの支配下に入った直後の一七〇七年秋、帝国軍司令官ウィーリッヒ・フォン・ダウン伯爵の依頼で、一七〇一年のナポリの貴族たちによる反スペイン陰謀事件の指導者、ジュゼッペ・カペーチェとカルロ・ディ・サングロの葬儀のために、「碑銘文、エンブレムと警抜なモットー、そして式次第」を作成したとか、一七二七年、ベトレッラ侯爵夫人アンジョーラ・チンミーノの死を悼んで記念文集が編まれた折りには、ヴィーコ自身も追悼文を寄せるとともに、鋼で彫られたそれぞれの著者の頭文字に「主題を暗示したエンブレム」を作成して添えた、という記述が見える（cf. Vico, V, 56–57）。

もしそうであったとすれば、そのようなエピグラフ作家としての活動は、過度なまでの形像志向を見せていたバロックの時代の文化的風土のもとにあっては、当然にも、碑銘文と縁取り、標語《モットー》とそれを絵画的に表象する図案の関係など、図像学についての一定の知識と、さらには時と場合によっては実際的使用能力とを前提にしていたにちがいないのである（cf. Lanza, 1961, 83）。

このように、ヴィーコの場合にも、絵画という媒体に特有の視覚的直截性が発揮しうる説得効果についての確かな認識が息づいているのが確認されるのだった。これは、典型的にバロック的な人間としてのヴィーコの一面をうかがわせる認識であるとともに、およそレトリックなるものの学問論的意義一般を考えるうえでも注目に値する認識である。これが口絵から取り出すことのできるまずは第一の意義である。

3　絵画とトピカ的な知

事物の一挙的総覧可能性

ところで、レトリックの手段としての絵画ないし一般に図像的表象媒体の意義――それは、この媒体がそれ特有の視覚的直截性をつうじて〈有益なもの〉を〈甘美なもの〉と混ぜ合わせることによって発揮しうる説得効果のみにあるのではない。このこと以外にも、絵画ないし図像には、その同じ視覚的直截性によって、そこに描かれている事物の一挙的総覧をも可能にするという特色がある。そして、この絵画ないし図像の有している事物の一挙的総覧可能性こそは、つぎには、口絵の意味しているものを考えるにあたって注目されてしかるべき、第二の、しかもある意味では第一の留意点にもまして重要な留意点であるといってよい。

それというのも、もし絵画ないし図像というものが、それに特有の視覚的直截性のもとで、そこに描かれている事物の一挙的総覧を可能にしてくれるものであるとするなら、しかしまた、この事物の一挙的総覧ということは、とりもなおさず、他方でヴィーコがその意義を力説してやまないトピカ的な知の特性でもあるからである。

〈まなざし〉の知

じっさいにも、ヴィーコの理解のうちにあるトピカ的な知とは、なによりも第一には視覚の知、〈見ること〉あるいは〈まなざし〉の知にほかならない。すなわち、すでに見てきたように、自分が対象とすることがらの構成要素全体の通覧ないし一挙的総覧によって成り立っているということ、このことがわけてもトピカ的な知の特性をなしているのだった。

知のトピカ的構築は、デ・ジョヴァンニも指摘しているように（De Giovanni, 1982, 54)、「内面的原理を特権化しようとする傾向のある精神」よりはむしろ「探求と観察に使うことのできる目」をこそ要求する。トピカの訓練を受けた探求者のまなざしは現実へと注がれ、対象を自身の眼前に引き据えて、その相貌の全体をくまなく「通覧」し、対象を存在せしめている諸関係のすべて、その構成要素の「在り場所」のすべてを「見つけだす」。ひいては、対象の構成されているさまを、探求者の眼前に、それを構成している諸関係の濃密性と流動性のままに展示してみせる。トピカ的な知のあり方と絵画ないし図像的な表象様式との類縁性は明らかであるといってよい。

そして、口絵はほかでもなく、この両者の類縁性、密接不可分離の関係性をも、見まがう余地なくあざやかにわたしたちに指し示してくれているのである（cf. De Giovanni, 1982, 60-61)。口絵の宿している第二の意味である。

歴史的時間の空間化

しかも、いまの場合、口絵の意味するところはさらに特殊である。口絵の世界、それはなによりもバロック的な無限空間の意識に満たされた世界であること、そして、そのような無限空間の意識のもとではじめて、「著作の観念」の図像化、ヴィーコの発見した「諸国民の共通の自然本性」にかんするさまざまな真理の、一枚の「絵」の上への一挙的展示は可能となっていることに注意をうながしたのち、デ・ジョヴァンニは書いている。

デ・ジョヴァンニの解釈

「〈「諸国民の共通の自然本性」を解明するための鍵となすべくヴィーコが『新しい学』の本論部分において編纂に努め

ている〕「この学の語彙集」は、そっくりまるごと『絵』のなかに表象されている。しかも、それは、あるひとつの観念が図像に転化し、その図像の一瞥のもとで真理を伝えているという一般的な意味においてだけでなく、より特殊な意味においてそうなのである。さまざまな象徴、寓意、神話が相互に連関しあった真理の「空間」のなかに永続していて、それら真理の「空間」を経由してもろもろのロゴスの構成する形式がひろがっているという事実がそれである。〔中略〕／時間は、〔中略〕トピカ的な知のまなざしのもとで、さながら相互に連関しあった空間の諸相のなかに引き戻されてしまっているかのようである。しかし、深さのある空間は、層をなして複合化した真理が等質的で空虚な時間の線にそって流れていきながらもけっして溶けさってしまうことなく、諸事実の力の内部にあって永続しているありさまを、直線的な時間以上にみごとに表示している」(De Giovanni, 1982, 64–65)。

パピーニの解釈

相互に連関しあった真理の空間としての口絵。その空間のなかにあっての「諸国民の世界」の形成にあずかって力のあった象徴、寓意、神話の永続。――この点については、新進気鋭のヴィーコ研究者の一人であるマリオ・パピーニも、その野心作『歴史の象形文字――G・B・ヴィーコの『新しい学』における口絵の意義と機能』(一九八四年)のなかで述べている。「『新しい学』の冒頭に置かれている象形図版はひとつの元型的イメージとしての意義をもっているようにおもわれる。それは、人間の歴史の元型ないし究極的構造への知性の内なるまなざし(eidos, visus)なのである」と。くわえては、「その著作の前に置かれている図像は、歴史において作用する人間の力がその真理意味をあらわにするような、現実についての最深の理解のあり方は、もはや(論証的論理をもふくめて)通時的タイプのそれではなくて、超‐時間的なタイプのそれであることを示唆しているかにみえる」とも（Papini, 1984a, 36–37）。
まこと、口絵の意味するものは、ことのほか大きく、また深いというべきだろう。

4　狂乱する修辞学のなかで

しかしまた、〈バロック人ヴィーコ〉の特徴をうかがわせてくれるのは、『新しい学』第二・三版の扉頁の前に置かれている口絵だけではない。その特徴は、さきに第7章で見たヴィーコと綺想主義文学との関係からもうかがうことができる。

クローチェの定義

ベネデット・クローチェは、『イタリアにおけるバロック時代の歴史』（一九二九年）のなかで、「もろもろの図像や言葉を巧妙に集めて結び合わせ、驚異を呼び起こそうとする」「芸術的邪道の一様式」がバロックであり、「詩的真実およびそこから湧き出てくる魅力を予期せざるものや驚愕させるもののもつ効果と取り違えている」ところにバロック的なものの特徴があるとしている（cf. Croce, 1967, 21–41）。

この「バロック」にかんするクローチェの定義は、とりわけ綺想主義の文学に照準をさだめ、その修辞学的技巧をとらえたところからの定義であるとみてよいだろう。

バロック的な偏奇と逸脱

そして、じっさいにも、綺想主義の修辞学というのは、レトリックの古典主義的伝統からみれば、文字どおりバロック的な偏奇と逸脱の一形態にほかならなかったのである。「バロック」とは元来「いびつな形をした真珠」のことであった。

テザウロ

綺想主義の理論家の一人であったエマヌエーレ・テザウロの『アリストテレスの望遠鏡』（一六五四年）を覗いてみよう。そこには、綺想主義者たちが想像力のなかでもことのほか称揚するインジェーニョ（ingegno）という能力を「もろもろの提題についての遠く離れた概念を互いに結びつける能力」と規定したうえで、つぎのように述べた一節がある。

「インジェーニョに恵まれた人々が神のようであると呼ばれてきたのは、理由のないことではない。なぜなら、神が存在しないものから存在するものを産み出すのと同じように、インジェーニョも非在から存在を作り出し、ライオンが人になり、鷲が町になるようにするからである〔ライオン（leone）は人名レオーネ（Leone）にも使用されており、鷲（aquila）はイタリアに実在する町の名アクイラ（Aquila）にもなっている〕。それは人間の女を魚の上に接合し、媚びへつらう人物のシンボルとしてセイレーンをこしらえる。山羊の胸を蛇の尾と合体させ、狂気の象形文字としてキマイラをかたちづくる」（Tesauro, 1960, 32-33）。

狂乱する修辞学

フランスの批評家クリスティーヌ・ビュシ＝グリュックスマンは、バロック美学にかんする試論『見ることの狂気』（一九八六年）のなかで、このテザウロの言葉を引きながら、こう評している。「たんなる第二の言語であるどころか、修辞学は狂乱し、幻惑、驚異、そして虚構的文学性の媒体と化す」と（Buci-Glucksmann, 1986, 143-

144)。

狂乱する修辞学！　ヴィーコは、このような修辞学のバロック的狂乱に自身もまた身を投じたところから、やがて『新しい学』のなかで文明の起源にむかっての苦難に満ちた旅を遂行することとなるのだった。

5　バロック的発見の論理

しかも、十七世紀のスペインとイタリアで綺想主義者たちによって演じられた修辞学のバロック的狂乱は、ヴィーコの場合、注目すべきことにも、その狂乱のただなかから新しい科学的発見の論理を編み出していくのでもあった。

アッティラ・ファイ

この問題については、比較文学者のアッティラ・ファイによる、簡潔ながらもじつに啓発されるところの多い二篇の論考がある。いまや危篤状態におちいっているかにみえる社会科学的思考の起死回生の道をヴィーコ的人文主義のうちに探りだそうという意図のもとでジョルジョ・タリアコッツォとドナルド・フィリップ・ヴェリーンによって編まれた論集『ジャンバッティスタ・ヴィーコの人文学』（一九七六年）に寄せられた「メタバシスの哲学者としてのヴィーコ」と、一九七八年八月にヴェネツィアで開催されたヴィーコ研究会議に提出された報告「ヴィーコにおける非正統的な科学的発見の論理」がそれである（cf. Fáj, 1976; Fáj, 1981）。

メタバシスの哲学者

そこで、ここではこのファイの論考に準拠して問題の大要を見ておくとして、まず「メタバシスの哲学者としてのヴィーコ」では、アリストテレスの三段論法においてはひとつの類または種から別の類または種へのメタバシス＝移行は禁じられているが、それは、大前提と小前提の双方で用いられて両者を媒介する役目をはたしている中項が大前提と小前提とで異なった意味にとられ、実質的に三項ではなくて四項が使用されることになってしまったなら、論証の構造に破綻が生じて、虚偽の結論がもたらされることになりかねないからであるという一般的注意があたえられている。そのうえで、しかしながら、正しく操作された場合にはメタバシスにも建設的な面があることを看過すべきではないとして、ヴィーコが例に挙げられている。ファイによると、ヴィーコの『新しい学』にはメタバシスの建設的な使用例が数多く見られるという。それればかりか、「『新しい学』の印象的な成果はいずれも一つまたはそれ以上の一般には認められていない論理的移行をともなった思考の流れのなかで生みだされているといっても過言ではない」のである（Faj, 1976, 87-90）。

特称命題から全称命題への移行

とりわけファイが注目するのは、第一に、ヴィーコにおいては、『形而上学篇』で表明されている「判断をともなわない発見も、発見をともなわない判断も、ともに確実ではありえない。〔中略〕クリティカという松明を手にトピカのすべての場所を偵察しおえたとき、そのときこそ、人はそのことがらを明晰かつ判明に知っていると確信してよい」との考え方（Vico, I, 182）にもとづいてであろうか、「トピカと結合した三段論法的推論式」が頻繁に使用されていることである。しかも、それは伝統的論理学でいわれる「ダラプティ」の形式、すなわち、三段論法のうちの「すべてのMはPである」「あるMはSである」「それゆえ、あるSはPである」という形式をとるが、ただし、ヴィーコの場合には、前提が全称肯定命題ではなくて特称肯定命題のかたちをとっており、結論が特称肯定命題ではなくて高い蓋然性をもつ全称肯定命題のかたちをとっていて、総合判断的な推論がなされている点が大きく異なっているということである。すなわち、ヴィーコの場合には、「あるMはPである（これらの生物はどの時代にもつねになにものかを愛する）」「あるMはSである（その生物は人間である）」「それゆえ、たしかにあらゆるSはPである（それゆえ、たしかにあらゆる人間はどの時代にもつねになにものかを愛する）」という形式をとるというのだ（Fáj, 1976, 95-96）。

トピカ的推論による媒介

また第二に、ヴィーコの場合、そのような前提における特称命題から結論における全称命題への移行は、中項のひとつの意味からもうひとつの意味へのメタバシスによって可能とされているということである。そして、そのメタバシスは中項によって象徴されていることがらの本来の性質についての「トピカ的推論」を媒介にして遂行されているということである（Fáj, 1976, 96）。

アリストテレスは、メタバシスを禁じながらも、円形の傷は治癒するのが遅いという医学的事実の根拠理由を説明するのに幾何学が使用される場合のように、一方が経験的事実の収集を任務としており、他方がそれらの事実の根拠理由を発見することを任務としているような場合には、両者のあいだのメタバシスを認めている（『分析論後書』七九a一〇—一七）。これを例にとってファイが作ってみせているヴィーコ流推論式とはつぎのようなものである（Fáj, 1976, 97）。

これらの傷は（M）、タイプが同じで周囲の長さも等しい他の傷と比較して、治癒するのが遅い（P）。
これらの傷は（M）、円形である（S）。

トピカ的推論

ところで、傷が円形であるということは、幾何学的見地からは何を意味しているのか。これらの傷は周囲の長さがつくる面積のうちで最大の面積をもっている。それゆえ、医学的＝幾何学的に見て、タイプが同じで周囲の長さも等しい非円形の傷よりも、治癒しつつある諸部分の間隔が大きい。その結果、自然がそれらの諸部分を結合するのにはより多くの困難がともなう。こういったことをそれは意味している。

それゆえ、蓋然的に見て、すべての円形の傷は（S）、タイプが同じで周囲の長さも等しい他の傷と比較して、治癒するのが遅い（P）。

エピケイレーマ

見られるように、これだけでもすでにじつに啓発的な考察であるとおもわれるが、さらに第二番目の論考「ヴィーコにおける非正統的な科学的発見の論理」では、ヴィーコがその講義用ノート『弁論術教程』のなかでエピケイレーマ、すなわち、前提に理由が添えられている三段論法的推論式（帯証式）を「もっとも完全な推論」とみていること（Vico, 1989a, 188）に注意がうながされるとともに、とりわけ、ヴィーコの理解のうちにあるエピケイレーマにおいては、小前提の確証とその敷衍の過程で、ここでもまたトピカ的推論が用いられて発見的＝総合判断的効果を発揮していることが指摘されている（Fáj, 1981, I, 198）。

ヴィーコの挙げる具体例

じっさいにも、ヴィーコは、「人間にふさわしい素質は培われなければならない」と「雄弁は人間にふさわしい素質である」という二つの前提から「雄弁は人間にふさわしい素質であるから、培われなければならない」という結論を導き出すような、三段論法のうちでももっとも単純な「バルバラ」の形式を例にとって、これをつぎのようなエピケイレーマに変形してみせている。

大前提――「人間にとってもっともふさわしい素質である雄弁をなにゆえにわたしたちは培わないのか」

大前提の根拠理由――「じっさいにもわたしたちは他の生命あるものどもが各自に固有の素質をいつくしんでいるのをみているのである」

小前提――「しかしながら、たしかに雄弁は人間性そのものと同じほど人間に固有のものである」

小前提の確証――「じっさいにも、もし自然がわたしたちに話す能力をあたえなかったならば、たしかにわたしたちは、洞穴や隠れ場所に孤立して隠れて、野獣同然の生活を送っていたことであろう。だから、かの賢者が、自分の前にいる者が人間であるのかどうかを知ろうとして、その者に話すよう命じたのは、もっともなことであったのだ」

確証の敷衍――「しかも、言葉とは、人間たちが相互の意思疎通をおこなうのに用いる記号でなくて、何であろうか。ヒトという種が自分たちの権利を主張し、権利の侵犯をしりぞけるために用いる武器でなくて、何であろうか。そして最後には、少数の者たちが大衆を支配するのに用いる手段でなくて、何であろうか」

そして、ここから、「したがって、人間が野獣に優位し、また、人間のうちでも一部の者たちが他の者たちに優越するための手立てとなる素質を培うことをなおざりにしようというのか」という、前提からはおよそ予想不可能であったようなまことに「刺すように鋭敏な」結論を導き出している（Vico, 1989a, 188, 190）。

ファイの評価

ファイは、このヴィーコのエピケイレーマ的推論のダイナミズムをつぶさに検討したのち、「側生的思考（lateral thinking）」にかんするマルタ出身の認知科学者エドワード・デ・ボノ（一九三三―）の議論（cf. De Bono, 1967）を引き合いに出しつつ、つぎのように述べるのである。

「このエピケイレーマにおける背反的な結論を動機づけているものは、明らかに三段論法の規則に合致した単純な一義的意味をもつ中項ではなくて、側生的な推論によってもたらされたものである。すなわち、それは三段論法的図式の外部からやってきたものなのだ。その結果、三段論法は、付加されたトピカ的推論の重みによって均衡を失って、エクセントリックで非正統的なものに転化する。〔中略〕探究者は、さまざまな外部的観点へと「ジャンプ」し、それらの観点がひとつのホモジニアス〔等質的〕な図式を形成するのを待たなければならない。いましがた検討したばかりのエピケイレーマにおいて、ヴィーコは三段論法の理論においては禁止されているこれらの「ジャンプ」を意識的におこなっている。〔中略〕しかも、ヴィーコの考え方によれば、エピケイレーマは、もろもろの発見をおこなうとともにそれらの有効性を保証するための「もっとも完全な推論」なのだ。いや、それは実際上、哲学者が自分のテーゼの真理性を保証しようとするさいに用いることのできる唯一の手段なのである」（Fáj, 1981, I, 200–201）。

ヴィーコにおけるバロック的な思考の文体が発揮している〈発見の論理〉としての効力とは、かくのごときものなのだ。そうであってみれば、これはファイならずとも特記に値することといってよいだろう。

ちなみに、ファイによると、『新しい学』第二・三版の第一巻の初めにかかげられている一一四条からなる「公理」自体もヴィーコが遂行したエピケイレーマの結論を述べたものであり、一方、それらの結論を導いたトピカ的推論のほうは「要請」のかたちで述べられているという（Fáj, 1981, I, 203）。

結語

以上がヴィーコの学問観の大要である。要点をかいつまんでまとめ直しておこう。

第一に、最初に検討した『開講講演集』、とりわけ第七回目の開講講演をもとに一七〇九年に出版された『われらの時代の学問方法』においては、『ポール゠ロワイヤルの論理学』に代表される新時代のデカルト主義的な学問方法を批判の射程におさめつつ、〈真らしく見えるもの〉や人々が悟性的判断をくだす以前のところで共通に感じとって分かちもっている〈共通感覚〉〈通念〉の意義が青年たちの政治教育の観点から力説されるとともに、なかでもクリティカ〈判断術〉にたいするトピカ〈発見術〉の先行性ということが主張されている。

この点については、(一)これらの主張はそれ自体としてはキケロ以来の人文主義の伝統に立脚した主張であって、とりたてて革新的なものではなかったが、このことをもってヴィーコを守旧派、近代人と古代人の優越論争における古代派と決めつけるのは妥当ではないこと、(二)ヴィーコの批判は――数学や自然学についてのかれの理解から察知されるように――自身もまた十七世紀「科学革命」の波をかいくぐったところからの批判であったこと、(三)しかも、そのまなざしは近代派と古代派の対立を越えたところ、あるいはそれ以前のところで、およそ知識が生活とのあいだに取り結んでいる関係一般へと注がれていたことを明らかにした。

第二には、〈真なるものと作られたものとは置換される〉という命題。――この命題については、それが最初に打ち出された『形而上学篇』から『新しい学』にいたる議論の経緯をつぶさに検討し直すことをつうじて、古くはアウグスティヌスに始まって近代ではマルブランシュに代表されるキリスト教的プラトニズムとヴィーコがことのほか親近な関係にあったことを立証するとともに、そのヴィーコにおいて当のプラトニズム自体に「身体のまなざし」に規定された刮目すべき反転が生じていることの闡明《せんめい》に努めた。

『新しい学』第二・第三版の公理集には「学説はそれの扱う素材が始まるところから始まるのでなければならない」という命題が公理中の公理であるとして掲げられている。そこでヴィーコは、かれ自身の理解にあってはなによりも「万民の自然法」にかんするものであった〈新しい学〉をも、その素材が始まったところから始めようとするのだが、「万民の自然法」はどこから始まったかといえば、それは「世界大洪水」後大森林と化しつつあった地上のあちこちを「野獣的放浪」を続けていた「最初の人間たち」からにほかならない。したがって、素材はそのような「最初の人間たち」――「愚鈍で、無分別で、恐ろしい野獣ども」――から採ってこられるのでなければならない。そしてそのかれらが「人間的に思考することを始めた時点」から推理を開始する必要があるのだった。

しかも、その推理はかれら「最初の人間たち」の「知性の諸様態」の内部へとさしむけられるのでなければならない。というのも、「各自が自分たちこそは世界で最初の国民であったとうぬぼれている諸国民のうぬぼれは、この学の諸原理を文献学者たちのところから採ってくる意欲を失わせ、他方、自分たちの知っていることは世界が始まったとき以来ずっときわめてよく理解されてきたことがらであると思いたがっている学者たちのうぬぼれは、同じくこの学の諸原理を哲学者たちのところから採ってくる希望を失わせる」といった絶望的な状況のなかにあって、「この諸国民の世界または国家制度的世界はたしかに人間たちによって作られてきたのであり、したがって、それの諸原理はわたしたちの人間の知性自体の諸様態の内部に見いだすことができる」という見通しこそは唯一の頼りであろうから。

かくては「形而上学」からの出発。なぜなら、形而上学は「それを省察する者自身の知性の諸様態の外部からではなくて内部から証拠をとってこようとする」ものであるからである。

しかしまた、その形而上学は、今日の学者たちのそれのように悟性的な推理にもとづいた抽象的な形而上学ではなくて、「感覚にもとづき形像によって表現されるような形而上学」であったにちがいないとヴィーコは見る。というのも、「人間の自然本性は、それが野獣どもと共通の状態にあるかぎりにおいては、感覚が事物を認識する唯一の道であるという特性をたずさえている」からである。

じっさいにも、ヴィーコの見るところ、「最初の人間たち」は「なんらの悟性的判断力もそなえてはおらず、全身が強力な感覚ときわめて旺盛な想像力であった」と想定される。そして、そのような存在であった「最初の人間たち」が持ちまえの強力な感覚ときわめて旺盛な想像力とによって作り出した詩的創作品こそが、かれらの「形而上学」にほかならなかったのである。

くわえては、〈雷鳴る天〉＝〈神なる天〉ゼウスの創作過程が雄弁に物語っているように、その形而上学はあくまでも「肉体の眼をもってなされた天の観照」とともに始まったのだった。それは「形而上学」とはいいながら、およそ非プラトン的で、そればかりか反プラトン的ですらある形而上学というほかないものであった。

第三には、「最初の人間たち」の「知性の諸様態」に分け入るためにヴィーコの考案した、「人類の共通感覚」を真理基準とする「新しい批判術」の意義について。

この点についてはまず、『新しい学』のヴィーコには、宗教の起源を「罪を犯したという意識」に求めていた『普遍法』の立場からの一大転換が生じていることを確認した。と同時に、この転換を「意識ないし反省の内的な根拠」を犠牲にしての「共通感覚の新たなドグマティズム」であると批判するコルサーノの見解にたいして、そうした転換を遂行せざるをえなかったヴィーコの苦渋に満ちた思索の過程にこそ思いを致すべきであろうとの反論を加えた。

ついで、ヴィーコの方法は想像力を発揮しての自己移入の方法であったとするバーリンやヴェリーンの見解にたいしては、ヴィーコは「最初の人間たち」のうちに「最初の人間的思考」がどのようにして生まれたのかは「かろうじて頭で理解することができるにすぎず、具体的に心に表象してみることはまったくできない」と再三再四繰り返し述べていることに注意を喚起するとともに、ヴィーコは世界をあたかも一冊のテクストのように見立てて、それを「人類の共通感覚」から取り出される「知性の内なる辞書」を頼りに読み解いていこうとしているのではないかとの疑義を提出した。そして、ヴィーコの方法には、わたしたちが『古事記』の世界に向かおうとするさいにおちいりがちな主知主義的＝理性主義的錯誤――「漢意《からごころ》」――の危険性を鋭く認識しつつ、しかも感情的自己移入の不可能性をもおそらくは自覚して、あくまでも「言語《ものいひ》のさま」に即しながら、日本の神々の時代の奥深く分け入っていこうとした本居宣長の『古事記傳』の方法によほど近いものがあることを指摘しておいた。

また、ヴィーコが同じく「人類の共通感覚」に立脚して描き出した「永遠の理念的な歴史」のデッサンには、レヴィ＝ストロースの構造主義的人類学や、フッサールがその手稿「幾何学の起源」において提出した、歴史的世界の根底に横たわる〈意味の本質的に普遍的な構造的アプリオリ〉の存在予想とつながるものがあることを指摘しておいた。

第四には、ヴィーコが〈新しい学〉の親鍵であると自負している「異教の最初の諸国民は自然本性上の必然からして詩人たちであり、詩的記号によって語っていた」という「発見」＝推理。

このヴィーコの推理については、これを「発見」と称するにはあまりにもアリストテレスから十七世紀の綺想主義にいたるレトリックの伝統的概念からの借用が目立つことを立証したうえで、しかしまた、ここからただちにヴィーコの〈詩的知恵〉の世界を「レトリカルな行為の一般化」（ムーニィ）であると断定するのは妥当でないとして、つぎの三点を明らかにした。(一) レトリックの世界には、自らは学識があり悟性的判断力をそなえた弁論家がいるのにたいして、最初の諸国民は詩人たちからなっているとヴィーコが述べるときの詩人たちは、かれら自身が「野暮で知性を欠いている」存在であること。(二) ヴィーコは〈詩的知恵〉の世界の根源に隠喩作用の存在を確認しているが、それは論理学的思考の成立を前提としてこれの平面上で文法学者たちによってとらえられているレトリカルな文彩の一種としての隠喩とはその位置と性質を異にしており、それはむしろガダマーのいう「言語意識の基礎的隠喩作用」に近いこと。(三) ヴィーコはかれの「発見」に到り着く過程で、ガダマーのいう「言語意識の基礎的隠喩作用」の場自体をも突き抜けて、いっそう原初の場面にまで降りていっており、事物の自己同一性そのものが人間の自己観念像の自己差異化的な転移の作用をつうじてはじめて確立されることを明らかにしていること。

最後には〈バロック人〉としてのヴィーコ。——ここではとりわけ『新しい学』第二・第三版の扉頁の前に置かれた口絵のバロック的作風に着目しつつ、この〈バロック人ヴィーコ〉という観点からヴィーコにおけるトピカ的発見の論理の意義についての再考察を試みた。

それにしても、ヴィーコとはそもそも何者であったのか。これは一口では答えることのできない問いである。たとえばヴィーコがライフワークであると自認している『新しい学』。この著作は「諸国民の共通の自然本性」についての著作であるとタイトルにある。第一版には、万民法の新体系の確立をくわだてた著作であるという趣旨のサブタイトルも付いていた。しかし、看板に偽りありとまではいわないにしても、実際の中味はどうしてどうして、じつに多面相的であって、そもそも何が主題なのか、とまどわされることも一度や二度ではない。その多面相ぶりたるや、ヴィーコ自身の目にすら、それをそれの呈している「主要な面」に絞ってみてもなお、なんと七つもの面があると映じているほどなのだ。それも、推敲に推敲を重ね、構成も改めて、十分に整理しおえたものであるはずの一七四四年版の段階において、そうなのである。

いわく、その一、「神の摂理についての悟性的に推理された国家神学」という面。その二、「〈権威（autorità）〉という語をその最初にして第一の意味である〈自己所有権（proprietà）〉という意味にとるとして」、この意味での「権威の哲学」という面。その三、世界大洪水後、大森林の中を野獣的放浪を繰り返していた「最初の人間たち」が、ある日、突如として頭上で発生した雷に驚愕して、肉体の眼をもって天を観照し、そこに神を想像したことに始まる「人間的観念の歴史」という面。その四、この人間的観念の歴史から出てくる「哲学的批判」という面。その五、諸国民すべての歴史が時間の中を経過するさいの基礎をなす「永遠の理念的な歴史」という面。その六、「万民の自然法の体系」という面。その七、「世界史の始まりについての学」という面（Vico, IV-1, 154-159 [385-399]）。

これを本書では学問観に限定したところから考察してみたのだが、その学問観自体がこれまた以上に見てきたような多面的な様相を呈している。そして、ヴィーコの文体の特徴をなしているバロック的な偏奇と過剰とあいまって、その核心を言いあてるのは容易ではない。

それにもかかわらず、啓蒙前期のナポリにあってバロック的狂乱を生きたこの思想家の著作には〈ポスト近代〉の現在を生きるわたしたちを魅了してやまないものがあるというのも、これはこれで見まがいようもない事実である。わたしがヴィーコに本格的に取り組みはじめた一九六八年はあたかもヴィーコ生誕三百年にあたる年で、人文・社会科学系の学者・研究者を各方面から結集して、イタリアだけでなく、アメリカ合州国やドイツなどでもシンポジウムが開催されたり、雑誌で特集が組まれたりした。これらのシンポジウムの記録や雑誌の特集記事に目を通してみて印象的だったのは、ヨーロッパ近代に誕生した諸科学の最先端にあって活動しながら、自分たちの推進している科学のあり方に反省をめぐらせつつある学者・研究者たちのあいだから、「ヴィーコに立ち戻ろう」という声が異口同音に発せられたことであった。この声をかれらの多くは、ヴィーコというそれまではせいぜい名を知っているにすぎなかった思想家の著作に初めて接して、そこに自分たちの反省作業にとってかけがえのない手がかりとなるものを見つけ出したことの驚きとともに発したのだった。これは偶然の一致と見るにはあまりにも意義深い一致であったといってよい。

それではこれほど人を惹きつけてやまないヴィーコの魅力の秘密はどこにあるのだろうか。答えは人によってさまざまであろう。が、わたしがとりわけ惹かれたのは、本論のなかでもうち明けておいたように、「学識の錯誤」ないし「学者たちのうぬぼれ」にたいするヴィーコの自戒をこめた批判であった。ヴィーコが「学識の錯誤」ないし「学者たちのうぬぼれ」と呼んでいるものは、学的な世界把握一般にはらまれる理性主義的錯誤の危険性のことであると受けとってさしつかえない。そのような危険性についての透徹した自覚から出立して、ヴィーコの学は展開されている。いいかえれば、ヴィーコの試みはたしかにひとつの新しい学を基礎づけようとする試みでありながら、同時にそこには、そうした基礎づけの試み自体をたえず自ら反省に付そうとする姿勢が認められる。この点にわたしはなによりも魅了されたのである。このことを最後に記して結語としたい。

文献一覧

ヴィーコの主要な著作には以下のものがある。

（一）『われらの時代の学問方法について』*De nostri temporis studiorum ratione*——ヴィーコが一七〇八年にナポリ大学でおこなった開講講演に加筆のうえ、翌九年に出版された著作。アルノーとニコルの『論理学もしくは思考の術』、通称『ポール＝ロワイヤルの論理学』（一六六二年）に代表される新時代のデカルト主義的な学問方法の問題点が批判に付されている。〔上村忠男・佐々木力訳『学問の方法』（岩波文庫、一九八七年）〕

（二）『ラテン語の起源から導き出されるイタリア人の太古の知恵』第一巻『形而上学篇』*De antiquissima Italorum sapientia ex linguae latinae originibus eruenda. Liber primus sive metaphysicus*——イタリア人の太古の知恵を起源におけるラテン語の言い回しを介して探り当てるという体裁のもと、第一真理や最高神性、人間の精神とその諸能力などにかんするヴィーコ自身の見解を披瀝しようとしたもの。"verum et factum convertuntur"（真なるものと作られたものとは相互に置換される）、すなわち、真理の規準は当の真理そのものを作り出したということであるとする知識理論や、ライプニッツとの共通性をうかがわせる「形而上学的点」と「コーナートゥス」の理論などが開陳されている。一七一〇年刊。なお、ヴィーコは『形而上学篇』に続いて『自然学篇』と『倫理学篇』を出版すると予告している。しかし、『自然学篇』は準備され、一部は発表されたと見られるものの、現在は稿本・刊本ともに所在が不明であり、『倫理学篇』は書かれずじまいであったようである。〔上村忠男訳『イタリア人の太古の知恵』（法政大学出版局、一九八八年）〕

（三）『普遍法』*Diritto universale*——〈神と人間にかんすることどものあらゆる明らかにされた知識の基礎をなす単一の

原理〉を、フィロソフィアとフィロロギアを統合した〈新しい学〉の方法にもとづいて確立しようとの意図のもとに書かれた著作。『普遍法の単一の原理ならびに単一の目的』*De universi iuris uno principio et fine uno* と『法律家の一貫性』*De constantia iurisprudentis* ならびに両書への『註解』*Notae in duos libros* からなる。一七二〇—二二年刊。

（四）『新しい学』*La Scienza nuova* ——ヴィーコの主著であるが、これには三つの版がある。第一版は一七二五年に『諸国民の自然本性についての新しい学の諸原理——それをつうじて万民の自然法のいまひとつ別の体系が見いだされる』*Principj di una scienza nuova intorno alla natura delle nazioni per la quale si ritruovano i principj di altro sistema del diritto naturale delle genti* というタイトルで出版されたが、これは実質上『普遍法』、とくにその第二巻『法律家の一貫性』をまとめ直したものというおもむきが強い。しかし、やがてヴィーコはこれを全面的に書き直した第二版『諸国民の共通の自然本性についての新しい学の諸原理の五つの巻』*Cinque libri de' principj d'una scienza nuova d'intorno alla comune natura delle nazioni* を一七三〇年に出版する。そして、これのさらなる増補改訂版『諸国民の共通の自然本性についての新しい学の諸原理』*Principj di Scienza nuova d'intorno alla comune natura delle nazioni* が、一七四四年、ヴィーコの死後半年後に公刊される。〔清水純一・米山喜晟訳『新しい学』、清水幾太郎責任編集『ヴィーコ』（《世界の名著》続6巻、中央公論社、一九七五年）所収。上村忠男訳『新しい学』全三分冊（法政大学出版局、二〇〇七—二〇〇八年）〕

（五）『本人の書いたジャンバッティスタ・ヴィーコの生涯』*Vita di Giambattista Vico scritta da se medesimo* ——いわゆる『自伝』である。イタリアにおける学問の進歩のために現役の著名なイタリア人学者たちの自叙伝記集の編纂を思い立ったヴェネツィア在住の伯爵、ジャン・アルティコ・ディ・ポルチーアから依頼を受けて、一七二五年、『新しい学』第一版刊行後に執筆され、一七二八年に一部追補のうえ、アンジェロ・カロジェラなる神父が同年ヴェネツィアで創刊した『学芸論集』*Raccolta di opuscoli scientifici e filologici* という季刊雑誌の第一巻に収載された。なお、この時期以降の部分にかんしても、ヴィーコは『新しい学』第二版刊行後の一七三一年に「追加」を書いている。これは生前には公表されないでおわったが、十九世紀の初めにヴィッラローザ侯爵カルロ・アントニオ・デ・ローザによって侯爵自身の手になる「ヴィーコの晩年」にかんするさらなる追加を付して出版された。今日、ヴィーコの『自伝』といわれる場合には、このヴィーコおよびヴィッラローザ侯爵による追加部分をふくめていわれるのが普通である。〔福鎌忠恕訳『ヴィーコ自叙伝』（法政大学出版局、一九九〇年）。西本晃二訳『ヴィーコ自叙伝』（みすず書房、一九九一年）。上村忠男訳『自伝』（平凡社、二〇一二年）〕

＊

ヴィーコのテクストへの言及は、原則として、Giambattista Vico, *Opere*, a cura di Fausto Nicolini, 8 voll., con collaborazione di Giovanni Gentile nel vol. I e di Benedetto Croce nel vol. V（Bari, Gius. Laterza & figli, 1911-1941）によるものとする。同著作集の構成は、つぎのとおりである。

I　Le orazioni inaugurali, il De Italorum sapientia e le polemiche（1914）

II　Il Diritto universale（1936）

　Parte I: « Sinopsi » e « De uno principio »

　Parte II: « De constantia iurisprudentis »

　Parte III: « Notae », « Dissertationes », nota bibliografica e indici

III　La Scienza nuova prima con la polemica contro gli « Atti degli eruditi » di Lipsia（1931）

IV　La Scienza nuova seconda giusta l'edizione del 1744 con le varianti dell'edizione del 1730 e di due redazioni intermedie inedite（1911-1916; Quarta ed. riveduta e arricchita di postille inedite d'un discepolo, 1953）〔第四版使用〕

　Parte I: Libri I-II

　Parte II: Libri III-V e appendice

V　L'autobiografia, il carteggio e le poesie varie（1911; Seconda ed. riveduta e aumentata, 1929）〔第二版使用〕

VI　Scritti storici（1939）

VII　Scritti vari e pagine sparse（1940）

VIII　Versi d'occasione e scritti di scuola con appendice bibliografia generale delle opere（1941）

引用個所は巻数とページ数によって表記する。また、『新しい学』一七四四年版への言及にさいしては、慣例にしたがい、右の著作集の編者ファウスト・ニコリーニによって付けられた段落番号も併記する。

ただし、ヴィーコの著作集としては、Laterza 版著作集以外にも、その後、いくつもの版が出ている。なかでも、以下の版が重要である。

Vico, Giambattista, 1971, *Opere filosofiche*, a cura di Paolo Cristofolini（Firenze, Sansoni）

———, 1974, *Opere giuridiche*, a cura di Paolo Cristofolini（Firenze, Sansoni）

———, 1976, *La Scienza Nuova e altri scritti*, a cura di Nicola Abbagnano（Torino, UTET）

———, 1990, *Opere*, a cura di Andrea Battistini, 2 voll.（Milano, Mondadori）

また、ヴィーコがナポリ大学でおこなっていた弁論術の講義録を編纂したものに、以下の著作がある。

Vico, Giambattista, 1989a, *Institutiones oratoriae*, a cura di Giuliano Crifò（Napoli, Istituto Suor Orsola Benincasa）

なお、目下、イタリア全国研究評議会（Consiglio Nazionale delle Ricerche）付設のヴィーコ研究センター（Centro di studi vichiani）でヴィーコの新しい著作全集が編まれつつあり、これまでに以下の巻が出版されている。

Vico, Giambattista, 1982, *Le Orazioni Inaugurali*, I–VI, a cura di Gian Galeazzo Visconti（Bologna, Il Mulino）

———, 1992, *La congiura dei principi napoletani. 1701*, a cura di Claudia Pandolfi (Napoli, Morano)

———, 1993, *Epistole. Con aggiunte le epistole dei suoi corrispondenti*, a cura di Manuela Sanna (Napoli, Morano)

———, 1996, *Varia. Il 'De mente heroica' e gli scritti latini minori*, a cura di Gian Galeazzo Visconti (Napoli, Guida)

———, 1997, *Le gesti di Antonio Carafa*, a cura di Manuela Sanna (Napoli, Guida)

———, 2000a, *Minora. Scritti latini storici e d'occasione*, a cura di Gian Galeazzo Visconti (Napoli, Guida)

———, 2004a, *La scienza nuova 1730*, a cura di Paolo Cristofolini, con la collaborazione di Manuela Sanna (Napoli, Guida)

———, 2004b, *Le iscrizioni e le composizioni latine*, a cura di Gian Galeazzo Visconti (Napoli, Guida)

———, 2013, *La scienza nuova 1744*, a cura di Paolo Cristofolini e Manuela Sanna (Roma, Edizioni di Storia e Letteratura)

一方、ヴィーコの著作のオリジナルのうち、主要なものについては、以下のようなファクシミリ復刻版が出ている。

Vico, Giambattista, 1979, *Principj di una scienza nuova intorno alla natura delle nazioni*. Ristampa anastatica dell'edizione Napoli 1725, seguita da concordanze e indici di frequenza. Volume I: Ristampa anastatica a cura di T. Gregory (Roma, Edizioni dell'Ateneo & Bizzarri)

———, 1989b, *Principj di Scienza nuova d'intorno alla comune natura delle nazioni*. Ristampa anastatica dell'edizione Napoli 1744 (Tokyo, Italia Shobo)

———, 1991, *Principj d'una scienza nuova d'intorno alla comune natura delle nazioni* (1730), a cura di Manuela Sanna e Fulvio Tessitore (Napoli, Morano)

———, 1994, *Principj di Scienza nuova d'intorno alla comune natura delle nazioni*. Ristampa anastatica dell'edizione Napoli 1744 a cura di Marco Veneziani (Firenze, Olschki)

———, 1998, *De antiquissima Italorum sapientia*, Indici e ristampa anastatica a cura di Giovanni Adamo (Firenze, Olschki)

———, 2000b, *De nostri temporis studiorum ratione* (Prima redazione inedita dal ms. XIII B 55 della Bibl. Naz. di Napoli). Indici e ristampa anastatica dell'edizione Napoli 1709 (Firenze, Olschki)

———, 2002, *Principj d'una scienza nuova d'intorno alla comune natura delle nazioni* (Napoli, 1730, con postille autografe, ms. XIII H 59), a cura di Fabrizio Lomonaco e Fulvio Tessitore con una *Nota* di Manuela Sanna (Napoli, Liguori)

———, 2007, *De universi juris uno principio, et fine uno* (Napoli, 1720, con postille autografe, ms. XIII B 62), a cura di Fabrizio Lomonaco, presentazione di Fulvio Tessitore (Napoli, Liguori)

———, 2010, *Il metodo degli studi del nostro tempo*, introduzione e cura di Fabrizio Lomonaco (Napoli, Scripta Web)〔イタリア語対訳付〕

———, 2011, *Sull' antichissima sapienza degli italici*, introduzione e cura di Fabrizio Lomonaco, presentazione di Fulvio Tessitore (Napoli, Scripta Web)〔イタリア語対訳付〕

———, 2012, *Vita scritta da se medesimo*, introduzione e cura di Fabrizio Lomonaco, postfazione di Rosario Diana, contributo bibliografico di Salvatore Principe (Pomigliano d'Arco (NA), Diogene Edizioni)

*

本書を執筆するにあたって参照した関連文献は以下のとおりである。

Agrimi, Mario, 1984, *Ricerche e discussioni vichiane* (Roma, Editrice Itinerari)

Ajello, Raffaele, 1968, *Il problema della riforma giudiziaria e legislativa nel Regno di Napoli durante la prima metà del secolo XVIII* (Napoli, Jovene)

———, 1976, *Arcana juris. Diritto e politica nel Settecento italiano* (Napoli, Jovene)

青木巌、一九三八、『イタリア哲學の主流』（第一書房）

Apel, Karl-Otto, 1963, *Die Idee der Sprache in der Tradition des Humanismus von Dante bis Vico* (Bonn, Bouvier Verlag Herbert Grundmann)

Arena, Giuseppe Antonio, 1983, *Prima della ragione. Cultura e diritto del popolo in Vico e Sorel* (Napoli, Tullio Pironti)

Arnauld, Antoine et Nicole, Pierre, 1964, *Logique de Port-Royal*. Introduction par P. Roubinet (Reprint facsimile of the 1683 edition: Lille, Giard)

Auerbach, Erich, 1967, "Giambattista Vico und die Idee der Philologie" (1936), in: Id., *Gesammelte Aufsätze zur romanischen Philologie* (Bern & München, Francke)〔高木昌史・岡部仁・松田治訳『世界文学の文献学』(みすず書房、一九九八年)所収〕

Badaloni, Nicola, 1961, *Introduzione a G. B. Vico* (Milano, Feltrinelli)

Battistini, Andrea, 1975, *La degnità della retorica. Studi su G. B. Vico* (Pisa, Pacini)

Bedani, Gino, 1989, *Vico Revisited: Orthodoxy, Naturalism and Science in the Scienza nuova* (Oxford-Hamburg-München, Berg)

Bellofiore, Luigi, 1954, *La dottrina del diritto naturale in G. B. Vico* (Milano, Giuffrè)

———, 1962, *La dottrina della provvidenza in G.B. Vico* (Padova, CEDAM)

———, 1972, *Morale e storia in G. B. Vico* (Padova, CEDAM)

Berlin, Isaiah, 1976, *Vico and Herder: Two Studies in the History of Ideas* (London, Hogarth)〔小池銈訳『ヴィーコとヘルダー』(みすず書房、一九八一年)〕

Buci-Glucksmann, Christine, 1986, *La folie du voir. De l'esthétique baroque* (Paris, Galilée)〔谷川渥訳『見ることの狂気——バロック美学と眼差しのアルケオロジー』(ありな書房、一九九五年)〕

Burke, Peter, 1985, *Vico* (Oxford-New York, Oxford University Press)〔岩倉具忠・岩倉翔子訳『ヴィーコ入門』(名古屋大学出版会、一九九二年)〕

Candela, Mercurio, 1968, *Diritto e umanità in G. B. Vico* (Empoli, Istituto Tecnico Commerciale « E. Fermi »)

Cantelli, Gianfranco, 1971, *Vico e Bayle: premesse per un confronto* (Napoli, Guida)

Cantone, Carlo, 1952, *Il concetto filosofico di diritto in Giambattista Vico* (Mazara, Società Editrice Siciliana)

Cantoni, Carlo, 1867, *G. B. Vico. Studi critici e comparativi* (Torino, Stabilimento Civelli)

Caporali, Riccardo, 1992, *Heroes gentium. Spienza e politica in Vico* (Bologna, Il Mulino)

Castellani, Cecilia, 1995, *Dalla cronologia alla metafisica della mente. Saggio su Vico* (Bologna, Il Mulino)

Cianci di Sanseverino, Ruggiero, 1952, *Leonardo di Capua e Gian Battista Vico ovvero I dialoghi dell'universo. Rievocazione di Napoli del sec. XVII* (Napoli, L'Arte Tipografica)

Cornelio, Tommaso, 1688, *Progymnasmata physica* (Napoli, Rallard)

Corsano, Antonio, 1935, *Umanesimo e religione in G. B. Vico* (Bari, Laterza)

———, 1956, *Giambattista Vico* (Bari, Laterza)

Cristofolini, Paolo, 1995, *Scienza nuova. Introduzione alla lettura* (Roma, La Nuova Italia Scientifica)

Croce, Benedetto, 1911, *La filosofia di Giambattista Vico* (Bari Laterza)〔青木巌訳『ヴィコの哲學』（東京堂、一九四二年）、上村忠男・押場靖志訳「ヴィーコの哲学」（第一・二章）『思想』第七五二号（一九八七年二月）、上村忠男編訳『ヴィーコの哲学』（未來社、二〇一一年）〕

———, 1967a, "Le fonti della gnoseologia vichiana" (1912), in: Id., *Saggio sullo Hegel e altri scritti* (Quinta ed.: Bari, Laterza), pp. 233–259〔上村忠男編訳『ヴィーコの哲学』（未來社、二〇一一年）所収〕

———, 1967b, "Il Vico e la critica omerica" (1912), in: Id., *Saggio sullo Hegel e altri scritti* (Quinta ed.: Bari, Laterza), pp. 260–273

Daus, Hans-Jürgen, 1962, *Selbstverständnis und Menschenbild in den Selbstdarstellungen Giambattista Vicos und Pietro Giannones. Ein Beitrag zur Geschichte der italienischen Autobiographie* (Genève, Droz)

De Bono, Edward, 1967, *The Use of Lateral Thinking* (Trafalgar Square)

De Giovanni, Biagio, 1968a, "Il *De nostri temporis studiorum ratione* nella cultura napoletana del primo Settecento," in: Aa.vv,

Omaggio a Vico (Napoli, Morano), pp. 148–191

———, 1968b, "Il ceto intellettuale a Napoli fra la metà del '600 e la restaurazione del Regno," in: Aa. vv., *Storia di Napoli*, VIII (Napoli, Edizioni Scientifiche Italiane), pp. 353–466

———, 1981a, "« Corpo » e « ragione » in Spinoza e Vico," in: Biagio de Giovanni, Roberto Esposito, Giuseppe Zarone, *Divenire della ragione. Cartesio, Spinoza, Vico* (Napoli, Liguori), pp. 93–165

———, 1981b, "La « teologia civile » di G. B. Vico," *Il Centauro*, n. 2 (maggio-agosto 1981), pp. 12–22

———, 1982, "Vico barocco," *Il Centauro*, n. 6 (settembre-dicembre 1982), pp. 52–69〔廣石正和訳「バロック人ヴィーコ」『思想』第七五二号（一九八七年二月）〕

De Mauro, Tullio, 1965, *Introduzione alla semantica* (Bari, Laterza)

———, 1969, "Giambattista Vico: From Rhetoric to Linguistic Historicism," in: Giorgio Tagliacozzo (ed.), Hayden V. White (co-ed.), *Giambattista Vico: An International Symposium* (Baltimore, The Johns Hopkins Press), pp. 279–295

Della Terza, Dante, 1979, *Forma e memoria. Saggi e ricerche sulla tradizione letteraria da Dante a Vico* (Roma, Bulzoni)

Descartes, René, 1964–1974, *Œuvres*, publiées par Charles Adam & Paul Tannery (Paris, Vrin)

Di Capua, Leonardo, 1681, *Parere del Signor Lionardo di Capoa divisato in otto ragionamenti, ne'quali partitamente narrandosi l'origine, e'l progresso della medicina, chiaramente l'incertezza della medesima si fa manifesta* (Napoli, Antonio Bulifon)

Donati, Benvenuto, 1936, *Nuovi studi sulla filosofia civile di G. B. Vico* (Firenze, Le Monnier)

Donzelli, Maria, 1970, *Natura e humanitas nel giovane Vico* (Napoli, Istituto italiano per gli studi storici)

Fáj, Attila, 1976, "Vico as Philosopher of Metabasis," in: Giorgio Tagliacozzo and Donald Phillip Verene (eds.), *Giambattista Vico's Science of Humanity* (Baltimore and London, The Johns Hopkins University Press), pp. 87–109

———, 1981, "The Unorthodox Logic of Scientific Discovery in Vico," in: Giorgio Tagliacozzo (ed.), *Vico: Past and Present* (Atlantic Highlands, N. J., Humanities Press), vol. I, pp. 198–205

Fassò, Guido, 1949, *I « quattro auttori » del Vico. Saggio sulla genesi della "Scienza nuova"* (Milano, Giuffrè)

———, 1971, *Vico e Grozio* (Napoli, Guida)

Fisch, Max H., 1953, "The Academy of the Investigators," in: E. Ashworth Underwood (ed.), *Science, Medicine and History: Essays on the Evolution of Scientific Thought and Medical Practice written in honour of Charles Singer*, vol. I (Oxford, Oxford University Press), pp. 521-563

Focher, Ferruccio, 1977, *Vico e Hobbes* (Napoli, Giannini)

Frankel, Margherita, 1981, "The 'Dipintura' and the Structure of Vico's New Science as Mirror of the World," in: Giorgio Tagliacozzo (ed.), *Vico: Past and Present* (Atlantic Highlands, N. J., Humanities Press), vol. I, pp. 43-51

Flint, Robert, 1884, *Vico* (Edinburgh and London, William Blackwood and Sons)

Fubini, Mario, 1965, *Stile e umanità di Giambattista Vico* (Seconda ed: Milano-Napoli, Ricciardi)

Gadamer, Hans-Georg, 1972, *Wahrheit und Methode: Grundzüge einer philosophischen Hermeneutik* (3., erweiterte Auflage: Tübingen, Mohr)〔轡田収訳『真理と方法1』（法政大学出版局、一九八六年）、轡田収・巻田悦郎訳『真理と方法2』（法政大学出版局、二〇〇八年）、轡田収・三浦國泰・巻田悦郎訳『真理と方法3』（法政大学出版局、二〇一二年）〕

Garin, Eugenio, 1970, Introduzione a: Arthur Child, *Fare e conoscere in Hobbes, Vico e Dewey*, tr. Maria Donzelli (Napoli, Guida)

Gentile, Giovanni, 1927, *Studi vichiani* (Seconda ed. riveduta ed accresciuta: Firenze, Le Monnier)

Girard, Pierre, 2004, "La difficulté de la philologie dans la pensée de Vico," in: *Vico nella storia della filologia*, a cura di Silvia Caianiello e Amadeu Viana (Napoli, Guida), pp. 117-138

Giusso, Lorenzo, 1940, *G. B. Vico fra l'umanesimo e l'occasionalismo* (Roma, Perrella)

———, 1943, *La filosofia di G. B. Vico e l'età barocca* (Roma, Perrella)

Grassi, Ernesto, 1980, *Rhetoric as Philosophy: The Humanist Tradition* (University Park and London, The Pennsylvania State University Press)

———, 1990, *Vico and Humanism: Essays on Vico, Heidegger, and Rhetoric* (New York, Peter Lang)
Habermas, Jürgen, 1971, *Theorie und Praxis: Sozialphilosophische Studien*, (Frankfurt am Main, Suhrkamp. Erster Auflage: Neuwied am Rhein und Berlin, Luchterhand, 1963)〔細谷貞雄訳『理論と実践』(新装版：未來社、一九九九年)〕
Haddock, B. A., 1979, “Vico's Discovery of the True Homer: A Case-Study in Historical Reconstruction,” *Journal of the History of Ideas*, XL (1979), pp. 583–602
Hegel, G. W. F., 1970, *Werke*, 7: *Grundlinien der Philosophie des Rechts* (Frankfurt am Main, Suhrkamp)〔高峯一愚訳『法の哲学』上・下（東京創元社、一九六一年)〕
Hobbes, Thomas, 1839–1845a, *The English Works*, ed. by Sir William Molesworth (London, Bohn)
———, 1839–1845b, *Opera latinae*, ed. by Sir William Molesworth (London, Bohn)
Husserl, Edmund, 1962, *Die Krisis der europäischen Wissenschaften und die transzendentale Phänomenologie: Eine Einleitung in die phänomenologische Philosophie*, hrsg. von Walter Biemel (2. Aufl.: Haag, Nijhoff)〔細谷恒夫・木田元訳『ヨーロッパ諸学の危機と超越論的現象学』(中央公論社、一九七四年)〕
Iannizzotto, Matteo, 1968, *L'empirismo nella gnoseologia di Giambattista Vico* (Padova, CEDAM)
Jacobelli Isoldi, Angela Maria, 1960, *G. B. Vico. La vita e le opere* (Urbino, Cappelli)
———, 1985, *G. B. Vico. Per una “Scienza della storia”* (Roma, Armando)
Jannelli, Cataldo, 1832, *Cenni sulla natura e necessità della scienza delle cose e delle storie umane*, con “Cenni sui limiti e sulla direzione degli studj storici” di Gian Domenico Romagnosi e “Discorso sul sistema e sulla vita di Vico” e analoga appendice del professore Giulio Michelet (Milano, Antonio Fontana)
川喜田愛郎、一九七七、『近代医学の史的基盤』(岩波書店)
木前利秋、二〇〇八、『メタ構想力——ヴィーコ・マルクス・アーレント』(未來社)
Lanza, Franco, 1961, *Saggi di poetica vichiana* (Varese, Magenta)

Leach, Edmund, 1969, "Vico and Lévi-Strauss on the Origins of Humanity," in: Giorgio Tagliacozzo (ed.), Hayden V. White (co-ed.), *Giambattista Vico: An International Symposium* (Baltimore, The Johns Hopkins Press), pp. 309–318
Lilla, Mark, 1993, *G. B. Vico: The Making of an Anti-Modern* (Cambridge, Mass.-London, Harvard University Press)
Löwith, Karl, 1968, "« Verum et factum convertuntur »: le premesse teologiche del principio di Vico e le loro conseguenze secolari," in: AA.VV., *Omaggio a Vico* (Napoli, Morano)〔上村忠男・山之内靖訳「ヴィーコの基礎命題〈真なるものと作られたものとは置換される〉――その神学的諸前提と世俗的諸帰結」『思想』第七五九号（一九八七年九月）；上村忠男・山之内靖訳『学問とわれわれの時代の運命』（未來社、一九八九年所収）〕
Malebranche, Nicholas, 1979, *Œuvres*, I (Paris, Gallimard)
Manson, Richard, 1969, *The Theory of Knowledge of Giambattista Vico* (Archon Books)
Matteucci, Giovanni (ed.), 2002, *Studi sul* De antiquissima Italorum Sapientia *di Vico* (Macerata, Quodlibet)
Meinecke, Friedrich, 1959, *Werke*. III: *Die Entstehung des Historismus* (1936), hrsg. von Carl Hinrichs (München, Ordenbourg)〔菊盛英夫・麻生建訳『歴史主義の成立』（筑摩書房、一九六七年）〕
三木清、一九六七、『三木清全集』第８巻：『構想力の論理』（岩波書店）
Modica, Giuseppe, 1983, *La filosofia del « senso comune » in Giambattista Vico* (Caltanissetta-Roma, Salvator Sciascia)
———, 1988, *I Cenni di Giove e il Bivio di Ercole. Prospettive vichiane per un'etica sociale* (Milano, Franco Angeli)
Momigliano, Arnaldo, 1984, "« Bestioni » ed « eroi » romani nella *Scienza nuova* di Vico," in: Id., *Sui fondamenti della storia antica* (Torino, Einaudi), pp. 204–229
Mondolfo, Rodolfo, 1969, *Il « verum-factum » prima di Vico* (Napoli, Guida)
本居宣長、一九六八、『本居宣長全集』第９巻「古事記傳　一」（筑摩書房）
Mooney, Michael, 1985, *Vico in the Tradition of Rhetoric* (Princeton, Princeton University Press)
中村雄二郎、一九七九、『共通感覚論』（岩波書店）

Nicolini, Fausto, 1932, *La giovinezza di Giambattista Vico (1668–1700). Saggio biografico* (Bari, Laterza)

———, 1949, *La religiosità di Giambattista Vico.* Quattro saggi (Bari, Laterza)

Otto, Stephan, 1989, *Giambattista Vico: Grundzüge seiner Philosophie* (Stuttgart, Kohlhammer)

Paci, Enzo, 1949, *Ingens Sylva. Saggio su G. B. Vico* (Milano, Mondadori)

———, 1963, *Funzione delle scienze e significato dell'uomo* (Milano, Il Saggiatore)〔上村忠男監訳，村上弥生・谷徹・木前利秋訳『諸科学の機能と人間の意義』（法政大学出版局，一九九一年）〕

———, 1969, "Vico, Structuralism, and the Phenomenological Encyclopedia of the Sciences," in: Giorgio Tagliacozzo (ed.), Hayden V. White (co-ed.), *Giambattista Vico: An International Symposium* (Baltimore, The Johns Hopkins Press), pp. 497–515

Pagliaro, Antonino, 1961, "Lingua e poesia secondo G. B. Vico," in: Id., *Altri saggi di critica semantica* (Messina-Firenze, D'Anna), pp. 297–444

Papini, Mario, 1984a, *Il geroglifico della storia. Significato e funzione della dipintura nella 'Scienza nuova' di G. B. Vico* (Bologna, Cappelli)

———, 1984b, *Arbor humanae linguae. L'etimologico di G. B. Vico come chiave ermeneutica della storia del mondo* (Bologna, Cappelli)

Pasini, Dino, 1970, *Diritto Società e Stato in Vico* (Napoli, Jovene)

Patella, Giuseppe, 1995, *Senso, corpo, poesia. Giambattista Vico e l'origine dell'estetica moderna* (Milano, Guerini)

Peregrini, Matteo, 1960, *Delle acutezze, che altrimenti spiriti, vivezze e concetti volgarmente si appellano* (1639), in: *Trattatisti e narratori del Seicento*, a cura di Ezio Raimondi (Milano-Napoli, Ricciardi)

Piacentini, Tullio, 1947, *Introduzione alla "filosofia dell'autorità" di G. B. Vico* (Roma, Fausto Failli)

Piovani, Pietro, 1968, "Vico senza Hegel," in: Aa.vv, *Omaggio a Vico* (Napoli, Morano), pp. 551–586

———, 1990, *La filosofia nuova di Vico*, a cura di Fulvio Tessitore (Napoli, Morano)

Placella, Vincenzo, 1979, *Dalla « Cortesia » alla « Discoverta del vero Omero ». Studi di critica e filologia italiana e umanistica* (Città di Castello, A. C. Grafiche)

Pompa, Leon, 1975, *Vico: A Study of the 'New Science'*（Cambridge, Cambridge University Press）

———, 1990, *Human Nature and Historical Knowledge: Hume, Hegel and Vico*（Cambridge, Cambridge University Press）

Porro, Pasquale, 1986, *Dai villani costumi alla inarrivabile facultà poetica. Discoverta del vero Omero di Giambatista Vico*（Bari, Ecumenica）

Praz, Mario,1964, *Studies in Seventeenth-Century Imagery*（Second ed. considerably increased: Roma, Edizioni di Storia e Letteratura）〔上村忠男・尾形希和子・廣石正和・森泉文美訳『バロックのイメージ世界――綺想主義研究』（みすず書房、二〇〇六年）〕

Rak, Michele, 1974, *La fine dei grammatici. Teoria critica della letteratura nella storia delle idee del tardo Seicento*（Roma, Bulzoni）

Rispoli, Guido, 1924, *L'Accademia Palatina del Medinaceli. Contributo alla storia della cultura napoletana*（Napoli, Nuova Cultura）

Rossi, Paolo, 1960. *Clavis universalis. Arti della memoria e logica combinatoria da Lullo a Leibniz*（Milano-Napoli, Ricciardi）〔清瀬卓訳『普遍の鍵』（国書刊行会、一九八四年）〕

———, 1969, *Le sterminate antichità. Studi vichiani*（Pisa, Nistri-Lischi）

———, 1979, *I segni del tempo. Storia della terra e storia delle nazioni da Hooke a Vico*（Milano, Feltrinelli）

Said, Edward W., 1975, *Beginnings: Intention and Method*（New York, Basic Books）〔山形和美・小林昌夫訳『始まりの現象』（法政大学出版局、一九九二年）〕

佐々木力、一九八七、「代数的論証法の形成」、佐々木力編『科学史』（弘文堂）所収

Schaeffer, John D., 1990, *Sensus Communis: Vico, Rhetoric and the Limits of Relativism*（Durham-London, Duke University Press）

Semerari, Giuseppe, 1968, "Intorno all'anticartesianesimo di Vico," in: Aa.vv, *Omaggio a Vico*（Napoli, Morano）, pp. 193-232

Severgnini, Dante, 1953, *Il "serioso poema"*（Milano, MCS）

Severino, Giulio, 1981, *Principi e modificazioni della mente in Vico*（Genova, Il Melangolo）

清水幾太郎、一九七二、『倫理学ノート』（岩波書店）

Sorel, Georges, 1896, "Étude sur Vico," *Le Devenir Social*, 2

Sorrentino, Andrea, 1927, *La retorica e la poetica di Vico ossia la prima concezione estetica del linguaggio*（Torino, Bocca）

Suppa, Silvio, 1971, *L'Accademia di Medinacoeli. Fra tradizione investigante e nuova scienza civile*（Napoli, Istituto italiano per gli studi storici）

Tesauro, Emanuele, 1960, *Il cannocchiale aristotelico*（1654）, in: *Trattatisti e narratori del Seicento*, a cura di Ezio Raimondi（Milano-Napoli, Ricciardi）

所雄章、一九七一、『デカルト』Ⅰ・Ⅱ（勁草書房）

Torrini, Maurizio, 1981, "Accademia degli Investiganti. Napoli 1663-1670," *Quaderni storici*, XVI, pp. 845-883

Trabant, Jürgen, 1994, *Neue Wissenschaft von alten Zeichen: Vicos Sematologie*（Frankfurt am Main, Suhrkamp）

Velotti, Stefano, 1995, *Sapienti e bestioni. Saggio sull'ignoranza, il sapere e la poesia in Giambattista Vico*（Parma, Nuova Pratiche Editrice）

Verene, Donald Phillip, 1976, "Vico's Philosophy of Imagination," *Social Research*, XLIII, 3, pp. 410-426

———, 1981, *Vico's Science of Imagination*（Ithaca and London, Cornell University Press）

———, 1991, *The New Art of Autobiography: An Essay on the "Life of Giambattista Vico Written by Himself"*（Oxford, Clarendon Press）

Verri, Antonio, 1979, *G. B. Vico nella cultura contemporanea*（Lecce, Milella）

———, 1986, *Presenza di Vico. Confronti e paralleli*（Lecce, Milella）

Viechtbauer, Helmut, 1977, *Transzendentale Einsicht und Theorie der Geschichte: Überlegungen zu G. Vicos "Liber metaphysicus"*（München, Fink）

Vitiello, Vincenzo, 2008, *Vico: storia, linguaggio, natura*（Roma, Edizioni di Storia e Letteratura）

White, Hayden, 1976, "The Tropics of History: the Deep Structure of the *New Science*," in: Giorgio Tagliacozzo and Donald Phillip Verene eds., *Giambattista Vico's Science of Humanity*（Baltimore-London, The Johns Hopkins University Press）〔上村忠男編訳『歴史の喩法――ホワイト主要論文集成』（作品社、二〇一七年）所収〕

——, 1978, *Tropics of Discourse: Essays in Cultural Criticism* (Baltimore-London, The Johns Hopkins University Press)

Wohlfart, Günter, 1984, *Denken der Sprache: Sprache und Kunst bei Vico, Hamann, Humboldt und Hegel* (Freiburg-München, Alber)

Yates, Frances A., 1966, *The Art of Memory* (Chicago, The University of Chicago Press)〔青木信義・篠崎実・玉泉八州男・井出新・野崎睦美訳『記憶術』(水声社、一九九三年)〕

第二部　専攻研究

数学と医学のあいだで

――ヴィーコとナポリの自然探求者たち

1　自然探求者《インヴェスティガンテ》たちとの出会い

一六六四年の春から初夏にかけてのことである。創設後まもないロンドンのロイアル・ソサイアティのフェロー、フランシス・ウィルグビー（Francis Willugby）の一行がヨーロッパ各地視察旅行の足を当時スペインの統治下にあったイタリア半島南部の都市ナポリにまで延ばしている。そして、その折りにかれらが招かれて参観した或る学会《アカデミー》の会合の模様について、随行員のひとり、ジョン・レイ（John Ray）が旅行記のなかでつぎのように報告している。

われわれはこの都市に滞在中、いとも礼儀正しく親切で高貴にして有徳の士であられるアレーナの侯爵の館で毎週水曜日に開かれているヴィルトゥオーソたちの哲学アカデミーの会合に出席した。アカデミーの会員は十五名か十六名でしかなかったが、会合には少なくとも六十名が出席していた。最初に水が細長い管のなかを水面よりも高く上昇してゆく実験が示され、このことについてしばらく議論が交されてから、三人の会員がめいめい前の週に考えてくるよう指定されていた主題について研究し文章にまとめてきたものを読み上げた。そして、それらについての若干の反対意見と、ああではないか、こうではないか、といったやりとりがあったのち、一同は解散した。

またレイは続けてこうも付言している。

まさか、ヨーロッパのこんなにも遠隔の地に、しかも教会共同体のまっただなかに、このような創意に富む人士、寛やかで自由な判断を実践している人士の一群がいようとは、だれが予想できたであろうか。かれらは、ガリレオ、デカルト、ガッサンディ、ハーヴィ、ヴェルラム〔ベーコン〕といった一世代前の学識豊かで創意に富む人々、そしてまたボイル氏、ジョージ・エント卿、グリソン博士、ウィリス博士、ウォートン博士、ホッブズ氏、フック氏、ペケー氏など、現在もまだ存命中のそれらの人々すべての著作によく通じている。われわれはかれらのうちの何人かと会って話をしたが、とても愉快で満足であった。なかでもトマス・コルネリウス博士はその著作によってすでに広く世界に知られていた。(1)

このロイアル・ソサイアティの一行が訪れたというナポリのアカデミー、それは正式名をアッカデミア・デッリ・インヴェスティガンティ（Accademia degli Investiganti　探求者たちのアカデミー）と言った。ロイアル・ソサイアティ自身もそうであったように、時あたかも十七世紀の初めからヨーロッパで進行しつつあった「科学革命」のうねりのなかで生まれた自然研究の学会である。中心人物は、報告にも名が挙げられているコセンツァの近郊ロヴェートの生まれで数学者にして医学者のトマス・コルネリウス、イタリア名トンマーゾ・コルネリオ

（Tommaso Cornelio, 1614–1684）と、イルピニア山地バニョーロの生まれで同じく医学者のリオナルド・ディ・カポア、あるいは今日の標準的表記法に従うならば、レオナルド・ディ・カプア（Leonardo di Capua, 1617–1695）。二人とも、ナポリ大学の解剖学教授ですぐれた外科医として知られるマルコ・アウレリオ・セヴェリーノ（Marco Aurelio Severino, 1580–1656）の晩年の弟子であった。ディ・カプアの勧めで一六四四年に北イタリアに出かけたコルネリオが、ローマやフィレンツェでの数年間の研修の末、四九年の暮れに、ガリレオ、ガッサンディ、デカルト、ベーコン、ハーヴィ、ボイルなど、それまでナポリではほとんど知られていなかった新しい時代の科学者や哲学者の著作を旅嚢いっぱいに詰め込んで帰ってきたのが、集まりのそもそものきっかけであったという。

勉強会はその後、五六年のペストで中断を余儀なくされるが、六三年の秋、ヴェネツィアの書店からコルネリオの『プロギムナスマタ・フュシカ（自然学予備演習）』（*Progymnasmata physica*）が上梓されたのを機に、アレーナの侯爵、アンドレーア・コンクブレ（Andrea Concublet）が保護者となって正式にアカデミーとして発足する。そして、これもレイの報告にあるように、十数名から成る会員がほかにも少なからぬ数の参観者を得て侯爵の館で定期的に会合を開いては、北方から入手した自然学上の新しい諸仮説やその実験結果について、かれらもまた自身の手で再実験し、自身の目で確認しながら討議しあっていたようである。六四年の秋には、そこで昔からおこなわれていた亜麻の浸漬《しんし》がちょうど一年ほど前にナポリ一帯で発生した原因不明の熱病と関係があるのではないかということで問題となっていたアニャーノ湖の現場に多数の観衆をともなって出かけ、湖岸やその付近のこれまた野犬の死体がよく見つかることでいろいろと伝説のあった「犬の洞窟」でさまざまな実験をして見せたという記録も残っている。[2]

さて、このアカデミーのことを引き合いに出したのはほかでもない、そこに結集していた自然探求者たちの存在を抜きにしてはわたしたちの当面の課題であるヴィーコの思想についてもその歴史的意義を的確に把握することはできないと考えられるからである。なるほど、アカデミー自体はヴィーコが誕生してまもなく（一六七〇年頃）副王の勧告を受けて解散してしまっている。化学医療をめぐっての王室侍医を中心とするガレノス派との抗争が原因であったという。(3) しかし、アカデミーの解散がただちにそこに結集していた者たちの活動の終止を意味していたわけでないことは言うまでもない。かれらはその後も各自の著作の出版や私邸での次代の若者たちを集めたサロン活動などを通じて知的革新の事業を継続してゆく。そして、ヴィーコは、かれもまた、そうした元インヴェスティガンテたちとの直接または間接の交流のなかで知的形成を遂げていった青年のひとりであったのである。

もっとも、ヴィーコの『自伝』によると、かれは一六八六年から九五年まで、すなわち、十八歳から二十七歳までの知的形成のさなかの九年間をナポリよりもさらに南方のサレルノに近いチレント半島のヴァトッラという僻地にあって、侯爵ドメニコ・ロッカの居城でその子息たちの家庭教師をしながら、もっぱら古典の研究に没頭していたことになっている。そして、そこでは、つぎのように記されている。

このような学識を修めてナポリに帰ってきたヴィーコはその自分の生まれた祖国にあってまるで異邦人であった。そこでは、デカルトの自然学が教養ある人々のあいだで人気の絶頂を誇っていた。アリストテレスのそれは、それ自身の欠陥もさることながら、それ以上にスコラ学者たちによる行き過ぎた改変のゆえに、すでに笑い草と化し去ってしまっていた。形而上学は、〔中略〕いまやそんなものは修道院に閉じ込めておけばよいのだと考えられていた。〔中略〕スコラの論理学は否定され、それに代えてエウクレイデス〔ユークリッド〕の『原論』を置くことが認められていた。医学は自然学体系の度重なる変更の結果、懐疑主義に陥り、医師たちはアカタレプシアすなわち病気の本性については真実のことはわからないのだという立場をとって、エポケーすなわち診断と処方に際しての判断停止に逃げ込みはじめていた。そしてガレノス医学のほうは、これは最初はギリシア哲学およびギリシア語とともに修められて多くの卓越した医師たちを生んできたのであったが、今日のその追随者たちはまったくの無知で、このためにだれからも軽蔑されて顧みられない存在と堕していた。市民法の古代からの伝統を引く解釈者たちは大学におけるかつての高い評判を失い、法廷にとって大いに損失なことにも近代派の学者たちが擡頭していた。〔中略〕きわめて学識豊かな御仁であられるカルロ・ブラーニャ氏は賞賛すべき詩法をふたたび導入したまではよかったが、それをあまりにも狭くジョヴァンニ・デッラ・カーサの模倣の枠内に制限してしまっていた。〔中略〕このうえなく博識なレオナルド・ディ・カプア氏は散文の分野において実に優雅で軽快な良質のトスカーナ語を復活させていたが、しかし、ギリシアの知恵に鼓舞されて人々の行為を教導し、あるいはまたローマの偉大さに力づけられて人々の感情を掻き立てるような演説を耳にすることはついになかった。最後に、ラテン語にかけては右に出る者のないトンマーゾ・コルネリオ氏は、そのみごとに純化された『プロギムナスマタ』によって、才能ある若者たちに、よし自分もこれからラテン語を修めてやろうという勇気を起こさせるよりも、むしろ、かれらを途方に暮れさせていた。だから、これらすべてのことからして、ヴィーコは自分がその言葉にかけて誓うべき師をもたなかったことを幸いに思い、まるで服装の流行のように二、三年ごとに読書趣味の変わる都会ではなくて、あの森のなかで、もっぱら自分の天分だけを頼りになんらかの党派的感情を抱くこともなく修業の大半をおえることができたことに感謝した[4]。

カルロ・ブラーニャ、レオナルド・ディ・カプア、トンマーゾ・コルネリオ……。いずれもアッカデミア・デッリ・インヴェスティガンティの面々である。また、スコラの論理学に代わるエウクレイデスの『原論』、医学における懐疑主義、法学における近代派云々も、それぞれ、『プロギムナスマタ』のコルネリオ、当時化学医療の有効性をめぐってガレノス派とのあいだで激しい論争を展開していたディ・カプア、そしてアカデミーのかれら両人とならぶいまひとりの指導的メンバーであった弁護士、フランチェスコ・ダンドレーア（Francesco D'Andrea, 1625-1698）のことを念頭に置いて述べられているものと推察される。

しかし、このヴィーコの『自伝』におけるインヴェスティガンティ・グループに対する否定的評価のもつ意味については、いまはただ一点、これが書かれたのは一七二五—二八年、ヴィーコがその野心作『新しい学』の第一版を苦心の金策の末なんとか自費出版に漕ぎつけたもののほとんど認められなかった失意のさなかにおいてであったということを指摘しておくにとどめるとして、実はかくいうヴィーコ自身、コルネリオとこそ親しく接する機会に恵まれなかったものの（面識はあったようである）、ディ・カプアとは親密な関係にあり、そのサロンにはヴァトッラに赴く前から足繁く出入りしていたこと、そして一六八〇年頃に始まってその後十年以上にわたってナポリの学界を二分する争いにまで発展していったディ・カプアとその甥ドメニコ・アウリジオ（Domenico Aulisio, 1649-1717）とのあいだの虹をめぐる論争——ディ・カプアがアリストテレス説を否定して、虹は光の屈折によって発生するのであり、時には全円の虹も見ることができると述べたのに対して、アウリジオが反論し、古典の権威をないがしろにすべきでないとやり返したことに端を発すると言われる論争——のなかでは公然と前者の側に立っていたこと、また、ヴァトッラ時代にもヴィーコはナポリにはしばしば戻っており、一六九二年にはこれまたアカデミーの一員であったジュゼッペ・ヴァッレッタ（Giuseppe Valletta, 1636-1714）の推薦でウニーティ（Uniti 団結せる者たち）というアカデミーに会員として登録されていること、これらの事実をラテルツァ社刊ヴィーコ著作集の編者でヴィーコの伝記的・書誌的研究にかけては定評のあるファウスト・ニコリーニが明らかにしている。(5) ヴィーコは、インヴェスティガンティ・グループとのあいだに、少なくともその青年時代のかなり長い期間にわたって、決して浅からぬ交渉をもっていたのであった。ちなみに、ヴィーコが、世紀末ナポリの文化界を震撼させたいわゆる無神論者裁判（一六八八―九七年）の被告、バジリオ・ジャンネッリ（Basilio Giannelli, 1662-1716）およびジャチント・デ・クリストファロ（Giacinto de Cristofaro, 1650-1725）と親交があったことも知られているが、この両人もインヴェスティガンティ・グループの面々を師として育った「新しい哲学」の信奉者たちであった。[6] また、交際そのものは後年のことになるが（一七一〇年以降）、ヴィーコが自伝において「このガリレオ学派最後のイタリア人哲学者」と呼んで終生親交を保ちつづけたことを認めている数学者、[7] ルカントニオ・ポルツィオ（Lucantonio Porzio, 1634-1723）もやはり元インヴェスティガンテであったことにも留意しておいてよいだろう。

2　自然学者ヴィーコ

もちろん、このような人的交流関係の存在は、なおもそれだけでは思想史的にはほとんど何も語っていないに等しい。指摘されているような人的交流があったとして、あるいは少なくともインヴェスティガンテたちの著作をヴィーコが読んでいたとして、それがヴィーコの思想形成にどのような影響を及ぼしたと考えられるか。いや、影響というよりはむしろ、内的かつ構造的に通じ合うものが両者の思想のあいだには果たして存在するのかどうか。存在するとして、それはどのような点においてであるのか。思想史的に重要であるのは、このような両者の思想のあいだの内的かつ構造的な連関の有無であろう。が、少しばかり立ち入って検討してみるならば、この面においても、両者のあいだには、ヴィーコ自身の『自伝』における否定的証言にもかかわらず、密接に通じ合うもののあることが明らかとなるのである。たとえば、ヴィーコには或るひとつの自然学体系および医学体系の構想のあったことが知られているが、そこにはインヴェスティガンティ・グループのそれと明らかに対応し共通するものが認められるということなども、そのひとつである。

その構想というのは『ラテン語の起源から導き出されるイタリア人の太古の知恵』の第二巻として予定されていた自然学篇がそれである。この著作は一七一〇年に第一巻『形而上学篇』が公刊されただけで、それに続くはずの自然学篇と倫理学篇はついに未刊におわってしまった。うち、自然学篇については、準備ノートの一部が『生体の平衡について』(*De aequilibrio corporis animantis*)という手書き本にまとめられ(一七一三年)、例の虹の発生原因をめぐってディ・カプアとのあいだで激しい論争を展開したことのある医学者、ドメニコ・アウリジオに献呈されているが、これも現在では失われてしまって残っていない。また、ヴィーコの死後、この献呈本をもとにして、十八世紀の末に当時ナポリで定期的に刊行されていた『雑纂』(*Scelta miscellanea*)シリーズの一冊として出版されたことがあるらしいが、こちらも現在ではすでにどこにも残っていないようである(8)。ただ、その内容については、『自伝』にたぶんそれであろうと思われる紹介がある。

まずは、自然学体系についてはつぎのようにある。——ラテン語の〈coelum〉という語には、〈鑿《のみ》〉という意味と〈空気からなる巨大な体〉という意味がある。だから、ピュタゴラスが学んだエジプト人たちは、自然が万物を加工するさいに用いる道具は楔《くさび》であると考えていたのではないか。そして、このことをエジプト人たちはかれらのピラミッドによって示そうとしたのではないか。また、ラティウム(古代ローマ)の人々は〈自然〉のことを〈ingenium〉と言っていたが、これの主要な特性は鋭さである。したがって、自然は万物を空気の鑿によって作ったり壊したりするのであり、この道具を動かす手がエーテル、そして頭はゼウスであるというように考えられていたのであろう。また、ラティウムの人々は〈空気〉のことを〈anima〉と言い、これが宇宙における運動と生命の原理をなしていて、このもののうえにエーテルがあたかも男性が女性に働きかけるがごとくに働きかけると考えていた。こうしてエーテルは、生命あるもののなかに入り込む場合には〈animus〉と言われたのであって、ここから〈anima vivimus, animo sentimus〈われわれはアニマによって生き、アニムスによって感じる）〉という人口に膾炙している区別が生じたのである。だから、血液のなかに入り込んだアニマないしは空気が人間における生命の原理であり、神経に入り込んだエーテルが感覚の原理であるのではないか。そして、アニマのうえにアニムスが働きかけるのと同様に、アニムスのうえにラティウムの人々によって〈mens〉と言われたもの、つまりは〈思考〉が働きかけるのではないか。そして、もしそうであるとするならば、自然における万物の活動原理はピラミッドのかたちをした微小粒子こそがそれであるにちがいなく、またエーテルの塊が火なのである、云々。[9]

そして、つぎには、体がかっかとほてるような熱は心臓の中心から周辺へと流れてゆく血管のなかの空気が、反対の外側の塞がれた血管の口径を過度に拡大させることによって生じるのではないか、また逆に、悪寒のする熱は外から心臓の内部へと流れてゆく血管のなかの空気が、反対の内側の塞がれた血管の口径を過度に拡大させることによって生じるのであろう、というのが同じくヴィーコの構想していた医学体系の骨子であったようである。[10]

空気の鑿、楔、ピラミッド形の微小粒子。また、ヴィーコによると、この急性熱に関する仮説は、〈寒い〉というのは外から内への運動のことであり、〈熱い〉というのは内から外への運動のことであるとするデカルトの定義と、「エジプト人たちの特殊な機械論的医学であった弛緩と緊縮の医学」から着想を得て立てたものとのことである。そして、このエジプト人の医学のことをかれはプロスペロ・アルピーノ（Prospero Alpino, 1553-1617）の著作を通じて知ったとのことであるが、[11]クローチェとニコリーニの共著になる『ヴィーコ書誌』によると、アルピーノの『エジプト人の医学』（*De medicina aegyptiorum*）（一五九一年）にはヴィーコが言及しているような意味の記述は見当たらないという。[12]しかし、ヴィーコの言うエジプト人の自然学なり医学なりがほんとうに実在したのかどうかといったことはいまのわたしたちにはどうでもよいことである。また、ヴィーコの提出している仮説の妥当性もいまは問題ではない。むしろわたしたちが注目したいのは、ここには、デカルトの自然学、そしてまたハーヴィや、その血液循環理論をより自覚的に機械論的方向に発展させている『動物運動論』（*De motu animalium*）（一六八〇―八一年刊行）のジョヴァンニ・アルフォンソ・ボレッリ（Giovanni Alfonso Borelli, 1608–1679）などの仕事にも或る程度通じ、かれらと共通の機械論的哲学基盤に立って発想しているひとりの自然学者の姿がうかがえるということである。そして、かれがその自然学――生理学と医学――の体系の構想を進めるにあたっては、インヴェスティガンテたち、とりわけ、ほかでもなく生理学者であり医学者であったその二人の代表者、コルネリオとディ・カプアの著作から摂取したところが少なくなかったのではないかと見られるということである。

さきにも紹介したように、コルネリオとディ・カプアはともにセヴェリーノに学んだ医学者であり生理学者であった。そして、コルネリオにはこれについてもさきに紹介したように『プロギムナスマタ・フュシカ』という自然学ないしは生理学の大著があり、ディ・カプアにも、アカデミーにおける講義をまとめた『モフェーテ（炭酸ガス）の性質に関する講義』（*Lezioni intorno alla natura delle mofete*）（一六八三年）のほか、とくに『医術の起こりと歩みを逐一語りつつ医術とはいかに不確実なものであるかを明らかにしている八つの論からなるリオナルド・ディ・カポア氏の見解』（*Parere del Signor Lionardo di Capoa divisato in otto ragionamenti, ne'quali partitamente narrandosi l'origine, e'l progresso della medicina, chiaramente l'incertezza della medesima si fa manifesta*）（一六八一年）というこれまた大部の医学論がある。コルネリオのほうはガリレオからデカルト、またハーヴィからボイルにいたる新時代の機械論的自然学の諸学説をテーマ別演習というかたちで解説・吟味したものであり、一方、ディ・カプアの『見解』は題名からもうかがえるように医術というものの起こりと歩みの歴史的検討を通じてそれの本質的不確実性を明らかにするという体裁をとっていることから、まさに古今東西の医学知識の辞典といった観をも呈している。ヴィーコは、デカルトの自然学に関しては、レギウス（Henricus Regius）の『自然学の基礎』（*Fundamenta physicae*）（一六四六年）をてっきりデカルト自身の手に成るものと思い込んで読んでいる。(13)しかし、何よりも身近なところでは、情報および発想の両面にわたって、この二人のインヴェスティガンティ・グループを代表する生理学者にして医学者の著作から得るところが少なからずあったものと推測されるのである。

実際、たとえばヴィーコによるアニマ－アニムス－メンスの関連づけ方については、コルネリオの『プロギムナスマタ』の「生命について」と題された第七演習にもほぼそっくりの説明が見られる。ただし、そこでは、アニムスは「精気（spiritus）」と呼ばれている。また、医学体系に関しては、ニコリーニが、とくにディ・カプアとのあいだにひとつの連関が想定されうることを指摘している。いましがたも述べたように、この医学体系がまとめられていると見られるヴィーコの著作『生体の平衡について』は、アウリジオに献呈されたという手書き本も、十八世紀末に出版されたという『雑纂』シリーズ本のほうも、今日ではすでに所在不明となってしまっている。ただ、一七九九年のナポリ革命の思想家の一人でヴィーコにことのほか深い関心を寄せていたことで知られるヴィンチェンツォ・クオーコ（Vincenzo Cuoco）が証言しているところによると、この著作が『雑纂』シリーズの一冊として出版されたとき、かれはそれを読んだとのことで、その内容はあたかも当時医学界における革命児として一大センセーションを巻き起こしていたジョン・ブラウン（John Brown）の『医学綱要』（*Elementa medicinae*）（一七八〇年）のそれと「ブラウンはヴィーコを盗んだのではないかと言いたくなるほど」似ていたという。(14)そして、ニコリーニがこのクオーコの証言に着目して調べてみたところ、実はブラウン学説のかなりの部分がディ・カプアの『見解』のとくに「第二の論」のうちに先取りされているのが判明したというのである。(15)わたしが調べてみたかぎりでは、内外の刺激に対する興奮性の強弱の問題として病気をとらえようとしたいわゆるブラウン学説に照応するものをニコリーニの指摘しているディ・カプアの著作の該当個所に確認するのは、ごく一般的かつ臨床経験のある医者として常識に属する言及を除けば、いささか無理があるようである。しかし、ディ・カプアの『見解』はもともと中国医学までをも含んでいて古今東西の医学知識の辞典としても利用できる性質のものであるから、そこからさまざまな連関が引き出されうることは事実である。こうした意味でこのニコリーニの指摘も一応考慮に入れておいてよいであろう。

なお、ディ・カプアの医学理論は、とりわけ化学への強い傾倒によって特色づけられている。そして、そのような化学への傾倒、ひいては物質のことに化学的な諸様相への注視は、このコルネリオに劣らぬデカルト礼賛者のひとりをして、しかしながらそのデカルトの生命現象についての説明の重大な修正へと赴かせることにもなっている。一例を挙げるならば、心臓熱源説に対する批判がそれである。心臓が体熱の源であるとするアリストテレス以来の説をデカルトもまた受け入れていることを非難して、ディ・カプアは述べている――このうえなく偉大な哲学者ルネ・デカルトともあろう人がどうしてまたこんな謬説に満足しているのか、わたしにはさっぱりわからない、他の臓器に比べて心臓が別して熱いわけでないことは容易に確認しえたはずではないか、と。ディ・カプアによると、体熱は血液を作り上げている乳糜《にゅうび》の発酵に起因していると考えられるべきなのである。すなわち、「血液中にあってそれまでは制止を受けて本来の拡大運動を展開することができないでいた火の種子をその制止から解き放つことによって熱を不断に発生させ維持するところの作用」にである。[16] ちなみに、コルネリオのほうは、同じくアリストテレス＝デカルト説を批判しながら、血液の運動説を採っている。[17]

ここでは、機械論的哲学基盤に立脚しているとは言いながらも、同時にファン・ヘルモントの影がきわめて濃厚である。この点は、同じくコルネリオの場合にも、そのアニマ（空気）－スピリトゥス（エーテル）－メンス（思考）の関連づけ方には、思惟実体たるメンスそのものもまたエーテルが空気との交渉のなかで惹き起こす生と死の物質的・身体的な運動に内属するものととらえられているという意味で一種スピノザ的な自然主義への方向性がうかがえることとも合わせて、インヴェスティガンテたちの思想と仕事の意味を考えるうえで十分に留意されてしかるべき点であろう。なるほど、かれらインヴェスティガンテたちは機械論者ではあった。また、かれらは自分たちを「原子論者」とも称していた。そして、このようにしてかれらが原子論を受け入れていたことについては、これをかれらの反神学的ないしは「無神論」的傾向を物語るものとして解釈するのが通例になっている。しかし、フランチェスコ・ダンドレーアに関する一九五八年の記念碑的著作において〈previchismo〉すなわちヴィーコ以前のヴィーコ的と呼びうる思想の歴史に新たな照明を当て、近年とみに盛んになりつつある十七世紀後半期ナポリの思想文化史的研究に先鞭をつけたビアジオ・デ・ジョヴァンニがするどくも指摘しているように、[18]そこには同時に、原子論こそは自然現象およびその実験過程の機械論的解釈の可能性を提供してくれるものと受け取られたという方法論上の動機が強く働いていたことにも注意すべきであろう。実際にも、ディ・カプアの『見解』が一六八一年に出版されたところ、これが教会の側から無神論的懐疑主義の嫌疑をかけられたのに対して、ダンドレーアがディ・カプアの立場を弁護する文書を書いているが、そこには「ガリレオの哲学様式はその後われわれの世紀のすべての哲学者および数学者たちの継承するところとなった。〔中略〕ここではデカルトとガッサンディという二人の有名な体系〔の構想者〕を挙げておけば十分であろう。かれらはそれぞれ等しく賞賛に値する別個の道を歩んでいるが、しかし、自然のもろもろの作用は、人間の霊魂を別にすれば、部分の結合と分離、およびそれらの位置と形状による以上にうまく説明する手立てはありえないと考えている点では一致している。〔中略〕そしてこれがいわゆる原子論的哲学なのである」とある。[19]しかし、そもそもナポリには、ルネサンス期以来、テレジオからカンパネッラへ、そしてデッラ・ポルタへと連綿と続いてきた自然主義の伝統があった。そして、インヴェスティガンテたちはこの伝統のおそらくは最も正統の継承者でもあったのであり、このためにかれらはデカルト的な〈res cogitans〉と〈res extensa〉の二元論についてはこれを受け入れることをせず、あくまでも〈mens insita omnibus（万物に内属せるメンス）〉という伝統的観念を忠実に守りつつ、そこから独自の方向に歩み出ようとしていたのである。[20]が、これらの方向性も含めて、自然学者ヴィーコは明らかにかれらインヴェスティガンテたちから少なからぬものを得ていたのであった。

ちなみに、原子論については、ヴィーコも、ちょうどかれがナポリを発ってヴァトッラの森に赴いた頃、ピエール・ガッサンディを通じてエピクロスの哲学を学ぼうとする気運がナポリには興っており、その二年後には青年たちがこぞってそれを称揚していると聞いたので、かれのうちにもそれをルクレティウスを通じて知っておきたいという願望が湧き起こった、と『自伝』で述べている。[21]実際にも、ヴィーコには『望みを絶たれた者の想い』（*Affetti di un disperato*）という一六九三年に公刊された詩があるが、これにはルクレティウスからの影響の跡がありありとうかがえる。[22]また、ヴィーコの引いている〈われわれはアニマによって生き、アニムスによって感じる〉という句も、ルクレティウスの『事物の本性について（自然について）』からのものである（第三巻一三七以下を参照のこと）。一方、ルクレティウスということで言えば、この古代の哲学詩人のうたい上げている自然探求の精神こそはアッカデミア・デッリ・インヴェスティガンティのまさに建学の精神であったと言ってよく、実際にも、そのアカデミーの紋章には『事物の本性について』の一節「ちょうど犬たちが一度足跡を確かめて／一歩を踏み出せば、あとは鼻を利かせて、山をさまよう野獣らの／木の葉に覆われたねぐらをしばしば見つけ出すように」（第一巻四〇四—六）から採って、猟犬が地面を嗅いでいる図が彫られており、その上に〈vestigia lustrat（足跡を調べているところ）〉と刻み込まれている。[23]

また、ヴィーコが『生体の平衡について』をアウリジオに献呈しているという事実に関連して一言補足しておくと、さきに述べたように、虹をめぐるディ・カプアとアウリジオの論争の際にはヴィーコは公然とディ・カプアの側に立っていた。このために、ヴィーコは、一六九九年にナポリ大学の修辞学（雄弁術）教授に着任してからも、アウリジオからは心良く思われていなかったようである。ところが、ヴィーコが一七〇八年の開講講演（ナポリ大学では毎学年初めに修辞学教授が新入生を前にして開講講演をおこなうのが慣例になっていた）においてデカルト的ないしポール＝ロワイヤル的教学カリキュラムに対する全面的な批判を展開するに及んで、これをアウリジオは激賞する。このような事情がアウリジオへの献呈の背後にはあったのである。[24] ただ、この点について、デ・ジョヴァンニは、これを単純にヴィーコの近代派から古代派への鞍がえというように受け取ってはならないと指摘している。たしかに一七〇八年の講演はデカルト主義に対するヴィーコの最初の公然たる反対表明である。しかし、一口にデカルト主義と言っても、ナポリの場合、デカルトの主として自然学的な方面に関心を寄せていたインヴェスティガンテたちの時代から、世紀の変わり目あたりを境に興ってくる『省察』のデカルト、〈コギト〉のデカルトに対する熱烈な心酔の時代への移行ないしは転回が見られる。そして、一七〇八年の講演においてヴィーコが問題にしたのは、主として、このメンタリズモ（mentalismo）的転回を遂げたデカルト派の教学方法にはらまれる否定的諸側面であったというのである。注意しておいてよい指摘である。[25]

3　数学と自然学

それればかりでない。ヴィーコとインヴェスティガンティ・グループとのあいだには、つぎには、知識理論ないしは認識理論の面においても互いに通じ合い呼応し合うものが認められる。

もっとも、知られているように、ヴィーコの知識理論の根幹を成しているのは〈verum et factum convertuntur（真なるものと作られたものとは相互に置換される）〉という命題である。これをヴィーコは「真理の規準はその当の真理自体を作り出したということである」というようにも説明している。[26] そして、このような命題そのものはインヴェスティガンテたちの著作のなかには出てこない。またヴィーコは、これとの関連で幾何学上のことどもをわれわれの証明可能性とそれに対する自然学上のことどもの証明不可能性を主張して、「幾何学上のことどもをわれわれが証明するのは、それらをわれわれが作っているからである。もしかりに自然学上のことどもをわれわれが証明できるとしたならば、われわれはそれらを作っていることになってしまうであろう」とも述べているが、[27] このような言い方もインヴェスティガンテたちの著作には出てこない。もし、このヴィーコの言述に近いものが見出されるとするならば、それはホッブズにおいてである。

諸学芸（arts）のうち、或るものは証明可能であり、或るものは証明不可能である。そして、証明可能であるのは、それの対象を製作したのがその学芸に携わる者自身であるような学芸であって、この場合には、かれはかれの証明のなかでかれ自身の製作行為の諸結果を演繹（deduce）する以上の何ごとをもおこなってはいないのである。このことの理由はつぎの点、すなわち、およそあらゆる対象についての知識（science）はその当のものの原因、それの生成および製作の様式をあらかじめ認識していること（a precognition of the causes, generation, and construction of the same）からもたらされるということにある。ひいては原因が知られているところでは証明のための余地があるが、原因が探し求められなければならないところではそうした余地はないのである。それゆえ、幾何学は証明可能である。というのも、われわれがそれらから推理をおこなうところの線と図形とは、われわれ自身によって引かれ描かれたものであるからである。また政治哲学も証明可能である。なぜなら、われわれはコモンウェルスをわれわれ自らが作っているからである。しかし、自然物体についてはわれわれはそれらの作られ方を知らず、もろもろの結果からそれを探り当てているだけであるので、そこではわれわれが探し求めるところのその原因が何であるかを証明することは不可能とされており、ただ単に原因とおぼしきものについての証明があるにすぎないのである。[28]

これはホッブズの一六五六年の著作『数学の教授たちに与える六つのレッスン』（*Six Lessons to the Professors of the Mathematics*）に付されている献辞（Epistle Dedicatory）の一節である。ヴィーコは英語を解さなかったという事実を考慮に入れなければならないにしても、それにしてはあまりにもみごとな符合である。もっとも、ほぼ同様の論述はラテン語で書かれている『人間論』（*De homine*）のなかにも見いだされるから、[29]この著作なり抜粋的紹介なりをヴィーコが読んでいたということはありえないことではない。

しかし、このような言述こそ見られないにしても、まず第一に、少なくとも数学と自然学との知識理論上の対照性については、たとえばコルネリオの『プロギムナスマタ』の第一演習「哲学の方法について」のなかにも言及がある。この最初の演習を、生理学者たるコルネリオは、幾何学や算術などの数学的諸学科においては実に精緻な証明法が案出され、また諸技術の分野においてもつぎつぎに巧妙な人工機械が発明されつつあるというのに、ただひとり生理学だけは幾世紀にもわたる多くの優れた人々の研鑽にもかかわらず、いまだにほとんど成長の跡が見られないのはなぜか、と自問することから始めている。そして、その理由を生理学の場合には自らが対象とする自然のことどもの像を感覚器官を通じて自らの精神のうちに取り込んでこざるをえないという点に求めて、つぎのように述べているのである。

自然のことどもの像はすべて外から感覚器官を通じてわれわれの心のなかに入り込んでくる。〔中略〕しかるに、感覚というものは、われわれがわれわれの感じ取るこれらのことどもから何らかの仕方で刺激を受けているということは教えてくれるが、事物のそれ自体のうちに存在している本性をわれわれに認知すべく現示してくれることは決してない。このために、われわれは感覚によって受け入れたことどもについてはきわめてしばしば誤った判断をしてしまうのである。これに対して、同様の誤謬に数学的観想が陥ることは決してない。というのも、それらはその像が心のなかに生じるにさいしてなんら感覚を経由することのないようなことどもを対象とするからである。実際のところ、数学者たちがその特性と類比を調べるところの図形ならびに数に関しては、知性はそれらを感覚の助けなしに自分自身の力で想い描くことを十分適宜になしうるのである。[30]

こう述べるとき、コルネリオが言おうとしていたことは、たぶんヴィーコやホッブズのそれとそう遠く離れたものではなかったはずである。

しかも、ここにひとつ、ヴィーコの知識理論上の根本命題〈verum et factum convertuntur〉の意義を考えるにあたって、看過されてはならない事実がある。それは、ヴィーコにおけるこの命題のスコラ起源説を主張するカトリック系の研究者に応答して、考えられる源泉ないしは先例をいくつか枚挙した論文のなかで、ベネデット・クローチェも注意を促しているように、[31]ヴィーコがこの命題に立脚してかれの知識の一般理論を確立するにさいしては、それに先立って数学の性質およびこれと自然学との対照性をめぐっての思索があり、この思索がたぶん最大の動因として働いていたのではないかと見られることである。

実際にも、ヴィーコの命題の起源に関しては諸説がある。スコラ起源説もそのひとつである。また、なかでも、ジョヴァンニ・ジェンティーレによって指摘されたルネサンス期イタリアのプラトン主義者、マルシリオ・フィチーノの思想との連関には、[32]たしかに注目すべきものがある。しかし、そのフィチーノからの影響らしきものはすでにヴィーコが一六九九年にナポリ大学に着任以来毎学年初めにおこなってきた開講講演のあちこちにも散見されるにもかかわらず、[33] 当の〈真なるもの〉と〈作られたもの〉との相互置換性ということが真理認識の一般的規準として明示されているのを最初に目にすることができるのは、一七〇八年におこなわれて翌年に『われらの時代の学問方法について』と題して公刊された例の講演のなかの、それも何あろう、いましがた引いた幾何学上のことどもの証明可能性と自然学上のことどもの証明不可能性とが対比されている述言が出てくる場所においてなのである。そして、〈verum et factum convertuntur〉という文言そのものに接することができるのはさらにその翌年の一七一〇年に公刊された『イタリア人の太古の知恵』第一巻「形而上学篇」の冒頭においてであるが、この「形而上学篇」自体も、まさしく、同じく数学と自然学との相違の知識理論的根拠をいっそう詳細に解説しようとしたものとして読むことができる。

　であるとするならば、ヴィーコが当の数学の性質およびこれと自然学との関係を考えるうえで、コルネリオの『プロギムナスマタ』のなかに以上のような一節を見いだしえたことは、同じくクローチェが指摘しているように、[34] 特記に値することと言っても過言ではないのではなかろうか。

　第二に、ヴィーコ、あるいはまたホッブズの〈verum-factum〉命題の前提をなしているのは、原因によって知ること（scire per causas）こそが知識（scientia）の条件であるとする考え方であろう。しかし、もしそうであるとするならば、たとえばロドルフォ・モンドルフォもヴィーコの命題の技術知的ないしは実験主義的起源を明らかにしようとした論考のなかで確認しているように、[35] これは取りも直さず、技術知およびそれを範としてレオナルド・ダ・ヴィンチからガリレオへといたる過程で成立を見ることになった科学的実験主義の中核をなす考え方でもあったことに注意する必要がある。そして、アッカデミア・デッリ・インヴェスティガンティに結集していた自然探求者たちは、かれらもまた、そのガリレオの流れを汲む実験主義者たちであったのであり、実際にも、かれらの著作のなかでも〈原因による知〉という観念はまさしく知識の理想型ひいてはまた規準として終始一貫して中心に据えられているのである。

さきにも見たように、インヴェスティガンテたちは、ルネサンス期以来のナポリの自然主義の伝統のおそらくは最も正統の継承者であった。ただ、そこにおける感覚的経験主義に関しては、たぶんかれらの自然主義への沈潜の度合いが深かったからこそであろう、かれらはそれの限界をもするどく認識していた。コルネリオの場合についてはいま引いた文章からもうかがえるとおりである。しかし、この点については、ひとりコルネリオに限らず、たとえばかれの僚友ディ・カプアの『見解』のなかにも、さらにはっきりとした言明が見られる。『見解』のなかでディ・カプアは「感覚は自分自身をも霊魂をも欺くことは決してありえない。なぜならば、感覚は外部の感知しうる事物の印象を、つねに、自らがまさにそれらを受け取ったがままに、何の配慮も工夫も加えることなく、霊魂に表象するからである」と述べて〈感覚の欺き〉に関するアリストテレスの説を斥けたのち、つぎのように続けている。

しかし、感覚は自分をも他者をも欺くことはありえないけれども、判断を司る知性にとっては誤謬と錯誤の原因となりうる。そして、なるほど、判断を軽率に急ぐことをせず、エピクロスによってかくも称揚されたあの明証に到達するまでは判断を中止し留保することによって、そのような欺瞞や誤謬は避けることができるかもしれないにしても、しかし結局のところ、あらゆる物体すべての内部に、そしてそれらの分子のそれぞれの内部に入り込み、その深奥にまで到達することは、それらがあまりにも微小であることやその他の障害のために、感覚には可能とはされていないのである。また、かりにそうしたことが感覚に許されたにしても、感覚は感覚がそれらの物体から受け取る印象をしか把捉することはできない。それゆえ、物体そのものではなく、物体の何らかの作用のみが感覚には明らかになるにすぎない。しかし、物体のさまざまな作用からそれらの物体の本性にかかわることどもを探り出そうとするのが理性である。ところが、感覚を通じて確認されるもろもろの作用の原因はさまざまでありうるし、いかにももっともらしい真理の仮面を着けて立ち現われるものだから、理性はたやすくだまされてしまうのである。(36)

このように、かれらインヴェスティガンテたちは、感覚的経験主義に対してはきわめて批判的な自然主義者であった。知識の資格条件である〈原因による知〉をそれは与えてくれないとの理由からである。そして、この感覚的経験主義の限界を突破しうるもの、それがかれらによれば実験的方法であったのである。これこそは〈原因による知〉の可能性を開いてくれるものとかれらは受け止めるのである。

実際にも、コルネリオは、『プロギムナスマタ』のなかでデカルトの哲学方法の意義に言及したさいに、それの画期性をとりわけ「自然のことどもの力と現象とは人工のものとの類比から機械学の法則に準拠して定義すべきであると教えた」点に求めるとともに、「このデカルトの哲学方法はたしかに容易かつ速やかなものであって、生理学の内奥へと、でこぼこの道を通ってではなく、平坦で開けた道を通って、われわれを導いてくれる、そして自然のもろもろの証拠を白日の下に引き出してくれる」と評価している。(37)そして、このデカルトの方法を「わたしは用いる」とも述べている。(38)

一方、ディ・カプアにとっては、生理学および医術の分野にあって真にその名に値する実験は化学のそれでなければならなかった。実際、かれによれば、人体のすべての部分を解剖によって枚挙し確認しおえることができたからといって、つぎにそれら各部分の性質と役割とに通じていなかったとしたならば、それは医者にとって何の役にも立たない。

ところでまた、結合した物体を分離し、また分離した物体を結合することが、化学という術の役目である。〔中略〕そして、この化学の役目と目的とから、それがいかに有用で助けとなるか、そればかりか、自然の秘密の奥深くに安全に導いていってくれるものであるかが明らかとなる。実際、その秘密への〈入口は人知には開かれていない〉とずっと信じられてきたことはたしかであるが、自然物体を分解することがそれらの自然物体がそこから構成されているところの諸原理についての何らかの認識に到達するための最も確実で最も容易な方法であることは、いったい、だれが疑いえようか。時計その他の人工物体について、それらを分解することによってそれらを組み立てている諸部分がただちに確認されるのと同じように。(39)

機械学的なそれと化学的なそれとの志向の差こそあれ、両者ともに、従来の自然主義の伝統における感覚的経験主義の限界を実験という方途によって突破しようとしていることは明らかであろう。そして、その際の動機がどのあたりにあったのかも十分に読み取れることと思う。要するに、〈原因による知〉の可能性を与えてくれるかどうか――これがかれらをして感覚的経験主義の限界を認識させるとともに実験的方法へと向かわせていった最も大きな動機であったのである。こうして、ここにもまたひとつ、ヴィーコとインヴェスティガンテたちとのあいだには知識理論上の浅からぬ類縁性、〈原因による知〉という理念に媒介された類縁性を見て取ることができるのである。(40)

もっとも、いわゆる分解法（via resolutiva）そのものに関しては、ヴィーコの場合には評価はきわめて否定的である。『イタリア人の太古の知恵』第一巻『形而上学篇』のなかでヴィーコは述べている、「〈minuere〉という言葉は減少を意味すると同時に分割をも意味しているが、これはまさしく、われわれが或るものを分割するとそれはもはやひとつに合成されていたときのままのものではなく、減少し壊れてしまうのだと言っているようではないか。そして、この点にこそ、いわゆる〈分解法〉が、アリストテレス学派によって広くおこなわれている普遍概念と三段論法による場合には空虚なものであることを露呈し、あるいは代数学が伝授している数による場合には臆測的なものとなり、あるいはまた化学が継承している加熱と溶解による場合には単に手探り的なものにならざるをえない理由があるのではなかろうか」と。[41] しかし、この分解法の使用にともなう危険性については、ディ・カプア自身も十分に自覚していた。そして、そこからかれは医術が確実性を獲得しうる可能性についてのなかば悲観的な見通しにいたってさえいる。いわく、「自然に最も深く通じている者たち〔つまりは化学者たち〕の意見や論拠でさえもがなおも虚しく実りなきものにおわっており、また、事物の最も注意深く入念な解剖をもってしてもわが医術から疑わしさと不確かさを除去するにはまったくいたっていないのだとすれば、それに覆いかかっている雲を払い去るためにはいかなる方策をとるべきであるのか、わたしには実のところまったくわからないのである[42]」。

第三に、なるほどヴィーコとコルネリオは数学と自然学との対照性については認識をともにしつつも、そこから向かおうとしているところはおよそ正反対であるかにも見える。ヴィーコの場合には、自然の事物を作ったのは神であってわれわれ人間ではないという理由で、自然のことどもについての知識の可能性一般を否定し去る方向に向かおうとしている。これに対して、コルネリオのほうは、できることならば数学者たちに知識を保証している幾何学的方法を生理学の分野にも導き入れて、感覚の媒介による制限からの解放を達成したいと願っているようである。ほかならぬガリレオの道である。実際にも『プロギムナスマタ』にはある、「幾何学という手立てによって自然のことどものこれまでは闇に隠れてわからないでいたあまたの英知を真理の光のなかに引き出した人」ガリレオ！と。[43]

しかし、この点についても、そのコルネリオ自身、一方では、当のガリレオの描き出す数学的世界像と自然的世界そのものとは決して同一視されてはならないこと、両者のあいだには時として大きなずれないしは矛盾が存在しうることをもするどく見抜いていたということ、この事実をもまた看過してはならない。『プロギムナスマタ』のなかの自然研究における原子論の意義を論じた個所でなされている指摘がそうである。その個所でコルネリオは、レウキッポス、デモクリトス、エピクロスらによって考想されたアトムすなわち「形状、運動、位置、数、および大きさの差に応じて、物体の各種各様の合成を産み出す微小粒子」の理論の重要性を述べたのち、つぎのように続けている。

ところが驚くべきことにも、より堅実な哲学の創始者にして発明者たるガリレオは、アトムおよび空間について〔かれら古代の原子論者たちとは〕異なったふうに考えている。〔中略〕ガリレオは、かれもまたそれらによって物体が合成されていると見るアトムについて、まるでそれらが数学的点に似てまったく大きさをもたないかのように論じている。〔中略〕しかし、自然物体が何らの大きさをもたない最小のもの、もしくは点から合成されていると説明しようとして、ガリレオはどれほど多くのさまざまな思いがけない困難に自ら好んで陥るつもりなのであろうか。かれはなるほど精確さにおいては欠けるところのない多くのことどもを幾何学から引き出しているが、その努力にもかかわらず、それらが〔自然事象と〕適合する度合いはそれほど多くはないのである。というのも、実のところ、幾何学上の図形について証明されるすべての特性がつねにうまく自然学上の物体に妥当するわけではないからである。自然学の領域ではまったくありえないようなあまたのパラドクスが数学においては生じる。(44)

そして、『われらの時代の学問方法について』のさきほどの幾何学と自然学との対比が出てくる場所でつぎのように語っているヴィーコは、このコルネリオのガリレオ批判に大いにうなずくところがあったに相違ないのである。

学識ある人々は、自分たちがそういった〔幾何学的〕方法にもとづいて教えるこの自然学は自然自身と同一であり、あなたが宇宙の観察に向かうときにはどこでもこの自然学を眺めることになるのであると主張している。したがってまたかれらは、自然についてさらに観察する多大な労苦からわれわれを解放してくれ、きわめて広大で装備の整ったこの邸宅を遺贈してくれた創立者たちに感謝すべきであると考えている。なるほど、自然が必然的にそのようにできているときには、かれらは最大限感謝すべきである。しかし、もし自然がほかの仕方でできているとしたならば、もし運動法則のひとつでも虚偽であったとしたならば〔中略〕、かれらは注意しなければならない。自然についてもう間違いなく心配ないものとふるまわないよう、邸宅の屋根の手入れをしている最中に危険なことにも土台のことを忘れてしまわないように、繰り返し繰り返し注意しなければならない(45)。

しかも、ヴィーコのほうでも、こうして一方では「幾何学的方法の力によって真なるものとして引き出された自然学上のことどもは単に真と見えるだけのことであり、幾何学からたしかに方法は得ているにしても、証明を得ているわけではないのである」との注意を新時代の自然学者たちに対して与えるのではあるが、そして、ひいては、われわれが自然学の研究をおこなうのは「人間の才気を抑制するため」であり、われわれがかくも熱望してやまない真理を追求してしかしながらそれらを発見しえないところでは「この真理への欲求そのものが、至高至大の神、唯一の道であり真理である神へとわれわれを導いてくれんことを」とも主張するのではあるが[46]、同時に他方では「自然学に導入されるべきは幾何学的方法ではなくて証明そのもののほうなのである」とも翌年の『イタリア人の太古の知恵』第一巻『形而上学篇』において述べている。すなわち、「自然の個別的諸現象はそれ自体幾何学に特有の作業である個別的実験を通じて解明するのが適当なのである」と[47]。また、「自然学においてはわれわれは考想したことを何かそれに類似したものを作り出すことによって吟味するのであり、それゆえにまた、自然事象についての考想がことに明晰であると評価されて万人の最高度の賛同を得るのは、われわれがその考想を実験に付し、それによって何かその自然現象自体に類似した事象を作り出す場合なのである」とも[48]。

この点にもまた十分に留意しておくべきであろう。ヴィーコにしてからが自然学研究の存在意義そのものまでをも否定し去ろうとしているわけでは決してないのであって、かれもまた自然学の実験主義的なゆき方に関してはこれをむしろ唯一妥当なゆき方として積極的に推奨しているのである。ヴィーコが問題にしているのは、あくまでも、自然学の領域への幾何学的方法の導入ということであり、このことにともなって生じかねない数学的世界と自然自体との同一視の危険である。幾何学的方法は数学の領域において案出されたこの領域にのみ適合的な方法である。これに対して、自然学には、その対象にふさわしい自然学なりの独自のゆき方がなければならない。この点を無視して、異質の領域たる自然学の領域への幾何学的方法の導入を企てようというのは、無思慮か、さもなければ双方の領域が同質的であると考えていることによる。しかし、そこには重大な錯誤がありはしないか。このことをヴィーコは何よりもまず問題にしているのである[49]。

加えては、「方法はたしかに容易さに資するところが大きい分だけインゲニウム〔構想力〕(ingenium)の展開にとっては障害となるのであり、真理をまえもって調達しておこうとする分だけ好奇心をそいでしまう」ということ[50]。

実際にも、「幾何学的方法」と言う場合の「方法（methodus）」とは知性の作用のうちのことに整序にかかわる部門のことである。ヴィーコが直接に批判の対象としているポール＝ロワイヤル派の『論理学もしくは思考の術』（*La Logique ou l'Art de penser*）（第五版、一六八三年）には、人間の知性の主要な作用を表象（concevoir）・判断（juger）・推理（raisonner）・整序（ordonner）の四つに分類したうえで、この最後のものはまた「方法（méthode）」とも呼ばれるとある。そして、これは同一の対象について複数のさまざまな表象、さまざまな判断、さまざまな推理が生じた場合に、それらをその対象を認識させるのに最も適切なふうに配列する作用のことであると説明されている。[51] しかし、ヴィーコは、まず、これら四つの作用のうちの第三番目と第四番目のものを区別する必要性を認めない。とともに、「方法」については、名辞を定義して可能なことがらを公準ないしは要請として立てることが許されている幾何学の場合にはそれなりに有用であり、発見的役割を果たしうることは認めつつも、「その同じものが三次元の量と数の議論の領域から引き離されて自然学のなかに移し入れられてしまうと、そのときにはそれはもはや新しいことどもを発見するのには役立たず、ただ発見したことどもを順序正しく配列するのに役立つにすぎない」として、むしろこれに代えて「人間が類似物を見つけ、かつまた作り出すことができるようになるところの能力」であるインゲニウムを置くことを主張する。もし自然学者が数学から学ぶべきものがあるとするならば、それは取りも直さず、そこにおいてその数学的知識の確実性の根拠をなしている〈原因による証明〉ということ、言い換えるならば、真とされる当のもの自体を作り出して見せることであろうが、そうであるとするならば、これは一見無関係と見えることどものあいだに類似関係を見つけ出すインゲニウムの力によるのでなくて何によるというのであろうか、との理由のもとにである。[52] したがって、ここからもまた、ヴィーコの議論は決してただちに自然学研究の存在意義そのものの否定論ではないことがわかるのである。自然のことどもについての知識の可能性自体は結局のところ否定されているにしてもである。

なお、ヴィーコがいま引いた文章のなかで幾何学における証明ということを言い、また「幾何学に特有の作業である個別的実験」というような言い方をするとき、かれが念頭に置いているのはデカルト的な解析幾何学ではなくて「総合的なゆき方によって、つまりは図形（forma）を通じて、伝授される幾何学」である。ヴィーコはこのかれのいわゆる「総合的なゆき方」をとる幾何学のほうがデカルト的な解析のそれよりも確実性においてまさることを主張するのである。[53] そして、この考え方において、ヴィーコは、かれの最も親しい友人であったジェノヴァ生まれの貴族で哲学者にして数学者のパオロ・マッティア・ドリア（Paolo Mattia Doria, 1667-1746）と注目すべき一致を見せている。ことに数学に関してはヴィーコはこの友人から学ぶところが少なくなかったようである。もっとも、ドリアがデカルトの解析幾何学を直接に批判しはじめるのは、一七一四年以降、すなわち、『イタリア人の太古の知恵』の刊行時点よりものちのことである。ただし、この主張の前提をなしている立方体倍積問題へのドリアの関与そのものはもっと早い時期にまで遡ることができる。この古代以来の難問をドリアはあくまで古典的比例論に準拠した直観幾何学の技法によって解こうとしている。[54]

4　人知、この有限なるもの

しかしながら、ヴィーコとインヴェスティガンティ・グループとを結びつけているもののなかでもことに注目されるものと言えば、それは何と言っても、人間存在ひいては人知の有限性および不完全性についての深い自覚に支えられたその学問的探求の精神そのものではなかろうか。

ヴィーコにおいてこの自覚がいかに深甚なものであり、かつ学問の進め方についてのかれの思想全体のなかで統制的原理としての位置と役割を占めるものであったかは、一七〇八年の講演が、開口一番、つぎのように切り出されていることからも十分にうかがえるところである。

フランシス・ベーコンは、珠玉の小冊子『学問の進歩』において、人間の知恵をすべての点において完全なものとするために、われわれがこれまで獲得しているものに加えてもろもろの新しい学芸を指摘するとともに、われわれが獲得しているものをどの程度まで発展させる必要があるかということについても指摘している。しかし、こうして諸科学の新しい世界を明らかにするとき、かれは、かれ自身この地球上におけるわれわれの世界よりもむしろその新しい世界にこそ似つかわしいことを示している。というのも、かれの巨大な願望はあまりにも人間の精励の域を超えており、何が補充可能かということよりもむしろ絶対無比の知恵に到達するためにはわれわれには必然的に何が欠落しているかということを示しているように思われるからである。そして、こういったことになるのは、よくあるように、最高のものを保持している者は並外れて巨大なものや無限のものを求めるものであるからであるとわたしは思う。それゆえ、ヴェルラム卿は、国事において、きわめて大きな帝国の支配者たちが、人類に対する最高の権力を手に入れたのち、巨大なその資力をつぎには自然それ自身にも振り向けて濫用し、海を石材でならすとか、山を航海するとか、自然によって禁止されているその他のことを無益にも企てようとしたのと同じようなことを、芸文の分野においておこなっていることになるのである。しかし、実際には、人間に知ることが許されているものはすべて、人間自身と同じく、有限であり不完全であるのである。[55]

ヴェルラムの男爵フランシス・ベーコンはヴィーコが最も深く敬愛してやまない人であり、かれにとってはまさに学者の鑑《かがみ》とも言うべき存在であった。「理念の賢者」プラトンに代表される深遠な知恵（sapienza riposta）と

「実践の賢者」タキトゥスに代表される通俗の知恵（sapienza volgare）の双方をともに等しく、他に比肩しうる者のないほど兼ね備えた人、ベーコン！　稀有の哲学者であったと同時に政治家としても活躍し、枢密顧問官から国璽尚書そして大法官までをも務めた「普遍人」、ベーコン！　こうヴィーコは哲学と政治の統一を実践した人としてのベーコンを称揚してやまない。[56]しかしまた、そのほかならぬベーコンの抱懐する「大革新（Instauratio magna）」の構想、かれの描く学問の新世界はあまりにも遠大で、人知の及びうる限界を大きく超え出てしまっているとヴィーコは見る。ともに、有限にして不完全な存在であるわれわれのとるべき道は、むしろ、この人間存在ひいては人知の有限性および不完全性を十分に認識し自覚したうえで、古代人からも学ぶべきところは学び、われわれと古代人双方の欠陥を補い合って方法の改善に努めてゆく、そのような道でなければならないと考える。実際にもヴィーコは続けて述べている、「もしわれわれの時代を古代と比較するとし、双方の芸文の利得と損失を秤量するとすれば、われわれの比は古代人の比とおそらく同じになるであろう」と。[57]ヴィーコの学問方法論の全体は、このように人間存在ひいては人知の有限性と不完全性についての深い自覚に支えられ統制されつつ、組織されているのである。[58]

しかしまた、インヴェスティガンティ・グループの知的革新の事業全体も、ほかでもなく、この同じ自覚によって貫かれており、これが統制原理として働いていたということ、このことはかれらによってもアリストテレス＝ガレノス派との論争の過程において繰り返し持ち出されている当の古代人と近代人の比較論からうかがい知ることができる。

もっとも、この比較論において、ヴィーコのほうはどちらかと言えば近代派に批判的であるように見えるのに対し、かれらインヴェスティガンテたちは断固として近代派であった。しかし、この点に関しては、第一に、そもそも問題のコンテクストが両者の場合では異なっていたことに注意する必要がある。ヴィーコの場合には、問題はデカルト的ないしはポール＝ロワイヤル的な教学カリキュラムのあり方にあった。これに対して、インヴェスティガンテたちの場合には、何よりもまずアリストテレスとガレノスの権威への盲目的な追従者たちの存在こそが問題であったのである。事物の真理は事物それ自体のうちにしか見いだせない。にもかかわらず、アリストテレス＝ガレノス派の者たちは、当の事物そのものを直視し、つぶさに観察することをしないで、この努力を師の言説の権威によって代理させてしまっている。このような知的怠惰をこそ、インヴェスティガンテたちはまずもって問題に付し、打倒しなければならなかったのであった。そして、一種戦術的な意図もこめて問い返すのである、古人もその時代には新しい人ではなかったのか、と。また、もし〈古い〉ということが〈年をとっている〉という意味であるとすれば、そのときには、なおも歴史の青年期にあった古代人よりは年老いた時代に生きているわれわれ近代人のほうが明らかに〈古い〉のではないか、と。

実際にも、コルネリオは『プロギムナスマタ』の冒頭に、序言に代えて、ステリオーラ、トゥルージアヌス、ブルーヌスという三人の人物の「対話」を置いている。いずれも実在の、ただし時代を異にする人物で、ステリオーラは屈折作用の根拠を最初に見いだしたと言われる十六世紀末から十七世紀初めの時期のナポリの科学者でアッカデミア・デイ・リンチェイの会員でもあったニコロ・アントニオ・ステッリオーラ（Nicolò Antonio Stelliola）、トゥルージアヌスはガレノスの註解者として知られる十三世紀末から十四世紀初めのフィレンツェの医師トッリジアーノ・デ・トッリジアーニ（Torrigiano de' Torrigiani）、そしてブルーヌスはかの有名なジョルダーノ・ブルーノ（Giordano Bruno）である。[59]このアッカデミア・デッリ・インヴェスティガンティの綱領的宣言とも見なしてよい「対話」で、コルネリオはかれの代弁者の役割をあてがわれていると見られるステリオーラにまず最初にきっぱりと宣言させている、「真理は著作家たちの書いたもののなかによりはむしろ事物の本性それ自体のうちに探し求められるのでなければなりません」と。[60]そして、古人の遺してくれたものは十分に尊重すべきであると主張するトゥルージアヌスに対して、「わたしは何も昔の人々の権威と栄光を貶しめようというのではありませんし、それどころか、その人々の書いたものも喜んで読み返しては賞賛し、しばしば驚嘆すらしています」と断わらせながらも、[61]「どれほどか多くの、どれほどか信じられないようなことどもを、数学的諸学科のみならず、生理学や医術その他の諸技芸の分野において、わたしどもの世紀の精励は探り出し、真理の光のなかに引き出していることでありましょう。それらからいかに多くの便益といかに多くの快楽とがもたらされていることでありましょう。これに引き較べて、わたしどもよりも先代の人々は、何という暗闇のなかに、事物についての何と甚だしい無知のなかにあったことでしょう。〔中略〕このことに思いを致すならば、だれでも、自然の事物の認識は事物それ自体から不断の熟考と長い時間をかけた観察とによって獲得すべきであり、それを書物を読んでかき集めてこようとするのは危険きわまりないことが容易にわかるはずです」とも答えさせている。[62]また、同じくブルーヌスには、「しかしながらトゥルージアヌスさん、いまはきわめて古きものと受け取られているものもすべてもとは新しいものであったということ、そしてこれらわれわれのものもいつかはきっと古いものになってしまうのだということがあなたにはわからないのですか」と問い返させている。[63]

また、つぎにはディ・カプアも『見解』のなかで「自分らの才能の自由に加えられるいかなる隷従の束縛をも断固として拒絶し、広大無辺の自然の野を自由に思いのまま駆けめぐることを欲してやまない哲学する者たちの根拠理由」を論じて、人間には生来、「広く四方を隈なく駆けめぐって、世界の全体を、他人の写しとった不確かで、見誤っているのではないかと疑っても当然なコピーにおいてではなく、それらの最初の、そして真実のオリジナルにおいて探求し、確認し、十分に把握することができるように」天高く飛翔する能力が授けられていると述べている。そして、それにもかかわらず、この人知の勇敢なる飛翔を制止し、後代に墨守的態度をはびこらせる結果を招いてきた者たちがいることを指摘したのち、こう問い返している、「しかし、どうしてまたわれわれは古代人の尊い意見にいつまでも愚かにも縛られたままでいなければならないのか、かれらにとっては満足のゆくものであった多くのことがらも、いまやわれわれにとっては不満足で、まったくわずらわしいだけのものになってしまっているのではなかろうか」と。また、「古代の著作家たちのあとに生まれてきたということが近代人の罪だと言うのであろうか」と。ディ・カプアによると、もしこのことが罪であるならば、この罪を最初に犯したのはほかならぬ当の古代の著作家たち自身であったのである。というのも、「古代人もいずれもがその時代には近代人であった」からである。

そのうえ、世界が時とともに年をとってゆくにつれて、われわれの経験にとって有益な新しい発明・発見の数のほうも時代から時代へと伝えられて増大してゆくというのは、まったく疑いのないことである。したがって、いまだ幼少の若い世界にあってわれわれほどの経験をもたないでいた者たちでなく、年老いた世界に生まれたわれわれこそは〈古老〉また〈古人〉と呼ばれるべきである。そして、将来生まれてくる者たちはわれわれよりもさらに年寄りであり古人であろう。ひいては、われわれよりもさらに学識も経験も豊かで、かれら以前のだれにも負けることはないであろう。[64]

しかも、第二には、これらの言葉の端々にもうかがえるように、かれらインヴェスティガンテたちの近代人擁護論自体、古代人よりも近代人のほうが優秀であるとの自負によるものであるよりは、むしろ、古人の言説も、それがたとえどれほど秀でた人のそれであっても、決して完全かつ絶対無謬ではありえないという認識、いや、そもそも、この有限で不完全な死すべき存在である人間には完全な知識に到達する可能性は与えられてはいないのだとの自覚に発するものなのであった。「おお、われわれ死すべき者どものいとも不幸な条件よ！」——こうディ・カプアは、理論医学が開始されてから今日にいたるまで古今の哲学者たちによって多大の努力が投入されてきたにもかかわらず、また解剖によって動物の実体について多くのことどもが発見されてきたにもかかわらず、そして賢明で注意深い医師たちがかくも長きにわたって病気を実際に治療するなかで多くの吟味と実験を積み重ねてきたにもかかわらず、確実な認識と真なる真理とによって理論を確立するための基礎固めとなるべきものはひとつとして導き出すにいたらなかったことを確認したのち、「理論医学の体系を確立することは人間には困難、というよりはまったく不可能であるということをはっきりと認識すべきである」と結論したさいに、嘆息まじりに叫んでいる。[65] また、コルネリオも、ステリオーラに言わせている、「トゥルージアヌスさん、お願いですから人間の理解力の貧弱さを事物のいまだ把握されていない広大無辺さと較べてみてください、そして、自然がその深奥に隠していることどものすべてを心のうちにとらえ込むことがどれほど法外で難儀な仕事であるかをよく考えてみてください」と。[66] 人間存在ひいては人知などといったものはとどのつまり有限で不完全なものでしかありえないと考えるからこそ、かれらはそのような有限で不完全な存在でしかない古人の言説の権威に盲従することの愚を戒めるのであって、かれらが近代派であったのはあくまでもこのような意味においてであったのである。

そして、第三に、この権威への盲従に対する批判と並行して、かれらインヴェスティガンテたちは〈哲学することの自由（libertas philosophandi）〉を学問研究を進めてゆくうえでの第一の必須の条件として要求し、ひいては相異なる多種多様な意見の並存と競合をも許容すべきことを主張するのであるが、これもやはり有限で不完全な存在たらざるをえない人間の条件についての自覚に発するものにほかならなかった。

今日、わたしどものあいだには、たしかにいろいろとわずらわしい相対立する議論の争いが見られます。

しかも、それらは、わたしの推測のかぎりでは、わたしどもを手こずらせる割にはそれだけの値打ちはないもののようです。まったく、こんなにもひどい分裂状態にある人々の判断を和解にもってゆくには、第二のプロメテウスが現われて、人間たちの心臓を新たに同質の泥土で作り直し、すべての人間に同等の知性を吹き込むしかありますまい。でも、実はこの欠陥も、人間が死すべき存在であるということから生じているのです。というのも、心はその生まれつきの気質に従って働き、感じ、考えるものですから、人はそれぞれ、その判断、そして意見を、身体の構造と習慣に見合ったふうに引き出すのです。〔中略〕こうして、誓って申しますが、人はだれでも、つねにより善いものを追求しているわけではなくて、むしろ自分の気質にいちばん合うと思うものを追求しているのです。そして他人の才能や行動や学説をも自分の尺度でもって測っているのですよ。

こうコルネリオはステリオーラに語らせている[67]。ここには、マウリツィオ・トッリーニもそのコルネリオ研究のなかで指摘しているように[68]、一方では、医学をとりわけデカルト的に精神の生理学として把握してゆくことの可能性が呈示されているとともに、他方では、完全なる認識に死すべき存在たる人間が到達することの不可能性もまた呈示されている。そして、このことによって、蓋然主義とひいてはまた〈哲学することの自由〉への訴えかけが正当化の根拠を得ていると言ってよい。

しかし、この点では、だれにもまして雄弁なのは『見解』のディ・カプアである。さきにも言及したように、当時ナポリでは化学医療の是非をめぐって近代派の医師たちと王室侍医を中心とするガレノス派の医師たちとのあいだで激しい論争が展開されていた。そのような折りも折り、副王の寵愛を受けていたひとりの若い騎士が化学医療の失敗が原因で死亡する。そこで、王室侍医の進言を受けた副王は、医師たちに対して治療にさいしての細心の注意を要請するとともに、王室侍医をはじめ代表的な医師数名に安全な医療のための規則を定めるよう命じる。[69]『見解』はこの副王の要請に応えて著されたものであるが、それをディ・カプアはつぎのように語り出しているのである。

医術は、経験とわれわれの――それがたとえいかに弱いものであろうとも――理性の限界内に保たれているところでは、社会にとって何らか益するところもありうるが、ひとたび道を誤ると、病気そのものよりも危険で、人類にとって有害なものとなる。このようなわけで、副王は、化学医療が原因と思われる何人かの病人の不幸なできごとについての知らせを聞くやいなや、医師たちに対して、われわれにとって救済策になりうると思われるできるかぎり最適の方法を細心の注意を払って探し出すよう命じられるとともに、治療の際の確実で、安全で、堅固な諸規則を定めるよう命じられた。

しかし、わたしは、このことに思いをめぐらせるたびに、この医術という仕事の抱え込んでいる困難がどれほどのものであるかを思い知らされて、ただただ途方に暮れるばかりである。そして、この医術という術は他のあらゆる術にもかなり深く関係しているし、また、そもそもこの術の性質からしてまったく受けつけないものでもあるので、この術に属することがらに規則を設けることはきわめて苛酷かつ困難なことのように思われるのである。

そして、したがってここではまず最初に「君公や司法官だけでなく、医師もまた、たとえかれらがどれほど賢明で知力にすぐれていようとも、医術に一定した確実な規則を与えようとするときにたやすく陥ることになる困難」について論じることとし、その後に「ことがらの性質がゆるすかぎりにおいて」〈よき医師〉および〈よりよき化学者〉になりうるための方法を提案することにする、と。[70]

ディ・カプアの見るところでは、医療という術は何よりも人のからだというこの不可解なものを扱わざるをえないそれの性質上、このうえなく不確実で、疑わしく、安定を欠いたものなのであり、どう進めてゆくべきかについての何らの確実で一定した規則をももっていない以上、そもそも「術（arte）」と称しうるかどうかさえも疑わしい。[71] そして、医師たちのあいだで古来あまたの論争が繰り返されてきて絶えることがなかったのも、もとはと言えば、このような医術に生来つきまとっている不確実性に起因している。[72] しかも、この不確実性から医術が脱却しうる見込みはまずほとんどないと言ってよい。[73] したがって、医療行為に関してはこれを法的に規制することは避け、むしろ、いっさいを慎重で用意周到な医師の意思と裁量に委ねるのが適当なのである。[74] と同時に、医師たちには能うかぎり大きな研究の自由を与えて、自分の感覚や疑いの余地なく確実な実験によって正しいと認められたのでないかぎり、他人の説はいっさい信用せず、すべてを自らの知力と観察眼とによって探り出してゆく態度をこそ身につけさせる必要があるのである。[75]

川喜田愛郎は『近代医学の史的基盤』のなかで十七世紀医学の状況をつぎのように概括している。

> 機械論的自然観は、無機界に成立する自然法則が生物にもまたあやまたず適用されることを強く期待する。〔中略〕物理学、および化学の方法をそれぞれ表看板とする医物理学派《イアトロフィジスト》および医化学派《イアトロケミスト》なる流派がそこにうまれた。それらの内容および功罪については後にあらためて詳しく述べられるが、何と言ってもそこで用立てられる物理学あるいは化学の方法がなお時代のきつい制約のもとにあったことを忘れてはならないだろう。しかも〔中略〕問題を区切って一つずつ詰めてゆく科学のうまれもった方法に照らして、生物学が曲りなり

にも恰好がつくまでにはまだたいそうこみいった手続きが先にあると覚悟しなければなるまい。それは辛抱のいる話だが、現実に病人の介助という緊要《アージェント》で逃げることのできない要請をいつもつきつけられている医学の基礎として生理学を眺める医学者たちにとって、物理学、化学によるかれらの開眼が、そうした長い行程への案内とうけとられずに、往々性急な一般化への誘惑と転化したのにも無理のないふしがあったとみなければなるまい。〔中略〕そこにさまざまの偏向の強い病理論が登場した。それを近代版のガレノス主義とみては不正確だろうが、いずれにしてもそれがときに科学に対する新たな不信の種となったのも避けがたいことであった。[76]

ヴィーコが『自伝』のなかで「医学は自然学体系の度重なる変更の結果、懐疑主義に陥り、医師たちはアカタレプシアすなわち病気の本性については真実のことはわからないのだという立場をとって、エポケーすなわち診断と処方に際しての判断停止に逃げ込みはじめていた」と述べているのと見合う状況である。しかし、コルネリオとディ・カプアに代表されるナポリのインヴェスティガンテたちは、決して「物理学、化学によるかれらの開眼」を「性急な一般化」へと転化させて「近代版のガレノス主義」に陥るようなことはなく、かえって人知の限界についての深い自覚に支えられた蓋然主義の立場から、この近代医学の「模索」過程（川喜田）にはらまれる困難をよく見通し、わきまえつつ、その探求の歩みを進めていたように思われる。そして、ヴィーコは、ほかでもなく、このインヴェスティガンテたちにおける蓋然主義の精神を受け継いだところから、かれもまたその探求の歩みを開始しているのである。

（1） John Ray, *Observations topographical, moral, & physiological, made in a journey through part of the Low-Countries, Germany, Italy, and France*

(London, 1673), p. 271. ここでは、E. Ashworth Underwood (ed.), *Science, Medicine and History: Essays on the Evolution of Scientific Thought and Medical Practice written in honour of Charles Singer*, vol.I (Oxford University Press, 1953), pp. 521-63 所収の Max H. Fisch, "The Academy of the Investigators" より重引する (p. 529 et nota)。

(2) アッカデミア・デッリ・インヴェスティガンティの活動の概要については、さしあたっては、フィッシュの前掲論文のほか、Maurizio Torrini, "Accademia degli Investiganti. Napoli 1663-1670," *Quaderni storici*, a. XVI (1981), pp. 845-83 を参照のこと。

(3) Cf. Giuseppe Mosca, *Vita di Lucantonio Porzio* (Napoli, Gennaro Migliaccio, 1765), p. 17. もっとも、フィッシュは、かれもまたこのモスカの証言を紹介しつつも、解散の背景には同時にコルネリオの健康の悪化をはじめとする会員個々の身辺的事情があったことを指摘している (cf. Fisch, *art. cit.*, p. 537)。

(4) Giambattista Vico, *Opere*, V: *L'autobiografia, il carteggio e le poesie varie*, a cura di B. Croce e F. Nicolini (Seconda ed. riveduta e aumentata: Bari, Laterza, 1929), pp. 20-22.

(5) Fausto Nicolini, *La giovinezza di Giambattista Vico (1668-1700). Saggio biografico* (2ª ed. riveduta : Bari, Laterza, 1932), pp. 97-99. 虹をめぐるディ・カプアとアウリジオの論争はいわゆる近代派－古代派論争のひとつとして興味深いものであるが、資料はほとんど残っていない。さしあたり、Raffaele Cotugno, *La sorte di Giovan Battista Vico e le polemiche scientifiche e letterarie dalla fine del XVII secolo alla metà del XVIII secolo* (Bari, Laterza, 1914), pp. 34-37 ; Nicola Badaloni, *Introduzione a G.B. Vico* (Milano, Feltrinelli, 1961), pp. 181-90 を参照のこと。ヴィーコがディ・カプア派の知識人たちと親しかったということは、ヴィーコ自身が『自伝』のなかで認めている (cf. Vico, *Opere*, V, p. 33)。なお、ヴィーコの『自伝』における自己表現の特徴については、花田圭介「ヴィーコにとってのヴィーコ――『自伝』を読む」『思想』第七五二号（一九八七年二月）を参照のこと。

(6) Cf. Nicolini, *op. cit.*, pp. 82-83, 127-28.

(7) Vico, *Opere*, V, p. 37.

(8) Cf. Benedetto Croce, *Bibliografia vichiana*, accresciuta e rielaborata da Fausto Nicolini (Napoli, Ricciardi, 1946), pp. 122-24.

(9) Vico, *Opere*, V, p. 34. なお、〈sistema〉を本稿では「体系」と訳したが、当時の一般的使用法では「学説」程度の意味である。

(10) Ibid., pp. 35-36.

(11) Ibid., p. 35.

(12) Cf. Croce, *Bibliografia vichiana cit.*, pp. 123-24.

(13) Cf. Vico, *Opere*, V, p. 18.

（14）　Cf. Vincenzo Cuoco, *Scritti vari*, a cura di Nino Cortese e Fausto Nicolini, parte prima: periodo milanese（1801-1806）（Bari, Laterza, 1924）, pp. 304-05, 316.

（15）　Cf. Nicolini, *op. cit.*, pp. 115-16.

（16）　Cf. *Parere del Signor Lionardo di Capoa divisato in otto ragionamenti, ne'quali partitamente narrandosi l'origine, e'l progresso della medicina, chiaramente l'incertezza della medesima si fa manifesta*（Napoli, Antonio Bulifon, 1681）, pp. 229-300.

（17）　Cf. Tommaso Cornelio, *Progymnasmata physica*（Napoli, Raillard, 1688）, p. 281. 本書の初版は一六六三年にヴェネツィアから出ている。ここに使用するのは没後に出版された増補版である。

（18）　Cf. Biagio De Giovanni, *Filosofia e diritto in Francesco D'Andrea. Contributo alla storia del previchismo*（Milano, Giuffré, 1958）, p. 21.

（19）　Francesco D'Andrea, *Risposta a favore del Sig. Lionardo De Capoa contro le lettere apologetiche del P. De Benedictis gesuita*（1697）, ms. fol. 11（Biblioteca Nazionale di Napoli, coll. I. D.4）.

（20）　この点については、Badaloni, *op. cit.*, cap. II に立ち入った考察が見られる。また、とくにコルネリオの生理学理論については、Franco Crispini, *Metafisica del senso e scienze della vita. Tommaso Cornelio*（Napoli, Guida, 1975）が参考になる。

（21）　Cf. Vico, *Opere*, V, p. 16.

（22）　Cf. Benedetto Croce, "Una giovanile canzone disperata di G. B. Vico," *La Critica*, a. VII（1909）, pp. 316-22; Id., Proemio a : *'Affetti di un disperato'. Canzone di G. B. Vico*（Napoli, Philobiblion, 1948）; Enzo Paci, *Ingens Sylva. Saggio su G.B. Vico*（Milano, Mondadori, 1949）, pp. 16-33; Badaloni, *op. cit.*, pp. 297-302; Maria Donzelli, *Natura e humnanitas nel giovane Vico*（Napoli, Istituto Italiano per gli Studi Storici, 1970）, pp. 17-29. この詩についてはわたし自身も「若きヴィーコと人間存在の両義性」『知の考古学』第七号（一九七六年三―四月）において考察したことがある。

（23）　Cf. Fisch, *art. cit.*, fig, 6.

（24）　Cf. Vico, *Opere*, V, p. 33.

（25）　Cf. Biagio De Giovanni, "Il « De nostri temporis studiorum ratione » nella cultura napoletana del primo Settecento," in : A. Corsano et al., *Omaggio a Vico*（Napoli, Morano, 1968）, pp. 141-91. ナポリにおけるデカルト哲学受容の歴史については、古くはFrancisque Bouillier, *Histoire de la philosophie cartésienne*（Paris, Dnrand, 1854）, cap. XXII や、あるいはまた Louis Berthé de Besaucèle, *Les cartésiens d'Italie : recherches sur l'influence de la philosophie de Descartes dans l'évolution de la pensée italienne au XVII et XVIII siècle*（Paris, Auguste Picard, 1920）、そして新しくは Claudio Manzoni, *I cartesiani italiani (1660-1760)*（Udine, La Nuova Base, 1984）などが参考になる。

(26) Giambattista Vico, *De antiquissima Italorum sapientia ex linguae latinae originibus eruenda* (Napoli, Felice Mosca, 1710), p. 26.

(27) Giambattista Vico, *De nostri temporis studiorum ratione* (Napoli, Felice Mosca, 1709), p. 33.

(28) *The English Works of Thomas Hobbes of Malmesbury*, ed. by Sir William Molesworth (London, Bohn, 1839–1845), VII, p. 183 et seq., cit. in : Max Harold Fisch, Introduction to : *The Autobiography of Giambattista Vico*, translated by Max Harold Fisch and Thomas Goddard Bergin (Ithaca, New York, Cornell University Press, 1963), pp. 40–41. 1st ed., 1944.

(29) Cf. *De homine*, x, 5, in : *Thomae Hobbes Malmesburiensis Opera philosophica, quae latine scripsit, omnia* (London, Bohn, 1839–1845), II, pp. 93–94, cit. in : Ferruccio Focher, *Vico e Hobbes* (Napoli, Giannini, 1977), p. 21, nota 15. ただし、ホッブズのこの個所に最初にヴィーコ研究者の注意を促したのは、Nicola Abbagnano, Introduzione a : Giambattista Vico, *La Scienza Nuova e Opere scelte*, a cura di Nicola Abbagnano (Torino, UTET, 1952) である (cf. pp. 14–15)。

(30) Cornelio, *op. cit.*, pp. 59–70.

(31) Cf. Benedetto Croce, “Le fonti della gnoseologia vichiana” (1912), in : Id., *Saggio sullo Hegel seguita da altri scritti di storia della filosofia* (5^{a} ed. : Bari, Laterza, 1967), pp. 244–45.

(32) Cf. Giovanni Gentile, “La prima fase della filosofia vichiana” (1912), in : Id., *Studi vichiani* (2^{a} ed. : Firenze, Le Monnier, 1927), pp. 31–33.

(33) この一連の開講講演の内容と意義についても拙稿「若きヴィーコと人間存在の両義性」『知の考古学』第七号（一九七六年三—四月）〔その後、上村忠男『ヴィーコの懐疑』（みすず書房、一九八八年）に収録〕を参照されたい。

(34) Cf. Croce, *loc. cit.*.

(35) Cf. Rodolfo Mondolfo, *Il « verum-factum » prima di Vico* (Napoli, Guida, 1969).

(36) Di Capua, *Parere cit.*, pp. 150, 152–53.

(37) Cornelio, *op. cit.*, pp. 93–95.

(38) Ibid., p. 303.

(39) Di Capua, *op. cit.*, pp. 497–98, 503–05.

(40) この点については、De Giovanni, *op. cit.* (1958), p. 206 にも指摘がある。

(41) Vico, *De antiquissima cit.*, p. 22.

(42) Di Capua, *op. cit.*, pp. 159–60.

(43) Cornelio, *op. cit.*, pp. 75–76.

（44） Ibid., pp. 101-04.
（45） Vico, *De ratione cit.*, pp. 31-32.
（46） Ibid., p. 33.
（47） Vico, *De antiquissima cit.*, p. 120.
（48） Ibid., pp. 27-28.
（49） この点については、拙稿「ヴィーコの懐疑——『われらの時代の学問方法について』考」『知の考古学』第一一号（一九七七年三—四月）〔その後、『ヴィーコの懐疑』に収録〕をも参照されたい。
（50） Vico, *De antiquissima cit.*, p. 121.
（51） Cf. *La Logique ou l'Art de penser, contenant, outre les regles communes, plusieurs observations nouvelles, propres à former le jugement.* (Cinquiéme édition reveuë et de nouveau augmentée : Paris, Guillaume Desprez, 1683), pp. 33-34. 著者名は入っていないが、Antoine Arnauld と Pierre Nicole によって書かれたことが判明している。なお、ここで使用したのは、一九六四年に Société des Publications de la Faculté des Lettres et Sciences humaines de l'Université de Lille から出された写真復刻本である。
（52） Cf. Vico, *De antiquissima cit.*, cap. VII.
（53） Cf. Ibid., pp. 39-40.
（54） Cf. David Lachterman, "Vico, Doria e la geometria sintetica," *Bollettino del Centro di Studi Vichiani*, X (1980), pp. 10-35. また、佐々木力「ヴィーコの近代科学論——デカルト的数学・自然学に抗して」『思想』第七五二号（一九八七年二月）をも参照されたい。
（55） Vico, *De ratione cit.*, pp. 9-10.
（56） Cf. Vico, *Opere*, V, p. 26.
（57） Vico, *De ratione cit.*, p. 10.
（58） この点についても拙稿「ヴィーコの懐疑」を参照されたい。また、清水幾太郎『倫理学ノート』（岩波書店、一九七二年）二一九—六八頁も興味深い考察を展開している。
（59） とくにトゥルージアヌスの同定に関しては、Eugenio Garin, "Da Campanella a Vico" (1968), in : Id., *Dal Rinascimento all'Illuminismo. Studi e ricerche* (Pisa, Nistri-Lischi, 1970), p. 103, nota 33 を参照。
（60） Cornelio, *op. cit.*, p. 2.
（61） Ibid., pp. 4-5.

(62) Ibid., p. 18.
(63) Ibid., p. 10.
(64) Di Capua, *op. cit.*, pp. 61–67.
(65) Ibid., p. 464.
(66) Cornelio, *op. cit.*, pp. 13–14.
(67) Ibid., pp. 12–13.
(68) Cf. Maurizio Torrini, *Tommaso Cornelio e la ricostruzione della scienza* (Napoli, Guida, 1977), pp. 107–08.
(69) この経緯については、とくに、*Difesa del Di Capua del Sign. D'Andrea*, ms. fol. 16 (Biblioteca Nazionale di Napoli, coll. I.C.B) を参照（Badaloni, *op. cit.*, pp. 125–26 にも引用されている）。
(70) Di Capua, *op. cit.*, pp. 2–3.
(71) Cf. Ibid., p. 9.
(72) Cf. Ibid., pp. 140 et seq.
(73) Cf. Ibid., p. 160.
(74) Cf. Ibid., p. 485.
(75) Cf. Ibid., pp. 59–60.
(76) 川喜田愛郎『近代医学の史的基盤』上（岩波書店、一九七七年）二九四頁。

喩としての『自伝』

1

人の生涯には光り輝く一瞬というものがある。学者の場合、多くは未曾有の発見や発明をなしとげた瞬間がそれであろう。

しかし、ジャンバッティスタ・ヴィーコ（一六六八—一七四四）の場合は、どうであっただろう。ヴィーコは、一般には、『諸国民に共通の自然本性についての新しい学の諸原理』（略称『新しい学』）という著作において、「諸国民の世界はたしかに人間たちによってつくられてきたのであるから、それの諸原理はわたしたちの人間の知性自体の諸様態のうちに見いだすことができるはずである」との観点に立って、人間のつくりなす文化の世界の理解に新たな道を開拓した哲学者として知られる。このヴィーコの場合にもまた、人文学に知識の確実性を確保することになったこの観点をわがものとすることができたときがそうだったのだろうか。それとも、それは同じ著作のなかでかれが「この〈新しい学〉の親鍵」であると呼んでいる例の発見、すなわち、「異教世界の最初の諸国民は自然本性上の必然からして詩人たちであり、詩的記号によって語っていた」という発見に到達したときであったのか。

いや、そうではあるまい。これらのときもさることながら、一七〇八年十月十八日、ヴィーコが雄弁術（修辞学）の教授をつとめていたナポリの王立大学で、新学年度の開講講演をおこなったとき、あのときこそは、ヴィーコにとって、その七十五年におよぶ長い人生のうちでも、もっとも輝かしい一瞬だったのではないだろうか。ヴィーコは、学問研究の世俗的名誉を重んじ、知識は国家の善または市民たちの共通善のためにこそ研鑽にはげまれるのでなければならないと考える政治的人文主義者のひとりであった。そのようなヴィーコにとっては、あの開講講演のときこそは、人生でもっとも輝かしく、記念すべき一瞬だったのではないかとおもわれる。

もっとも、開講講演をおこなったこと自体は、ヴィーコにとって、あの日が初めてであったわけではない。ナポリ大学では十月十八日が新学年度の開講式の日で、当日は雄弁術の教授が新入生を対象に「学問のすすめ」とでもいうべき内容の講演をおこなうのが慣例になっていた。したがって、開講講演そのものについていえば、ヴィーコは、一六九九年に同大学の雄弁術教授に就任して以来、それを毎年のようにおこなってきていた。

ただ、一七〇八年の場合には、例年とは異なる特別の事情があった。ナポリ王国は十六世紀初頭以来スペインの支配下にあったが、当時はそのスペインのカルロス二世亡きあとの王位継承をめぐる戦争の最中で、首都ナポリは前年の一七〇七年からオーストリア＝ハプスブルク家のカールの率いる軍隊によって占領されていた。こうした情勢のもとにあって、ナポリ大学は、一七〇八年の開講式を特別に公開で挙行し、恭順の証しとしてカールに奉献することとした。こうして、同年の開講講演には、学問と政治の悦ばしき結婚のことほぎ役という栄えある役目が託されることになったのである。これは、ヴィーコにとっては、みずからの抱懐する政治的人文主義の理想を身をもって実演してみせるための願ってもない檜舞台の到来を意味していた。

さらに、同年の開講講演の原稿は大学が費用を負担して出版されることに決まった。このことも、ナポリの小さな本屋の息子に生まれ、修業時代をほとんど独学でとおしたのち、三十歳でなんとか王立大学の教授職にありついたものの、それは俸給にして法学教授の六分の一という低い地位の雄弁術教授のポストでしかなく、また、いまだ本格的な著作もなくて無名に近かったヴィーコにしてみれば、じつにありがたいことであった。

「学問方法において、わたしたちのものと古代人のもの、いずれがより正しく、より良いであろうか」。これが晴れの日のためにヴィーコが選びとったテーマであった。かれが後日うち明けているところによると、フランシス・ベーコンが『学問の尊厳と進歩』の末尾において列挙している「諸科学の新世界実現のために願望されることがら」のひとつに加えられるに値するようなものであることを願って選択したとのことである。意気ごみのほどがうかがえようというものである。また、内容のほうも、デカルトの『方法叙説』に代表される新時代の学問方法の問題点がキケロ的＝人文主義的な教養思想の立場から完膚なきまでにえぐりだされていて、たしかに本人が自負するだけのものをそなえていた。ヴィーコ四十歳の秋のことであった。講演の原稿は、約束どおり、翌一七〇九年、『われらの時代の学問方法について』と題して公刊された。

だが、このときのヴィーコはいまだ哲学者ではなかった。哲学者としてのヴィーコは、これのあとに誕生する。その哲学者としてのヴィーコの歩みは、なるほど、一方では、神事と人事にかんする知識のいっさいをある単一の原理のもとに統括しようという、それ自体明らかに人文主義的な教養理念に導かれたものでありながら、同時に他方では、政治的実践の現場からの超越と孤立にむかっての歩みでもあった。しかも、それは多くの点で当の人文主義の拠って立つ地盤そのものを自己否定的に掘りくずしていかざるをえないような性質の歩みであった。『ラテン語の起源から導き出されるイタリア人の太古の知恵』第一巻『形而上学篇』（一七一〇年）に始まり、『普遍法の単一の原理と単一の目的』と『法律家の一貫性』ならびに両書への『註解』からなる通称『普遍法』（一七二〇—二二年）をへて、『新しい学』にいたる過程で敢行される「学者たちのうぬぼれ」からの骨身を削るような自己脱却の努力がそれである。

ヴィーコは、文明または——ヴィーコ自身の好んで用いる言葉によれば——「諸国民の世界」の起源についてこれまでになされてきた哲学者たちの推理や文献学者たちの探究はいずれもがひとつの重大な「錯誤」ないし「うぬぼれ」におちいっているとみる。文明の起源はおよそみすぼらしくて粗野なものであったのであって、「諸国民の世界」を創建した「最初の人間たち」には悟性的判断力は皆無であったといってよく、かれらは全身が感覚と想像力の塊であった。いってみれば、かれらは天性の詩人たちであったのであり、そのかれらが生来の「詩的知恵」を発揮してみずから創作した神への恐怖を支えにして「諸国民の世界」は成立をみたのであった。学問が登場するのは、この世界が成立してから何千年もあとになってからにすぎない。ところが、学者たちは、文明化され啓蒙された状態のもとで生きている自分たちの判断規準が「最初の人間たち」にもすでに分かちもたれていたかのように思いなして、文明の起源についての推理や探究をくわだててきた。これは「錯誤」ないし「うぬぼれ」以外のなにものでもないというわけなのだ。

そこで、ヴィーコは、文明の起源を明らかにするためには「これまでこの世には一冊の書物もなかったかのように思いなしてかからねばならない」との決意をかためる。とともに、人間が生きていくうえで必要または有益なことがらについての「人類の共通感覚」なるものを真理の唯一の規準にすえたうえで、この学者的反省をともなわない人類共通の感覚的判断を宿しているとみられる古語や古物についての「新しい批判術」を用いて、「諸国民の世界」の創建者たちの「詩的知恵」の深奥にまで分け入っていこうとする。そして、そこから、ひるがえっては、学者たちによっていとなまれる学問の射程と限界を逆照射しようとするのである。

『新しい学』の初版は一七二五年に出た。出版費用を引き受けてくれるはずであったフィレンツェの枢機卿ロレンツォ・コルシーニ（のちの教皇クレメンス十二世）が約束を反古にしてしまったため、一・二五カラットのダイヤの指輪を処分してみずから費用を捻出し、分量も元の原稿を大幅に削減しての苦労の末の出版であった。が、その後一七三〇年に構成も内容も大幅に変更した第二版が刊行される。そして、これにさらに部分的改訂をほどこした第三版が校正も終わって製本に入ろうとしていた矢先の一七四四年一月二十三日、哲学者ヴィーコはその七十五年におよぶ苦難の生涯を閉じたのであった。

2

ところで、このヴィーコには『自伝』がある。イタリアにおける学問の進歩のために現役の著名なイタリア人学者たちの自叙伝記集の編纂を思い立ったヴェネツィア在住の伯爵、ジャン・アルティコ・ディ・ポルチーアから依頼を受けて、一七二五年、『新しい学』第一版の上梓と前後する時期に執筆され、その後一七二八年になって伯爵のもとに送付された追加原稿とあわせて、アンジェロ・カロジェラなる神父が同年ヴェネツィアで創刊した『学芸論集』という季刊雑誌の第一巻に「本人によって書かれたジャンバッティスタ・ヴィーコの生涯」と題して公表された部分と、『新しい学』の第二版が出版された直後の一七三一年、今度はヴィーコをウルビーノの《アッソルディーティ（大音響で耳が聞こえなくなってしまった者たち）》というアカデミーの会員に推挙したモーデナの僧侶で高名な歴史家、ロドヴィーコ・アントニオ・ムラトーリの依頼で執筆されたものの、ヴィーコの生前には公表されることなくおわってしまい、一八一八年になってようやく、ヴィーコの息子から父親の遺稿類を託されたヴィッラローザの侯爵、カルラントニオ・デ・ローザの手によって日の目を見るにいたった追補部分(2)とからなる。ヴィーコの思想の形成過程をうかがうための基本テクストである。

が、それにしても、このヴィーコの『自伝』、これはまたなんという自伝であろう。というのも、同書は、自伝でありながら、「ジャンバッティスタ・ヴィーコ氏、かれは……」という書き出しで始まっている。従来から多くの議論を呼んできた三人称体話法である。しかし、注意をうながしたいのは、この点ではない。このような話法の採用自体は、公共の言論にはたとえ話者自身のことであっても三人称を使用するのがむしろ慣例であった古くからの伝統にしたがっただけのこととみてよいだろう。[3]注意をうながしたいのは、これとは別の点である。ヴィーコの『自伝』は、これを普通の意味での自伝と受けとって、著者の思想形成過程を理解するためのこれまた普通の意味での歴史的資料として利用するには、そこで語られていることがらの全体があまりにも喩的でありすぎるのだ。それも、自伝もまたひとつのれっきとした文学作品である以上、駆使されていてもおかしくはない修辞技法の話としてではなくてである。

なるほど、ヴィーコはレトリックの専門家であった。『自伝』を書いた頃には、ヴィーコはすでに三十年近くもナポリの王立大学の雄弁術教授の職にあり、毎年、学生たちに法廷弁論の技法を教授していた。また、その間に王都の貴顕紳士の冠婚葬祭や歓迎送別等の機会に依頼されてラテン語で執筆したとヴィーコが『自伝』に誇らしげに書きしるしている祝辞、悼辞、賛辞等の儀礼文の数も、十指に余るどころでない。ヴィーコは、文字どおり、レトリックのプロフェッショナルであった。そして、アンドレーア・バッティスティーニがその野心的なヴィーコ研究書『レトリックの尊厳』（一九七五年）に収められている論考「自伝における喩」においてみごとに解析してみせているように、[4]そうした修辞法の専門家としてのヴィーコの腕前のほどは『自伝』においてもそれなりに発揮されていないわけではない。

とくに注目されるのは、これもバッティスティーニの指摘にもあるように、[5]「グノーメー（*γνώμη*）」ないし「センテンティア（sententia）」と呼ばれて古くより修辞法の伝統のなかで慣用されてきた掉尾美文が、随所に効果的に用いられていることである。見てみよう。

まずは一七二八年に公表された部分の冒頭のくだり。そこでは、「ジャンバッティスタ・ヴイーコ氏、かれはナポリにおいて一六七〇《ママ》年、きわめて立派な世評をのこした廉直な両親から生まれた。父は陽気な性質、母はとても憂鬱な気質の持ち主であった。かくて、その両者が合流して、かれらの息子の天性を形成することとなった」と書き出しにあったのち、このようなわけで、幼児の頃にはヴィーコはきわめて活発で、落ち着きのない性質であったのが、七歳のとき、梯子から転落して頭に大怪我を負ったのがきっかけとなって、それ以後は憂鬱で辛辣な気質の人間になった次第が語られている。そして、さらに言葉を接いで、「そのような憂鬱で辛辣な気質は、才気に富むとともに深みをそなえた人士の気質である。そうした人士は、才気あるがゆえに鋭敏なひらめきをしめし、熟考力をそなえているがゆえにただの言葉遊びや虚言をよしとすることがない」としめくくられている[6]。これなどは、一七三一年に書かれた追補部分の、文字どおり全体の掉尾を飾るつぎの文章[7]とともに、掉尾美文の効果的な活用のもっとも典型的な例である。

〔…〕〈新しい学〉を見いだしたのちは、生命と自由と名誉を享受しつつ、かれは自分をかの善良なるパイドロスが〔『寓話』三・九で〕その名をあげて

もしこの人のような名声を獲ることができるのなら、この人と同じような死に方をするのもわたしは厭わない。

また、灰となることによって無実が明らかになるのであれば、誹謗をも甘んじて受けよう。

との高潔な祈願を述べているソクラテスよりも幸せであるとおもっていたのである。

また、二十代のさなか、ある領主から息子たちの家庭教師を依頼されて、ナポリの南方にあるチレント半島の

ヴァトッラという僻遠の地におもむき、「まるで服装の流行のように二、三年ごとに読書趣味の変化する都会」から隔絶した「森」のなかにあっての「優に九年間もつづいた孤独」ののち、ナポリにもどってきたものの、「そのかれの故郷において、かれは異邦人としてだけでなく、その名を知られることもなしに生活していた」ことを語った、デカルトの『方法叙説』をなぞっていることで有名なくだりには、つぎのような文章も見える。

運命は青年たちの友であるといわれる。というのも、かれらは自分たちの生涯の仕事をかれらの若い頃に人気のあった技芸や職業にしたがって選択するからである。しかし、世の中はその本性上数年ごとに嗜好を変える。そこで、かれらは後日、年老いたときには、もはやなんぴとをも悦ばさない知識、ひいては裨益するところのない知識に堪能なわが身を見いだすことになる。

ただし、ここでは、この美文措辞上必須のトポスとはいいながら、あまりにも多用されすぎてきたきらいのある文章は、「このようなわけで、学芸の一大急転回がナポリで一挙に生じ、十六世紀の最良の学芸こそが長期間にわたって再興されるはずであると信じられてきたところへ、副王公爵の退去とともに、それらのいっさいをあらゆる予想に反してごく短時日のうちに崩壊させてしまうような別の事態が起きると、二、三年前までは形而上学などは修道院に閉じこめておくべきだといっていた有力な学者たちも、われ遅れじとばかりにそれの涵養に努めはじめた。ただ、そのかれらの形而上学は、十六世紀にかくも多くの偉大な学者たちが典拠としてきたマルシリオ〔・フィチーノ〕を介してのプラトンとプロティノスに依拠したものではなくて、ルネ・デカルトの『省察』に依拠したものであった」という叙述の、掉尾ではなくて冒頭に置かれている。これは本来の掉尾美文の転用例のひとつとみてよいだろう(8)。

ちなみに、ここでヴィーコが言及している「副王公爵」というのは、一六九六年から一七〇二年までナポリに駐在してスペイン国王代理をつとめたメディナセリ公爵ルイージ・ラチェルダのことである。在任中の一六九八年三月、王宮付属のアカデミー（通称《アッカデミア・パラティーナ》）を創設し、学芸の振興を図った。ヴィーコも一六九九年ナポリ大学の雄弁術教授に任ぜられると同時に会員になっている。ただ、この「副王公爵の退去」とともに、「学芸の一大急転回」が生じ、十六世紀の最良の学芸の再興がもたらされるはずであったのが、デカルトの『省察』に依拠した形而上学へとだれもがこぞってなだれこんでいったというのは、正確ではない。ヴィーコの言及している十六世紀の最良の学芸の再興というのは、主として、ヴィーコが青年時代に足しげく通って深い影響をうけた在野のアカデミー、《インヴェスティガンティ（探求者たち）》の主宰者のひとりであったレオナルド・ディ・カプアなどが推進しつつあった新ペトラルカ主義的な学風のことを指しているものと推測される。しかし、このディ・カプアの影響のもとで育ったグレゴリオ・カロプレーゼのような人物が新しい王宮付属アカデミーの主導者のひとりであったことは事実であるが、デカルト的〈コギト〉の形而上学への接近は、すでにこの王宮付属アカデミーの内部にあって、ほかでもないカロプレーゼなどによってくわだてられていたのであった。しかも、そのかれらのデカルトは、これもヴィーコが指摘しているのとは相違して、それ自体、新プラトン主義的なメンタリズモ（mentalismo）の方向において読みこまれたデカルトであったのである。そして、さらに付言しておくならば、このような思想的展開の背後には、自然主義的経験主義のもとで思想の自由をもとめようとしていた《インヴェスティガンティ》の段階から一歩飛躍して、理性的精神に導かれた法律の厳格な適用のもとで封建貴族にたいする王権の支配の確立強化をめざそうとしたナポリの新興法曹市民層（ceto civile）の政治的関心が作用していたのであった。[9]

しかし、この点はさておき、わたしが注意をうながしたいのは、『自伝』中で用いられて、それなりに説得効果をあげているかにみえる、これらの修辞技法のことではない。ヴィーコの『自伝』を普通の意味での自伝と受けとって、著者の思想形成過程を理解するためのこれまた普通の意味での歴史的資料として利用するには、そこで語られていることがらの全体はあまりにも喩的でありすぎるとわたしがいうとき、その「喩」というのは、こうした修辞技法によって生じているのとは別の意味においてのものである。

それにどうであろう。レトリックの専門家としてのヴィーコということでいえば、花田圭介が、『思想』第七五二号（一九八七年二月）の特集《ヴィーコを読む》によせた論考「ヴィーコにとってのヴィーコ――『自伝』を読む」において、これらの掉尾美文の活用例に十分な考慮をはらいつつ、そのうえでなお確認しているように(10)、『自伝』全体としてレトリシャンとしての専門意識は概して旺盛ではないとみてよいのではないだろうか。ひいては、これもまた花田のまとめにあるように(11)、ヴィーコはむしろ「レトリック教授としての現実の生活を厭い、そこから何とか抜け出ようとして、地割れをおこしているような地点からフィロロジア創出に全精力を傾けている」といえるのではないだろうか。もしそうでなかったとしたら、読者がたちまちにして遭遇するであろう配列の目に余る乱雑さ、重述と渋滞、おびただしい余談の挿入、そしてなによりも陳述の全体をつうじて終始解消されずに残っている晦渋さなど、とてもレトリックの専門家の書いたものとはおもえない事態のかずかずは、いったい、なにに起因しているというのか。

3

では、ヴィーコの『自伝』における言説空間を全体として規定している喩というのは、どのような意味においてのものであるのか。

読んでみるとよい。『自伝』中には、花田も注目しているように、[12]「運命（fortuna）」とか「前兆（segno）」あるいはまた「守り神（buon genio）」といった言葉が随所に出てくる。そして、それらがヴィーコのつつましやかな生涯にもそれなりにおとずれているさまざまな転機や局面のよってきたるところを説明するのに援用されている。

例1　十二、三歳の頃、やらされていたイエズス会の学校でうけた教師の仕打ちに憤慨して学校を抜けだし、家にひきこもって、毎日、夜を徹して勉強したことが述べられているくだり。「それはちょうど夏のことであったので、かれは夜分、机に向かっていた。すると、宵の眠りから目を覚ました優しい母は、息子可愛さから、もうおやすみ、というのであったが、それでもしばしば息子が夜の白むまで勉強しつづけているのを見いだすのであった。これは、学芸の研究で年を積むにつれて、かれが学者としての名声を強力に擁護するようになったことの前兆であった[13]」。

例2　「この間、かれは一回だけ王立大学におもむき、かれの守り神に導かれて〔法学首席講師〕フェリーチェ・アックアディエスのクラスに入ることとなった[14]」。一六八四年、十六歳の頃、またまた家にひきこもってスアレスを勉強していたときの話。

例3　「このようなわけで、ヴィーコはかれが言葉にかけて誓うべき師をもたなかったことを幸いにおもい、あの〔ヴァトッラの〕森のなかにあって、かれの守り神に導かれて、なんらの党派的感情もいだくことなく研究の大半を遂行することができたことに感謝した[15]」。一六九五年、ヴァトッラからナポリに「故郷にあっての異邦人」として戻ってきたときの話。

例4　一七一〇年に公刊した『イタリア人の太古の知恵』第一巻『形而上学篇』と同書をめぐるヴェネツィアの学芸雑誌記者たちとの論争に関説して。「しかし、ヴィーコのなかで感じられはじめていた文法的語源学にたいする失望は、かれがその後、最近の著作〔『新しい学』〕において、諸言語すべてに共通のあるひとつの自然本性上の原理から引き出される諸言語の起源を見いだすにいたることの前兆であった。〔中略〕また、古代人の叡智を詩人たちの神話物語から取り出してこようとしているヴェルラム卿〔フランシス・ベーコン〕の書物にたいする不満は、ヴィーコが同じく最近の著作において詩のいまひとつ別の新たな諸原理を見いだすにいたることのもうひとつの前兆であった[16]」。

例5　一七二三年、法学講座公募試験に応募したものの不首尾におわったいきさつを語ったくだり。「しかしながら、ヴィーコは故郷ひいてはイタリアの栄光のために生まれたのだということは——なぜなら、かれはモロッコではなく、ここに生まれて、学者になったからであるが——、他の者たちであれば学芸を修めたことを後悔しないまでもそれらのいっさいを放棄してしまったかもしれないような、さかしまな運命のこのような打撃によっても、かれはまったく臆することなく、他の著作の執筆にはげみつづけたということから、明白に理解することができる[17]」。

例6　その準備中の「他の著作」、すなわち、いわゆる『新しい学』の否定形態版」が当初出版資金を出してくれるはずであったコルシーニ枢機卿が約束を反古にしてしまったために出版不可能になったことに暗に触れて。「また他方、さかしまな運命のある打撃のために、それを出版することができなくなってしまったので、〔中略〕なんとか、今度は積極的な方法、それも、より厳密で、ひいてはより効果的な方法が見つからないものかと、かれは全精神を集中して思案に思案をした[18]」。

例7　「ついで、さかしまな運命がかれの学者としての名声を傷つけようとした。しかし、これはかれのあずかり知らぬことであったので、その災難はおよそ君主制のもとで一介の臣民が望むべくもないような名誉をかれにもたらしたのであった[19]」。皇后エレオノーラの葬儀にさいして墓碑銘文の作成を仰せつかって献上したものの、採用されず、エピグラフ作家としての世上の評判に傷がつこうとしていたところへ、副王の使者が事情説明のためにわざわざヴィーコの家まで足を運んでくださったという話。

このように、ヴィーコの『自伝』にあっては、「運命」や「前兆」あるいはまた「守り神」といったものどもが頻繁に出没してはかれの人生のさまざまな転機や局面のよってきたるゆえんの説明役を買って出ている。わたしが『自伝』におけるヴィーコの言説空間を全体として規定しているのは喩ということでいおうとしているのは、これらの「運命」や「前兆」あるいはまた「守り神」といったものどものまとっている喩的性格のことにほかならない。

4

実際にも、ヴィーコは、一七二八年に公表された部分の初めのほうで、叙述の方針というか、執筆にとりかかるにさいしての覚悟を明らかにして、こう宣言している。

ここでは、ルネ・デカルトがもっぱら自分の哲学と数学だけを称揚するとともに神および人間のことがらにかんする知識を修めあげるための他のいっさいの学問をおとしめようとして、自分の学問の方法について狡猾に装ったようなことが装われることはないであろう。そして、歴史家として当然の率直さをもって、ヴィーコが修めた学問のすべてが逐次順序を追って包み隠さず物語られることであろう。かれの学者としての、このようであるべきであったのであってこれ以外ではありえなかった成りゆきの、固有にして自然本性的な諸原因が知られるようにである。[20]

また、一七三一年の追補部分中の、ポルチーア伯爵からの依頼で「みずからの学芸的生涯」について書くにいたった経緯を回顧したくだりでは、今度は全体を総括して、つぎのように述べている。

ご覧のように、ヴィーコはそれ〔みずからの学芸的生涯〕を哲学者として書いた。というのも、自然的ならびに道徳的なもろもろの原因と運命のもたらしたもろもろの機会について省察したからである。諸種ある学問のうちでもとくにある種の学問にたいしてかれが子供の頃からいだいていた好き嫌いについて省察し、かれの進歩をうながした好機や遅らせた災難について省察し、最後には、いくつかのかれの正しい感覚にもとづいてなされた一定のかれの努力について省察したからである。この努力は、かれが『新しい学』というかれの最新の著作をまとめあげるさいの基礎にあるもろもろの反省となって、やがて実を結ぶことになった。そして、このかれの最新の著作こそは、かれの学芸的生涯がこのようであるべきであったのであってこれ以外ではありえなかったことを立証しているはずなのである。[21]

前の文章の前段、「狡猾に装った（astutamente finse）」とは随分とまた思いきった言い方をしたものである。ここで指弾されているのが例の『方法叙説』におけるデカルトの叙述態度であることはあえて言葉をはさむまでもあるまい。デカルト自身の言によれば、同書において提供されるのは自分がたどってきた学問のそれ自体紆余曲折にみちた道程のありのままを逐次包み隠さずに物語った「一篇の歴史（une histoire）」以外のなにものでもなく、読者のだれもが著者の「率直さ（franchise）」に満足してくれるだろうとのことであった。[22] そして、実をいえば、このデカルトの『方法叙説』こそは、おそらく、ポルチーア伯爵の計画の淵源にあって、モデルとして思いえがかれていた作品でもあったのだ。というのも、ライプニッツが一七一四年三月二十二日、パドヴァ出身の哲学者にして数学者であるアントニオ・コンティの声望のことを伝えてきたヴェネツィア逗留中の友人にヴィーンから送った手紙のなかに、「デカルトは自分がほとんどなにも読まなかったかのようにわたしたちに信じこませようとしたが、これはいささかやりすぎであった」とあったのち、「しかし、もろもろの着想の源泉がわたしたちに明らかになり、それらをいくぶんかでもわたしたち自身のものにできるようなしかたで、他の者たちの発見を研究するのはよいことだ。だから、わたしは創案者たちがかれらの発見とかれらがそこに到達するまでの歩みの歴史をわたしたちに提供してくれることを願っている」との述言が見える。このライプニッツの願望のことがコンティに伝わり、さらにコンティをつうじて友人のポルチーア伯爵に伝えられたと推測されるのである。(23)

ところが、その『方法叙説』を指して、ヴィーコは、デカルトが「自分の哲学と数学」、すなわち、数学に範をとったかれの普遍学の理念、〈マテーシス・ウーニウェルサーリス〉の理念を称揚するために巧妙につくりあげたフィクションにほかならないという。そして、「歴史家として当然の率直さ（ingenuità dovuta da istorico）」は、かれヴィーコのほうこそがこれを誇りうるであろう、と。ヴィーコは、さきほども見たように、『方法叙説』の文句や構成をほとんどそのままなぞってまでして、デカルトへの対抗心をたくましくしている。その「デカルトの敵」ヴィーコの面目躍如といったところであろうか。

しかし、このデカルトにたいするヴィーコの敵対的態度の意味するところについてはいまはおく。また、同じく前の文章の後段、「歴史家として当然の率直さをもって、ヴィーコが修めた学問のすべてが逐次順序を追って包み隠さず物語られることであろう」との宣言がなされながら、これにただちに「かれの学者としての、このようであるべきであったのであってこれ以外ではありえなかった成りゆきの、固有にして自然本性的な諸原因が知られるようにである」との限定が付けられていることについても、いまはただこうした限定が付されていること、そして、前の宣言文では「歴史家として（da istorico）」物語るとあったのが、後の総括文では――この限定句中にいわれている「原因の認識」ということを仲立ちにして――「哲学者として（da filisofo）」書いたとなっていることに注意をうながすだけにとどめておく。

ともあれ、ここでヴィーコは、前後いずれの場所においても、〈新しい学〉を見いだすにいたったみずからの学者としての生涯を「このようであるべきであったのであってこれ以外ではありえなかった（tale e non altra）」というように規定するとともに、前者では、そのような「このようであるべきであったのであってこれ以外ではありえなかった」みずからの学者としての生涯の、その「原因（cagioni）」について省察することが『自伝』執筆の目的であると宣言し、後者では、事実そうした省察をおこなってきたのだと総括している。

しかしながらどうであろう。いわれているような「原因」の認識、これをヴィーコはほんとうになしえているであろうか。

この点について、『自伝』のうちに、「実際にはのちになって発見されたものであるのに、それをあたかもあらかじめ設定されていた目標であったかのようにわたしたちにおもわせる」、それ自体としては自然な「錯覚」にとらわれた一種の目的論と、ヴィーコが抱懐し『新しい学』の実現へと結実させていった諸観念の「心理的」起源についての説明の欠如とを見ているのは、ヒューム的懐疑論の流れをくむ十九世紀前半期イタリアの哲学者で最初のまとまったヴィーコ著作集を編んだジュゼッペ・フェッラーリである。フェッラーリは、みずからの「学者としての、このようであるべきであったのであってこれ以外ではありえなかった成りゆきの、固有にして自然本性的な諸原因」を究明するとの当人の主張にもかかわらず、『自伝』は結局のところ、「ごくありふれた伝記、またはせいぜいがひとつの歴史的資料以外のものではない」と断定している。(24)

もっとも、このフェッラーリの断定にたいしては、ベネデット・クローチェが、そのヴィーコ研究史上の記念碑的著作『ジャンバッティスタ・ヴィーコの哲学』（一九一一年）に付されているヴィーコの生涯と性格にかんする論考において、ヴィーコは自分の生涯について「哲学者として」書いたと述べているのに、このことをフェッラーリはまったく見ていない、と批判している。そして、かれのいわゆる「精神の学としての哲学」の旗色を鮮明にしながら、反問している。「哲学者の生涯を哲学者として書くということは、かれの思考が客観的必然性をもつものであったことを理解し、それの手がかりのかずかずを、それを思考していた瞬間には本人にはまったく不分明であったところにも見つけだすということでなくて、なんであろうか」と。また、そのように「哲学者として」書いた結果、ヴィーコの『自伝』は『新しい学』を著者本人の伝記に適用したもの」となっているが、「この方法は独創的ながら、同時にまた正しい真実の方法でもあるのだ」と。しかし、かくいうクローチェも、ただちに言葉を接いで認めているのではなかったか。「ヴィーコがこのみずからに課した任務を部分的にしか遂行しえなかったことはあえて強調するまでもなく明らかである」と。[25]

それよりも、ここでもまた花田の指摘――。随所に「運命」とか「前兆」あるいはまた「守り神」といった言葉が出てきて、これらがみずからの生涯におとずれたさまざまな転機や局面のよってきたるゆえんを説明するのに援用されていることに注目した花田は、このような「運命」の意識に支配されたヴィーコの『自伝』に「オイディプス型自伝」という呼称をあたえるとともに、「少なくとも『自伝』に関する限り、生けるヴィーコを生かしている「好き」「嫌い」「幸運」「勘違い」「逆境」「噂」等々、気紛れな「運命」の謎は何らかの原因その他によって明かされるというよりも、それら自体が広い意味での原因、出来事の謎を明かすものとされている」と指摘している。[26] 率直なところ、こう見たほうがよほど当たっているのではないだろうか。ひいては、総括のほうのくだりには「原因」の文字とならんで「運命のもたらしたもろもろの機会（occasioni della fortuna）」という文句が見えるが、これもけっして偶然ではなかったといってよいのではないか。しかも、これもまた同じく花田の指摘にあるように、[27] こうして一方では「運命」へといっさいを還元し、三人称体で平静かつ沈着に叙述を進めることが意図されながらも、他方では、ときに満たされずに一人称表現を強く要求する叙情や叙意によって平静が乱され、澄明さに歪みが生じている。そして、このことが、ひるがえっては、当の「運命」自体、「歴史家」と「哲学者」との結びつき自体を、ひとつの謎として読後に残す結果となっているのである。

なお、人生において経過する諸事件の「歴史」的記述とそれらの事件の「原因」についての「哲学」的省察とのヴィーコにおける一種独特な結びつきについて、これを花田は、『自伝』にかんするかぎり、ヴィーコの理解するタキトゥスにおける「あるがままの人間の観察」と「比類なき形而上学的精神」との「奇しき結び付き」に由来しているようにおもわれると述べているが[28]、そのさい花田が念頭においている『自伝』中の「比類なき形而上学的知性をもって、タキトゥスはあるがままの人間を観照し、プラトンはあるべき人間を観照する」というくだりにも、やはり「悪意と運命に満ち満ちた無限の不正規な出来事」といった言葉が出てくる[29]。留意しておいてよい点かとおもう。

ただ、ここで見落としてならないのは、これら『自伝』の随所に出没しては人生のさまざまな転機や局面のよってきたるゆえんの説明役を買って出ている「運命」とか「前兆」あるいはまた「守り神」といったものどもは、それ自体がいずれも、ある何者かの喩として登場しているということである。ヴィーコの生涯には、たしかに、その背後にあって全体を終始強く緊縛している何者かが存在している。しかしまた、それを直叙することはヴィーコにはできない。そうであればこその「運命」なのである。「前兆」なのである。「守り神」なのである。これらを花田は「遁辞」と呼んでいる[30]。しかし、「遁辞」というよりも、その直叙しようにも直叙しようのない何者かの、これらは喩にほかならなかったのではないだろうか。

そして、最後にさらに一言付け加えさせてもらうなら、ヴィーコがレトリック教授としての現実の生活を厭い、そこからなんとか抜け出ようとして、地割れをおこしているような地点からのものであったと花田のとらえている〈新しい学〉としてのフイロロジーアの創出に向けての努力――この努力が展開されるのも、ほかでもない、ひとり『自伝』にかぎらず、一般に、みずからの、学問的とはいいながら、その当の学問的な言説空間をも規定しているとみられる本質的に喩的な性格の、今度はそのよってきたるゆえんの省察としてであったのである。(31)

（1）“Vita di Giambattista Vico scritta da se medesimo” in: *Raccolta d'opuscoli scientifici e filologici*, t. I (1728), pp. 143-256. ヴィーコ自身の作成になる著作目録が付いている。

（2）*Opuscoli di Giovanni Battista Vico*, raccolti e pubblicati da Carlantonio de Rosa marchese di Villarosa (Napoli, Porcelli, 1818), I, pp. 88-158. この追補部分を公にするにあたって、編者のヴィッラローザ侯爵は、ヴィーコの晩年にかんするさらなる追加文をみずから作成して付加している (cf. pp. 158-68)。ヴィッラローザ侯爵版がその後ながらく定本として普及したこともあって、ヴィーコの『自伝』といわれる場合には、侯爵による追加部分をふくめていわれることが多い。

（3）グスタヴォ・コスタは、自伝を書くにあたって、ヴィーコは詩人ガブリエッロ・キアブレーラ（一五五二―一六三八）の自伝 *Vita di Gabriello Chiabrera scritta da lui medesimo*（一六二五年頃出版）の様式を模倣したのではないか、との推定をおこなっている。Cf. Gustavo Costa, “An Enduring Venetian Accomplishment : The Autobiography of G. B. Vico,” *Italian Quarterly*, 21 (1980), pp. 49-50. これにたいして、ドナルド・フィリップ・ヴェリーンは、キアブレーラの自伝がヴィーコの三人称様式の源泉である可能性は認めつつも、そのような様式自体はローマと人文主義の伝統のなかに先例があることに注意をうながしている。Cf. Donald Phillip Verene, *The New Art of Autobiography. An Essay on the Life of Giambattista Vico Written by Himself* (Oxford, Oxford University Press, 1991), pp. 66-69.

（4）Andrea Battistini, “Il traslato autobiografico” in: Id., *La degnità della retorica. Studi su G. B. Vico* (Pisa, Pacini, 1975), pp. 15-50.

（5）Cf. Ibid., pp. 26-28.

（6）Vico, *Opere*-Laterza, V: *L'autobiografia, il carteggio e le poesie varie*. Seconda edizione riveduta e aumentata a cura di B. Croce e F. Nicolini (Bari, Laterza, 1929), p. 3. 福鎌忠恕訳『ヴィーコ自叙伝』（法政大学出版局、一九九〇年）、五〇頁。西本晃二訳『ヴィーコ自叙伝』（みすず書房、一九九一年）、三―四頁。西本訳は、Giambattista Vico, *Autobiografia*, a cura di Mario Fubini (Prima ed. nella « NUE Nuova serie »: Torino, Einaudi, 1977) を底本としている。

（7）Vico, *Opere*-Laterza, V, p. 79. 福鎌訳、一七一頁。西本訳、一四五―四六頁。

（8）　Vico, *Opere*-Laterza, V, pp. 20 seqq., 24-25. 福鎌訳、七八頁以下、八五―八六頁。西本訳、三七頁以下、四五―四六頁。

（9）　メディナセリ公爵の創設した《アッカデミア・パラティーナ》の活動内容とその意義にかんしては、さしあたり、Biagio de Giovanni. "Il ceto intellettuale a Napoli fra la metà del '600 e la restaurazione del Regno" in: Aa. vv., *Storia di Napoli*, vol. VIII（Napoli, Edizioni Scientifiche Italiane, 1968）, pp. 353-466; Silvio Suppa, *L'Accademia di Medinacoeli Fratradizione investigante e nuova scienza civile*（Napoli, Istituto italiano per gli studi storici. 1971）を参照のこと。また、《アッカデミア・デッリ・インヴェスティガンティ》については、「数学と医学のあいだで――ヴィーコとナポリの自然探求者たち」（本書収録）を見られたい。

（10）　花田圭介「ヴィーコにとってのヴィーコ――『自伝』を読む」『思想』第七五二号（一九八七年二月）、五一頁。

（11）　同右、五五頁。

（12）　同右、四五頁。

（13）　Vico, *Opere*-Laterza, V, p. 4. 福鎌訳、五二頁。西本訳、六頁。

（14）　Vico, *Opere*-Laterza, V, p. 6. 福鎌訳、五四頁。西本訳、九頁。

（15）　Vico, *Opere*-Laterza, V, pp. 21-22. 福鎌訳、八〇頁。西本訳、三九頁。

（16）　Vico, *Opere*-Laterza, V, pp. 37-38. 福鎌訳、一〇七―〇八頁。西本訳、六九頁。

（17）　Vico, *Opere*-Laterza, V, p. 48. 福鎌訳、一二五頁。西本訳、八七頁。

（18）　Vico, *Opere*-Laterza, V, pp. 48-49. 福鎌訳、一二六頁。西本訳、八八頁。

（19）　Vico, *Opere*-Laterza, V, p. 57. 福鎌訳、一三九頁。西本訳、一〇五頁。

（20）　Vico, *Opere*-Laterza, V, p. 5. 福鎌訳、五三頁。西本訳、七頁。

（21）　Vico, *Opere*-Laterza, V, pp. 62-63. 福鎌訳、一四七頁。西本訳、一一五頁。

（22）　Cf. Descartes, *Œuvres*, publiées par Charles Adam & Paul Tannery. VI: *Discours de la Méthode & Essais*（Paris, Vrin, 1965）, p. 4. 野田又夫訳『方法序説』、野田又夫責任編集『デカルト』（中央公論社版「世界の名著」第二二巻、一九六七年）、一六五頁。谷川多佳子訳『方法序説』（岩波文庫、一九九七年）、一一頁。

（23）　Cf. Max Harold Fisch, Introduction to : *The Autobiography of Giambattista Vico*. Translated by Max Harold Fisch and Thomas Goddard Bergin（First printing for Great Seal Books : Ithaca, New York, Cornell University Press, 1963）, pp. 4-5; Mario Fubini, Prefazione a : Vico, *Autobiografia*, ed. Fubini cit., p. VIII. もっとも、ポルチーア伯爵は、『学芸論集』第1巻に掲載されているかれの趣意書「イタリアの学者たちへの各自の生涯について書くことの提案」（Progetto ai letterati d'Italia per scriver le loro Vite）のなかでは、ヴィーコから寄せられたものを「いままでに受けとったもののうちでいちばん自分の構想に合致している」と

述べ、基準として参照するよう他の執筆予定者にもとめている。Cf. Fisch, op. cit., p. 6 ; Fubini, op. cit., p. VIII ; Battistini, op. cit., p. 16. なお、ライプニッツの手紙は、G. W. Leibniz, *Die philosophische Schriften*, ed. Gerhardt, III (Unveränderter Nachdruck der Ausgabe Berlin 1887: Darmstadt, Olms, 1965), pp. 564-70 に収録されている。一九七八年八月二十一—二十五日、ヴィーコの『自伝』のヴェネツィアでの出版二百五十年を記念してジョルジョ・チーニ財団とジョルジョ・タリアコッツォの主宰するヴィーコ研究所が共催した国際シンポジウム《ヴィーコ／ヴェネツィア》の記録、*Vico e Venezia*, a cura di Cesare De Michelis e Gilberto Pizzamiglio（Firenze, Olschki, 1982）に収録されている Cesare De Michelis, "L'autobiografia intellettuale e il « Progetto » di Giovanartico di Porcia"（pp. 91-106）も参照のこと。

（24）Cf. Giuseppe Ferrari, Prefazione a : *Opere di Giambattista Vico*, ordinate ed illustrate da Giuseppe Ferrari（Seconda ed.: Milano, Classici italiani, 1852-1854), vol. IV, pp. X-XVI. Prima ed., 1835-1837.

（25）Cf. Benedetto Croce, "Intorno alla vita e al carattere di G. B. Vico" in : Id., *La filosofia di Giambattista Vico*（Bari, Laterza, 1911), pp. 280-81.

（26）花田、前掲論文、四八—四九頁を参照のこと。

（27）同右、五三頁。

（28）同右、五四—五五頁。

（29）Vico, *Opere*-Laterza, V, p. 26. 福鎌訳、八七頁。西本訳、四七頁。

（30）花田、前掲論文、四五頁。

（31）ヴェリーンは、ヴィーコの『自伝』についての注目すべき試論『新しい自伝術』（一九九一年）のなかで、ヴィーコの『自伝』を『新しい学』において「諸国民の世界に共通の自然的本性」の解明のためにかれの開発した「生成論的方法」を自分自身の生涯に適用しようとした「哲学的自伝」であり、「verum ipsum factum の原理の一事例」であるとおさえたうえで、「ヴィーコの観点のもとにあっては、自伝はたんなる内観でもなければ、諸観念と諸現象との結びつきについての批判的理解という意味での反省的知識でもない。自伝的思考というのは、ヴィーコの観点のもとにあっては、スペキュラティヴ（speculative）なものである。あるいはヴィーコ自身の使っている用語でいいかえるならば、省察的‐物語的な思考である。この種の思考においては、認識者は自分が自分自身についての真実のスペクルム〔鏡像〕を獲得したとおもうまで、かれ自身の存在の諸行為を言語のなかで反復ないし「模倣」する。自伝を書く者の自己認識の仕事が完了するのは、かれが世界劇場の内部にかれ自身の劇場を設営しえたと判断するときである」と述べている（Verene, op. cit., pp. ix-x, 228-30）。しかし、「生成論的方法」の開発もさることながら、ヴィーコの『新しい学』の最大の学問論的意義は、ここでヴェリーンのいう「自分自身についての真実のスペクルム」の獲得にむけてのスペキュレーション自体があるひとつの〈根源的な隠喩作用〉を基礎として遂行されているという事実を「諸国民の世界」の場面において明らかにしたことではなかったのか。『自伝』においても問われるべきであるのは、その〈根源的な隠喩作用〉がヴィーコというひとりの個人の生涯のうちにどのようなかたちであらわれているかということであろう。

森のバロック——ヴィーコと南方熊楠

1

中沢新一の物言いには、鬼面人を嚇すとまではいかなくとも、相手の意表をついては悦に入っているようなところがあって、どうもいただけない。南方熊楠をあつかった『森のバロック』（せりか書房、一九九二年）の場合もそうである。たとえば、緒言のつぎの一節——。

『森のバロック』は、ひとつの思想史の試みである。私はこれを、天使の方法、唯物論の技法、ゲイの様式によって、実現しようとした。〔中略〕したがって、そのやりかたからして、この本は非正統的な思想史を、めざしていたことになる。(1)

「天使の方法、唯物論の技法、ゲイの様式」。なんとも奇抜で、接した者をぎょっとさせるに十分な言い回しである。これにさきだつ冒頭のくだりには、「私はこの本で、南方熊楠の背後に忍び寄り、処女懐胎の方法によって、彼の思想に新しい子供、日本人の未来に属する思想の子供を、つくりだそうとしたのである」(2)というようにもある。

しかし、このような奇抜な言い回しのもとにあって、実際にいわんとしていることはなにかとみれば、どうであろう。「天使の方法」と「唯物論の技法」については別段の説明はないが、全体の文脈から判断して、いずれも「ゲイの様式」または「処女懐胎の方法」なるものに収斂させてさしつかえないもののようである。そして、この「ゲイの様式」または「処女懐胎の方法」については、ジル・ドゥルーズの宮林寛訳『記号と事件』（河出書房新社、一九九二年）に出てくる、ドゥルーズがカント論を執筆するにあたって直面した方法上の困難をどのように克服したかについての、当人のつぎのような後日談からの借用である旨、注記されている。(3)

〔それは〕私が当時の状況を切り抜けるにあたって、哲学史とは「おかまを掘る」ようなものだ、というか、これも結局は同じことになるけれども、処女懐胎のようなものだ、と考えていたということだ。私は哲学者に背後から近づいて、子供をこしらえてやる。その子供はたしかに哲学者の子供にはちがいないけれども、それに加えてどこかしら怪物的な面を持っている。とまあ、そんなふうに考えてみたわけだ。

であってみれば、これは、たとえばかつてモーリス・メルロー゠ポンティが「哲学者とその影」という魅力的なフッサール論（一九五九年）のなかで「ある思索家の思索した仕事が偉大であればあるほど、〔中略〕この思索の仕事のなかで思索されないでしまったもの、すなわち、この思索の仕事をつうじてはじめて、またつうじてのみ、まだ思索されないでいるものとして浮上してくるものも、それだけいっそう豊富なのである」というハイデッガーの指摘をうけてくわだてた読解の方法と、(4)実質上、いったいどこがちがうのか。「ゲイの様式」（「おかまを掘る」）とか、「処女懐胎の方法」とか、言い回しこそ元ニューアカデミズムの旗手の面目なおも躍如といったところであるが、いわんとしていることは、要するに、ある哲学者なり思索家なりがその思索の仕事をつうじて浮かびあがらせることになった「まだ思索されないでいるもの」、あるいは「影」の部分を発展させるということ以外のなにものでもないのではないか。そして、こういった方法自体は、いまではもう、たんに解釈の可能性についての哲学的反省の分野においてだけでなく、思想史研究の現場においても、「非正統的な」ものであるどころか、——具体的な成果のほどはさておき——きわめて正統的な方法として公認されるところとなっているといってよいのである。

2

もっとも、内容自体はなかなか読みごたえがある。後記によれば「この仕事には、着想から完成までに、十年という時間を要した」とのことであるが、たしかにそれだけのことはある。なかでも、鶴見和子が講談社刊「日本民俗文化大系」第四巻『南方熊楠——地球志向の比較学』（一九七八年）のなかで「南方曼陀羅」と呼んでいるものについての、鶴見自身の解釈にもまして独創的で啓発的な解釈に出会うことができたのは、大きな収穫であった。

鶴見が「南方曼陀羅」と呼んでいるのは、南方が土宜法竜にあてた明治三十六年（一九〇三年）七月十八日付の書簡に描かれている一枚の絵図のことである（**図1**参照）。

土宜法竜は、南方より十余歳年長の真言宗の高僧。南方が大英博物館にこもって猛勉強中の一八九三年十月、土宜が渡仏の途中にロンドンに立ち寄ったさいに会見して意気投合して以来の親友であった。この年来の親友にいまは帰国後世間からうとまれて隠栖中の那智の森からしたためた同書簡のなかで、熊楠は例のごとく春画の話とか土地の芸者屋の話とか卑猥なよた話をひとしきりぶったのち、法竜が書き送ってきたことの本題に入って、大乗と小乗、真言と禅の関係についての所見を縷々開陳している。そして、その途中で突如「ここに一言す。不思議ということあり」ときりだし、宇宙には「事不思議」、「物不思議」、「心不思議」、「理不思議」、それに「大日如来の大不思議」の五つの不思議があることを指摘するとともに、最後の「大日如来の大不思議」を別にすれば、他の四不思議は、不思議と称するものの、「法則だに立たんには、必ず人智にて知りうるものと思考す」と言いはなっているのだが、これにつづけて、「さて妙なことは、この世間宇宙は、天は理なりといえるごとく〔理はすじみち〕、図のごとく〔中略〕、前後左右上下、いずれの方よりも事理が透徹して、この宇宙を成す。その数無尽なり。故にどこ一つとりても、それを敷衍追求するときは、いかなることをも見出だし、いかなることをもなしうるようになっておる」として描きそえられているのが、図1の絵図なのである。文中省略した部分には「図は平面にしか画きえず。実は長、幅の外に、厚さもある立体のものと見よ」と注記されている。また、図中にイ、ロ、ハ、ニ、……、ヌ、ル、オ、ワとあるのは、その事理の敷衍追求の「捗《はか》どりに難易ある」をしめしたものであって、たとえば「図中（イ）のごときは、諸事理の萃《すい》点ゆえ、それをとると、いろいろの理を見出だすに易くしてはやい」が、「（ロ）のごときは、（チ）（リ）の二点へ達して、初めて事理を見出だすの途に着く」。そして、「（ヌ）ごときに至りては、人間の今日の推理の及ぶべき事理の一切の境の中で、〔中略〕（オ）（ワ）の二点で、かすかに触れおるのみ」であり、「（ル）ごときは、あたかも天文学上ある大彗星の軌道のごとく、（オ）（ワ）の二点で人間の知りうる事理にふれおる（ヌ）、その（ヌ）と少しも触るるところないが、近処にある理由をもって、多少の影響を及ぼすを、わずかに（オ）（ワ）の二点を仲媒として、こんな事理ということは分からぬながら、なにか一切ありそうなと思う事理の外に、どうやら（ル）なる事理がありそうに思われるというぐらいのことを想像しうるなり」とのことである。(5)

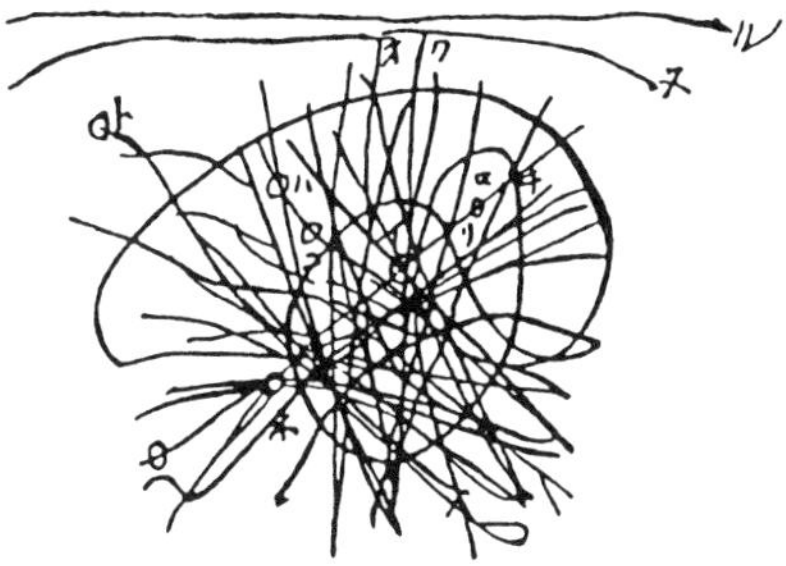

図 1

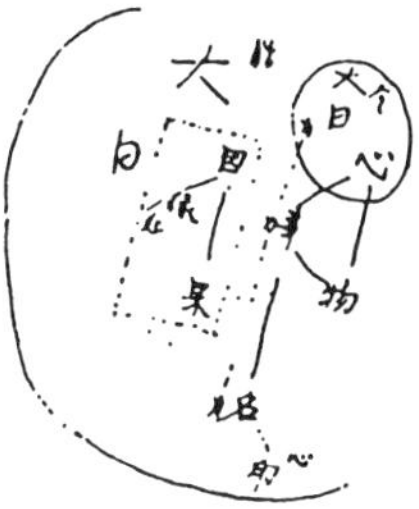

図 2

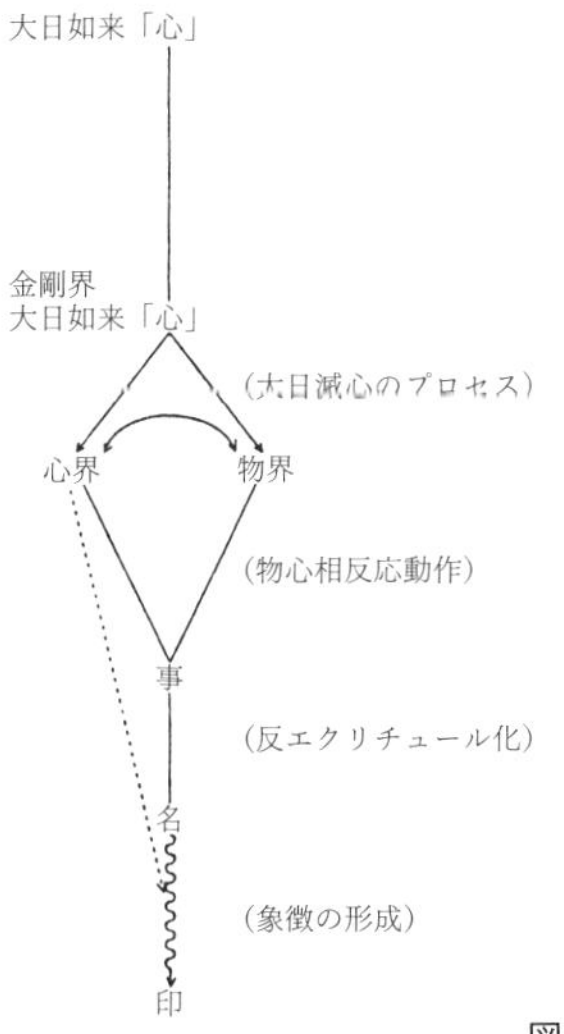

「南方マンダラ」の構造

図 3

図 4

図 1　『南方熊楠　土宜法竜　往復書簡』（八坂書房、1990年）、308頁より

図 2　『南方熊楠　土宜法竜　往復書簡』、333頁より

図 3　中沢新一『森のバロック』（せりか書房、1992年）、91頁より（「物心相反応動作」は、原図では「物心相反動作」となっているが、意味をとって訂正しておく）

図 4　『南方熊楠　土宜法竜　往復書簡』、334頁より

この絵図を鶴見は「南方曼陀羅」と名づける。[6] そして、これこそは生物学から民俗学へと一見したところでは四方八方に拡散してとらえどころがないかにみえる南方の仕事の全体——しかしまた鶴見自身は「地球志向の比較学」という規定のもとでなんとか統一的に把握しようと試みてきた南方の仕事の全体を根底にあって領導し統合している思想を「モデル」化したものであると見さだめて、[7]「これまで「理論がない」と判定されていた南方の作品群の底に、しっかりした構造のあることを発見した」と宣言するにいたるのでもあった。[8]

これにたいして、中沢は、かれもまた、「南方曼陀羅」を南方の仕事全体のいわば可能性の中心ととらえる。それればかりか、さらには「かつて日本人によって考えだされた、もっともユニークで、もっとも深遠で、もっとも未来的な可能性を秘めた学問論、表現論、科学論が、ここにある」とさえ言ってのける。そして、「これを解読する努力の中から、きっと私たちの未来を開く、思想の鍵がとりだされてくるにちがいない」との希望を語る。[9]

ただ、そのさい、中沢は、名指しこそしていないが鶴見の解釈を暗に批判して、問題の絵図にはいまだ「南方曼陀羅」の「構造」そのものは完備したかたちではあたえられていないことに注意をうながす。

注意しておかなければいけないが、この図はマンダラそのものではない。この図には、森羅万象をつくりあげている「諸不思議」同士をつなぐ「すじみち」の可能性が、しめされている。しかし、それはまだ「マンダラの構造」をあたえられてはいないのだ。もっと正確に言うと、これは高次元的なマンダラの運動体の、三次元的な「切断面」をしめしているものだ。これが「マンダラの構造」をもつためには、さらに垂直方向に伸びていく、運動するもうひとつの次元が必要になる。[10]

では、そういう完備した構造をもつ「南方曼陀羅」はどこに見いだされるのか。それを見いだすためには、中沢によれば、さらにそれから二十日ほど経ってしたためられた同じく土宜あての書簡を待たなければならないのであった[11]。

見てみよう。南方は、その明治三十六年八月八日の日付をもつ土宜あて書簡のなかで、「貴君らすでに科学を享受すべき白地すら持たず。いかにして曼陀羅ごときこみ入ったものを受解し得んや。これを教えんとならば、まず諸科学の根底からいわざるべからず。ただ読んで面白がられるのみでは、合戦物語か恋愛小説も同じことなり。予は全くこれを今の多忙なる日々無用無益の業と思うなり。よろしく『エンサイクロペジア・ブリタンニカ』、東寺学校に旧板を買ったというから、それについてでも、諸般の科学を毎条よみ心得、さて金粟王（南方のこと）の教えをきくこととされよ」と、当時は真言宗法務所課長の任にあり、聯合高等学林予備校の校長も兼ねていた年長の友人を揶揄したのち、「ただし、予は自分に腹案なきことを虚喝するものにあらず。簡単に示せとのことながら、曼陀羅ほど複雑なるものなきを簡単にはいいがたし。いいがたいが、大要として次に述べん」として、自分のマンダラ論の大要を――図２に複写したような関係図を書きそえて――説明している。

四曼陀羅のうち、胎蔵界大日中に金剛大日あり。その一部心が大日滅心（金剛大日中、心を去りし部分）の作用により物を生ず。物心相反応動作して事を生ず。事また力の応作によりて名として伝わる。さて力の応作が心物、心事、名事、心物心、心名物、……心名物事、事物、心名、……事物心名事、物心事、事物、……心名物事事事心名、心名名名物事事名物心というあんばいに、いろいろの順序で心物名事の四つを組織するなり。／（中略）／右のごとく真言の名と印は物の名にあらずして、事が絶えながら（事は物と心とに異なり、止めば断ゆるものなり）、胎蔵大日中に名としてのこるなり。これを心に映して生ずるが印なり。故に今日西洋の科学哲学等にて何とも解釈のしようなき宗旨《クリード》、言語《ランゲージ》、習慣《ハビット》、遺伝《ヘレジチー》、伝説《トラジション》等は、真言でこれを実在と証する、すなわち名なり。[12]

さきの七月十八日付書簡に描かれている絵図ではなくて、この八月八日付書簡における説明とこれにそえられている関係図にこそ、いわゆる「南方曼陀羅」の完備した構造はあたえられているものとみなければならないと中沢は指摘するのだ。いたって適切かつ妥当な指摘である。たしかに、七月十八日付書簡に描かれている絵図は、これを「南方曼陀羅」の構造図とみるには、いまだあまりにも不完全でありすぎるといってよい。鶴見は、この八月八日付書簡の箇所には一言も触れていない。すでに当時、八月八日付書簡も七月十八日付書簡といっしょに平凡社版『南方熊楠全集』に収録されていて、鶴見自身たしかに目を通していたにもかかわらずである。内容の重要さをおもえば、不可解というほかない。

しかし、この指摘にもまして注目されるのは、「南方曼陀羅」についての中沢の解読内容そのもののほうである。中沢は、南方が右の短い文章のなかで伝えようとしているとおもわれる内容を真言密教についての蘊蓄にくわえて現代科学の最先端における動向をも参考にしながら順次解きほぐしてみたうえで、「南方曼陀羅」の構造の全容をあらためて図3のように整理しなおしてみせている。[13] その解読の手さばきのほどはまことにみごとというほかなく、内容もきわめて啓発的である。今後の思索の糧とすべく、要点を書きとめておこう。

一、熊楠がまず明らかにしようとしているのは、宇宙の全体運動そのものである「大日如来の大不思議」から「心」や「物」が発生してくるプロセスである。そして、「心」と「物」は、この宇宙にもともと別のものとして発生してくるのではなく、「大日如来」という全体運動のなかから、まるでコインの裏と表のようにして、まったく同時に分離発生してくるというのが、熊楠の考えである。書簡中に熊楠が描いている図では、「大日如来」の「心」から直接的に「物」が生まれ、両者のあいだの交わりや反応動作から「事」がつくりだされてくるかのように描かれているが、これは熊楠の頭の中に浮かんでいるイメージを正確にあらわしたものではない。「大日如来」をあらわす「心」と、人間をはじめとする有情の「心界」とは、本質的に異質なものなのだ。

二、では、そのような「心界」と「物界」は、「大日如来の大不思議」から、どのようにして生まれてくるのか。熊楠によれば、それは金剛界大日の「心」の一部の「大日滅心の作用」によって生まれてくる。つまりはこういうことである。「大日如来」は、真言密教の教える四つの種類のマンダラのうちの金剛界マンダラにおいては、純粋な叡智体の運動を指している。それは宇宙全体を包摂し、宇宙そのものよりも大きな、宇宙の外部にある実在であって、これには内も外もない。しかし、熊楠も図に付記しているように、これには自分自身を外に展開していこうとする「力」が内蔵されていて、この力が三次元的な空間のひろがりとして展開していこうとするとき、それは内も外もない高次元体としての「大日如来の心」を去って（否定して）、宇宙空間とそれのなかに生成される物質とをつくりだす巨大な「物界」のプロセスのなかに入っていくことになる。これは、現代の宇宙論が空間も時間もない初期的宇宙に起こる「量子ゆらぎ」から空間としての宇宙とそれのなかの物質がつくりだされてくると説明しているのに対応している。そして、同じことが意識をもった生物の「心界」にも起こるのであって、金剛界大日の「心」のなかにわきあがる否定性の「ゆらぎ」によってアーラヤ識がひろがりとしてつくりだされ、このアーラヤ識を土台として人間をはじめとする有情の「心界」が生まれてくるのである。

三、この「心界」と「物界」から、つぎには「物心相反応動作」して「事」が生じる。「事」は「心界」と「物界」が交わるところに発生するのであり、かくてはまた交わりがほどけるとともに消滅する。しかし、「事」も、それ自体のうちに力を内在させている。そして、この力によって「事」は胎蔵界の大日如来中になんらかの痕跡をつくりだし、これが「名」としてのこる。「名」は、たんなる物の名前ではない。それは、今日ふうにいえば、無意識の深層構造に刻みこまれたエクリチュールである。「事」は、アーラヤ識のなかに、エクリチュールとして痕跡をのこしていく。そして、この原エクリチュール化のプロセスが習俗のラング（言語体）の形成の基盤となるのだ。ここでの熊楠の発想はあきらかに現代の構造人類学と同じ視点に立っている。それどころか、すでに構造人類学をこえている。構造人類学はすでに形成されているアーラヤ識に刻みこまれる「名」の痕跡を出発点にしている。それはエクリチュールにはじまってエクリチュールにおわる。ひいては、そのような「名」が発生してくる以前に存在している空間の様子をとらえることができない。これにたいして、「南方曼陀羅」は、来たるべき人類の学問の土台はエクリチュールの前空間にこそすえなければならない、と提案しているのである。

四、ラングというのは、もともと実体をもっているものではなく、アーラヤ識のなかに内蔵されている抽象的な構造であるにすぎない。「名」の場合もまったく同様である。したがって、「名」が具体的な実体になるためには、いまいちど「心」に映しだされることによって「印」を生みださねばならない。「名」が抽象的な構造だとすると、「印」はそれにイメージを付与した具体的な象徴である。あるいは、抽象的なラングではなくて、声になったパロールのことを指している。

中沢は、「南方曼陀羅」の構造を大略右のように解読してみせたのち、「しかして名印を真言に実在とせることは、この解釈にて十分その正しきを証し得べし。今日の西洋の問題にてはこの最大の必用件を単に事相中の一事と見るゆえ、いろいろと難題が出るなり。これ実在にして名（中略）を立てた上、始めて事々の重複せるものを概括して、それぞれ名を付し、分類し得ることとなるなり」という、さきの引用文につづいて出てくる南方の西洋科学批判の言葉[14]を引いている。そして、これがまだ構造言語学も精神分析学も知られていなかった一九〇三年という時点で書かれていることに驚きの声をあげている。たしかに驚きであり、先見である。しかし、これを驚きと感じさせ、先見と見させているのが、ほかでもない、それから九十年をへて、その後に展開された構造言語学や精神分析学、さらにはまた量子物理学の冒険をすでに知っている中沢自身の現在における反省の意識であることも、これはこれで疑いのない事実であろう。右に総括された南方のマンダラ論は、あくまで、そのような現在に立って驚きにとらわれたひとりの知性によってとりだされたマンダラ論である。しかも、このことは「非正統的な」ことでもなんでもない。およそ思想というものは、そもそもがこういうふうにしか読むことのできないものなのだ。

3

さてまた、これも鶴見によれば、「南方曼陀羅」は真言密教のマンダラにヒントを得たものでありながらも、同時にそこには当の真言マンダラについてのヨーロッパ近代科学に学んだ者の立場からの独自の「読み替え」があるという。

南方は、ヨーロッパ近代の科学を学ぶことによって、大乗仏教の思想に独自の解釈を与えた。真言曼陀羅を「南方曼陀羅」に読み替えた。自然及び人間世界の森羅万象は、すべて原因結果の連鎖でつながれている。それはしかし、漫然とすべてがすべてに関係がある、ということではない。ある一つの場面をきりとると、そこにはかならず、その中のすべての事象が集中する「萃点」があり、その萃点に近いところから、しだいに、近因と遠因とをたどってゆくことができる。南方は、大乗仏教の世界観を、ものごとを原因結果の連鎖として示す、科学的宇宙観として、解釈し直したのである。この世界観にもとづいて、南方は、あらゆる国、あらゆる地域、あらゆる民族、あらゆる時代の民俗、風習、民話などの異同と、その異同の起源とを究明しようとした。(15)

南方は、科学の基本原理は、因果律であることを、土宜宛書簡で繰り返し述べている。これは、南方が吸収した十九世紀後半のヨーロッパの科学、哲学が拠って立つ原理であったからだ。南方は、仏教の因果輪廻の説を、近代科学の因果律でもって読み替えたのである。[16]

谷川健一は、一九八一年、鶴見の『南方熊楠』が講談社学術文庫に入れられたさい、それによせた解説のなかで、ここにまさしく鶴見の南方熊楠論の核心があると指摘するとともに、これは「これまで南方について書かれた誰の論文にも見当らない」創見であるとのべている。[17]たしかにそのとおりであろう。が、南方自身のマンダラ論の解釈としてはどうであろうか。「読み替え」がなされているということ自体は事実として認めてよいかもしれない。しかし、その「読み替え」をとおして南方が意図していたものはなにかといえば、ほかでもない「十九世紀後半のヨーロッパの科学、哲学が拠って立つ原理」であった当の「因果律」の改革こそがそれではなかったのか。このことは、これもまた八月八日付の書簡のなかで、さきに引用したマンダラ論大要につづけて、因・果・縁・起について「因はそれなくしては果がおこらず、また因異なればそれに伴って果も異なるもの、縁は一因果の継続中に他因果の継続が竄入し来たるもの、それが多少の影響を加うるときは起（中略）。故にわれわれは諸多の因果をこの身に継続しおる。縁に至りては一瞬に無数にあう。それが心のとめよう、体にふれようで事をおこし（起）、それより今まで続けて来たれる因果の行動が、軌道をはずれゆき、またはずれた物が、軌道に復しゆくなり」という興味深い説明をあたえたのち、「今日の科学、因果は分かるが（もしくは分かるべき見込みあるが）、縁が分からぬ。この縁を研究するがわれわれの任なり。しかして、縁は因果と因果の錯雑して生ずるものなれば、諸因果総体の一層上の因果を求むるがわれわれの任なり」とのべていることから確認されるとおりである[18]（このくだりにも図4のような関係図がそえられている）。

この文章は鶴見も引用している。しかし、「南方は、因果と「縁」とを区別している」とあるだけで、それ以上のたちいった説明はおこなっていない[19]。このようなわけで、鶴見は「「南方曼陀羅」は、南方における、ヨーロッパ近代と古代仏教との対決の結果として結実した、一つの統合のモデルということができる[20]」とも総括するのだが、いったい、どこに「対決」があり、「統合」があるのか、鶴見自身の分析からはいっこうに見えてこないのである[21]。

一方、中沢はどうか。鶴見が「南方曼陀羅」とみた七月十八日付書簡に所載の絵図について、この絵図はマンダラそのものではなく、森羅万象をつくりあげている「諸不思議」同士をつなぐ「すじみち」の可能性をしめしたものにすぎないと指摘する中沢は、それにしても南方が「不思議」という言葉をもちいているのはなぜかと問い、この言葉によって南方はなによりも「存在世界には底がない」というかれの直観を強調しようとしたのだろうという。そして、同書簡のなかで南方が「予は、今日の科学は物不思議をばあらかた片づけ、その順序だけざっと立てならべ得たることと思う」と認めながらも「人は理由とか原理とかいう。しかし実際は原理にあらず。不思議を解剖して現像団とせしまでなり」とことわっていることに注意をうながすとともに、さらに南方は「理不思議」の存在をいうことによって、世界のものごとの順序をしめす論理構造自体がけっして合理的にはとらえつくすことができないものであることにも留意しているとして、「熊楠はここで、ブールからゲーデルにいたるまでの、論理哲学の全歴史を、一瞬にして駆け抜けている」というようにとらえている[22]。

また、八月八日付書簡で説明されている因果と「縁」の関係については、これは同書簡に提示されている「南方曼陀羅」（**図2**）に書きこまれている「力」の様式をしめしたものであるという。そして、とくに南方の強調する「縁の論理」というのは、そうした「力」をめぐる「セリー論理」のことにほかならないという。

マンダラのあらゆる部分で力が発生し、マンダラ構造体の内部に変化をつくりだしている。〔中略〕／〔中略〕「因」と「果」は、その変化の様態をしめす概念なのだ。／〔中略〕／しかしあの「南方曼陀羅」の構造をみてもわかるように、ここでおこるすべてのプロセスは、単純な因果の関係にはおさまることが、めったにない。〔中略〕いたるところで、力の交通がおこっているのだ。これをさっきの言い方で言い直してみると、ひとつの因果の継続の中に、別の因果の継続が入り込んできて、そのために「縁」と呼ばれるもっと高度な変態が発生してくるようなやりかたで、マンダラの全体構造は動き、変化していることになる。この変化はたえまなくおこっている。おびただしい数の因果の系列からは、つづけざまに縁の系列が生まれ、縁の連なりの中から、宇宙の変化がたえまなくおこるのだ。／つまり「縁の論理」というのは、マンダラ構造体の全体を動かしている力の流れそのものを、関係のセリーとして表現しようとしたものなのである。熊楠は、そういう複雑なプロセスをつかみだすことのできる「セリー論理」の探究をめざした。[23]

読みは、いずれも、またもや鶴見のそれにもまして鋭利かつ的確。しかも、啓発されるところ絶大である。「南方曼陀羅」は、たしかに、ここにひとりの鋭敏な知性のなかだちを得て、わたしたちの思想の未来へと、しかと受け渡されることになったとみてよいだろう。

なお、最後にいまいちど鶴見の南方論についてであるが、南方が土宜にあてた七月十八日付の書簡には、「不思議」の解明のためには tact が必要とされるという趣旨のことをのべ、「何と訳してよいか知らず」といいながらも、これに「やりあて」という日本語をあてて、その意義の説明を試みているくだりがある。[24] 中沢も注目しているくだりであるが、鶴見もこのくだりをことのほか重視している。同じ書簡に――実をいえばまったく別の文脈のなかにおいてなのであるが――確率論や論理計算に功績のあったことで知られる十九世紀イギリスの二人の数学者・論理学者、ド・モーガンとブールの名前への言及があることとあわせて、「南方は、漠然とではあるが、確率の論理学について、少なくともその必要性を考えていたといえる」というのであった。[25] ただ、鶴見は、このような推定をくだす一方で、これにただちに言葉を接いで、「南方は、「やりあて」を、確率の論理として展開してゆくよりもむしろ、発見の方法として説明しようとした」と指摘しなおすことも忘れていない。[26] そして、それ以来今日にいたるまで、一九七八年の著作を書いてから出会ったという精神分析学者シルヴァーノ・アリエーティの『創造性――魔術的総合』（一九七六年）における「古論理（paleologic）」論などを参考にしながら、とりわけ、この「発見の方法」または「創造の方法」としての「南方曼陀羅」のもつ可能性について、思索をめぐらせつつあるようである。[27] なかなか興味深く、「南方曼陀羅」を中沢の試みとはまた別の角度からわたしたちの思想の未来へと開こうとする試みのひとつであるといってよい。成果に期待したいとおもう。

4

それにしても驚かされるのは、中沢や鶴見によって描きだされた南方の学問世界には、ほかでもないヴィーコの学問世界とのあいだに、深く通じあい共鳴しあうものが感知されることである。いや、こういったほうが正確かもしれない。双方の学問世界を通じあわせ共鳴させてみたならば、「南方曼陀羅」のうちに中沢や鶴見のみている新しい学問の可能性はさらに一段とゆたかなものになり、その実現の確度を増すことになるのではないか、と。それもなにあろうか、法外きわまりない南方の学問世界にあってもとりわけ特異で独創的とみられる点において、そうなのだ。『森のバロック』を読む機会にめぐまれたことを「大きな収穫」であったといったのは、このためにほかならない。

たとえば、明治三十六年（一九〇三年）八月八日付の土宜法竜あて書簡のなかに「胎蔵界大日中に金剛大日あり。その一部心が大日滅心の作用により物を生ず。物心相反応動作して事を生ず」というようにあるのはすでに見たとおりであるが、そのさい、南方は、これにつづくくだりで、「心は事によってあらわる。事をはなれて心を察すること能わぬ」と付言している[28]。まことに意味深長な述言であるとおもわれるが、この述言そのものには鶴見も中沢もとくに言及していない。

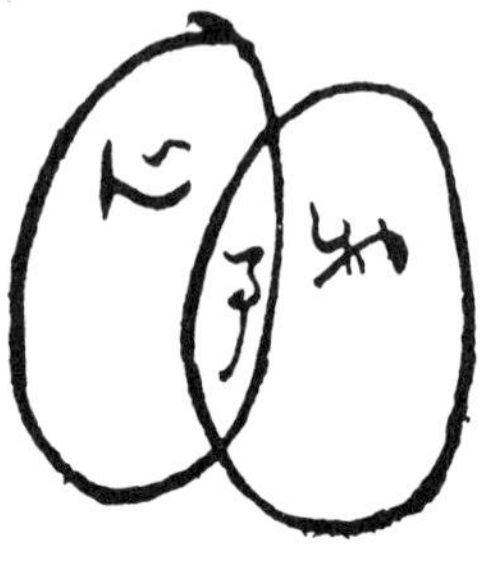

図5　『南方熊楠　土宜法竜往復書簡』、46頁より

ただ、関連する述言は、さかのぼること十年前の一八九三年十二月、ロンドンに渡って大英博物館での勉学を開始してまもない南方がパリ逗留中の土宜にあててしたためた長大な書簡（二十一日の夕方に筆を起こして二十四日午後に書きおえたと記されている）のなかにも、「今の学者（科学者および欧州の哲学者の一大部分）、ただ箇々のこの心この物について論究するばかりなり。小生は何とぞ心と物とがまじわりて生ずる事（人界の現象と見てなり）によりて究め、心界と物界とはいかにして相異に《（ママ）》、いかにして相同じきところあるかを知りたきなり[29]」として図5に複写したような絵図をそえて「事の学」なるものの構想が語られているくだりに、つぎのように出てくる。

科学のみで今日まで知れたところでは、輪廻ということはたしかにあるごときも、科学のさわること能わざる心界に輪廻行なわるるや否やという問いには、実に答えに苦しむ。何となれば、小生今日悪念を生じたりとて明日別にこれがために懊悩せず、多くは忘れ終わるものなり。されば物界に生ずる、これこれの水を

> これこれの温度にたけば、これこれの蒸気を生じてこれこれの大いさの物を動かすというとはかわり、心界に生ずる現象はあるいはつねに報あらぬものにやとも思わる。〔中略〕これをきわむるには、小生一人の心できわむるよりほか仕方ないが、右に申すごとく、心界中のみには輪廻ということは、たしかに小生には見えぬ。／すなわち石が堕ちて瓶にあたれば、石が因となりて瓶を破るように、今日小生善を思いたればとて、別に思うただけの報を思うものにあらず。また悪念を起こせりとて、別に後日これがため悪事を念うということもなく、ただ一座なりのようにも思う。ただ心界に感ずる因縁応報というは、心界が物界に接して作用（事）を生ぜし上のことで始めてあらわるるものと思う。[30]

そして、このくだりには鶴見も中沢も注目していて、まず鶴見のほうでは、ここで南方がいおうとしているのは「因果律が成立するのは、物の世界においてである。心の世界のことは、心理学が研究し始めたが、心理学は、心を物として取扱っている。形而上のことは、心理学では十分にきわめられていない。その形而上学的心界に、物界ではたしかに働いている因果律が、成立するのかどうかは、疑わしい」ということであり、このことを心が物に接してひきおこす作用の場である「事」の世界に即してきわめてみたいとのべているのだというように解説している。[31]

また、中沢のほうでは、ここで熊楠は「人間の心の働きが関係するいっさいの現象についての学問にとって、いちばん重要な意味をもつのは「事」であるけれども、この「事」は対象として分離することができない構造をもっている、と言っているのだ」とするとともに、熊楠のかんがえていることは「とても大きな現代的な意味をもっている」として、つぎのようにのべている。

ここには、二十世紀の自然科学が量子論の誕生をまって、はじめて直面することになった「観測問題」の要点が、すでに熊楠独自の言い回しによって、はっきりと先取りされている。「心界」から独立した、純粋な「物界」などというものは存在できない。観測がおこなわれるときには、かならず人間の意識の働きが関与している。つまり、どんな物質現象でも、それが人間にとって意味をもつときには、すでに「物」ではなく、「心界」と「物界」の境界面におこる「事」として現象しているため、決定不能の事態に陥ってしまうのだ。量子論は、パラドックスにみちた「事」の世界を記述するための方法を、いまだに探究しつづけている。熊楠は量子論が生まれる三十年も前に、「事」としてつくりだされる世界の姿をとらえ、それをあきらかにするための方法を、模索しだしていた。[32]

しかしながらどうであろう。これは両者ともにいずれもいささか的はずれな解釈といわざるをえないのではないだろうか。

まず鶴見の解釈についていえば、南方が心界に物界と同様の因果律が成立するのかどうかは疑わしいとかんがえているというのは、そのとおりである。しかし、心理学は心を物としてあつかっており、形而上のことは心理学では十分にきわめられていない、というのが南方の判断であるというのはどうであろう。すくなくともいまわたしたちの問題にしているテクストのなかには、それらしきものをうかがわせる言説はどこにも見あたらないのではないか。

つぎに中沢の解釈についていえば、「事」が対象として心から分離できない構造をもっているということ自体は事実であろうが、ここで南方がいっているのはこのことではなくて、人々の心の秘密はそれが物に接して生じる「事」をとおしてしか解明できないということでないのか。この肝腎の点をおさえることをしないで、ただちに量子論以降の「観測問題」に話をもっていってしまうのは、どうみても本筋をとりちがえた解釈であるといわざるをえないのではないか。

なにも量子論への飛躍そのものがいけないといっているのではない。テクストの、ことに潜在的な可能性については、通常のクロノロジカルな歴史研究の手続きによっては明らかにしにくいことがしばしばある。そのようなテクストの潜在的可能性を明らかにするのに効果がある場合には、飛躍そのものはむしろ大いに奨励されてしかるべきであるといってよい。なにしろ、南方自身は、ハーバート・スペンサーの『第一原理』（一八六二年）における天地間の波動説を引き合いに出して、「小生はかくのごとき大原則を事の中より見出したきなり」などとのべている。(33) この南方の言辞にひきずられてスペンサーとの比較におもむくのと、ハイゼンベルクの不確定性原理との比較へと飛躍するのとでは、すくなくともいまの場合には後者のほうがはるかに生産的であるのは疑問の余地のないところである。しかし、こういった飛躍がゆるされるのも、まずはテクストの論旨そのものを正確におさえたうえでのことであろう。そして、そのうえで同じ飛躍の冒険にうって出るのならば、ここはいっそのこと、ヴィーコにまで飛躍してみてはどうかとおもうのである。

実際にも、南方のいう「事」とは、心が物に接して力を起こさせて生じる作用のことである。これを南方は「心物両界連関作用」というようにも呼んでいる。そして、そのような「心物両界連関作用」としての「事」を介してしか心の秘密は解明されないというのが南方の主張である。「心は事によってあらわる。事をはなれて心を察すること能わぬ」。「ただ心界に感ずる因縁応報というは、心界が物界に接して作用（事）を生ぜし上のことで始めてあらわるるものと思う」。であってみれば、これをたとえば事物の真理または可知性の規準は当の事物の真理そのものを作ったということにあるとする例の〈verum et factum convertuntur〉という命題が最初に登場することで知られるヴィーコの著作『ラテン語の起源から導き出されるイタリア人の太古の知恵』第一巻『形而上学篇』（一七一〇年）のつぎの一節と共鳴させてみたならば、どうであろう。

懐疑論者とて、自分が思考しているということは疑ってはいない。それどころか、かれは自分に見えるとおもわれるものは確実なものであると主張してはばからない。〔中略〕ただ、自分が思考しているということが確実であるというのは意識（conscientia）であって、知識（scientia）ではないということを〔中略〕かれは強調する。〔中略〕実際にも、知るということ〔あるいは事物についての知識をもつということ〕は、事物がそれにもとづいて作りだされるところの類型または形相（genus seu forma）〔製作の様式〕をつかむということである。これにたいして、意識というのはそういった類型または形相をわたしたちが証明することのできないことがらについてのものである。〔中略〕ところが、懐疑論者は、自分が思考しているということを意識はしているものの、その思考の原因、あるいは思考がどのようにして作りだされるのかについては、これを知らないのである。〔中略〕そして、人間の知性が物体にたいして、また物体が知性にたいして働きかけるのはどのようにしてであるかを探究しようとして、わたしたちの時代の繊細このうえない形而上学者たちが突きあたり、その棘でたがいを刺し破りあっているいばらのやぶも、まさにここから生い育ってくるのであって、それというのも、触れたり触れられたりすることは物体と物体のあいだでしかできないからである。この難題に攻めたてられて、かれらは窮余の一策として、外部の対象から働きかけられたときには神経が知性を刺激し、また知性のほうから働きかけたいとおもうときには知性が神経を緊張させる、という神の隠れた法則に逃げこむ。こうしてかれらは人間の知性をいわば蜘蛛に見立て、蜘蛛がその巣網のまんなかにじっとしていて、巣網のどの糸がどこから動かされてもそれを感じとり、また、巣網が動かなくても、嵐がきそうだと予感したときには巣網のすべての糸を震わせるように、知性も松果腺のなかにやどっているものと想像するのである。が、この隠れた法則をかれらがもちだすのは、それによって思考が作りだされるところの類型をかれらが知らないからである。ひいては、懐疑論者のほうでは、自分は思考しているということについての知識はもっていないのだという確信をいっそう固めることになる。(34)

〈cogito ergo sum〉をもって第一真理としようとするデカルトの『省察』にたいしてエピクロス思想の復権を図るピエール・ガッサンディらから提出された疑義を念頭において、十七世紀科学革命の時代における認識論的問題状況の核心をあざやかに剔出してみせた一節である。文中にある「知性」の原語は mens である。南方のいう「心」にほぼ該当するとみてよい。その「知性」ないし「心」と物体との相互連関的な作用、つまりは「事」のありようを解明するにはどうすればよいのかをヴィーコは問うているわけである。量子論以降の「観測問題」との比較もさることながら、このヴィーコの一節と突きあわせてみるほうが南方のテクストの趣旨にも合致しており、そこから導き出しうるものにもはるかに大きなものがあるのではないだろうか。

そればかりでない。ヴィーコは、この著作のなかで、同じく〈verum et factum convertuntur〉という命題をよりどころにして、製作的な学としての数学ということについてのじつに興味深い考察を展開している。事物の真理を認識するというのは原因からの証明をおこなうということにほかならず、原因からの証明をおこなうというのは事物の質料または混雑した諸要素を順序正しく配列して完全な形相にまで作りあげるということにほかならない。そうであってみれば、「点」と「一」とを仮構することから出発して、この二つのものを無限に延長したり数多化したりしながら、宇宙全体を包蔵した図形と数の世界をみずからの眼前に作りだしていく算術と幾何学は、まさにこのような製作という意味での原因からの証明をおこなっているというのであった。(35)そして、このヴィーコの数学観については、量子論の誕生とともに生じた「観測問題」とならんで二十世紀における科学史上の一大事件といってよい数学の基礎をめぐっての反省の運動の中心的推進者のひとりであったバートランド・ラッセルが、そこに自分たちの反省の運動と深く呼応するものを見てとっている。[36] これなども、「事」の概念をめぐっての南方の思索には中沢のいうとおり量子論以降の「観測問題」を先取りしたものが認められるとして、同じ思索を〈verum et factum convertuntur〉をめぐってのヴィーコの思索と重ねあわせてみるとき、そこからはどのような展望が開けてくるか、その一端をうかがわせてくれるエピソードといってよいだろう。南方のいう「事」の世界と数学の関係については、例の明治三十六年七月十八日付の土宜あて書簡に「事不思議は、数学の一事、精微を究めたり、また今も進行しおれり[37]」とあることにも注意をうながしておきたい。

5

ついでは「事」の世界を解明するにあたっての「名」と「印」とへの着目。

見てきたように、心が物に接して力を起こさせて生じる作用たる「事」。この「心物両界連関作用」としての「事」の学を確立することこそは、すくなくともロンドン時代からの南方の大いなる野望であった。が、これについては明治三十六年八月八日付の土宜あて書簡にも説明があったように、「事」というのは、あくまで「心」と「物」とが交わったところで生じる作用である以上、交わりがほどけるとともに絶えて無くなる。では、そのようにして絶えていく「事」をつかまえるには、いったいどうすればよいのか。ここで南方は真言密教の名印実在論に注目する。心と物との接触のなかで不断に生みだされてはたちまちにして消えさっていく無常の作用である「事」にも大日如来の力が内在していて、この力によって、それは胎蔵界大日（アーラヤ識）中にみずからの痕跡をのこしていく。真言において「名」と呼ばれ、これがいまいちど心に映しだされることによって顕在化したものである「印」とともに、それ自体ひとつのれっきとした実在であるとされているものがそれである。「今日西洋の科学哲学等にて何とも解釈のしようなき宗旨《クリード》、言語《ランゲージ》、習慣《ハビット》、遺伝《ヘレジチー》、伝説《トラジション》等」も、じつはいずれも、このようにして「事」がみずからのうちに内在する大日如来の力によってアーラヤ識中にのこしていく「名」にほかならない。であってみれば、ここには、それらの「名」と「印」とを介して「事」へと遡行していく道が指し示されているのではないか。こう南方は見さだめたのである。そして、この方途を開拓しえたことをもって、学問上の一大発明であると自負していたのだった。一九〇三年の夏、わたしたちが見てきた二通の書簡にさきだって同じく土宜あてにしたためられた六月八日付の書簡にはある。「某《それがし》実は、大発明をやらかし、わが曼陀羅に名と印とを心・物・事（前年パリにありしとき申し上げたり）と同じく実在とせることにつき、はなはだしき大発明をやらかし、以為《おもえら》く真言の教は熊楠金粟王如来によりて大復興すべし、と。よって今年中に英文につづり、英国の一の科学雑誌へ科学者に向かいて戦端を開かんとするなり[38]」。

現存する資料から判断するかぎりでは、実際には戦端は南方が予告しているような形態では開かれるまでにはいたらなかったようである。が、この「大発明」がたしかに南方の自負するとおりのものであったことは、すでに見たように、これをエクリチュール－ラング－パロールの三項関係をめぐっての構造人類学のとらえかたに比定しつつ、中沢がみごとに裏づけてみせているとおりである。

しかしながら、そうであってみれば、同様の「大発明」は、これもまた、じつはすでにヴィーコによってもなされていたのだった。

第一歩は、早くも一七一〇年の著作『ラテン語の起源から導き出されるイタリア人の太古の知恵』において踏み出されている。序言によれば、本書では、プラトンの『クラテュロス』にならって、個々の単語の起源に刻みこまれている痕跡を手がかりに古人の知恵の世界に分けいっていくというのであった。ちなみに、そこには、

「これはたしかにわたしの知るかぎりではいままで試みられたことのない仕事であるが、しかしながら、たぶんフランシス・ベーコンのいわゆる願望されることがら（desiderata）のうちに算え入れられるに値する仕事であろうとおもわれる」との言葉がそえられている[39]。

しかし、同書にもまして注目されるのは、なんといっても、あるひとつの刷新されたフィロロジーの道をとおって諸国民に共通の自然本性の解明へと向かおうとした『新しい学』である。

そこではまず、一七一〇年の著作においては主として数学とそれにくわえて実験的自然学の弁証のために利用されていたのと同じ例の基礎命題〈verum et factum convertuntur〉に依拠して、「この諸国民の世界または国家制度的世界」も「たしかに人間たちによってつくられてきた」のであるから、それの諸原理もしくは起源は「わたしたちの人間の知性自体の諸様態（modificazioni della nostra medesima mente umana）」のうちに見いだされるはずであるとの見通しが立てられる［三三一］。とともに、この「人間の知性の諸様態」を解明するための手立てとして、とりわけ、語源研究と神話研究をとおして、「多種多様な分節化された諸言語すべてに共通するあるひとつの知性の内なる辞書（un vocabolario mentale comune a tutte le lingue articolate diverse）」の作成がめざされる。規準に設定されているのは「人類の共通感覚」である。諸国民のあいだには、たとえ相互に没交渉であっても、自分たちが人間として生きていくために必要でかつ利益になるものについての共通の感覚的判断が存在しているのが確認される。そして、この判断にもとづいて形成されるかれらの観念には共通の真理動機がひそんでいるものと推定される。が、ところでまた、そのかれらの観念は、かれらの言語と神話的表象のうちに表現されて今日に痕跡をとどめている。したがって、それらを語源研究と神話研究によって明らかにし、そこからひとつの「知性の内なる辞書」を編纂することができたならば、これによって諸国民の世界の秘密は読み解くことが可能になるにちがいない。こうヴィーコはかんがえるのであった。公理の一一から一三を見られたい。そこにはつぎのようにある。

人間の選択意志は、その自然本性においてはきわめて不確実なものであるが、人間として生きていくにあたって必要または有益なことがらについての、人々の共通感覚によって確実なものにされ、限定をあたえられる。そして、この人間として生きていくにあたって必要または有益なことがらこそは、万民の自然法の二つの源泉なのである。〔一四一〕

共通感覚とは、ある階級全体、ある都市民全体、ある国民全体、あるいは人類全体によって、なんらの反省もともなうことなく、共通に感覚されている判断のことである。／この公理は、つぎの定義とともに、諸国民の創建者にかんする新しい批判術を提供するであろう。それらの諸国民のなかにこれまで批判がたずさわってきた著作家たちが出現するまでには、〔それらの諸国民が創建されてから〕優に千年以上の歳月が経過していたにちがいないのである。〔一四二―一四三〕

互いに相手のことを知らないでいる諸民族すべてのもとで生まれた一様な観念には、ある共通の真理動機がふくまれているにちがいない。／この公理は、人類の共通感覚が万民の自然法についての確実なるもの（il certo）を定義するために神の摂理によって諸国民に教示された規準であることを確定する一大原理である。諸国民が万民の自然法の存在についての確証を得るのは、様態こそ多様でありながらも、そこにおいてかれらのすべてが一致を見ている、その法のもろもろの実体的統一性を理解することによってである。そして、ここから、さまざまな分節言語のすべてに起源をあたえる任務をになった知性の内なる辞書が出てくるのであり、この知性の内なる辞書によって、諸国民すべての時間のなかにあっての歴史を生みだしている永遠の

理念的な歴史が構想されるのである。［一四四—一四五］

また、「方法」にかんする部の最後でヴィーコの学がもちいることになる「フィロロジカルな証明」について説明したくだりでは、とりわけ神話と土地固有の言語の語源とが民間伝承とならんで「知性の内なる辞書」の編纂のための必要不可欠な素材であるとされるとともに、神話は「最初の諸民族の国家制度的なことがらの歴史」であったのであり、土地固有の言語の語源も、「それらの語彙の起源における本来的な意味から始まって、それがやがて観念の順序にしたがって比喩的なものへと自然に変容していく道程のなかで」、それぞれの語彙が表示している「事物の歴史」そのものを語っているのだとの指摘がなされている［三五二—三五五］。

ここには名印実在論に依拠しながら「名」と「印」とを介して「事」へと遡行していこうとした南方の発想とあきらかに共通するものが認められるといってよい。と同時に、ここにレヴィ゠ストロースがその構造人類学的神話研究においてとっているのとほとんど瓜ふたつの方法論を見てとって驚かされない者がだれかいようか。ヴィーコが構造人類学のその名にさきだつこと二百年前の先駆的な定礎者であったということは、かれの生誕三百年にあたる一九六八年を機に一挙に高まった国際的なヴィーコ・ルネサンスの気運のなかで、たとえばエドマンド・リーチのような構造主義には批判的な機能主義系の社会人類学者によっても、つとに承認されてきたところである(40)。

なお、中沢は、さきに記録にとどめておいたように、南方の発想が現代の構造人類学と同じ視点に立っていることを指摘しながらも、前者にはすでに後者をこえるものがあったことをも同時に見てとっていた。構造主義は、すでに形成されているアーラヤ識に刻みこまれている「名」の痕跡を出発点にしている。すなわち、それはエクリチュールにはじまってエクリチュールにおわっている。これにたいして、「南方曼陀羅」のほうは、そのような「名」＝エクリチュールの発生以前のところに存在している空間の様子をも射程におさめており、大日如来に発する根源的な「力」の作用によって、まずは金剛界大日の「心」から「心界」と「物界」とが生成し、つぎに両界の接触するなかで「事」が形成され、それが胎蔵界大日のうちに「名」として痕跡をのこしていく、宇宙的な運動の全プロセスを包摂している、というのであった。しかし、この点にかんしても、ヴィーコにもまた、南方のそれに優に匹敵するほどのまことに気宇壮大なコスモゴニーがあったことに注意をうながしておきたいとおもう。一七一〇年の著作において、まずもって「本質（essentia）」とは「作用力（virtus）」のことにほかならないとしたうえで、つぎのように説き起こされているのがそれである。

古代のイタリアの賢者たちは、なにか、延長と運動をひきおこす、分割されていない作用力のようなものが存在する、という見解をもっていたのではないだろうか。そして、その理論は、イタリアから海を越えて、他の多くのものと同様にギリシアに渡り、その後ゼノンによって装いを新たにして仕立てあげられたのではなかったか。実のところ、この延長と運動をひきおこす分割されていない作用力については、それについて形而上学的点の仮説によって論じているストア派ほど正しく考えていた者はいなかったようにわたしにはおもわれる。〔中略〕実際、人間がみずからの眼前に仮構するこの図形の世界、そして人間がそれなりにその神であるこの図形の世界においては、この定義された名辞、それのなんらの部分も存在しないというこの案出物〔幾何学的点〕がもろもろの不等な延長しているものの根底に平等に存在しているのと同様、神が創建した真実の世界においても、ある分割されない延長の作用力〔形而上学的点〕が存在している。そして、それは分割されていないがゆえに、もろもろの不等な延長しているものの下に平等に横たわっている。〔中略〕そして、このことを明らかにするのと同じ論証が、つぎにはコーナートゥス、すなわち運動の作用力も、形而上学的なものとして、もろもろの不等な運動の根底に平等に存在しているという結論に導く。〔中略〕神はあらゆるものの原動者でありながら、自身は静止している。質料にはコーナートゥスがあたえられており、延長している物体は運動する。また、運動が物体の様態であり、静止が神の属性であるように、コーナートゥスは形而上学的点の天性である。そして、形而上学的点が延長の無際限の作用力であって、もろもろの不等な延長しているものの根底に平等に存在しているように、コーナートゥスは運動の無際限の作用力であって、もろもろの不等な運動を平等にひきおこす。(41)

見られるように、「形而上学的点」という用語そのものをはじめとして、同時代のものとしてはとりわけライプニッツのモナドロジーとの類似が目をひくコスモゴニーである。それとともに、「南方曼陀羅」と突きあわせてみたならば、そこからは来たるべき世紀にむけての新たな〈科学革命〉にとっても啓発的なじつに多くのことがらが導き出せそうなコスモゴニーである。

6

あるいはまた南方の生前には未発表におわった英文の論考「燕石考」（The Origin of the Swallow-Stone Myth）。ロングフェローの詩『エヴァンジェリン』に「燕が雛の視力を回復させるために海辺から運んでくる不思議な石を燕の巣から探しあてた者には幸がある」という俗信に言及したくだりが出てくる。この俗信の起源についてレイデン大学のP・P・C・ヘークという民族学者が『ネイチャー』誌第二一巻（一八八〇年）によせた一文のなかで質問しているのに応えて執筆されたものである。(42)　さきに南方が土宜法竜に「わが曼陀羅に名と印とを心・物・

事と同じく実在とせることにつき、はなはだしき大発明をやらかし」とうち明けているのを見た明治三十六年六月八日付書簡に「西洋に近来アストロノミカル・ミソロジストなどいうて、古人の名などをいろいろ釈義して天象等を人間が付会して人の伝とせしなどいうことを大いにやるなり。予今度一生一代の大篇「燕石考」を出し、これを打ち破り、並びに嘲笑しやりし」[43]とある。この言葉からもうかがえるように、この種の俗信や神話伝説の起源を天界にもとめようとするいわゆる天文神話学派の立場を批判することが執筆の主たる目的だったようであるが、この論考のうちに中沢が見てとっている可能性なども、ここはいったん南方の位置している時点から百五十年ばかりさかのぼって、十八世紀のなかば、ヴィーコに代表される近代神話学草創期の問題状況と突きあわせてみたならば、その意味するところはいっそう明確になるのではないかとおもわれる。

実際にも、中沢によれば、同論考の今日の視点からみた意義はつぎの二点にもとめられるのではないかという。

一、当時の西欧における神話学の観念性を批判して、「神話学の唯物論的転倒」をくわだてていること。

熊楠の目には、新しい神話学のとるべき姿が、はっきりと見えていた。それは、頭で立っていた神話学を、足で立たせる。地上の自然と、そこに生きる人間が、すべての出発点となる。神話学の唯物論的転倒。南方熊楠の神話学は、はっきりと「具体の科学」をめざしていた。／〔中略〕神話の原因は、「地上の諸原因」にある。マルクスとエンゲルスが、経済学と歴史学の領域でおこなったマテリアリズムの冒険を、熊楠は、構造人類学にさきがけて、神話学の領域で実践してみせた。[44]

南方はつぎのような言葉でもって論考をしめくくっている。「最後に、この伝説の起源は天文学上ないし気象学上の現象にもとめられると主張している解釈者たちにたいしては、わたしは、ある老婆がギリシアの哲学者に忠告したことがあったように、「この伝説については地上にこのように（比較的）直接にたどることのできる諸原因があるというのに、どうしてまた遠くはなれた天界に間接的であいまいな起源をもとめなければならないのかね」とたずねたい[45]」。この結語に要約されているような方法論的姿勢のことが念頭におかれている。

二、神話的思考の世界が多数のコード軸の複雑な組み合わせとそれら相互のあいだのアナロジー論理による変換の体系として成り立っていることを明らかにすることによって、天文神話学派、なかでも、その背後にひかえているマックス・ミュラーの「太陽神話学」に典型的にうかがわれるインド＝ヨーロッパ語的思考法特有の「還元主義」を根底からくつがえそうとしたこと[46]。

この点については、南方自身、視野を日本や中国など極東地域にまで拡大して「燕石」にまつわる俗信の「多様で相互に織り合わさった」起源を広く古今東西の諸文献のうちにたずね歩いたのち、つぎのようにのべている。

人類のあらゆる制度の発展には、それがどれほど些細なものであっても、複数の原因が本質的な影響をおよぼしてきたということが十分に認識されている今日でさえ、自分の出会うすべての神話伝説にそれの唯一独占的な起源として孤立した事実や空想をあてがおうとすることに固執している研究者が少なくないようである。しかし、実際には、神話伝説は、その原因があまりにも多様かつ複雑であって、先行するものを後になって追加されたものから解きほぐしにくいという点で、まさに夢に匹敵するものである。しかも、これらの原因のうちには、くりかえし原因となり結果となって、相互に作用しあってきたものもあれば、それらが組み合わさって生じた結果のなかにとけこんで、いまでは目に見えるような痕跡をまったくのこしていないものもあるのだ[47]。

しかし、この方法論的反省のくだりもさることながら、中沢がとりわけ注目するのは、たとえばつぎのくだりに見られるような諸事例の具体的分析自体のほうである。

スウェーデンの一老博物学者〔リンネ〕が、彼の「花暦」のなかで、九月の初めには燕は水中にひきこもると、日暮れの少し前にかれの鶏がねぐらにつくのを話すのとまるでおなじ気楽さで書いているが、これとおなじように、中国の『礼記』の月令第六にも、「季秋の月（陰暦十月）、鴻雁来賓し、爵《すずめ》、大水に入りて蛤となる。孟冬の月（陰暦十一月）、水はじめて氷り、雉、大水に入りて蜃〔オオハマグリ〕となる」と書かれている。中国人はまた、クマタカは化してクツワ貝となり、老いたるコウモリは化してアカ貝となるとおもっていた。日本人も、かつては、カイツブリという水鳥と、チドリという渉禽類の一種とが、海の「鳥貝（Cardium mutieum）」という貝〔中略〕に変身すると信じていた。烏賊《いか》は、日本人が「カラストンビ」と呼んでいる鋭い顎と黒い墨液とのために、中国人から烏の変身したものと考えられていた。これらの誤りはすべてくちばし状の脚をもった有殻類と鳥類との類似に根拠をもつという見解は、ほんの二百年ばかり前、「スコットランド王国の枢密院議員になったばかりの」ロバート・マーリ卿が、フジツボが雁に変身するという民間伝承を前者の鰓《えら》が後者の初期の羽とおもわれることから真実だと科学界で断言したことがあったという事実に思いを致すならば、その正当性をいっそう強めるであろう。(48)

中沢によれば、ここにはレヴィ＝ストロースが『野生の思考』のなかでトーテミズムの体系とカーストの体系とのあいだに確認しているのと同様の「関係のあいだの相同性を公準にした体系」から「要素のあいだの相同性を公準にした体系」への「アナロジー思考」特有の変換の過程がみごとに描きだされているというのだ。すなわち、まずもっては二つの異なる生物種の系列間の類似に着目した対応関係の成立（**A図**）。スズメのくちばしとハマグリの脚はたがいによく似ている。スズメのくちばしをクマタカのくちばしと比較すれば、その違いはハマグリとクツワ貝のあいだに発見される違いとよく似ている。そして、この対応でいくと、老いたコウモリのくちばしはアカ貝を連想させる、等々。と同時に、ここから要素間のアナロジーへの、いとも融通無礙なる変換（**B図**）。スズメはハマグリと似ている。スズメとハマグリは同一生物の二つの異なる顔だ。スズメは、秋にガンが渡ってくるようになると、海に入ってハマグリになる……。[49]

くちばし状の脚をもつ貝…種１≠種２≠種３≠……種n
鳥…種１≠種２≠種３≠……種n

A図

くちばし状の脚をもつ貝…種１≠種２≠種３≠……種n
鳥…種１≠種２≠種３≠……種n

B図

これはなんというか、ほとんど曲芸的というほかない読みである。が、指摘されてみると、「なるほど」と一も二もなく納得させられる。しかも、テクストに照らし返してみても、分析は的確であって、恣意的なところはまったくないといってよい。

もっとも、このような「アナロジー思考」について、右に引いた一節には「誤り」とある。そもそもがこのくだりは「ある物の起源をそれと表面的な類似をもつ他の物に見るという通俗的な誤りの例」[50]を提示してみせたものであって、南方にとって、俗信や神話伝説の世界は、つまるところ誤謬と取り違えの世界なのである。このかぎりでは、「燕石考」という「一生一代の大篇」は、鶴見がそうとらえているように[51]、心が物を誤認し、さまざまな誤認の系列が相互に作用しあって、誤解の相乗効果を生じていく過程を分析した「誤謬の起源の研究、もしくは謬見論」とみることができるのかもしれない。南方が論考の最後であたえている「概括」は、この感をいっそう強める。

広く流布する燕石伝説は、貝類の石のような蓋と、腕足類スピリフェル種の石灰質の化石とのうちに、その最初の起源をもっていた。両者ともに、酸性の液のなかで、石灰質が酸にとけて発生する炭酸ガスによって、おなじような運動を示す。そして、どちらも、その運動の過程で、両性が結合するように重なりあう。そこで、発生する炭酸ガスがつくる小さな気泡を、ヨーロッパの野人は生きている動物の活発な触手だとおもい、古代中国人はまちがって卵だとおもった。こうして、この現象を見た原始の人々は——かれらの目にはあらゆるものに性があるように見えており、複雑な交感理論がその治療法の大部分を占めていた——、これらの石には出産を容易にしたり多産性を増大させる力があると、ごく自然に信じるようになったのであった。さて、表面的にはスピリフェルの化石は生きている燕によく似ている。また、わたしたちの原始の祖先たちには、一般的に、天然の産物でたがいによく似たものを一方は他方が変形したものだとおもいこむ習慣があった。そのうえ、燕は冬には地中で眠るというかれらの誤信にも、根深いものがあった。くわえては、雲母片岩が燕の飛ぶように強風に吹き散らされるのを見て、それらをかれらはほんとうに燕だと誤認した。このようなわけで、かれらはスピリフェルを石化した燕以外のなにものでもないとの結論に到達して、「石燕」と名づけたのである。他方、昔の内陸の民にとっては海産物にかんすることはすべて驚異であったので、かれらは貝類の石のような蓋を石と見誤った。そして、この見誤りが、それを「石燕」と結びつけていたつながりを一段と強化することになったのであった。また、偶然呑み込まれたか、病的に増大するかして、一部の燕の体内には奇妙な石が見つかったり、ある種の動物は自分たちに一定の効果があるものを熟知しているかのようであったことから、そのおなじ見誤りは、かれらに貝類の蓋を――それがもともと燕の体内にあったか、燕が巣に運んできたとでもいうかのように――「ケリドニウム」すなわち「燕石」と名づけさせることにもなった。しかも、この貝蓋は、表面がなめらかで、サイズも小さく、特殊な形をしているため、まぶたの下側にたやすくさしこむことができ、同様の形をした真珠や赤珊瑚のように目の中のごみをとるのに役だった。そのため、燕石とそれの盟友である石燕とは、そのままの形のものだけでなく、粉末にしたものもふくめて、ともにあらゆる種類の眼病に利くとの評判を獲得するようになった。それほどまでに眼病に利き目のあるものから、頭痛、めまい、老衰、てんかん、精神異常などの、多かれ少なかれ視力に関係のあるすべての病気に効果のある万能薬へと移行していくのに、なんの問題もないだろう。そして、これほど多くの病気から解放されたならば人間には申し分なく幸福な状態がおとずれるとおもうのはごく自然のことであろうから、その結果、燕石を所持する者は至福の人だということになったのであった。[52]

しかしまた、これについては、中沢はいう。「「燕石考」という論文で、熊楠がめずらしくその最後に書いている「結論」は、かれのほんらいの意図を、十分に実現しているものとは、いいがたいのではないだろうか」と。熊楠の多くの民俗学関係の論文には、結論がない。それらのなかでは、かれはひとつの伝説や民間伝承から出発して、それを広大な変換の体系の世界の前にひきずりだしたところでおしまいにしている。そのために、それらはとりとめのない印象をあたえる。しかし、このとりとめのなさには、原因がある。相手にしている神話的思考そのものが、とりとめのなさを特徴としているのだ。民俗学論文の熊楠は、そのような神話的思考の世界にたいして、あくまでも「受け身」の態度でせまっていこうとしている。対象を前にして、もっともらしい勝手な物語を語ってはいけない。相手がとりとめないのだったら、そのとりとめのなさにとことんつきあうことだ。この徹底的な「受け身」の態度こそが、神話の世界の内奥の真実をはじめて開く。熊楠は、本人の体質もそれにみごとにマッチして、いつもこの教訓にしたがって、ものを考え、書いていた。ところが、「燕石考」は、一生一代のりっぱな論文でなければならない。そこで、かれはそこに結論を書きくわえた。複雑に入り組んだ燕石伝説の「原因」を、簡潔な、しかし堂々たる論理をそなえたストーリーとして、描ききってみせた。だが、そのストーリーには、いささかの無理がある。もともと多次元的なコードを組み合わせてつくられている神話の世界が、ひどく単純化されてしまっている。どこにも「起源」などというものはないはずなのに、「誤謬の体系」の始まりの地点がはっきりと決められ、そこから誤謬の連鎖によって、雪だるまのようにして、燕石伝説の大きなサイクルが形成されてくるようとりはからわれている。この結論は、はたして「燕石考」を書いた熊楠のすべての意図を十分に実現しているといえるだろうか。わたしはそうではないような気がする。こう中沢はいうのである。[53]

　これも、一見したところではテクストから離れた解釈であるようにみえて、その実は南方の真意にきわめて忠実な解釈であるといってよいだろう。明治三十六年八月二十日付土宜あて書簡を見てみるとよい。そこにはある。「人間の智恵の至微下劣なる、真同一、真符合等の物を見ること能わず。またその想像だになすこと能わず。故に、世間、人間の理窟、理想は、みな影応《アナロジー》論理による。四季に序あるをもって天地もまた序あるを察し、介殻の堅固なるを見てみずから用心する人の堅固なるを見るごとし」と。[54] また、そこではつづけて、譬喩法についてもその意義を論じて、「〔古代インド仏教の論理学であった〕因明には譬喩法あり、西洋にはなし。今もいうごとく、世界中のことみな符合符一のものなく、近くとも遠くとも多少の影応のみなる上は、事を早く分かるようにし、早く同異を弁明するには、譬喩法はなはだ必要なり」とのべられている。(55) さらに、これにさきだって同じく土宜にあてた明治三十五年三月二十二日付書簡には、「さればアナロジーということ、決して軽んずべきにあらざるのみか、実はこのことの外相手にするものなしと知れ」といったような言辞も見える。(56)

しかしながら、そうであったのであれば、ここでもまた南方は、その人知のとらえかたにおいて、じつはヴィーコときわめて近い位置にいたわけである。中沢の解説にいますこし付き合ってみよう。

> それ〔燕石や鷲石〕は、人間の内なるアナロジー思考への情熱に、火をつける。小さな、実在するのかどうかもよくわからない「魔法の石」のまわりには、さまざまな経験の領域からひろい集められた、おびただしい数の事物や意味の破片が、付着するようになる。そして、神話的思考は、アナロジーによって、それらの間に一貫性のあるつながりをみいだし、ついには巨大な宇宙を生み出すようになる。いや、宇宙という言い方はあまり正確ではない。そこには、はっきりとした対立や同一性の構造があり、またそれらをとりとめもなく別の領域に接続し、変形していくための変換の体系が、存在している。新しい民俗学を、そこにつくりだしていくことは、可能だろうか。九十年も前に南方熊楠が構想していたのは、そういう民俗学だったのだ。(57)

> 神話の原動力は、異なったジャンルの間に「類似を発見してしまう」能力のうちに、宿っている。それはスズメとハマグリが似ていることに気がつき〔中略〕、ここからさらに、スズメとハマグリはなんらかの意味で同類だということになり、もっとすすむと、スズメは冬になると、海に入ってハマグリになるという神

話をつくりだす。これはたしかに、「誤謬の論理」だ。しかし、それだからこそ、熊楠の関心を引き寄せるのだ。／なぜかと言うと、この「誤謬の論理」をつうじて、人間の思考の裸の姿が、あらわになってくるからである。アナロジー思考を、科学は認めない。それが厳密な論理にとっては一種のルール違反である隠喩や換喩のプロセスに、大幅な自由を認めているからだ。〔中略〕このとき、科学の論理の中には、人間の思考のプライマルな原型をつくっている、野生状態にある思考が、裸のまま浮上してきてしまう。家畜化された思考である科学には、それは認めがたいことである。しかし、自然科学者であり本草学者でもある熊楠にとっては、森羅万象がその興味の対象なのである。そういう人にとっては、科学のやりかたももちろん興味深いものがあるが、それが使用している論理機構のさらに原型となるような、「思考のプライマル」のほうが、はるかに関心をそそる。(58)

熊楠は、思考のプライマルである神話の思考を、「受け身」になって、まずみずから生きてみようとした。そして、その上で、その世界にふさわしい分析の方法を、考えだそうとした。これは、基本的に「原型における科学者」の態度である。(59)

さきの「具体の科学」という言い回しもそうであったが、ここでも、「野生状態にある思考」と「家畜化された思考」との対比とか、「思考のプライマル」または「原型における科学者」といったような言い回しなど、中沢は南方の世界を可能なかぎりレヴィ＝ストロースが『野生の思考』をはじめとする諸著作のなかで展開している構造人類学の世界にひきよせたところでとらえようとしている。ほかにも、たとえばさきほど言及したスズメからハマグリへの変換の過程を考察した個所には、これもあきらかに『野生の思考』からのものである「さまざまな要素の問に関係をつけるアナロジー、隠喩関係、換喩関係がつくりだす、複雑な「感覚の論理」の体系」という表現が出てくる。[60]

そして、この一方でヴィーコについては『森のバロック』のなかではただ一個所、ほかでもないいまわたしたちの見ている章（「燕石の神話論理」）の冒頭に名があがっているが、それはあくまでも南北アメリカやアフリカやオリエントに出かけた旅行者や宣教師や探検家がもたらした珍奇な習俗や儀式や神話についての新知識の重要性に着目した十八世紀の「啓蒙的」哲学者のひとりとしてでしかない。[61] しかし、こと「神話論理」にかんするかぎり、ヴィーコの理解のしかたには、そこに並記されているヒューム、ヘルダー、モンテスキューなどとひとしなみにすることのできない格別のものがあったといってよいのである。

なかでも注目されるのは、これについてはすでに『ヴィーコの懐疑』（みすず書房、一九八八年）に収録してある論考「〈想像的普遍〉について――ヴィーコの詩的記号論」でもすこしばかり立ちいってのべたことがあるが、まずもっては、『イタリア人の太古の知恵』において、〈たがいに離れたところにある相異なることどものあいだに類似性を見つけだして、それらをひとつに結合する能力〉であるインゲニウム（ingenium）またはインジェーニョ（ingegno）について、これこそは人間が知識に到達するためにあたえられている生来固有の能力であるとして、その意義がことのほか強調されていることである。

たしかにまちがいなく、わたしたちは、なおも本性が比較的けがれなきままに保たれていて、外から植え付けられる意見すなわち先入見によって損なわれていない子供たちのうちに、まず最初には類似物を見つけだす能力が発達するのを見るのであり、ひいてはかれらがすべての男性を〈父〉、女性は〈母〉と呼び、そして自分が見たのと類似するものを作りだして、〈小屋を建て、鼠を小さな車につなぎ、／指などで偶数・

奇数の賭け事をし、長い竿にまたがって遊ぶ〉〔ホラティウス『風刺詩』二・三・二四七―二四八〕のを見るのである。(62)

また、ついでは『新しい学』においても、このようにして「最初に知った男、女、事物の観念と名前によって、それ以後、その最初のものとなんらかの類似性または関係をもつすべての男、女、事物を把握し、名づけていく」のが幼児の本性であることは公理であるとされるとともに〔二〇六〕、この公理について、つぎのような説明がなされている。

この公理は、人類の幼児である最初の人間たちには、事物についての悟性的類概念を形成する能力がなかったので、詩的記号（carattere poetico）、すなわち、たがいに似通ったところのあるすべての種があたかも理念的なモデルまたは肖像に還元されるようにしてそこに還元される想像的な類または普遍（genere o universale fantastico）を作りだすべき自然本性上の必然性があったことを明らかにしている。このような類似性に準拠していたために、古代の神話は決まった作法どおりにしか作られえなかったのである。〔二〇九〕

ここには、中沢によってとらえられた南方の理解のうちにあった神話的思考の特徴がすでにほぼ遺漏なくすくいとられているのがわかるだろう。さらには、構造人類学が解明に努めている神話的思考特有の変換の体系についても、ヴィーコもまた『新しい学』のなかで枚挙にいとまがないほどおびただしい数の例をあげている。

いや、それだけでない。この点についても同じく「〈想像的普遍〉について」のなかでハンス＝ゲオルク・ガダマーの『真理と方法』における「言語意識の基礎的隠喩作用」にかんする考察とつきあわせつつ明らかにしておいたとおりであるが、ヴィーコは、やがて「諸国民の世界」の創建へと向かっていくことになる「最初の人間たち」が「詩的記号」によって語っていたという「発見」に到達する過程で、中沢が「思考のプライマル」と規定している「アナロジー思考」の場自体をもつきぬけて、いっそう原初の場面、すなわち、当の類似性の発見そのものがいまだ可能にされていないような場面にまで降りていっている。異教世界における最初にして最大の神話的形象であるゼウスの誕生の場面がそれである。ヴィーコによれば、ゼウスというのは、世界大洪水から百年ないし二百年後に突如発生した雷に驚いて目を上げ天を見つめた最初の人間たちが、「事物を生み出している自然的原因のわからない者たちは、それらを類似する事物によって説明することすらできない場合には、それらの事物にかれら自身の本性を付与する」［一八〇］という人間の本性の公理的特性にもとづいて、自分たち自身のイデア、すなわち自己観念像から自己差異化的につくりだした形象にほかならなかったというのである［三七七］。

ここには、神話的形象を生みだしてきた隠喩作用というものは、その本来のもっとも根源的なありかたにおいては、類似性の発見の平面で遂行される転移である以前に、なによりもまずもっては人間の心的世界のなかに事物がそもそも自己同一性をそなえてたちあらわれてくるさいの当の事物の自己同一性の原理そのものであるという、神話学史においても特記に値するとおもわれる認識が提出されている。ヴィーコとの比較照合をうながしたいゆえんである。

7

このように、中沢や鶴見によって描き出された南方の学問世界には、いくつかの点で、ヴィーコの学問世界とのあいだに深く通じあい共鳴しあうものが感知されるのであった。というか、双方の学問世界を通じあわせ共鳴させてみたならば、「南方曼陀羅」のうちに中沢や鶴見の見ている新しい学問の可能性はさらに一段とゆたかなものになり、その実現の確度を増すのではないかとかんがえられるのだ。人々の「心」の秘密はそれが「物」に接して生じる「事」をとおしてしか解明できないという指摘や、その「事」の世界を解明するにあたっての「名」と「印」とへの着目、あるいはまた「類似性の発見」ないし「アナロジー思考」に立脚した「神話論理」の独自性についての理解、等々。

しかし、これらの点もさることながら、ヴィーコとの関連でとりわけわたしの目をひいたのは、中沢が南方の学問世界にあたえている「森のバロック」という規定そのものであった。「森のバロック」というのは、わたしがほかでもないヴィーコの学問世界についていだいてきたイメージであった。

実際にも、ヴィーコは根っからの「バロック人」であった。さらには、「森」が、ヴィーコにとって、例の『自伝』においてデカルトへのあからさまな対抗意識のもとで語られている「ヴァトッラの森のなかでの九年間」から、『新しい学』において「諸国民の世界」の形成の前提に設定されている世界大洪水後の地上を覆いつくしていた「大森林」にいたるまで、かれの思索の根源的モティーフをなしている。しかも、その思索の過程と構造そのものがまさに「森」と形容するしかない複雑さを呈している。そして、その複雑さは、同時にまた、バロック的過剰の所産にほかならない。「森のバロック」は、ヴィーコの哲学にこそふさわしい冠称であるといってよいのである。ここでは、最近『ヨーロッパ文化における完全言語の探求』という一書をものしたウンベルト・エーコができるならば付けたかった『バベル以後』というタイトルを先取りされた悔しさをこめてジョージ・スタイナーに奉っている Chapeau! という返礼の言葉を、わたしもまた中沢に奉るしかない(63)。

もっとも、ひとくちに「森のバロック」とはいっても、中沢が南方の学問世界にあたえているそれと、わたしがヴィーコの学問世界についていだいているイメージとでは、意味合いが大きく異なっている。

まず「森」についていうならば、わたしのイメージのうちにあるヴィーコの「森」は、あくまでもレトリカルかつメタフォリカルな意味においての「森」である。すなわち、第一には、新時代の流行思想を追うことにのみいそがしい都会から離れた田舎にあっての古典を友とした沈思黙考生活のメタファーとしての「森」。第二には、文明以前の野蛮状態――人類が「諸国民の世界」または「国家制度的世界」を形成する以前におちいっていたと想定される「野獣的放浪」状態のメタファーとしての「森」。そして第三には、思考様式の複雑さのメタファーとしての「森」。

なかでも、ヴィーコ自身の〈諸国民に共通の自然本性についての新しい学〉の構想にとって中心的なモティーフをなしていたとかんがえられる第二の意味での「森」について付言しておくと、それは端的にいって人間存在の原‐状況の換称にほかならず、そこでは、原始の森とそのなかにあっての「最初の人間たち」の野獣的放浪のありさまについての描写もさることながら、重点はむしろ、その原始の森に火を発生させて「空き地（lucus）」を切り開いたヘラクレス的功業の文明史的意義を解明することにおかれている。「著作の観念」を見てみるとよい。そこには、扉頁の前におかれている口絵の寓意を説明して、つぎのようにある。

地球儀を取り巻いている黄道帯のなかで、獅子と処女の二つの宮だけが他の宮よりも堂々と、あるいはいわゆる遠近法にしたがって、姿をきわだたせている。これは、〔まず獅子のほうから説明すると〕この学がその諸原理のうちでもまずもってはヘラクレスを観照するということを表示しようとしているのである。古代の異教諸国民はいずれもがそれぞれ自分たちを創建したヘラクレスなる存在について語っているのが見いだされるからである。それも、かれをその最大の功業、すなわち、口から火炎を吐き出してネメアの森に火を点じた獅子を殺したという功業の面から観照するということを表示しようとしているのであって、この獅子

> の皮で飾られてヘラクレスは星辰にまで高めあげられたのであった。ここでは、獅子は地上を覆っていた古代の大森林であったことが見いだされるのであり、この大森林にヘラクレスは火を発生させて、これを耕地に変えたわけで、かれは戦争の英雄たち以前に出現したにちがいない政治の英雄たちを象徴する〈詩的〉記号であったことが見いだされるのである。〈中略〉［三］
>
> 鋤は歯の先端だけを見せていて、彎曲した部分〈中略〉を隠しているが、これは、最初の都市――それらはいずれも耕作された田野に建設されている――が誕生したのは、家族が長期間にわたって宗教的な森の神聖な恐怖の場所に引き籠って隠れ住んでいたことによってであったということを表示しようとしている。そのような恐怖の場所は古代のすべての異教諸国民のもとに見いだされ、かれらのすべてに共通の観念によって、ローマの諸氏族はそれらをルークス lucus と呼んでいた。すなわち、〈樹木の密生した森のなかの焼き払われた土地〉のことである。〈中略〉そして、このようにして森のなかに焼き払われた場所がつくられたのは、すでに人間らしい生き方に到達している者たちがなおも物と女性の忌まわしい共有状態にとどまっている放浪者どもとふたたび交ざりあうことのないようにとの神の摂理の計らいによっている。［一六］

ここでは、思索は、エルネスト・グラッシも指摘しているように、[64] ハイデッガーの「現存在（Dasein）」の哲学における――それ自体「森のなかの伐採された空き地」という元来の意味との語源学的関係に留意した――「開け（Lichtung）」の思想を先取りした方向へと展開していっているのがわかる。

これにたいして、中沢が注目しようとしているのは、「南方曼陀羅」は森――具体的には南方がロンドンから帰国後の三年間をそこに沈潜して植物生態の観察と思索とに専念した那智の原生林のイメージを中心にして構成された自然哲学のモデルであるという一事である。

原生林の自然は、じつに複雑で、柔軟な構造をもっている。ここには、単一のもの、単層の構造、単純なフォルムが、いっさい存在しない。〔中略〕／ここでは、同一種類の植物が、広い区画を占領して、繁栄するということがないのだ。同じ種類の植物は、たがいに離れた場所に成育しているので、単一のブナ林や松の群生などが、広い範囲にわたって形成されることがない。どの植物の隣にも、たいていは異種の植物が生えている。そのために、原生林の中の、植物の「コミュニケーション」は、きわめて複雑なやりかたでおこなわれることになる。同じ種類のものは遠く離れて、おたがいの存在を感知している。そしてそれとは別のレベルで、それぞれの植物は、異種のものとの存在の「ダイアローグ」をおこない、この結果は、森全体の秩序の調節のため、重要な情報をあたえることになる。つまり、ヘテロジニアスな要素が寄り集まって、みごとなカオス構造をつくりだしているのが、那智の原生林なのだ。(65)

このような生態をもつ那智の原生林のなかに熊楠はロンドンから帰国後の三年間を沈潜した。そして、その原生林のイメージを中心にして編みだされた自然哲学のモデルが「南方曼陀羅」にほかならない、と中沢はとらえるのである。「熊楠はこういう森に、毎日のように没入していた。彼の精神は、この森と一体状態にあった。そのことが、このときの彼の思想の結晶化に、重大な影響をおよぼさなかったはずがない(66)」。

つぎに「バロック」についていうならば、中沢が南方の学問世界を指して「森のバロック」と呼ぶときの「バロック」とは、たとえばつぎの説明にあるような意味においてのものである。

南方マンダラでは、人間の精神のおこなう象徴行為のおおもとをなすものを、「名」や「印」の概念として、とりだそうとしている。〔中略〕／しかし、南方マンダラにあっては、象徴行為の真の中心は、またしても、象徴の構造自体の中にはなく、精神が現実界に開いた小さな窓であるところの、「事」にみいだされると、考えられているのである。「事」は、知覚や感情や想像力や判断力の場所である「心界」と、生命システムがそのものとしては触れることのできない現実界である「物界」とが、接触しあう境界面上に、そのつど「事件」として、発生しつづけているものだ。「心界」は、「物界」を直接知ることはできない。それは、「事」という小さな窓をとおして、はじめて精神の内部に流れ込んでくるものなのだ。〔中略〕／だから、記号論の中心テーマは、象徴の構造などではなく、精神に現実界の力を導き入れる小さな窓となって機能する、この「事」の中にこそ、みいだされなくてはならないのである。こうして、「事」に変形された上で、不断に南方マンダラに流れ込んでくる現実界の力は、「縁の論理」をとおして、その内部に屈折され、折り畳み込まれて、そこを複雑な襞として、つくりなしていくのである。しかも、「事」はたえまなく生起しているから、そのとり込みによって変化していく南方マンダラの内部も、たえず複雑な変化をとげていく。南方マンダラは、このようなあきらかな「バロック様式」をそなえているのだ。[67]

これはまたなんとも奔放で突拍子もないバロック観である。「複雑な襞」のつくりなしというのであればまだしも、なにしろ、「事」を「小さな窓」としてそこから現実界の力を精神に導きいれる仕組みになっている点がバロック様式の大きな特徴であるというのだから。つづいては、「それは、体系の内部に真の中心をもとめない哲学だ。その内部には本質すらない、と考えられている。〔中略〕本質をもとめない。起源をもとめない。原型をもとめない。熊楠は、徹底してバロック的な思考を、実践してみせたのである[68]」とある。さらには、「人間の精神を、つねに唯物論的な現実に開いていくための、バロック様式をもった学問[69]」というような言いかたもなされている。このような途方もないバロック観をこれまでに提出した者は、はたしてだれかいただろうか。たしかにバロックは反プラトン主義的で反存在論的であるという指摘こそ、クリスティーヌ・ビュシ＝グリュックスマンの『見ることの狂気――バロック美学について』（一九八六年）などでもなされているにしてもである[70]。さらには、人間の精神を唯物論的な現実に開いていくということでいえば、たとえばアントニオ・ネグリの『野生のアノマリー――バルーフ・スピノザにおける権力と潜勢力にかんする論考』（一九八一年）がスピノザの場合に即して十七世紀におけるそのひとつの特異な傾向性をみごとにえぐりだしてみせているにしてもである。しかし、そのネグリも「スピノザの唯物論」をバロック的と規定することには否定的である[71]。

中沢によれば、このバロック観はジル・ドゥルーズの『襞――ライプニッツとバロック』（一九八八年）から示唆を得たものだという。

> ジル・ドゥルーズが『襞――ライプニッツとバロック哲学』の中で、バロック哲学の本質がその時代の教会建築の様式のうちに、まったくパラレルなかたちで表現されていることを、あきらかにしてみせている。バロック様式の教会では、明かり採りと言えば天上《ママ》に近い高い部分にうがたれた小さな窓があるだけで、そこから射し込んでくる光が、教会堂の内部に、複雑に屈折し、折り畳まれて、襞をなしていくようにつくられている。彼は、ここに表現されている、小さな窓をとおしての外界の光の採り入れと、それを内部で複雑な襞に変形しながら、内部空間の充実を実現しようとする建築プランに、バロック精神の本質を見ようとしている[72]。

さらに、中沢は、ドゥルーズがその著作にかかげている図6のような「バロック風邸宅」のアレゴリー図を転載するとともに、それに中沢自身の作図になる図7のような「バロック様式としての南方マンダラ」図なるものを対比してみせてもいる。

しかしながら、「襞／折り畳み（pli）」がバロック様式の特徴であるというのはたしかにドゥルーズの著作における最大の主張点であるが、本質や起源や原型をもとめず、人間の精神をつねに「唯物論的な現実」に開いていこうとするところにバロックの特徴があるなどといった趣旨のことは、ドゥルーズの著作のどこにも出てこない。そもそも、ドゥルーズがかかげている絵図は、中沢が説明しているような天井に近い部分に小さな窓がうがたれている「バロック様式の教会」ではなくて、二階建ての「バロック風邸宅」である。しかも、――中沢によって転載されている図では地階部分についての説明書きが削除されてしまっているが――その地階部分は「共同利用部屋」であって、そこには「いくつかの小さな窓」が付いており、二階部分は「閉ざされた私室」であって、それには「襞／折り畳みによって多様に変化する織布」が飾り付けられている、との説明が書き添えられているのである。「いくつかの小さな窓」には「五感」と付記されていることにも注意しておこう。本文中の説明によれば、地階部分は「有機的物質」＝「身体」であり、二階部分は「モナド」＝「精神」であるという。また、「小さな窓」＝「五感」によって外部の現実につながっているとされる地階部分の「有機的物質」＝「身体」にかんする叙述のなかでも、重点は、外部の現実とのつながりという点ではなくて、あくまで、その物質部分において生じる「褶襞（repli）」の意義におかれている。そして、そこでは、外部から加えられる圧縮力や弾性力と区別して、身体の諸器官に前成的にそなわっている「成形力（les facultés plastiques）」の発揮する独自の作用にライプニッツが着目していたことに注意がうながされている。(73) ここからも、中沢のバロック観の奔放さのほどは推察がつこうというものである。

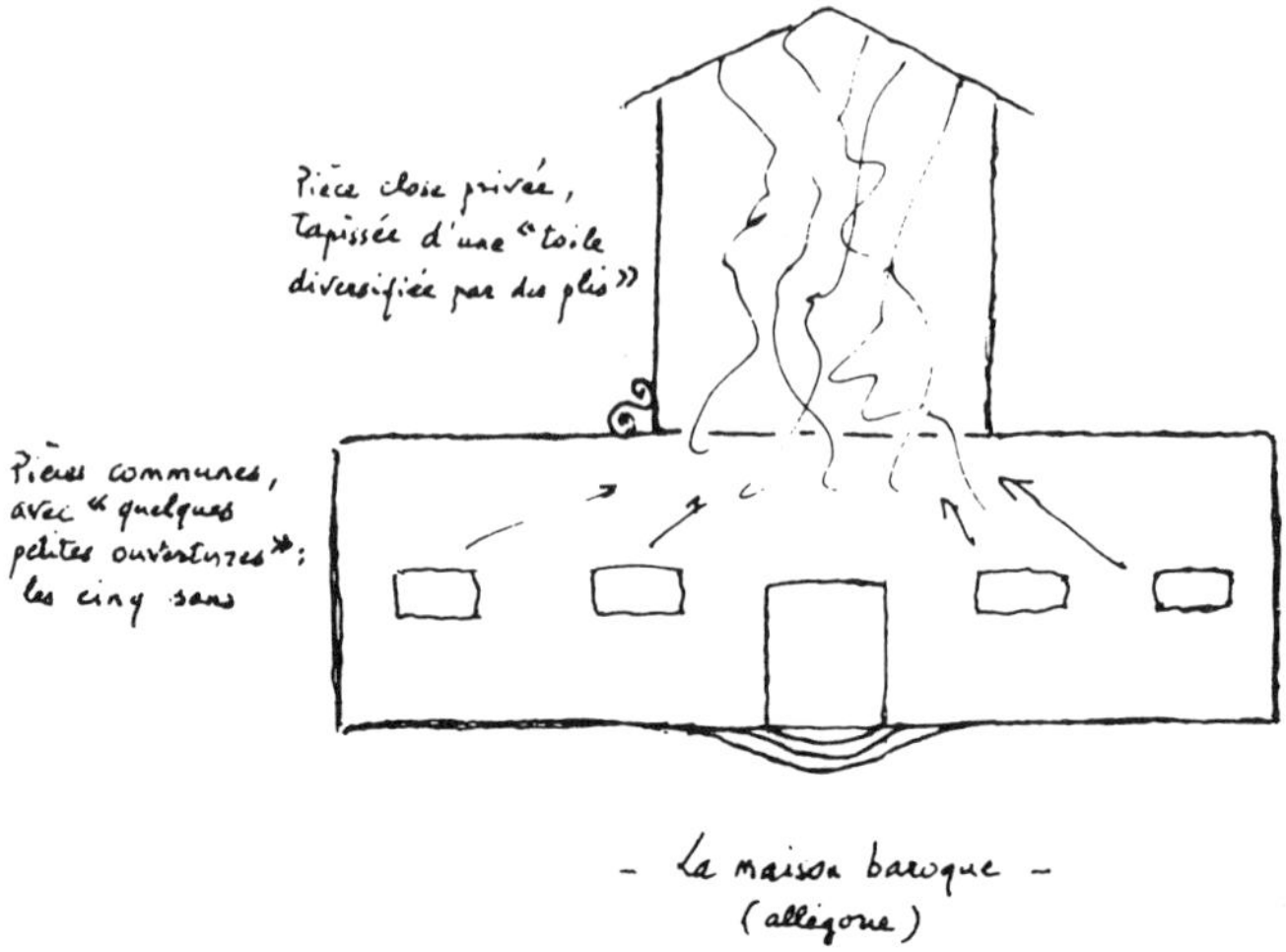

図 6　Gilles Deleuze, *Le pli. Leibniz et le Baroque* (Paris, Minuit, 1988), p. 7 より

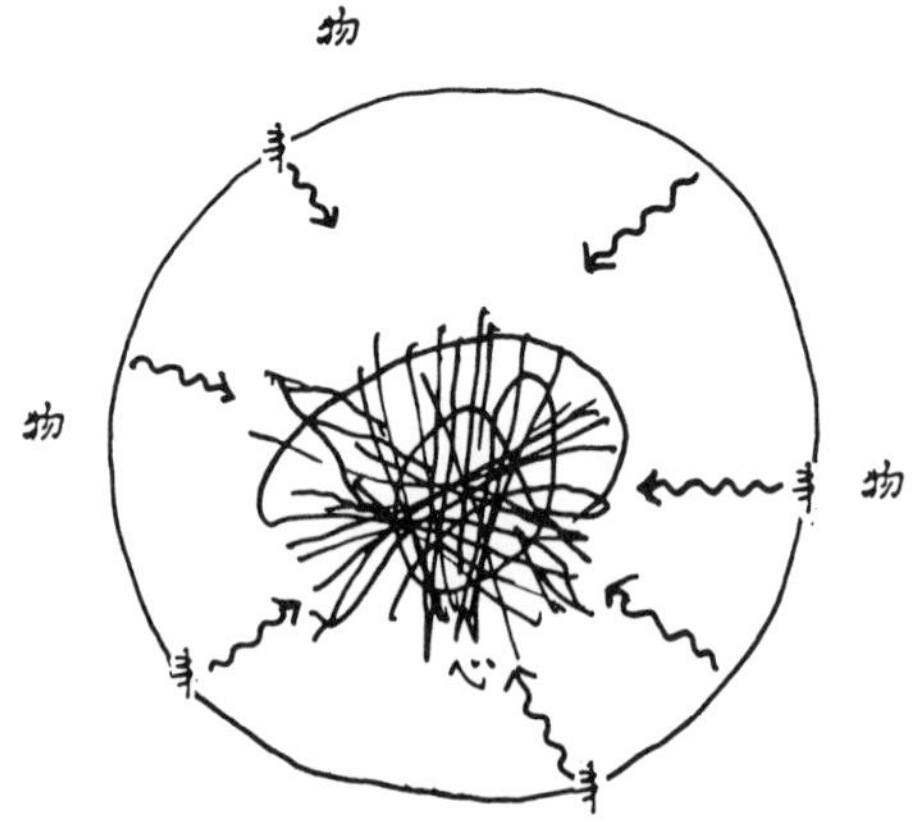

バロック様式としての南方マンダラ

図 7　中沢新一『森のバロック』、419頁より

なお、ついでながら、奔放で突拍子がないといえば、「森」について中沢のあたえている「原生林は、離散多様体を構成している。複数の異質の接合しあう、リーマン的空間として、森は生きているのだ」といった説明[74]なども、その最たるものであろう。そもそも「離散多様体」とはなんのことなのか。リーマンの名前が登場することから推察するにどうやら数学の領域からとってきた用語のようであるが、一体全体、数学の領域のどこに「離散多様体」なる用語は見いだされるのか。また、「リーマン的空間」が「複数の異質の接合しあう」空間であるというのもどういうことなのか、理解に苦しむところである。ここは変にペダントリーを気取って生半可な数学用語など使用しないほうがよかったのではないだろうか。さきほどの引用文中にあった原生林の「カオス構造」なるものがリーマン空間のそれとおよそ無縁のものであることは、あえてことわるまでもあるまい。

しかしまた、このようにたがいに大きく異なりながらも、いや、大きく異なっているからこそ、中沢のとりだしている南方の「森のバロック」とわたしのうちにあるヴィーコの「森のバロック」とのあいだには、相互の比較対照をうながしてやまないものがあるかにおもわれる。最後にこの点についてすこしばかり立ちいって見ておくことにしよう。

8

実際にも、中沢のとりだしている南方の「森のバロック」とわたしのうちにあるヴィーコの「森のバロック」とのあいだには、たがいに大きく異なりながらも、いや、大きく異なっているからこそ、相互の比較対照をうながしてやまないものがあるといってよい。くわえては、接点がないわけでもない。なかでも注目したいのは、南方の文体について中沢のくわえている特徴分析である。

小生は元来はなはだしき疳積持ちにて、狂人になることを人々患《うれ》えたり。自分このことに気がつき、他人が病質を治せんとて種々遊戯に身を入るるもつまらず、宜しく遊戯同様の面白き学問より始むべしと思い、博物標本をみずから集むることにかかれり。これはなかなか面白く、また疳積など少しも起こさば、解剖等微細の研究は一つも成らず、この方法にて疳積をおさうるになれて今日まで狂人にならざりし。(75)

これは南方が柳田国男にあてた明治四十四年十月二十五日付書簡の一節である。中沢は南方の生涯を総覧的に回顧した第一章「市民としての南方熊楠」のなかでこの一節に目をとめて、しかしまた、博物学的研究とならんで、さらにいまひとつには「書くこと」も、それにおとらず重要だったのではないか、との推測をおこなっている。「書いた文章が雑誌に発表されることとか、自分の本が出ることなどに、執着する熊楠ではなかったけれど、彼から手紙を書くことも、日記を書くことも、論文を書くことも奪ってしまったら、彼はその爆発的に分裂する脳をかかえて、おそらくは発狂してしまうだろう」というのである。(76)そして、このようにして、天才と狂気のはざまにあって精神の均衡の維持に苦しみつづけた南方熊楠という人物にとって「書くこと」がもっていたとおもわれる実存的意味を強調したのち、その熊楠の書く文章の様式ないし文体にはこれまた独自のものがあるとして、なかでもつぎの三点を重要な特徴として指摘している。

一、たいていは完結がなく、ソナタ的な起承転結の論理構造も欠いていて、多数の出入り口を同時にもっていること。

彼の書く文章にはいくつかの重要な特徴がある。〔中略〕／まず、彼の書く文章に、たいてい完結がないという事実を、あげることができる。多くの論文は、おびただしい謎を矢継ぎ早に読者に投げかけたあと、別に結論らしき部分もないままに、いきなりあっさりと、おしまいになってしまうのだ。それに、どんないかめしそうな論文でも（「燕石考」だけは例外だが）、起承転結めいた構造をもってもいない。論文の中のひとつひとつの話題は、ソナタ的な論理構造があたえられるかわりに、きわめて自由な状態に事実と概念を配置する星雲構造にちりばめられている。／それにひとつのことを話題にしているところに、突然、別の話題が割り込み、熊楠の関心はこんどはそっちのほうへひっぱられて、どんどん広がっていき、読んでいるほうは、自分がいったいどこへ連れだされてしまったのか途方に暮れていると、ふたたびなんの前触れもなく、はじめの話題に連れもどされて、中断していたところから話の展開がはじまっていくのだ。しかし、それならばいいほうで、ときには、いったん中断された話題についにもどってくることがなかったというケースもある。全体に熊楠の文章では、どこが最適な入口で、どこが決まった出口であるかが、わからない。どこを入口にしてもよさそうな気もするし、どこからでもこの文章のジャングルから出ることが可能なような気もする。ようするに、熊楠の文章は多数の出入口を、同時にもっているのだ[77]。

二、話題が複数の異質なレヴェルのあいだを自在にジャンプしていっていること。

　熊楠の文章を推進させる関心は、けっして単層、単一ではなく、いつも複数のレベルの話題の間を、自由自在に飛び移っていく。〔中略〕／〔中略〕異質なレベルの間をつなぐ、蝶番《ちょうつがい》のようなものは存在する。しかし、それとてたいした内容的、論理的なつながりがあるわけでもない。むしろそこでおこる話題転換に正確なイメージをあたえるとすれば、カタストロフィー数学でいう折り目の概念に近い。しかも、飛躍していく隣同士の話題の間には、意味領域が天と地ほどもかけ離れているものもある。話題と話題がなめらかに接続されていくことよりも、熊楠はそれらが、カタストロフィックにジャンプしていくことのほうを、好むのだ。[78]

三、文体がエロティックなカーニバル性をおびていて、生命のマテリアルな基底の突入が随所で起きていること。

彼の書く民俗学論文は、しばしば柳田国男から下掛かった話題に走りすぎると、文句を言われた。モノフォニー的な文章展開を好んだ柳田国男からすると、いくつもの話題が同時に交錯し、しかも、きまって重要なところで猥談の突入がおこって、せっかくの厳粛な雰囲気を台無しにしてしまう熊楠の文章には、趣味的に認めがたいところがあった。これにたいして熊楠は、いろいろと理由をつけて反撃をしているが、私たちの見るところ、彼があげているもっともな理由よりも、大事なのは、文章に猥談を突入させることによって、彼の文章につねに、なまなましい生命が侵入してくるような印象があたえられる、という点だろう。バフチンならば、これを熊楠の文体のもつカーニバル性と言うだろう。言葉の秩序の中に、いきなり生命のマテリアルな基底が、突入してくるのだ。このおかげで熊楠の文章は、全体としてヘテロジニアスな構造をもつことになる。なめらかに連続する言葉の表面に、随所にちりばめられた猥談によって、たくさんの黒い穴がうがたれるようになり、その黒い穴からは、なまの生命が顔を出す。これを、猥談趣味のフラクタル構造と呼ぶこともできる。[79]

このような特徴をもつ文章を熊楠は書いた。そして、このことによってはじめて、自分の大脳に発生しつづける分裂する力を制御することができたものとおもわれるというわけである。

顕微鏡をのぞき、標本をつくっていると、彼の癇癪はおさまった。文章を書くことによっても同じことがおこった。彼はあの独自の文体をとおして、自分のかかえる創造力の流れを、表現の領域にほとばしらせることができたのだ[80]。

しかしながら、これが南方の文体の特徴であるのであってみれば、それはまたとりもなおさず、ほかでもないヴィーコの文章、ひいては、そこに表現されている思考のありようのうちに、わたしたちがわけてもヴィーコ的な特徴として確認することのできる特徴でもあるといってよい。なるほど、第三番目の特徴はヴィーコには該当しないかもしれない。ヴィーコには猥談趣味はない。したがって、「猥談趣味のフラクタル構造」なるものも、ヴィーコには無縁のものであろう。しかし、すくなくとも他の二つの特徴についていうならば、それらはうたがいもなくヴィーコのものでもある。ソナタ的な論理構造の破砕と異質なレヴェルのあいだのカタストロフィックなジャンプ。あるいは、古典的＝スコラ的論理学の祖アリストテレスの言葉を借りるならば、問題となっていることがらの、それが属していない他の類への、メタバシス＝移行（*μετάβασις εἰς ἄλλο γένος*）（An. Post., 75a38）。これらは、ヴィーコの文章に接した多くの者たちによって、つとにその特徴として指摘されてきた点にほかならない。

そして、じつをいえば、わたしがヴィーコの学問世界をバロック的と規定したいとおもう大きな理由のひとつも、まさにこの点にあるのだ。論理の古典的な秩序美からの逸脱を敢行してカタストロフィックなジャンプまたはメタバシスをくりかえしていくような文体ないし思考のありようこそは「バロック」のきわだった特徴のひとつであろうからである。このことは、十七世紀のイタリアとスペインにおける「バロック」の時代を飾ったいわゆる綺想主義の文学についてのマリオ・プラーツをはじめとする研究の成果に照らしてみても、疑問の余地のないところではないかとおもわれる。もっとも、『イタリア人の太古の知恵』第一巻『形而上学篇』に出てくるつぎの言葉からもうかがえるように、ヴィーコ自身は、古来のよき雄弁術の伝統、なかでも、倒置法を駆使し、ほかでもない混乱と飛躍をつうじて、驚くべき効果をあげているかにみえるデモステネスの手本に忠実にしたがっているだけであるとかんがえているようであるが——。

幾何学的方法によって公共の場における弁論を秩序づけようとすることは、弁論のなかになにひとつ鋭いものをとりいれることをせず、ただすぐ足下にあるものをしか提示しないというのとおなじである。〔中略〕しかも、それほどまで熱心に公共の場における弁論に幾何学的方法を導入することを推奨している者たちがひとりデモステネスのみを雄弁の模範としてあげているのはどうしたことなのか、まことに驚きのほかない。いまや、どういうわけかわからないが、キケロは、乱雑で、無秩序で、混乱の見本ということになってしまっている。従来、学識ある人々は、総じて、キケロのうちにこそ、かれが最初になにかをのべると、それがいわばひとりでに展開していって、つぎのことがらを支えていくさまを見て、そのかくも整然とした秩序と、各部分の配列にかんしてのかくも大いなる努力を賞賛してきたというのにである。〔中略〕これにたいして、誓っていうが、デモステネスのほうは、修辞学者のうちでももっとも判断力にすぐれているディオニュシオス・ロンギノスが正しくも指摘しているように、その全体が倒置法以外のなにものでもないのではないか。そして、これにわたしは付け加えたいのであるが、まさにそのかれの混乱した弁論の進めかたのうちに、じつはエンテュメーマのもつ力のすべてがあたかも投石機のバネのように張り渡されているのである。実際、かれは慣例どおり、まず最初に弁論の要旨をのべて、自分がなにについて論じるのかを聴衆に告げ知らせる。ところが、そのあとですぐさま、提示された論題となんら共通するところのないようにみえることがらへと話をそらせていき、こうして一旦は聴衆を遠ざけ引き離す。そして最後に、いまのべている話と最初に提示しておいた論題とのあいだに類比関係を張り渡し、それが突然のことであるだけにそれだけいっそう強烈に聴衆のうえにかれの雄弁の稲妻がひらめき落ちることをねらうのである。(81)

中沢も、南方の学問世界について「バロック」ということをいうのであれば、人間の精神を「唯物論的な現実」に開いていこうとする姿勢や、「襞」による複雑性の造出ということもさることながら、かれがかくもみごとに析出してみせた文体的特徴をこそ理由の第一にあげてもよかったのではないだろうか。中沢は、南方の文体についていま見たような特徴分析をおこなったのち、その文体の構造と「南方曼陀羅」の構造との相同性にわたしたちの注意をうながして、こう付言している。「マンダラの全領域は、つねに活発な創造力によって、突き動かされている。そこには、無数の出入口がある。マンダラの内部には、どこから入っても、全体の動きにつながっていける。それにそこでは、事は因果律では運ばない。ひとつの因果の展開中に、途中で別の因果が侵入を果たし、より複雑な縁が発生する。縁は全体としてカオス構造をつくりだす。なにごとも、ここでは起承転結で事が運ばないようにできている——こうして見ると、マンダラの構造を、文章表現に移し変えると、そこに熊楠の文体が生まれ出てくる、と考えることもできる」(82)と。それだけになおさらである。

ちなみに、ヴィーコの文中に出てくる「鋭いもの」というのは、「たがいに離れたところにある相異なることどもをひとつに結合する能力」であるインゲニウムによって、相異なることどものあいだに鋭敏にもみいだされた関係のことである。また、「エンテュメーマ（*ἐνθύμημα*, enthymema）」というのは、一般には「省略三段論法」を指していわれることが多いが、ここでは「対立物からなる論証」のことを指している。この点については、クインティリアヌスも「エンテュメーマの最良のタイプは、デモステネスのがそうであるように、〔本来の主題とは〕似ても似つかなかったり、反対のもののようにみえることがらについて論じて、それに根拠理由が付されているようなタイプのもののようである」とのべている（『弁論家の教育』五・一四・四）。ヴィーコが大学での講義用に作成した『弁論術教程』のなかのつぎのくだりも見られたい。文中に出てくる「エピケイレーマ（*ἐπιχείρημα*, epichirema）」というのは、前提に理由がそえられている三段論法的推論式（帯証式）のことで、おそらくキケロにならってであろう、ヴィーコが説明しているところによれば、大前提（propositio）、大前提の根拠理由（propositionis ratio）、小前提（assumptio）、小前提の確証（assumptionis confirmatio）と確証の敷衍（confirmationis amplificatio）、そして最後にはこうして得られる刺すように鋭敏な結論（aculeata complexio）の五つの部分からなるという（さきの文中にあった「〔キケロの〕各部分の配列にかんしてのかくも大いなる努力」というのも、このエピケイレーマを構成すべき五つの部分の配列にかんしてキケロのはらった努力のことを指しているものとみてよいだろう）。ここでは綺想主義についていささか皮肉っぽい言及がなされていることにも注意をうながしておこう。

弁論家たちは、変化をつけようとして、また、聴衆が作為に気づいたり、類似や反復にうんざりしたりすることがなく、論証になにか自分のものを付け加えて、まるで自分のことであるかのように満足をおぼえることができるようにしようとして、一般的な言明を削除し、エピケイレーマを構成する諸部分の順序を変更したり、〔全体で五つからなる〕それの数を四つ、三つ、あるいは二つに減らしたりしようとする。〔中略〕このような論証方法をアリストテレスは〈エンテュメーマ〈省略三段論法〉的警句〉と呼んだ。〔中略〕そして、アリストテレスは、これをあらゆる種類の言述様式のなかでもっとも機知にとむものであるとして推奨している。このため、明晰であるよりも機知にとむとおもわれたい弁論家たちは、この確証様式を利用するのである。古代のローマ人のあいだで、雄弁がすでに衰退期に入っていた頃、〈警句《センテンティア》をもちいて話す(sententiis dicere)〉といわれ、今日のわたしたちイタリア人のあいだで、〈綺想《コンチェット》的表現によってたくみに話す(ben parlare in concetti)〉といわれている者たちがそうである。しかし、弁論術においては、卓越的な意味においてのエンテュメーマとは、対立物からなるものであるとみなされている。そして、それは、鋭さを増すために、疑問形で提示される。〔中略〕デモステネス型の雄弁が好きな弁論家は、この論証法を使わねばならない。一方、キケロ型の確証方法をとろうとおもう者は、エピケイレーマを五つの部分にまで増やして、小前提の確証の敷衍に努めなければならない。(83)

(1) 中沢新一『森のバロック』(せりか書房、一九九二年)、四頁。
(2) 同右、三頁。
(3) 同右、五〇三頁。——ちなみに、ジル・ドゥルーズの原著題名は *Pourparlers* である(Paris, Minuit, 1990)。「折衝」という意味になる。
(4) Cf. Maurice Merleau-Ponty, *Signes* (Paris, Gallimard, 1960), cap. VI. 竹内芳郎ほか訳『シーニュ』II(みすず書房、一九七〇年)、一一—三九頁。
(5) 飯倉照平・長谷川興蔵編『南方熊楠　土宜法竜　往復書簡』(八坂書房、一九九〇年)、三〇七—〇九頁。
(6) これには仏教学の権威である中村元の示唆があったようである。鶴見和子『南方熊楠——地球志向の比較学』(講談社学術文庫、一九八一年——この文庫版は、一九七八年の講談社刊「日本民俗文化大系」第四巻『南方熊楠——地球志向の比較学』のうち、南方の著作からの抜粋部分を簡略化してつくられている。以下、引用にさいしては、この文庫版を使用することにする）、八二頁参照——「この南方の絵図を、中村元博士にお目にかけたら、「これは、南方曼陀羅ですね」と即座にずばりいわれた。そこで、わたしも、中村博士にならって、これを「南方曼陀羅」と呼ぶこととする」。

（7）同右、第一章、三、2「曼陀羅——比較学のモデル」を見られたい。また、第三章、三、3「科学論」中のつぎの説明も参照のこと——「すべてのことがらが、他のすべてのことがらに関係している。といっても、遠因と近因がある。一つのことがらと他のことがらとの交叉する結び目を具体的に、一つ一つ解いていって、しだいに遠因に至るまで、原因結果のすじみちを辿って謎ときをしてゆくのが、科学であると南方は考えた。その考えを図にあらわしたのが曼陀羅であるとすれば、曼陀羅とは、今日の科学用語でいえば、「モデル」なのである」（二一七頁）。

（8）同右、五頁（「初版はしがき」）。

（9）中沢、前掲書、六四頁。

（10）同右、八〇頁。

（11）同右、八〇頁。

（12）前掲『南方熊楠　土宜法竜　往復書簡』、三三三—三四頁。

（13）中沢、前掲書、八五—九二頁。

（14）前掲『南方熊楠　土宜法竜　往復書簡』、三三五頁。

（15）鶴見、前掲書、二三頁。

（16）同右、八五頁。

（17）谷川健一「南方曼陀羅と鶴見曼陀羅と」、鶴見、前掲書、二九三頁。

（18）前掲『南方熊楠　土宜法竜　往復書簡』、三三四—三五頁。

（19）鶴見、前掲書、八八頁。

（20）同右、八七頁。

（21）ただし、鶴見はその後、たとえば平凡社版『南方熊楠選集6』（一九八五年）によせた跋文「南方熊楠の創造性」のなかでは、同じ論点についてつぎのように解説している。こちらのほうの説明であれば、それなりに納得がいく。——「十九世紀の西欧の近代自然科学は、因果律を、もっとも重要な法則と考えた。「同じ原因があれば、必ず同じ結果を生じる」という必然論である。これに対して、仏教では、因縁をいう。因は因果律で必然を指す。これに対して縁は偶然性である。したがって、仏教における因縁は、必然と偶然とを、同時にとらえる論理の図式である、と南方は新解釈をほどこしたのである。そして、人間と人間の関係、人間と物との関係、およびひとりの人間の心の動きをとらえるには、必然性だけでなく、偶然性を考慮にいれなければ、不十分である。したがって、必然性のみを真理として追求した当時の西欧科学の論理よりも、仏教の因縁の論理は、人間をとりまく現実の把握により有効であると、南方は論じた。そして、偶然と必然とを同時にとらえる方法のモデルを、「曼陀羅」とよんだのである」（三一三頁）。

(22) 中沢、前掲書、七六―七八頁。南方の述言については、前掲『南方熊楠　土宜法竜　往復書簡』、三〇七頁を見られたい。

(23) 中沢、前掲書、九四―九五頁。

(24) 前掲『南方熊楠　土宜法竜　往復書簡』、三〇九頁以下。

(25) 鶴見、前掲『南方熊楠』、二一八頁。

(26) 同右、二一八―一九頁。

(27) 鶴見和子『南方曼陀羅論』（八坂書房、一九九二年）所収の「創造の方法としての南方曼陀羅」（初出は『現代思想』一九八三年十月号）などを参照のこと。

(28) 前掲『南方熊楠　土宜法竜　往復書簡』、三三四頁。

(29) 同右、四六―四七頁。

(30) 同右、四七―四八頁。

(31) 鶴見、前掲『南方熊楠』、八六頁。

(32) 中沢、前掲書、七一―七二頁。

(33) 前掲『南方熊楠　土宜法竜　往復書簡』、四八頁。

(34) Giambattista Vico, *Opere*, vol. I: *Le orazioni inaugurali, il de Italorum sapientia e le polemiche*, a cura di Giovanni Gentile e Fausto Nicolini (Bari, Laterza, 1914), I, pp. 139-40. 上村忠男訳『イタリア人の太古の知恵』（法政大学出版局、一九八八年）、四九―五一頁。

(35) Ibid., pp. 149-50, 135. 同右、六五―六六、四二頁。

(36) Bertrand Russell, *Wisdom of the West* (2nd ed.: London, Macdonald & Co., 1960, First ed. 1959), pp. 206-07.

(37) 前掲『南方熊楠　土宜法竜　往復書簡』、三〇七頁。

(38) 前掲『南方熊楠　土宜法竜　往復書簡』、二七一頁。この南方の述言を鶴見は「曼陀羅でいう名（名前）も印もたしかに実在するけれども、自分はそれを心と物と事とに置き換える。心も物も事もみな同じように実在すると、自分は解いた」というように解釈している（鶴見、前掲『南方曼陀羅論』、九三頁）。しかし、これはまったくの読み違えである。ここで南方が「大発明」といっているのは、鶴見が解釈してみせているようなことではない。そうではなくて、こちらのほうはすでに十年前に骨格のできあがっていた「事の学」の構想に、このたび新たに真言密教にいう名印実在論を導入することによって、当の「事」そのものを名と印とを介して把握する方途を発明したということをこそ、南方は伝えようとしているのである。

(39) Vico, *Opere*, vol. I, p. 126. 上村訳、二五―二六頁。

(40) Cf. Edmund Leach, "Vico and Lévi-Strauss on the Origins of Humanity" in: Giorgio Tagliacozzo (ed.), Hayden V. White (co. ed.), *Giambattista Vico. An International Symposium* (Baltimore, The Johns Hopkins Press, 1969), pp. 309–18.

(41) Vico, *Opere*, vol. I, pp. 153–57. 上村訳、七一―八〇頁。文中、ヴィーコはエレアのゼノンとストア派の創設者として知られるキティオンのゼノンを混同している。ヴィーコの念頭にあるのは前者のほうである。

(42) 「燕石考」は、最初一八九九年頃、南方がロンドン在住中に書かれ、ローマで開催された東洋学国際学会でロンドン大学の日本研究家F・V・ディキンズに代読してもらう手筈になっていたようであるが、ディキンズが喉に病気を生じたため実現しなかったという（飯倉照平編『柳田国男　南方熊楠　往復書簡集』、平凡社、一九七六年、五四頁参照）。こちらのほうは、原稿も現在までのところ見つかっていない。しかし、南方はその後那智にもどってからも『ネイチャー』誌に発表しようとして原稿を書き直しており、一九〇三年三月三十日の日付で同誌編集者あてに"The Origin of the Swallow-Stone Myth"という表題を付けて送った原稿が生家にのこされていたのを岩村忍が判読、整理したものが、平凡社版『南方熊楠全集』別巻1（一九七四年）、横組部分一―二二頁に収録されている。また、邦訳も、おなじく岩村の手になるものが、これも平凡社から東洋文庫の一冊として出た『南方熊楠文集』2（一九七九年）の三五四―七八頁に、南方自身が土宜法竜や柳田国男との交信のなかで呼びならわしていたところにしたがって「燕石考」という題名を付して、収録されている。ただし、中沢は同社版『南方熊楠選集』6（一九八五年）、二八九―三一〇頁に採録されている同じ岩村の手になる邦訳を参照しているので、ここでも、注記にさいしては、こちらのほうの頁数を示しておくことにする（訳文は改めさせてもらった）。

(43) 前掲『南方熊楠　土宜法竜　往復書簡』、二六九頁。

(44) 中沢、前掲書、一一八―一九頁。

(45) 前掲『南方熊楠選集』6、三〇六頁。

(46) 中沢、前掲書、一一四頁。

(47) 前掲『南方熊楠選集』6、三〇四頁。

(48) 同右、二九八―九九頁。

(49) 中沢、前掲書、一二一―二二頁および該当個所の注5。中沢が手本にしているレヴィ＝ストロースの説明と図については、Claude Lévi-Strauss, *La pensée sauvage* (Paris, Plon, 1962), pp. 149–55. 大橋保夫訳『野生の思考』（みすず書房、一九七六年）、一三四―三九頁を参照のこと。

（50）前掲『南方熊楠選集』6、二九八頁。

（51）鶴見、前掲『南方熊楠』、一〇四頁。

（52）前掲『南方熊楠選集』6、三〇四―〇五頁。

（53）中沢、前掲書、一二三―二五頁。

（54）前掲『南方熊楠　土宜法竜　往復書簡』、三四八頁。

（55）同右、三五六頁。

（56）同右、二六〇頁。

（57）中沢、前掲書、一五九―六〇頁。

（58）同右、一六四―六五頁。

（59）同右、一六八頁。

（60）同右、一二二頁。

（61）同右、一〇〇頁。

（62）Vico, *Opere*, vol. I, p. 183. 上村訳、一二八―二九頁。

（63）Cf. Umberto Eco, *La ricerca della lingua perfetta nella cultura europea* (Roma-Bari, Laterza, 1993), p. 11. 上村忠男・廣石正和訳『完全言語の探求』（平凡社、一九九五年）、二六頁。

（64）Cf. Ernesto Grassi, *Heidegger and the Question of Renaissance Humanism* (New York. Center for Medieval and Early Renaissance Studies, State University of New York at Binghamton, 1983), pp. 26-27.

（65）中沢、前掲書、三九―四〇頁。

（66）同右、四〇頁。

（67）同右、四一七―一八頁。

（68）同右、四二〇頁。

（69）同右、四二五頁。

（70）Cf. Christine Buci-Glucksmann, *La folie du voir. De l'esthétique baroque* (Paris. Galilée, 1986), p. 34. 谷川渥訳『見ることの狂気――バロック美学と眼差しのアルケオロジー』（ありな書房、一九九五年）、二一一頁。

（71）Cf. Antonio Negri, *L'anomalia selvaggia. Saggio su potere e potenza in Baruch Spinoza* (Milano, Feltrinelli, 1981), pp. 100-05.

（72）中沢、前掲書、四一八頁。
（73）Cf. Gilles Deleuze, *Le pli. Leibniz et le Baroque* (Paris, Minuit, 1988), chap. 1.
（74）中沢、前掲書、四二四―二五頁。
（75）『南方熊楠選集』別巻（平凡社、一九八五年）、一七七頁。
（76）中沢、前掲書、五五頁。
（77）同右、五六―五七頁。
（78）同右、五七頁。
（79）同右、五七―五八頁。
（80）同右、五五頁。
（81）Vico, *Opere*, vol. I, p. 181. 上村訳、一二二―二四頁。なお、ここでヴィーコがキケロとデモステネスの弁論を比較するにあたって参考にしているのは、一五五四年にイタリアの文献学者フランチェスコ・ロボルテッロによって発見され、「ディオニュシオス・ロンギノス」なる著者名を付して出版された『崇高なことがらについて』（*περί ὕψους*）である。この著作については、十九世紀になって、紀元前一世紀のハリカルナッソスのディオニュシオスのものなのか、それとも紀元三世紀のカッシウス・ロンギノスのものなのかという論議がもちあがった。そして、ながらく後者のものであると見なされてきたが、今日では紀元一世紀の別の氏名不詳の修辞学者によるものであることが判明している。しかし、ヴィーコの時代には、著者名はなおも「ディオニュシオス・ロンギノス」で通っていたようである。しかも、そのさい、その著者を誤ってハリカルナッソスのディオニュシオスともカッシウス・ロンギノスとも同定することもなかったもののようである。Cf. Gustavo Costa, "G. B. Vico e lo Pseudo-Longino," *Giornale critico della filosofia italiana*, XLVII (1968), pp. 502-28; Giuseppe Martano, "Note sulla presenza del *περί ὕψους* nell'opera vichiana," *Bollettino del Centro di Studi Vichiani*, VII (1977), pp. 125-38.『イタリア人の太古の知恵』の英訳者はハリカルナッソスのディオニュシオスとカッシウス・ロンギノスの「合成」説をとっているが、これはいただけない。Cf. Giambattista Vico, *On the Most Ancient Wisdom of the Italians Unearthed from the Origins of the Latin Language*. Translated with an introduction and notes by L. M. Palmer (Ithaca and London, Cornell University Press, 1988), p. 99 nota.
（82）中沢、前掲書、五八―五九頁。
（83）Giambattista Vico, *Institutiones oratoriae*. Testo critico versione e commento di Giuliano Crifò (Napoli, Istituto Suor Orsola Benincasa, 1989), pp. 190, 192.

ヴィーコのゼノン

――『形而上学篇』第四章「本質あるいは力について」を読む

ジャンバッティスタ・ヴィーコは一七一〇年、『ラテン語の起源から導き出されるイタリア人の太古の知恵について』の「第一巻もしくは形而上学の巻」を世に問うている[1]（以下、『形而上学篇』と記す）。前年の一七〇九年には一七〇八年十月十八日に王立ナポリ大学でおこなった開講講演が加筆のうえ『われらの時代の学問方法について』と題して公刊されているものの、ヴィーコの体系的な哲学的著作としては最初の著作である。「イタリア人の太古の知恵」（antiquissima Italorum sapientia）なるものを起源におけるラテン語の言い回しを介して探りあてるという体裁のもと、第一真理や最高神性、人間の知性とその諸能力などにかんするヴィーコ自身の見解を披瀝しようとしたものであって、「真なるものと作られたものとは置換される」（verum et factum convertuntur）、すなわち、真理の規準は当の真理そのものを作り出したことであるとする知識理論や、「形而上学点」（punctus metaphysicus）と「コーナートゥス」（conatus）についての見解などが開陳されている。

うち、第一章で主題的に論じられている「真なるものと作られたものとは置換される」という命題については、すでに『ヴィーコの懐疑』（みすず書房、一九八八年）と『バロック人ヴィーコ』（みすず書房、一九九八年）でわたしなりの見解を提出してきたし、最近も『ヴィーコ――学問の起源へ』（中公新書、二〇〇九年）のなかで一章を割いていささか立ちいって論じさせてもらった。ただ、「本質あるいは力について」と題された第四章で開陳されている「形而上学点」と「コーナートゥス」についてのヴィーコの見解にかんしては、一九八八年に法政大学出版局から刊行された拙訳『イタリア人の太古の知恵』の註で当時までに研究者たちが解明していたところにもとづいて若干の紹介と解説を試みたものの、いままで本格的な論及は避けてきた。なおも不明な点や疑問とおもわれる点があまりにも多く残されているように感じられたのだ。

だが、このまま放置しておいたのでは、やはり悔いが残る。そこで、不明点や疑問点についてとくに新しい発見といえるようなものがあったわけではないが、この場を借りて、その「本質あるいは力について」と題された第四章について、あらためて可能なかぎり丹念に読みこんでみたいとおもう。そして積年の宿題にわたしなりの解答を試みてみたい。

ちなみに、ヴィーコの意図では、『イタリア人の太古の知恵』は『形而上学篇』『自然学篇』『倫理学篇』の全三巻からなる予定であった。しかし、『自然学篇』は準備され、一部は発表されたと見られるものの、現在は稿本・刊本ともに所在不明。『倫理学篇』は書かれずじまいであったようである。

1

さて、『形而上学篇』の第四章「本質あるいは力について」であるが、そこにはのっけから読者を困惑させる述言が飛び出す。

見てみよう。ヴィーコはその章をこう書き出している。「学校《スコラ》が〈エッセンティア〉（essentia 本質）と名づけているものをラティウムの人々は〈ウィース〉（vis）とか〈ポテスタース〉（potestas）と呼んでいる」（六九頁）と。

そして、「一方、本質とは永遠かつ不変のもののことであるとすべての哲学者が一致して定めている」としたうえで、代表例として、「ピュタゴラスのあとを受けて、知識とは永遠かつ不変のことがらについてのものであるとかんがえている」プラトンの名を挙げている（六九頁）のだが、ここまではよい。

アリストテレスは『形而上学』のなかで〈ウーシア〉（οὐσία）というギリシア語の語義について説明して、その語はそれ自体多義的であるが、少なくとも（一）ものの何であるか、（二）普遍的なもの、（三）類、（四）それぞれの事物の基体、の四つの意味で用いられている、と指摘している（一〇二八b三三―一〇二九a二）。スコラ哲学で用いられる〈エッセンティア〉というラテン語はここでアリストテレスが指摘している第一の意味での〈ウーシア〉の訳語として採用されたものであって、「ものの何であるか」、すなわち、ものの本質ないし意味内容を指す。

一方、「ラティウムの人々」というのは古代ローマ人のことである。そしてラテン語の「ウィース」や「ポテスタース」は一般に「力」を意味しているが、この語を古代ローマ人がことがらの意味内容を指すのに用いている例はキケロ『弁論家――ブルートゥスに献げる』（三二・一一五）やセネカ『善行について』（二・三四・四）などにも見られる。スコラ哲学で用いられる〈エッセンティア〉はラティウムの人々が〈ウィース〉ないし〈ポテスタース〉と呼んでいたものに当たるというヴィーコの述言は、ラテン語の著作家たちのこのような用例に着目したところから出てきたものと推測される。

また、プラトンが知識とは永遠かつ不変のことがらについてのものであるとかんがえていたというヴィーコの指摘は、たとえばプラトンの対話篇『国家』（四七九E）に〈知識〉とは「恒常不変に同一のあり方を保つもの」について知っていることを言うといった趣旨の説明がなされていることから立証される。このプラトンの考え方がピュタゴラスに由来するという指摘は、ディオゲネス・ラエルティオス『ギリシア哲学者列伝』第三巻「プラトン」にも見える。

さらにヴィーコによると、アリストテレスは「本質は分割されえない」と断言しているとのことであるが（六九頁）、これも問題はない。じっさいにも、アリストテレスの『形而上学』（一〇三四a八）には、本質としてのウーシアを言い表わした語である〈エイドス〉（εἶδος 形相）について、「エイドスは不可分である」とある。

困惑させられるのは、右の考察を踏まえたうえで、「ここから、古代のイタリアの哲学者たちは分割されえないものである本質をすべての事物に作用している永遠かつ無限の力（virtus）であるとかんがえていたと推測することがゆるされる」（六九頁）と述べ、また「ここから、運動（motus）と運動を引き起こす力であるコーナートゥス（conatus 駆動力）とがあるのと同じように、延長しているもの（res extensa）とそのものに当の延長をあたえる力（virtus extensionis）とがあるのではないか、そして、物体ないし延長しているものと運動とが自然学に固有の主題であるように、コーナートゥスと延長をあたえる力とは形而上学に固有の素材なのではないか、と疑ってみることがゆるされる」（七〇頁）と述べたあと、「これらのことがらを最初に考えついたのは、いとも卓越せるパオロ兄、わたしは自然学において〈アークトゥス〉（actus）であるものが形而上学においては〈ウィルトゥース〉（virtus）であると見ておられる貴兄であるとかんがえている」（七〇頁）と付言していることである。

ここで「パオロ兄」と呼ばれているのは、ジェノヴァで四名もの共和国の統領を輩出した貴族の一門、ドリア・ランバ家に生まれた哲学者にして数学者、パオロ・マッティア・ドリア（一六六七―一七四六）のことである。『イタリア人の太古の知恵』の「第一巻／もしくは／形而上学の巻」と記銘された題字の脇に「高貴の士にして／卓越せる哲学者／パオロ・マッティア・／ドリア／に宛てて書かれた」とあるように（二九頁）、ヴィーコは『形而上学篇』をこの人物に宛てて書いている。

ドリアには「自分自身を知る方法」という草稿が残っている。「人々から尊敬されておられる伯爵閣下」への書簡という体裁でみずからの半生を回顧した自伝風の覚え書きである（執筆時期は不詳）。それによると、ドリアは一六九〇年頃ナポリにあった別荘に移住。移住当初は「決闘家」としてナポリの貴族たちのあいだで勇名を馳せていたようであるが、ほどなくして「決闘家」としての生活から足を洗い、学問の道へと転身。一六九五年にローマ教皇庁が勅令を出して一部の革新的な青年知識人を「無神論者」として訴追し異端裁判にかけようとしたとき、それに反対する強硬な論陣を張った主役の一人であった法律家の貴族、ニコロ・カラヴィータ（一六四七―一七一七）がかれの館で開いていたサロンに足繁く通うようになったという。[2] そしてそこで同じくその館に足繁く通っていたヴィーコと知り合いになったようで、ヴィーコが『自伝』で語っているところによると、「ドリア氏は偉大な貴族であるとともに哲学者でもあって、ヴィーコが形而上学について議論しあうことのできた最初の人であった」とのことである。[3] ヴィーコが『形而上学篇』をドリアに宛てて書いたことの背景には、こういった事情があったものと推測される。

だが、どうであろう。たとえばドリアはヴィーコの『形而上学篇』が出版された翌年の一七一一年、『運動ならびに可感的物体と不可感的物体の機械学についての考察』という自然学関係の著作を世に問うている。[4] 一七〇九年には『政治生活――付論：君主の教育について』を世に問うていた。[5]『考察』はこれにつぐ二番目の公刊著作であって、斜面を転がり落ちていく物体の速度にかんしてデカルト派の医学者にして自然哲学者のルカントニオ・ポルツィオ（一六三九―一七二三）が『物体運動論』（一七〇四年）[6] において自然学的観察にもとづいて立てた仮説について、「幾何学的論証」による批判的考察が試みられている。そして、そこではたしかに自然学と形而上学の関係についても論及されている。自然学の任務はあくまで個別的な事物を救済することにあるため、可感的物体の個別的な結果を普遍的な原理によってア・プリオリに証明することは可能とされておらず、個別的な原理に訴えることを余儀なくされる。「ア・プリオリな証明は、すべての学のうちで形而上学だけが、また形而上学的にあつかわれる場合の幾何学だけが有している特権である」というのである。(7) しかし、そこには、「自然学においてアークトゥスであるものが形而上学においてはウィルトゥースである」という文言は登場しない。

ことによると、こういった趣旨のことをドリアはヴィーコとの日々の会話のなかで口にしていたのかもしれない。が、それにしても、「自然学において〈アークトゥス〉であるものが形而上学においては〈ウィルトゥース〉である」という言い回しからただちに想起されるのは、アリストテレスが提示した〈デュナミス〉（δύναμις 潜勢力・可能態）と〈エネルゲイア〉（ἐνέργεια 現実態・現勢態）の対比である点がひっかかる。というのも、ドリアの著作から全体として浮かびあがってくるのは、あくまでもプラトン的ないし新プラトン主義的なイデア論者としての姿であるからである。

もっとも、ヴィーコの証言によると、ヴィーコがカラヴィータの館でドリアと知り合いになったとき、ドリアはデカルトの『省察』の熱烈な称賛者であったという。が、すでにそのときでも「ドリア氏がデカルトにおいて崇高で偉大で新しいものであるとして称賛したものがプラトン主義者たちのあいだでは古くから言いふらされてきたものであることにヴィーコは気づいた」とのことである。(8) ドリアが称賛したのは、知性を感覚から引き抜いて省察してみせたデカルトであり、ひいては、プラトン主義に親和的なデカルトであったわけである。そして一七二四年に『古代人と近代人の哲学についての哲学的批判的論議』を出版してからは、みずから「プラトンの徒」であることを公言してはばからなくなるのだった。(9) 一七二八年には『プラトンの哲学が解説されているパオロ・マッティア・ドリアの哲学』という二巻からなる大著を世に問うていて、そこでは、プラトンの学説は三つの原理からなることが明らかにされている。第一の原理は「神」、すなわち、「みずからのうちに事物の完成態を本源的かつ本質的に現在させた永遠の霊的な存在者」である。第二の原理は「範型的なイデア」（Idea Esemplare）であって、そこから非物質的で非物体的な無限の「実体的形相」（forme substanziali）が永遠に生み出されるとされる。第三の原理は「自然」であって、その本質は宇宙を構成しているわたしたちに可視的な物体にあるとされる。そして、これら三つの原理からなるというプラトンの哲学を解説することをつうじて、ドリアはみずからの哲学の概要を披瀝しようとするのだった。[10]

これにたいして、アリストテレスにおける〈デュナミス〉と〈エネルゲイア〉の関係図式は、プラトンのイデア論に疑問を呈するなかで編み出されたものであった。プラトンは、現実に存在するもろもろの個物にそのものとしての性質を付与する〈イデア〉を個物から独立して存在する離在的な実体であるとみた。そしてこの〈イデア〉を〈エイドス〉とも称したのだったが、アリストテレスはその〈エイドス〉（形相）をそれの物質的素材である〈ヒュレー〉（質料）のうちに分離不可能なかたちで内在しているものととらえた。そしてエイドスがヒュレーと結びついて現実化ないし現勢化したものを〈エネルゲイア〉と呼ぶとともに、そうした現実態が生み出されるにあたっては、その根底に潜在的な可能性としての〈デュナミス〉が作動しているものとかんがえたのである。

自然学と形而上学の関係を説明するにあたって、プラトン主義者ないし新プラトン主義者であったドリアは、ほんとうにそれをプラトンのイデア論にたいして多分に批判的であったアリストテレスの〈デュナミス〉と〈エネルゲイア〉の関係図式を想起させる〈ウィルトゥース〉と〈アークトゥス〉という言い回しでもって表現していたのだろうか。疑問と言わざるをえない。

ちなみに、オッカムの唯名論が擡頭してスコラ学が大きな打撃をこうむったのち、トマス・アクィナスの学説を中心にスコラ学の再体系化をくわだてたことで知られるスペインの神学者、フランシスコ・スアレス（一五四八―一六一七）の『形而上学討論集』（一五九七年）には、第一五討論の第五部に「わたしたちがこれらの不可分なものが連続体のうちに存在すると言うとき、それらは連続体のうちに現実化されたものとして存在する（esse in actu）のか、それとも可能態において存在する（esse in potentia）のかが問われるだろう。じっさいにも、アリストテレス、聖トマスその他の者たちは、これらの不可分なものが連続体のうちに存在すると言うとき、大概、それらはそこに可能態において存在すると言明していた。これにたいして、わたしたちはそこに現実化されたものとして存在すると教えているようにおもわれる」とある。「自然学において〈アークトゥス〉であるものが形而上学においては〈ウィルトゥース〉である」というヴィーコの発言の出所は、ことによると、このスアレスあたりにあるのかもしれない。

2

ついでは、〈プンクトゥム〉（punctum）と〈モーメントゥム〉（momentum）についての説明。

ヴィーコは、古代のイタリアの哲学者たちが分割されえないものである本質をすべての事物に作用している永遠かつ無限の力であるとかんがえていたと推測しうることの例証として、ラティウムの人々にとっては〈プンクトゥム〉と〈モーメントゥム〉は同義であり、ともに「不可分割な何ものか」を意味していたという語源学的事実なるものを挙げている（七〇頁）。しかし、これも読者に多くの疑問を抱かせかねない述言というほかない。

なるほど、たとえばウィリアム・フロインドの『ラテン語＝ドイツ語辞典』（一八五〇年）をもとにチャールトン・T・ルイスとチャールズ・ショートによって編まれ、一八七九年にオックスフォード大学出版会から刊行された『ラテン語辞典』には、〈momentum〉の項に、この語は〈moveo〉（動かす）に由来する〈movimentum〉の代わりに用いられるとあったのち、“a movement, motion（as an indwelling force）”との説明が出てくる。「或るものに内在する力としての運動」のことを指すというのである。また、転義のB項には、“a particle sufficient to turn the scales"〔天秤の目盛りを動かすのに十分なだけの微小粒子〕とあり、『ウルガタ聖書』「イザヤ書」四〇・一五の"momentum staterae"〔天秤を傾下させるもの〕という用例が引かれている。そしてここから"a particle, a part, a point"をも意味するようになったとある。これは、ラティウムの人々にとっては〈プンクトゥム〉と〈モーメントゥム〉とは同義であったというヴィーコの主張を裏づける説明であると言ってよい。〈モーメントゥム〉は或るものに内在する力としての運動のことを指すとあるのも、注目されてよい点だろう。

ただ、管見のかぎりではあるが、現在残っている古代イタリアの哲学者の文献のうちには、〈プンクトゥム〉と〈モーメントゥム〉がともに「不可分割な何ものか」を意味していたということを裏づける典拠は見あたらない。これはヴィーコの勝手な臆測でしかないのではないだろうか。

3

またヴィーコは、古代のイタリアの哲学者たちが抱懐していたその理論はやがてイタリアから海を越えてギリシアに渡り、その後ゼノンによって装いを新たにして仕立てあげられたのではなかったかと推測したうえで、「じつのところ、この延長と運動を引き起こす分割されていない力については、それについて形而上学的点の仮説によって論じているストア派ほど正しく思考していた者はいなかったようにわたしにはおもわれる」（七一頁）と述べているが、少しあと（七三頁）には「形而上学的点についてのゼノンの徒たちにたいするアリストテレスの論証」という言葉が出てくる。ここでヴィーコはどうやらエレアのゼノン（前四九〇頃―？）とストア派の創設者であるキティオンのゼノン（前三三五頃―前二六五頃）とを混同しているらしいことも指摘しておかなくてはならない。アリストテレスの生年は前三八四年、没年は前三二二年である。そのアリストテレスが『自然学』において「ゼノンの問答法」をとりあげて論駁していることはよく知られているところであるが、そのさいアリストテレスが問題にしていたのは、いうまでもなく、ストア派を創設したキティオンのゼノンではなくて、エレアのゼノンなのであった。

もっとも、ピエール・ベールの『歴史批評辞典』（初版一六九六年、第三版一七二〇年）によると、エレアのゼノンとストア派を創設したキティオンのゼノンを混同する例は、とりわけ十六世紀から十七世紀にかけての時期のイエズス会士たちのあいだでは広く見られたことであったという。が、そうしたなかにあって、同じくベールがコインブラのイエズス会士たちによるアリストテレス『自然学』第六巻の註解を引いて立証しているところによると、コインブラのイエズス会士たちだけはそのような「通有のまちがい」を犯しておらず、アリストテレスが『自然学』のなかでその運動否定論を批判的検討に付しているゼノンはエレアのゼノンであると明言しているとのことである。[11] ヴィーコは一六六八年ナポリの小さな本屋の息子に生まれ、修業時代のほとんどを実質上独学で通したのち、一六八六年からの九年間、ナポリの南、チレント半島のヴァトッラという僻地において、そこの領主ドメニコ・ロッカの居城で息子たちの家庭教師をしながら、その居城にあった蔵書を手当たり次第に読みあさっている。[12] そこにはコインブラのイエズス会士たちによるアリストテレス『自然学』の註解書もあったのではないだろうか。それに目を通すことはなかったのだろうか。

4

それだけではない。さらには、「延長と運動を引き起こす分割されていない力」について「形而上学的点の仮説によって論じているストア派」とはストア派と称される者たちのうちのだれのどのような言説を指して言われているのかも、判然としない。というより、そもそもストア派に「形而上学的点の仮説」やそれに該当するものによって「延長と運動を引き起こす分割されていない力」について論じた者がいたのかということ自体が大いに疑問と言わざるをえない。

ヴィーコは「この延長と運動を引き起こす分割されていない力については、それについて形而上学的点の仮説によって論じているストア派ほど正しく思考していた者はいなかったようにわたしにはおもわれる」（七一頁）と述べたのち、つぎに幾何学ならびに算術（算数学・数論）が形而上学とのあいだに取り結んでいる特別の関係についての考察にとりかかって言う。「まずもって、幾何学と算術とが人々が〈下位的〉と呼んでいるすべての残余の学に優越する位置にあって、最大限に真であるか、たしかに真理の像（veri specium）を最高度に提示してみせていることについては、なんらの疑いもない。他方、形而上学があらゆる真理の源泉であり、そこからそれが他の諸学すべてのなかへと導き入れられていくというのも、このうえなく真実である」（七一頁）と。また、「幾何学者がかれの総合的方法を点から始めており、ついでは、線を計りがたいところまで引き延ばしていくことをゆるしてくれるようなおびただしい数の要請＝公準によって、無限のことどもの観照へと進んでいっていることは、だれもがよく知っている」（七一頁）と。そして、「もしだれかがどのような道をとおってその真理もしくは真理の像は形而上学から幾何学のなかに導き入れられるのかと問うならば、それはたしかに点という狭い出入り口をつうじてでしかないと答えざるをえないだろう」（七一―七二頁）と。

じっさいにも、ヴィーコによると、幾何学者がかれの総合的方法の起点に設定している「点」はあくまでも延長の背後で作用している潜勢的な力（virtus extensionis）であって、延長しているものよりも前にあり、それ自体は延長をもたない。というのも、エウクレイデスが『原論』で定義しているように、「点」とは「いかなる部分ももたないもの」のことだからである。要するに、それは現実界に存在していて図示可能な延長をもった物理的な点とは区別された「形而上学的点」とでも称すべきものなのだ。そして、算術家が形而上学から選びとる単位としての「一」があくまでも数の背後で作用している潜勢的な力（virtus numeri）であって、それ自体は数でないにもかかわらず、その数ではない「一」が数を生み出すのと同様、それ自体は延長をもたない「点」が延長を生み出すのである（七二頁）。

ところで、ヴィーコによると、幾何学者が「点」とは「いかなる部分ももたないもの」と定義するとき、それは名目的な定義である。というのも、いかなる部分ももたないようなものはおよそ現実の世界には存在せず、頭のなかで思い描いてみることができるにすぎないからである。同様に、算術家のもとにおける「一」の定義も名目的な定義である。というのも、算術家は「一」を数多化しうるものとまえもって定めているが、実際には数多化されたものはすでに「一」ではないからである（七二頁）。

ところが「ゼノンの徒たち」（Zenonii）はこの「点」の定義を「実在するものについての定義」（definitio rei）であるとみた、とヴィーコは言う。「点とは人間の知性が延長と運動の根底にあって作用している分割不可能な潜勢力について思考しうるところのものを象《かたど》ったものである」（punctum sit instar ad quod de indivisibili extensionis motusque virtute mens humana cogitare possit）とみたというのだ（七二―七三頁）。しかし、そもそも、キティオンのゼノンを筆頭にストア派のうちでそのようなことを口にした者がいたのかということ自体が疑わしいと言わざるをえないのである。

ストア派の開祖者キティオンのゼノンにかんしてはおびただしい数の著作を書いたと伝えられるものの原典は現存せず、同時代もしくは後代の、それも多くはかれの学説に批判的な者たちによって引用された断片が残っているにすぎない。それらのなかで、ディオゲネス・ラエルティオスの『ギリシア哲学者列伝』は第七巻でストア派のゼノンをとりあげており、そこにはストア派全体に通有の見解として、物体こそが「存在するものすべての実体（基体）」をなす「第一の質料」であるとされていたことが報告されるとともに（七・一五〇）、物体とは長さと幅と深さの三方向に広がっているもののことであり、その物体の限界（ペラス）、あるいは長さと幅だけをもち、深さをもたないものが面であって、それはわたしたちの観念のなかだけではなく、現実にも存在するとストア派はかんがえていたとある。また、さらに続けて、その面の限界、あるいは幅のない長さ、もしくは長さだけをもつものが線であり、その線の限界が点であるとストア派はかんがえていたというようにもある。が、そこでは点は「最小を表示するしるし」であると説明されている（七・一三五）。だとすれば、これはすでにエウクレイデスの定義にある「部分をもたないもの」としての点、そしてヴィーコが「形而上学的点」と称しているものではないだろう。[13] ストア派は物体を無限に分割されるものとかんがえていた、とディオゲネス・ラエルティオスの『ギリシア哲学者列伝』にはあること（七・一五〇）にも注意しておきたい。

5

それでは、ヴィーコが実際に念頭においていたのはストア派のゼノンではなくてエレアのゼノンであったとしたならどうか。はたしてエレアのゼノンは「点とは人間の知性が延長と運動の根底にあって作用している分割不可能な潜勢力について思考しうるところのものを象ったものである」といったようなことを口にしていたのだろうか。

エレアのゼノンは哲学的叙事詩『自然について』で「あるもの（存在するもの）は一つであって分かつことができない」と謳ったパルメニデス（ディールス－クランツ編『ソクラテス以前哲学者断片集』第二八章「パルメニデス」に収録されている断片八を参照）の弟子であることが知られているものの原典は現存しない。とくに学説にかんしてはパルメニデスの叙事詩と同名の『自然について』という著作のいくつかの断片がシンプリキオス『アリストテレス「自然学」註解』における引用をつうじて知られているにすぎないのだが、そこには「点とは人間の知性が延長と運動の根底にあって作用している分割不可能な潜勢力について思考しうるところのものを象ったものである」といった趣旨の文言は登場しない。

ただ、シンプリキオスが引いているゼノンの文言のうちには、「ある〔存在する〕ものが大きさをもたなければ、それはそもそも存在しえないであろう」という文言がある。そして、シンプリキオスによると、この文言に続けてゼノンはつぎのように議論を進めたという。「存在するからには、そのもののいずれの部分もなんらかの大きさをもち、厚みとそれぞれの部分同士の隔たりをもっていなければならない。〔中略〕同じことは、一度言われれば何度でも語られうる。なぜなら、こうしたものの最終の部分をなすべきものはありえないだろうし、別の諸部分へのつながりがつぎつぎと生じることになるからである。このようにして、多があるとすれば、それらのものは小にしてかつ大でなければならない。すなわち、大きさをもたぬまでに小さいとともに、無際限なまでに大きくなければならない」と。またそのさいゼノンは、もし「大きさも厚みもいかなる量塊ももたないもの」が存在するとして、「そのものがかりに他のある〔存在する〕ものに付け加わっても、いささかもそれをより大きくしないであろう。なんらの大きさでもないものが付け加わったとしても、いささかも大きさを増すことはできないからである。したがって、すでにこれによって付け加わるものはあらぬ〔存在しない〕ものであろう。また、それが取り去られても他のものはなんらより小さくはならず、逆にそれが付け加わっても増大することもないとすれば、明らかに、付け加わったものも取り去られたものもあらぬ〔存在しない〕ものであろう」と弁じ立てたとのことである（シンプリキオス『アリストテレス「自然学」註解』一三九・五、一四〇・三四。ディールス－クランツ編『ソクラテス以前哲学者断片集』第二九章「ゼノン」に収録）。

いまひとつ論旨をつかみきれない議論である。一見したかぎりでは、「大きさも厚みもいかなる量塊ももたないもの」、つまりは幾何学者たちの定義する「点」の存在を否定しようとした議論のようにもみえる。じっさいにも、ここでゼノンが立てた要請《アクシオーマ》については、アリストテレスも「存在としての存在とその自体的属性」を対象とする「第一哲学」について論じた『形而上学』のなかで、研究にあたってはまずわたしたちの前に立ちはだかる難問の所在と意義を明らかにしておく必要があるとして挙げた十五の難問のうちのひとつとして、第三巻第四章でとりあげている。そして、パルメニデスの詩の一節に出てくる「あるもの〈存在するもの〉は一つであって分かつことができない」の「一つ」を算術家の言う単位としての「一」と等置したうえで、「もし一それ自体が不可分なものであるならば、ゼノンの要請にしたがって、それはまったくあらぬもの〈存在しないもの〉であることになる」と述べている。アリストテレスによると、ゼノンが「あるもの〈存在するもの〉」と言うとき、それは大きさをもつもののことである。そして大きさをもつからには、それは物体的なものである。物体的なものこそはどこから見ても大きさをもったものであるからだ。ひいては、物体的なものはあるもの〈存在するもの〉である。これにたいして、面や線は、加え方しだいで加えられたものを大きくすることもあるが、大きくしないこともある。さらに点や単位としての一は、どのような仕方でも大きくすることはない。それゆえ、ゼノンでは、点や一が不可分なものであるとするなら、それらはあらぬもの〈存在しないもの〉であることになるというのである（一〇〇一b七―一三）。

　だが、シンプリキオスによると、これはあくまでもゼノンが繰り出していた「論敵向け議論」（ἐπιχειρήματα）のひとつであって、「一」の存在を否定しようとしたものではなく、かえって、「多」の存在を主張する者はそれと反対のことを言う羽目におちいることを明らかにしようとしたものであるとのことである。同趣旨のことはプラトンの対話篇『パルメニデス』に登場するゼノン自身も、ソクラテスに自分の著作の「本当の狙い」を説明して述べている。自分が書いたことはすべて、「あるもの〈存在するもの〉はすべて一つである」と謡って「多」の存在を否定したパルメニデスの説に助勢するためのものであり、この説を笑いものにしようとくわだてている者たちに対抗するためのものであったというのだ（一二八C—D）。

6

だとすれば、どうなるのか。ヴィーコの言う「ゼノン」とはとどのつまり、ストア派の創設者であるキティオンのゼノンでもなければエレアのゼノンでもなく、あくまでもゼノンにたいするアリストテレスの論駁に接しての素朴な疑問に発するヴィーコ独自の思索の所産とみるべきなのだろうか。

ヴィーコの『形而上学篇』については、公刊後まもなく、ヴェネツィアの『イタリア文人雑誌』（一七一一年）に匿名の書評が載った。著作の概要を簡単に紹介したうえで、叙述が簡潔に過ぎ、著者の抱懐する形而上学の構想を概略的に提示したにとどまっていて体系的展開がなされていないことに不満の意を表明したものであった。これにたいして、ヴィーコのほうではさっそく回答を書き、『形而上学篇』を出版したのと同じナポリのモスカ印刷所から出版する（『第一答弁』）。これには『イタリア文人雑誌』の側からも前回の匿名書評者による応酬があり、ヴィーコのほうでも再度の回答（『第二答弁』）を翌一七一二年に同じくナポリのモスカ印刷所から出す。[14]

このやりとりのうち、『イタリア文人雑誌』の匿名書評者は、第二番目の論文で、「ヴィーコ氏はかれの言う「形而上学的点」が存在することはゼノンとストア派によって教えられていたと主張しておられるが、この点については説明だけでなく、証拠の提示も必要とされると付け加えておきたい。わたしたちはこの言葉すら古代の著作家たちのうちには見いだすことができないからである」と述べて、具体的な典拠の所在について明らかにするよう求めた。これにたいして、ヴィーコは『第二答弁』でつぎのように答えている。「貴殿はわたしがゼノンのものだとしているこの見解を最初に開陳した者はだれかと問うておられるが、わたしの見るところでは、アリストテレスによって改竄される以前のゼノン自身がその人にほかならないのである。それでも貴殿がこの見解をゼノンのものであると認める気におなりになれないのであれば、これをわたしの見解だとするのは気が進まないが、しかし、そのときには、これを偉大な人々の名前によって権威づけることなく、ただこうした見解があるのだとだけ言っておくことにしよう」と。ここからは、ヴィーコの言う「ゼノン」がどうやらヴィーコ自身の創作になるものであったらしいことがうかがえるのではないだろうか。

このようなわけで、『形而上学篇』の第四章では、「ゼノンの徒たち」は「点とは人間の知性が延長と運動の根底にあって作用している分割不可能な潜勢力について思考しうるところのものを象ったものである」とみたという叙述の少しあとで、「延長している事物のどの最小の部分もさらに無限に分割できることをアリストテレスは幾何学的論証によって明らかにする。しかし、ゼノンはそれらの論証にも動揺することなく、それら自体によってかれの形而上学点を根拠づける」（七六頁）といった記述に出会うことともなるのだが、今後わたしたちはヴィーコによってゼノンの説とされている個所をすべてヴィーコ自身による説と読み替えて、第四章での議論を追っていきたいとおもう。

7

ただ、このように読み替えるにあたっては、その前に考慮しておかなくてはならない点がさらに二点ばかりある。

第一点は、十七世紀にはイエズス会士の一部から、「連続体は無限に分割される」とするアリストテレスの説に異を唱えて「連続体は分割不可能で延長をもたない点からなる」と主張する、「ゼノニスト」と称される者たちが擡頭してきたという事実があることである。そして、ヴィーコが「ゼノンの徒たち」という言い方をする場合、かれが実際に念頭においていたのは、古代においてゼノンからじかに学んだり影響を受けたりした哲学者たちではなく、これら十七世紀にイエズス会士の一部から擡頭してきた「ゼノニスト」と称される者たちのことであったのではないかと推測されることである。

ピエール・ベールの『歴史批評辞典』の「ゼノン（エレアの）」の項を見られたい。その項でベールは、スペイン生まれのイエズス会士ロドリーゴ・デ・アリアーガ（一五九二—一六六七）の名を挙げて、「アリアーガやその他多くのスペインのスコラ学者は、連続体は分割不可能で延長をもたない部分からなると主張する者たちをゼノニスト（Zenonistes）と呼んでいる」と註記している。[15] じじつ、アリアーガの一六三二年に公刊された『哲学講義』には、ベールの言うとおり、「アリストテレスの見解に付き従っている者たちの何人かは、こうしてゼノニストたち（Zenonistas）に反対して起ちあがった」という記述が見える。[16] そしてこう述べているアリアーガはどうであったかといえば、ベールの註記に着目して十七世紀から十八世紀にいたる時期のヨーロッパでの「ゼノンの点」をめぐる議論を追尋したイタリアの哲学史家パオロ・ロッシも『哲学講義』の分析をつうじて明らかにしているように、かれ自身が「連続体は延長をもたない点からなる」とかんがえる「ゼノニスト」なのであった。[17]

ヴィーコが『形而上学篇』で「ゼノンの徒たち」と言うとき、かれの念頭にあったのは、これら十七世紀の「ゼノニストたち」のことではなかったかと推測されるのである。ヴィーコの『自伝』には、かれが通わされていたイエズス会の学校で教えを受けたジュゼッペ・リッチ神父（一六五〇—一七一三）の話が出てくる。そこでは、神父は「宗派上はスコトゥス派でありながら、根底においてはゼノニストであった」と紹介されている。そしてこの神父との出会いは、のちにヴィーコが『形而上学篇』においてゼノンの「点」を「アリストテレスのような改竄された見解とは別の〈原意に立ち戻った〉見解」によって論じるようになることの「前兆」であったと述べられている。(18) ヴィーコみずから『自伝』でこのように証言しているという事実があることにも注意しておきたい。

なお、十七世紀といえば、あたかもヨーロッパの思想界で「物体は微粒子ないし原子《アトム》からなる」とするデモクリトスに由来する微粒子論ないし原子論がとみに勢威を増しつつあった世紀であった。この微粒子論ないし原子論がキリスト教の聖体秘蹟にかんする教義に背反する危険があることに脅威を感じたのであろう、イエズス会は一六三二年八月一日、みずからの傘下の学校にたいして原子《アトム》の学説を教授することを厳しく禁じる布告を出している。(19) アリアーガの『哲学講義』が出版された直後のことである。

ただし、アリアーガの言う「ゼノニストたち」はデモクリトスやレウキッポスらの流れを汲む原子論者たちとは見解を大きく異にしていた、とベールは『辞典』のいましがた引いた註記のなかで指摘している。(20) そしてロッシも、かれら十七世紀に入ってイエズス会内部から擡頭してきた「ゼノニストたち」の試みを「デモクリトスの哲学からは距離をとりながら、しかしまた不連続説と微粒子説のいくつかの側面を自分のものにすることのできるような、伝統的なアリストテレス的観念に取って代わる自然哲学を練りあげようとする試み」であったと述べている。(21) ベールによると、「ゼノニストたち」は「物質は数学的点からなる」と主張していたという。(22) ロッシは、このベールの指摘を引き取って、「アトムとは物体の（どれほど小さくとも延長をもった）極小部分のことであるという概念を消去することによって一連の克服不可能な難問を回避しながら、延長をもたない点としてのアトムについて語る可能性」を追求した者たちこそが「ゼノニスト」であったとみるのである。(23)

ついでながら、エレアのゼノンといえば、今日ではとりわけ、アリストテレスが『自然学』のなかでゼノンが提出してみせて人々を困惑させたと報告している四つのパラドックス、すなわち「二分割」「アキレウスと亀」

「飛ぶ矢」「競走場」のパラドックスをつうじて、運動の存在事実を背理に追いこんだ逆説家として知られる。[24] しかし、十七—十八世紀に人々をとらえたのは、なによりも、「物体は無限に分割可能である」とするアリストテレス的な考え方に異を唱えて「不可分な点」の存在を理論化しようとしたゼノンであったことにロッシは注意をうながしている。[25] この点にも留意しておきたい。

8

第二に考慮しておかなくてはならないのは、「形而上学的点」という用語そのものはライプニッツが一六九五年パリの『学者雑誌』に寄せたフランス語論文「実体の本性と交通、そしてまた精神と物体のあいだに存在する結合についての新説」[26] にも登場するということである。しかも、用語だけでなく、考え方もヴィーコとほぼ類似している。著者の名前は秘匿されていたが、ライプニッツの書いたものであることは、論述の内容からして火を見るよりも明らかであった。

この論文において、ライプニッツはまずみずからの学問的形成の跡を振り返って、「わたしは若い頃から数学のほうを随分勉強してきたが、哲学について思索することも怠りはしなかった」と述べている。またそのさい「スコラ学者たちの国にもかなり奥深く分け入ったが、数学と近代の学者たちがわたしをそこから抜け出させた」とも。「自然を機械的に説明する近代の学者たちのみごとなやり方がわたしを非常に喜ばせた」というのだった。

しかしまたライプニッツが続けて告白しているところによると、「その後、わたしたちが経験によって認識する自然法則の理由を説明するために力学の原理そのものを深く究めようと努めた結果、ただ延長している量塊（masse étendu）を考察するだけでは不十分であって、力（force）という、形而上学の領域に属してはいるがきわめてよく理解のできる概念を使わなければならないということに気づいた」という。「物質においてはすべてがどこまで割っていっても際限のない多くの部分の集合もしくは堆積にほかならないが、多はその実在性を本当の一からしか仰ぐことができない。そして、その本当の一は別のところからやってくるもので、数学的な点とはまったく別物である。数学的な点は延長しているものの極端でしかなく、様態でしかなくて、それをいくら合わせても連続体を構成しえないものと決まっている。だから、この実在的な一を見いだすためには、わたしはいわば実在的で生気を帯びた点（une point reel et animé）、あるいは実体の原子《アトム》に頼るほか仕方がなくなった」というわけである。

　こうしてライプニッツは言う。「今日あれほどこきおろされている実体的形相（formes substantielles）を呼び戻して復権させてやらなければならなかった」と。そして「これをアリストテレスは第一エンテレケイアと呼んでいるが、わたしはもっとわかりやすく原始的な力（forces primitives）と呼ぶ」と。「これは現実態（acte）もしくは可能性の完成態だけでなく、本源的な活動（activité）をも含んでいる」。

　またさらに下った個所では、デカルト派であったジェロー・ド・コルドモア（一六二〇—一六八四）が「本当の一」を見いだすためにデカルトを見限ってデモクリトスの原子説を採用せざるをえなくなったことに触れて、「しかし物質の原子は道理に反する」と批判している。「それらはやはり部分が合わさってできており、一つの部分が他の部分にどれほど解き放しがたく付着しているとしても、それらの多様性を打ち壊すことにはならない」というのである。そのうえで、あらためて「活動の源泉、事物が合成されるにあたっての絶対的第一原理」は「実体の原子《アトム》、すなわち部分をまったくもたない実在的な一」のほかにないと主張するとともに、「これら〔実体の原子〕をひとは形而上学的点（points métaphysiques）と呼ぶこともできるだろう」と述べている。そして「数学的点はこの形而上学的点が宇宙を表出するための視点である」としている。

この「形而上学的点」をやがてライプニッツは「単子《モナド》」（monade）と呼ぶようにもなるのだが、見られるように、ここではヴィーコと同じ用語が使用されているだけでなく、議論の内容もこれまでわたしたちが見てきた『形而上学篇』でのヴィーコの議論とほぼ一致しているのが目を惹く。偶然であるにしてはあまりにもみごとな一致というほかない。ヴィーコはフランス語が読めなかったというが、なんらかの経路をつうじてこのライプニッツの匿名論文の内容を知っていた可能性は排除しきれない。念頭においておきたい点である。(27)

9

話を戻そう。

いまも見たように、ヴィーコは言う。「ゼノンの徒たち」は「点とは人間の知性が延長と運動の根底にあって作用している分割不可能な潜勢力について思考しうるところのものを象ったものである」とみた、と。したがって、幾何学はそれの対象を質料から浄化する、あるいは学校《スコラ》で言われているように〈抽象する〉と一般にはかんがえられているが、ヴィーコによると、これはまちがっているのだった。なぜなら、「ゼノンの徒たちは、どの学も、形而上学が提供する単純質料すなわち延長の背後で作用している潜勢的な力を幾何学があつかうときほど、精密に質料をあつかっている学はないとみていたからである」（七二―七三頁）。

ヴィーコのみるところでは、今日まで伝えられている歴史の全体から、わたしたちは哲学者を四つの階級に区分することができるのだった。第一の階級は、優秀な幾何学者で、自然的事物の諸原理について数学的仮説を用いて論究した者たちからなる。これらのうちにはピュタゴラスがいる。第二の階級は、幾何学を十分に学んでいたが、同時に形而上学も熱心に修めていて、自然的事物の諸原理についていて数学的な仮説はいっさい使わずに形而上学的な仕方で思考した者たちからなる。これらのうちにはアリストテレスがいる。第三の階級は、幾何学も知らなければ形而上学にも敵対的で、たんに延長しているだけの物体を質料の実際的使用にさいして用意した者たちからなる。この者たちは諸原理の解明において最初の入り口のところでつまずいてしまったものの、自然の個別的現象についてはなかなか巧みに思考することをなしえた。エピクロスがそうである。第四の階級は、量と質の双方を兼備した物体をそのまま事物の原理であるとみようとした者たちからなる。古代人のうちでは地・水・火・風をそのまま事物の原理であるとみようとした者たちがそうであり、近代人のうちでは化学者がそうであるが、この者たちは事物の諸原理についてはなにひとつ価値あることを論じておらず、個別的現象についての解明も、ごくわずかの、それも熟慮の結果というよりは冒険がもたらしたものを除いては成功を見ていない。そうしたなかでゼノンはどの階級に属するかといえば、かれは「最高の形而上学者」であったが、自然的事物の諸原理を解明するにあたっては――アリストテレスとは異なって――幾何学者たちの仮説に賛同し、ピュタゴラスが数によって事物の諸原理について論じたように、点によって事物の諸原理について論じようとしたというのだった（七四―七五頁）。

こうしてまた、「延長している事物のどの最小の部分もさらに無限に分割できることをアリストテレスは幾何学的証明によって明らかにするが、ゼノンはそれらの証明にも動揺することなく、それら自体によってかれの形而上学的点を根拠づける」ともヴィーコは言うのである（七六頁）。

というのも、ヴィーコの説明によると、分割はあくまでも自然学的な事象であって、そこでは延長しているものは――たしかにアリストテレスの言うように――無際限に分割可能である。しかし、延長しているものの無際限の分割を可能にしている力そのものは――「わたしたちの神学者たち」すなわちキリスト教神学者たちが言っているように――「卓越的に神のうちに含まれている」[28]。ひいては、それをあたえることができるのは、アリストテレスみずからが教えているように、形而上学をおいてほかにはない。が、そうであってみれば、ゼノンが「点」と言うとき、それはまさしく形而上学的な点のことを指している。いいかえるなら、アリストテレスが延長している事物のどの最小の部分もさらに無限に分割できると主張するとき、かれが語っているのは〈アークトゥス〉、つまりはすでに現実化されたものである。これにたいして、ゼノンのほうでは、そうした現実化を可能にする潜勢的な力である〈ウィルトゥース〉について語っているというのだが（七六―七七頁）、ここでも、とくに典拠にかんしていくつか疑問がないわけではない。

たとえばヴィーコは続けて述べている。「アリストテレスは、部分が無限に分割されることを証明するのに、正方形の辺と〔平行な線によって〕同一数の点において切断される対角線を持ち出し、この二つの線が通約不可能であることを示そうとしているが、そのときアリストテレスはすでに点ではなくて延長しているものを分割しているのである。というのも、アリストテレスはそれを図示しているからである」と（七七頁）。しかし、なるほど『分析論前書』第二巻第一七章（六五b一六―二一）にはそれとおぼしき論述が登場するものの、アリストテレスはそれを「図示」することはしていない。ルネサンスの頃、連続体をめぐるアリストテレスの議論はアラビアの数学者たちの著作を介してヨーロッパに再移入されたといわれる。ここで再移入された議論が典拠かとも推測されるが、具体的にだれのものかは不明である。

またヴィーコは同じくアリストテレスによる「幾何学的証明」の例として「どの点をとっても中心でもって切断される同心円」や「水平線に斜めに引いてもそれと交差する垂直線をけっして分割することのない平行線」にかんする証明を挙げているが（七七頁）、これらもアリストテレスの著作中には見あたらない。

だが、典拠についてはこれ以上問わないでおく。そしてヴィーコの後続する議論を追っていくとして、ヴィーコによると、アリストテレスが論証してみせているさまざまな驚異自体、「点とは無限に分割された最小の部分のことであると定義しているような幾何学」によってではなく、「点をおよそ部分というものをまったくもたない不可分なものと定義している幾何学」を基礎として出てくるのだった。したがって、アリストテレスの幾何学的証明によってゼノンはむしろ自説への確信を強めることになるのであって、論駁されたなどとはとても言えないのである（七七―七八頁）。「じっさいにも、人間がみずからの前に仮構してみせるこの図形の世界、そして人間がそれのそれなりに神であるこの図形の世界においては、この定義された名辞、それのなんらの部分も存在しないというこの案出物〔数学的な点〕が、もろもろの不等な延長しているものの根底に平等に存在している。これと同じく、神が創建した真実の世界においても、延長を引き起こす分割されない力が存在していて、もろもろの不等な延長しているものの基底に平等に横たわっている」。このことがアリストテレスによるゼノン批判からは逆説的に浮かびあがってくるとヴィーコはみるのである（七八頁）。

これはなかなか奇抜で言いえて妙なとらえ方というほかないが、ここでひとつ注目されるのは、これに続けて「それであるから、もろもろの力は無限定である（virtutes sunt indefinitae）。そして無限定であるために、それらについては〈かくも多くの〉とか〈どれほど多くの〉と云々することはできない。〈より多い〉とか〈より少ない〉というふうに思考することはゆるされないのであって、それらは〈より大きい〉とか〈より小さい〉といったものを嫌うのである」（七八頁）という述言が出てくることである。それというのもほかでもない、同様の述言はガリレオ・ガリレイが一六三八年に公刊した著作『機械および位置運動にかんする二つの新科学についての論議および数学的証明』（『新科学論議』）にも出てくるからである。

見てみよう。『新科学論議』の「第一日目」の論議で、ガリレオはサルヴィアーティに「不可分なものでもって連続体を合成する者たち」にたいして提出される反対論のひとつに「不可分なものに不可分なものを加えても分割可能なものを作ることはできない」という反対論があると述べさせたうえで、この反対論にたいしては「二つの不可分なものだけでなく、十の、百の、あるいは千の不可分なものを合わせても分割可能な大きさと量を作り出すことはできないのであって、作られるのはどこまでも無限なものなのだと答えることで満足していただきたいのです」と語らせている。そして、これにシンプリーチョが「ここでさっそく解けそうもない疑問が出てきます。わたしたちは線分のうちには一方が他方より長い線分が存在すると確信しています。しかも、どちらの線分も無数の点を含んでいます。そこで同一種属のなかに無限なものより大きなものが存在することを認めざるをえなくなります。なぜなら、長い線分のなかに含まれている点の無限さは、短い線分のなかに含まれている点の無限さよりもその程度が大きいだろうからです。ところで、このように無限なものよりも大きな無限なものが生じうるということは、まったくもって理解できないことのようにわたしにはおもわれるのです」と疑問を呈したところ、同じくサルヴィアーティにつぎのように答えさせている。「これらはわたしたちがわたしたちの有限な理解力でもってもろもろの無限なもの（gl'infiniti）について論じ、それらにわたしたちが有限で限定されたものにあたえている属性をあたえることから生じる困難なのです。このようなことはしてはならないのだとわたしはおもいます。なぜなら、大きいとか、小さいとか、等しいとかいう属性はもろもろの無限なものには通用しないのであって、それらについては他よりも大きいとか小さいとか等しいと言うことはできないとかんがえるからです」と。[29]ヴィーコの議論は明らかにガリレオの『新科学論議』を傍らに置きつつなされていることに留意しておこう。

ちなみに、ヴィーコは『形而上学篇』についての『イタリア文人雑誌』の書評にたいする『第一答弁』のなかでも、『新科学論議』の右の一節を幾何学という学問のもつ特性についての幾何学者ガリレオの透徹した自覚を示すものとして引用している。とともに、この「偉大なガリレオ」も「自然学を大いなる幾何学者の目でもって眺めはしたが、形而上学の光でもって眺めることをしなかった」ため、「もろもろの無限なもの」といったような言い方をしてしまっていることを批判している。無限なものは、本来、不可分な一をなしていて、数えることをゆるさないはずだというのである。(30)

10

さて、人間がみずからの前に仮構してみせる図形の世界においては数学的な点がもろもろの不等な延長しているものの根底に平等に存在しているのと同様に、神が創建した真実の世界においても「形而上学的点」とも称すべき延長を引き起こす分割されない力が存在していてもろもろの不等な延長しているものの基底に平等に横たわっているととらえるヴィーコは、「このことを明らかにするのと同じ論証が、コーナートゥス、すなわち運動を引き起こす力も、形而上学的なものとして、もろもろの不等な運動の根底に平等に存在しているという結論に導く」と言う（七八―七九頁）。

「自然が現存するとき、あるいは学校《スコラ》で言われているところによれば〈形成されてしまった状態にある〉（in facto esse）ときには、あらゆるものは運動している。一方、現存する前には、あらゆるものは神のうちに静止したままでいる。したがって、自然はコーナートゥスをもつことによってはじめて現存しはじめるのである。あるいはコーナートゥスとはこれまた学校《スコラ》で言われているところによれば〈形成途上にある自然〉（natura in fieri）なのである。じっさいにも、コーナートゥスは静止と運動との媒介者である。自然のうちには延長しているものが存在し、あらゆる自然の以前には、あらゆる延長を嫌悪するもの、つまりは神が存在する。したがって、神と延長しているものとのあいだには、なるほど延長をもたないが、しかし延長を生む力のある媒介者、つまりは形而上学的点が存在する。そしてまことにそうであるからこそ、一方における静止、コーナートゥス、運動と、もう一方における神、質料、延長物体とは、相互に最高度の対称性、あるいは学校《スコラ》で言われているところによれば〈比例性〉(proportio)[31] において対応しあっているのである」。こうヴィーコは述べている。さらには「神はあらゆるものの原動者でありながら、みずからは静止している。質料にはコーナートゥスがあたえられており、延長している物体は運動する。また、運動が物体の様態であり、静止が神の属性であるように、コーナートゥスは形而上学的点の天性である。そして、形而上学的点が延長を生み出す無限定な力であって、もろもろの不等な延長しているものの根底に平等に存在しているように、コーナートゥスは運動を引き起こす無限定な力であって、もろもろの不等な運動を平等に引き起こすのである」とも（七九―八〇頁）。

ここでヴィーコはみずからに問いかける。それにしても、どのようにして無限なものがもろもろの有限なもののなかにまで降りてくるのだろうか、と。そしてこう答える。その間の事情については、たとえ神がわたしたちに教えてくれたとしても、わたしたちには理解できないだろう、と（八四―八五頁）。

ヴィーコが『形而上学篇』の第一章「真なるものと作られたものについて」で陳述しているところによると、知識（scientia）とは「事物が作り出される〔生じる〕さいの〈ゲヌス〉もしくは様式の認識」(cognitio generis, seu modi, quo res fiat) のことにほかならない。そして知性は、事物が作り出されるさいの様式を認識するにあたっては、事物の諸要素を組み立てあげていく。それゆえ、知性は当の事物を同時に作り出していることとなる。そうであってみれば、理解すること（intelligere）は神の知性にだけゆるされていることであって、人間の知性には思考すること（cogitare）しかゆるされていないと言ってよい。というのも、理解するとは「完全に読みとる」ことの謂いであり、思考するとは「拾い集めて回る」ことの謂いである。そして、神は事物の要素を――外的な要素も内的な要素も含めて――すべてみずからのうちに含みもっているので、それらの要素すべてを完全に読みとることができる。これにたいして、人間の知性は制限されており、自分自身を除いてはあらゆる事物の外部に存在しているため、たかだか事物の外的な要素を拾い集めて回れるにすぎず、事物の全要素を収集しつくすことはけっしてできない。したがって、人間の知性はたしかに事物について思考することはできるが、理解することは可能とされていないのだった（三三―三五頁）。

この第一章における陳述を復唱するかのようにしてヴィーコは言うのである。どのようにして無限なものがもろもろの有限なもののなかにまで降りてくるのかは神の知性のみがとらえうる真理であって、人間の知性は有限であり有形であるため、無限で無形のものについては、なるほど思考はできるが、理解することはできないのだ、と（八五頁）。

しかしまたヴィーコによると、このことを思考すること自体が、ひとが思考しているのは無形にしてなんらの境界ももたない無限のものであることを認めていることにほかならないのだった。そして、まさにそれゆえに、判明に思考するということは、人間の知性のすぐれた点であるよりはむしろ欠点なのであった。なぜなら、判明に思考するというのはとりもなおさず事物の境界を認識するということであるからである（八五頁）。

ここまで述べてきたことを総括してヴィーコは述べている。「神の知性は事物をそれの真理の太陽の光のなかで見る。いいかえれば、ある事物を見るとき、それが見ている事物とともにほかにも無限に存在する事物を同時に認識している。ところが、人間の知性が事物を判明に認識するとき、それはその事物を夜、ランプで見ているようなものであって、その事物を見ているあいだは周りにあるものを視野から見失ってしまっている。〔中略〕しかし、この形而上学的真理の明るさはまさしく光の明るさと同じであって、わたしたちには不分明な物体を対置することによってしか識別できないのだ」と（八五―八六頁）。

ヴィーコが言うには、「形而上学的真理が光り輝いているのは、それらがどのような境界によっても囲繞されることがなく、どのような有形のものによっても識別されえないからである。これにたいして自然学的真理は不分明であるが、これらによってわたしたちは形而上学的なことどもの光を識別するのである」。そして「この形而上学的な光〔が存在することの証明〕、あるいは学校《スコラ》で言われているように〈ウィルトゥース〉から〈アークトゥス〉への演繹＝導出（deductio）は、まさしくコーナートゥスによってなされる」のだった。いいかえれば、「もろもろの不等な運動の根底に平等に存在している、運動を引き起こす無限定な力」によってなされるのである。そして、これは「形而上学的点」の天性でもあるのだった。すなわち、「事物に延長をあたえる無限定な力、そしてもろもろの不等な延長しているものの基底に平等に横たわっている無限定な力」の天性でもあるのだった（八六頁）。

ここにおいてヴィーコのゼノンの形而上学はその全容を露わにするにいたったとみてよい。

なお、以上の論述の過程でヴィーコは「運動の反射と屈折についてのデカルトのこのうえなく卓抜な考察」に言及するとともに、その考察に批判をくわえている。

ヴィーコが言うには、デカルトは、運動の同一の限定（determinatio）あるいは「方向量《ベクトル》」のもとでもより大きな運動があってもよいようにと、考察全体の基礎に「運動はそれの限定とは異なる」ということを前提として置いている。そしてここから、斜めの限定においてのほうが真っ直ぐの限定においてよりも大きな運動が存在するという結論を導いている。またここから、物体が浸透不可能な平面の上を転がっていくときには反射角が入射角に等しいようなふうに運動を反射させるが、そうではなくて浸透可能な平面の上を転がっていくときには運動を屈折させるのであり、それが通過する媒体の抵抗度の大小におうじて、一様な仕方で浸透可能な媒体を通過する場合よりも近くか遠くまで垂直線から遠ざかっていくのだ、と説明している。

だが、これにたいしてヴィーコは「デカルトは、なるほど、限定の同一の様態のもとでもより大きな運動が生じうることが真理であることを見てとっているが、その一方で、アリストテレスとともにゼノンに反対しているために、その理由を隠蔽してしまっている」と批判するのである。正方形の対角線にも側線にもそれらの根底には等しい延長の力がはたらいているように、真っ直ぐに下降していく運動にも傾斜して水平線の方向に向かっていく運動にもそれらの根底には等しい運動の力がはたらいていることをデカルトは隠蔽してしまっているというのだ（八〇—八二頁）。

いかにもゼノニスト＝ヴィーコの面目躍如といったところである。ただ、ヴィーコは「運動の反射と屈折についてのデカルトのこのうえなく卓抜な考察」についての情報をいったいどこから得たのだろうか。『形而上学篇』の英訳者ルシア・L・パルマーは「ヴィーコがデカルトの物理学の不適切さを示すのにここで使用しているデカルトの証明の典拠を正確に決定するのはむずかしい」とことわりながらも、「唯一かんがえられる候補」としてデカルトの『屈折光学』の「第二論議」を挙げている。(32) しかし、『屈折光学』では投射したボールが柔らかい通過可能な敷布に当たった場合と硬い通過不可能な地面に当たった場合とを例にとって、光の屈折と反射についての説明はなされているものの、斜面上を転がり落ちていく物体についての説明はなされていない。(33) デカルトの一六三八年七月十三日付メルセンヌ神父宛て書簡(34)にはこの問題についての言及が見られるが、フランス語が読めなかったというヴィーコが同書簡を直接読んだとはかんがえにくい。では、情報源としてほかに何がかんがえられるのか。私見ではあるが、小論の第一節でも触れたルカントニオ・ポルツィオの『物体運動論』が情報源ではなかったかと推察される。じっさいにも、同書ではデカルトのメルセンヌ宛て書簡を引きつつ、その問題が詳細に論じられている。(35)

ついでながら、斜面上を転がり落ちていく物体にかんするポルツィオの論証については、パオロ・マッティア・ドリアが同じく小論の第一節で言及した『運動ならびに可感的物体と不可感的物体の機械学についての考察』のなかで批判をおこなっている。ポルツィオの主張の要点は、ある球体が斜面上を転がり落ちていく場合の重力と空中を垂直に落下していく場合の重力とのあいだには斜面の長さと地面への垂直線の長さとの比と同じ比が存在するというのを一般法則として認めるのは正しくないという点にあった。これにたいしてドリアは、ポルツィオの論証が斜面上の球体が一点で斜面と接しているときには重力のすべてをその一点にかけているという誤った想定に依拠して展開されていると批判する。ポルツィオの想定は、あくまで可感的なものでしかない諸特徴を想像上の幾何学的点に付与し、実際には球体を支える力は斜面の長さ全体に属しているにもかかわらず、それを想像上の所産である斜面上のその一点に所属させたところで成り立っている。しかし、「幾何学はたんにそれだけではほとんどなんの役にも立たないのであって、形而上学の助けがなくては、それはあつかわれている事物の本質についての正しい観念を作り出すことはけっしてできない」というのだった[36]。

11

続いてヴィーコのゼノンは「運動とは何か」という問題へと分け入っていき、四つの節に分けて論証を試みる。（一）延長しているもののうちにはコーナートゥスは存在しない、（二）運動はすべて合成されている、（三）延長しているものは静止していない、（四）運動は伝達されない、の四つである。

まずは「延長しているもののうちにはコーナートゥスは存在しない」という見出しの付いた第二節であるが、その節でヴィーコが説明しているところによると、すべてが同一種類の物体によって充満していて、相互に等しく抵抗しあっているような状態のもとでは、そもそもコーナートゥスが発動する余地がない。また、すべてが相異なる種類の物体によって充満していて、そのうちの或るものが抵抗し、或るものが場所を譲るような場合には、コーナートゥスの発動を待つまでもなく、まごうかたなき運動が生じる。したがって、「延長しているもののうちにはなんらのコーナートゥスも存在しうるようにはみえない」と言うのだった（八七頁）。

このことを示す経験的証拠としてヴィーコは光の例を持ち出して言う。「光は一瞬のうちに拡散していくようにみえるが、もっともすぐれた自然学者たちが教えているところによると、その光すら、時間の間隔を置いて、そして運動をつうじて存在するにいたるのだという。というのも、もし光が一瞬のうちに拡散していくのだとしよう。そのときには、このもっともすばらしい自然現象は形而上学的な点から生じたものとかんがえることができる。じっさいにも、もし光が一瞬のうちに拡散していくのだとしたなら、自然のうちには必然的にその点の効果があらわれることとなるだろう。時間的な瞬間は空間的な点と相関関係にあるからである。さらにはまた、〔かれら現代のもっともすぐれた自然学者たちによると〕光はある方向に向かって動いていくいくつかの円い微粒子から産み出されるとのことであるが、もしその光が一瞬のうちに拡散していくのだとしたなら、それらの微粒子はそれらの拡がりのどの部分にも向かっていくことはできないということになってしまうだろう。なぜなら、拡がっているものは境界によって限定されており、境界は中間にあるものによって分離されている。そして境界も中間にあるものも時間的な間隔と真の運動とによって通過されているからである。それゆえ、光がコーナートゥスによって一瞬のうちに産み出されるのだとしたなら、微粒子はなんらの部分ももたない点から方向を受けとらざるをえないことになる。見られるがよい、なんらの延長ももたないものが自然のうちに存在することとなるのである。しかし、実際には、光を拡散させ暗闇を出現させるとかれら〔現代のもっともすぐれた自然学者たち〕が言っている微粒子のほうはあまりにも実質がありすぎていて、幾何学のきゃしゃな才知などでは空っぽにすることはとても無理であり、形而上学の繊細さをもってしてもそれらからすべての拡がりを奪い去ることは望めない。こうした理由から、〔中略〕すでに現実に存在している自然のうちには、コーナートゥスではなくて、真の運動があるのである」と（八八―九〇頁）。

ここで言及されている「もっともすぐれた自然学者たち」とは、おそらく、ニュートンとかれの説を受けいれたイギリス王立協会の面々を指しているのだろう。ニュートンは一六七〇—七二年に光学についての講義をしており、そのなかでデモクリトス的な原子論に立脚した自然像を展開していた。そして光は微細な粒子からできているとするとともに、真っ直ぐに進む光の粒子が物体にさえぎられるときに影が生じるとかんがえていたようなのである。一七〇六年には『光学』（英語版初版一七〇四年）のラテン語訳が出ている。[37] ヴィーコが読んだのはこのラテン語訳ではなかったかと推測されるが、そこには英語版初版の第三篇で提示されていた十六の疑問にくわえて新たに七つの疑問が提示されているが、その新たに追加された疑問のうち、「疑問20」では光は流体媒質によって伝播される圧力もしくは波動であるとみるホイヘンスの説[38]が論駁されるとともに、「疑問21」であらためて光の粒子説が展開されている。[39]

だが、このニュートンの光の粒子説とそれをめぐる論争については、いまはおく。わたしが注目したいのは、ここでヴィーコが「現実に存在している自然」のうちにあるのはコーナートゥスではなくて運動であるとしていることである。続けてヴィーコはこうも述べている。「いわゆる〈隠れた性質〉による論究の仕方は、すぐれた自然学者たちの努力によって、いまでは自然学の学校から追放されてしまっている。ただ、形而上学からやってきた〈コーナートゥス〉という術語だけはいまも残っている。自然学的なことがらについての論究の仕方を完全なものに仕上げるためには、それを自然学の学校から形而上学の学校に返さなければならない」（九〇頁）。〈コーナートゥス〉について論じることがゆるされるのはあくまでも形而上学であって、自然学的考察の場からは追放されなければならないというのである。ここには、明らかに十七世紀科学革命の推進者たちの機械論的な運動理論を積極的に受けいれようとしているヴィーコがいる。じっさいにも、この点については、デカルトの『哲学の原理』（一六四四年）第二部第二五節に、本来の意味においての運動とは「物質の一部分、すなわち、ひとつの物体が、それと直接に隣接していて、しかもあたかも静止しているようにみえるもろもろの物体のそばから、他のもろもろの物体のそばへ移動すること」であるという定義が登場する。そしてそのさいデカルトは「わたしが、移動することである、と言って、移動させる力もしくは作用である、と言わないのは、運動が存在するのはいつの場合にも動かされるもののなかにおいてであって、動かすもののなかにおいてではないということを示すためである」とことわっている。(40) 注目したいゆえんである。

もっとも、同じ『哲学の原理』第二部の第三九節では、「物質のあらゆる部分は、それだけとってみると、けっして曲線的にではなく、ただ直線的にのみ運動しつづけようとする傾向をもつ」のであり、それゆえ「円運動をしている物体はつねにその物体の描く円の中心から遠ざかろうとする傾向をもつ」ということが「自然の第二の法則」として掲げられているのに出会う。(41) しかし、この「傾向をもつ（tendere）」という言い回しについては、一六二九年頃から執筆されながらガリレオ裁判の結果を知って出版を断念し、デカルト死後の一六六四年にはじめておおやけにされたフランス語の著作『世界論、もしくは光論』の「光について」という見出しのついた第一三章のなかで「ひとつの物体がある方向へ向かうとわたしが言うとき、こう言ったからといって、その物体がそれ自体のうちにみずからを運んでいこうとする考えまたは意志をもっていると想像してほしいのではなく、ただその物体はそちらへ動いていくように配置されているのだと想定してほしいのである」と説明されている。(42)

12

ついでは「運動はすべて合成されている」という見出しの付いた第三節。

この節では、様態（modus）とは「かくかくしかじかの状態にある事物自体」のことであるとするなら、運動とは様態のことであるとされたうえで、それが合成されたものであることがことのほか強調されている。ヴィーコは述べている。「図形は合成された様態である。というのも、図形は少なくとも三本の線からなっているからである。場所も合成された様態である。というのも、場所は三つの次元からなっているからである。空間も合成された様態である。じっさい、空間とは多数の場所の構成する関係にほかならないのである。時間も合成された様態である。というのも、時間は停止しているものと運動しているものとの二つの場所からなっているからである。〔中略〕そしてこれらの例からは運動も合成された様態であることがわかる。なぜなら、それは〈どこから〉と〈どこに〉と〈どこへ〉からなっているからである」と（九一―九二頁）。

ヴィーコがこのように「運動はすべて合成されている」と主張するとき、そこにはおそらく運動を単純なものとみるデカルトの運動観への批判が暗々裡に含まれていたのではないかとおもわれる。というのも、運動は物体のたんなる様態にすぎず、なにか自立したものではないということは、デカルトも『哲学の原理』第二部第二五節で述べていた。[43] ただ、そのうえで、少しあとの第四一節には「運動がそうであるように、合成されていない単純な事物は……」といった言い回しが出てくるからである。[44]

それだけではない。ヴィーコは続けて「すべての運動は空気が周囲から物体におよぼす推圧によって生じているのであるから、けっして単純かつ真っ直ぐなものではありえない」としたうえで、「今日、延長しているものには真っ直ぐに運動しつづけようとするコーナートゥスが具わっているといった主張が、もし物体が自由に、いいかえるなら抵抗に出遭うことなく、運動するならば、たしかに真っ直ぐに無窮の広さ（immensum）〔無限空間〕のなかを運動するはずであるということを理由にしてなされている」が、「このような仮説を立てることは、まずもって、このように思いなしている当人たちが運動とは隣接している諸物体間の位置の変化のことであると定義していることからして禁じられている」と批判している（九三頁）。これも、いまも見たように、デカルトが

『哲学の原理』第二部第三九節で「物質のあらゆる部分は、それだけとってみると、けっして曲線的にではなく、ただ直線的にのみ運動しつづけようとする傾向をもつ」と述べているのを批判したものと受けとめて差し支えないだろう。

ただ、ヴィーコは右の一節のあとで「それとも、空虚のなかにもなにか隣接するものたちがいるとでも言うのだろうか」（九三頁）と反問しているが、ここでヴィーコはどうやら「無窮の広さ」もしくは「無限空間」をそのまま「空虚」と等置してしまっているらしいことに注意しておかなくてはならない。

じっさいにも、この反問が発せられた直後の叙述のなかでは、物体は、ひとたび運動を開始したなら、そのあとは――抵抗に出遭わないかぎり――「空虚な無窮の広さ」のなかを運動しつづけていくと想定するのは、最高天のもっとも外側の表面のかなたに「空虚な空間」が存在すると想像したスコラ学者たちとどこが違うのか、といった問いかけに出会う（九三―九四頁）。

だが、これはどうだろう。ここでヴィーコが念頭においているのは、たぶんデカルトの『哲学の原理』第二部第二一節における叙述だろう。しかし、そこにはたしかにスコラ学者たちの言う（実在する有限な空間とは区別された）想像上の無限な空間への言及が見られるものの、その空間が「空虚」であるとはひとことも言われていない。言われているのは「世界すなわち物体的実体の全体は延長の限界をもたない」ということであり、「わたしたちは無限定に延長しているなんらかの空間をたんに想像するばかりでなく、その空間が実在していることをも認識する」ということなのである。(45)

またヴィーコは「物体は充満のなかを運動しているからこそ存立している」のであって、「空虚な空間」が存在すると想像することは「そもそも自然が許容しない」とも断言するのであるが（九四頁）、この点にかんしてはデカルトも「延長した実体であるということだけを本性とする物質が〔中略〕想像されうるあらゆる空間をもすでに満たしていることは、わたしたちの明白に知りうるところである」（『哲学の原理』第二部第二二節）として、「空虚」の存在、すなわち「なかにまったく何ものもないところ」の存在を否定している（同右、第一六節）。[46][47]

さらにヴィーコは「抵抗がかりになかったとしても、いうまでもなく、物体は真っ直ぐに運動するわけでもなければ、いわんや無限に運動するわけでもないのであって、もしある容器からそのなかに含まれているすべての空気を抜き去ってしまうとその容器の側壁がくっつき合ってひとつになってしまうように、物体も空虚のなかに引き出されると粉々になってしまう」と述べているが（九四頁）、デカルトも「絶対的意味に解された空虚という先入見」を批判した『哲学の原理』第二部第一八節で同じ比喩を用いている。[48]

13

しかしながら、物質的事物の原理にかんするデカルトの見解にたいする批判は「延長しているものは静止していない」という見出しの付いた第四節と「運動は伝達されない」という見出しの付いた第五節でも展開される。まずは第四節。そこにはつぎのようにある。すなわち、「物体は隣接する物体とつねに位置を変えている」のであって、「他の物体とのこのいまある隣接、あるいは同じ位置を一瞬たりとも維持する物体は、自然のうちには存在しない」と。また「事物はひとたび具えた形相を保持しつづけるという見解」を批判して、「このような見解は自然的な事物の諸原因のなかには自然を保存しようとする計画があるとみているスコラ派の学者たちにいかにもふさわしいものである」と（九六頁）。

ヴィーコによると、「自然的な事物にあっては一瞬ごとになにか別のものが接近したり離反したりしているので、自然的な事物のとる形相はその事物の変化以外のなにものでもない」。「したがって、完全な静止なるものは自然学の領域からはいっさい遠くへ追いやられるべきである」（九六頁）。こうヴィーコは主張するのであるが、ここで言われている「事物はひとたび具えた形相を保持しつづけるという見解」が暗々裡にデカルトの見解を指していることは疑いの余地がないのではないかとおもわれる。じっさいにも、デカルトの『哲学の原理』第二部第三七節には「どのようなものも、それ自身だけで存在しているかぎり、つねに同じ状態を保持しつづける」ということが「自然の第一の法則」として掲げられている[49]。

だが、ここでもヴィーコはデカルトの真意を誤解ないし曲解していると言わざるをえない。デカルトが「どのようなものも、それ自身だけで存在しているかぎり、つねに同じ状態を保持しつづける」ということを「自然の第一の法則」として掲げるとき、かれが言わんとしているのは「いったん動かされたものはいつまでも運動しつづける」ということであって、「完全な静止」なるものが自然界に存在しうるということではないのである[50]。「わたしたちの住んでいるこの地上は、その近くで起こるすべての運動がやがて止まってしまうようなふうに、しかもしばしばわたしたちの感覚では知ることのできない原因によって止まってしまうようなふうにできている。そこでわたしたちは幼少の頃から、わたしたちにわからない原因によって止まってしまったそういう運動が自発的に止まったものと判断してきた。そのためにわたしたちは多くのもので経験したとおもうものをあらゆるものに適用して、運動はその本性上停止するものだ、もしくは静止に向かうものだ、という推測をくだす傾向をもっているのである」。こう述べたうえでデカルトは断言している。「しかし、じつにこれこそは自然の法則にもっとも反することである」と[51]。

14

ついでは最後の第五節。

デカルトは『哲学の原理』第二部第四〇節で「運動しているひとつの物体が他の物体にぶつかる場合、〔中略〕ひとつの物体の力のほうが強いと、そのときには、ひとつの物体が他の物体を自分といっしょに動かし、これにあたえるだけの自分自身の運動の量を失う」ということを「自然の第三の法則」として掲げている。(52) そしてこの点について説明した第四二節には、神は世界を創造するにあたって「ひとつの部分が他の部分に衝突して自分自身の運動を他に移すようなふうに」(ut unae alias impellerent motusque suos in illas transferrent) 創造したというような述言が出てくる。(53)

これにたいしてヴィーコはおそらく右のデカルトの見解を念頭においてであろう、「運動が物体から物体に伝達される (communicari) というこの見解は、真空にたいする嫌悪を弁護するために学校《スコラ》で広く一般に維持されている誘引と排斥についての例の見解に劣らず、論難に値するようにおもわれる」と言う。「なぜなら、投げられた物体がそれを投げた者の手のすべての衝撃力 (impulsus) をそっくり自身とともに運んでいくというのは、ポンプに吸い上げられた空気が自分のあとから水を上方へ誘引してくるというのと同じことのようにおもわれるからである」と (九七頁)。

しかし、ここでもヴィーコの受けとめ方は曲解にも等しいものであることを指摘しておかなくてはならない。「投げられたものの運動」についてはデカルトの『哲学の原理』第二部第三八節にも説明があるが、そこには「ひとたび動かされたものはそれに抵抗する物体によって阻止されるまで運動しつづける」ということが理由に挙げられているにすぎず、ヴィーコがそうと受けとめているような趣旨の述言は出てこない。運動についてのデカルトのとらえ方は、ここでもまた、あくまで機械論的な立場に準拠したものである。(54)

ただ、ここでヴィーコの運動観にかんして最後に一点、特記しておきたいことがある。「運動が物体から物体に伝達されるという見解」についての右のような批判に続けて、「いまや最良の自然学の力によって、このうえなく明瞭なかずかずの実験をつうじて、これらの誘引現象は空気が周囲から物体におよぼす推圧によるものであることが確証されている」と述べられているのがそれである（九七―九八頁）。同趣旨の述言にはさきに「すべての運動は単純かつ真っ直ぐではありえない」との主張がなされているのを見たさいにも出会ったが、ここでヴィーコが着目している「空気が周囲から物体におよぼす推圧」（circumpulsio aeris）というのは、もともとはプラトンの『ティマイオス』（七九A―E）において呼吸のはたらきについて説明されている個所で出てくる言葉であった。それを十七世紀後半期のナポリにあって「インヴェスティガンテたち（自然探求者たち）」のアカデミー」を名乗る団体を組織し、新時代の「科学革命」の諸成果の紹介と批判的検証に努めたことで知られる数学者にして生理学者のトンマーゾ・コルネリオ（一六一四―一六八四）が、最初は一六四八年にある友人への書簡という体裁で発表され、その後、一六六三年にかれの主著『自然学予備演習』が上梓されたさいにそこに収められた論考(55)でトリチェッリの真空実験の合理的説明のためにとりあげて以来、ナポリの自然学者たちのあいだで運動の一般的原理として広く受けいれられるところとなっていたものであった。そしてヴィーコも若い頃、かれらインヴェスティガンテたちの仕事から浅からぬ影響を受けながら思想形成をとげたことについては、わたしも「数学と医学のあいだで――ヴィーコとナポリの自然探求者たち」（本書所収）においていささか立ちいって考察しておいたとおりである。(56)それが『形而上学篇』のなかでも運動の原理を説明するのに活用されているのである。

こうしてヴィーコは第四章全体の叙述を締めくくって言うのだった。「すべてのものがたえまない運動によって運動しており、自然のうちにはなんらの静止も存在しないことを理解している者」は、このことから「静止しているようにみえる物体は手があたえる衝撃によって運動へと駆り立てられるのではなく、別の運動へと限定されるのだということ」、「わたしたちはどんな物体も運動させることはできないのであって、すべての運動の創始者は神であり、神がコーナートゥスを惹起するのであり、こうして神によって惹起されたコーナートゥスが運動を開始させるのだということ」、「これにたいして、わたしたちになしうるのは運動に限定をあたえることだけであること」を導き出す、と。また、「機械の種類の違いにおうじて限定にも違いが生じる」としたうえで、「すべての運動に共通の機械は空気であって、空気が周囲から物体におよぼす推圧こそはそれによってすべてのものが動かされるところの神の感知しうる手であること」が明らかになる、とも（九八頁）。特記しておきたいゆえんである。

ちなみに、物体が運動するさいに空気がおよぼす作用についてはデカルトも折に触れて言及している。たとえば、「投げられたものの運動」について論じられている『哲学の原理』第二部第三八節には、「投げられたものは空気やその他の流動物体のなかを運動するが、そのうちにこれらの物体によって徐々に運動を鈍らされていく」とあったうえで、その理由として「空気は他の物体の運動に抵抗する」ということが挙げられている[57]。しかし、この引用からもうかがえるように、それは多くの場合、抵抗にかんするものであって、コルネリオが言うような推圧にかんするものではない。

15

これをもってヴィーコの『形而上学篇』第四章「本質あるいは力について」のささやかながらも読解の試みを

ひとまずは終わらせていただく。

なお、『形而上学篇』でヴィーコがこんなにも熱い関心を寄せていた「エレアのゼノン」の名は、同書への『イタリア文人雑誌』の書評にたいする二つの『答弁』（一七一一―一二年）以外にも、『自伝』のうち一七二五―二八年に執筆された部分のなかで『形而上学篇』の概要が紹介されたさいには登場するものの、それ以後のヴィーコの著作からはほぼ完全に姿を消してしまう。管見のかぎりではあるが、『新しい学』第二版（一七三〇年）第二巻の「詩的自然学」について論じられている章のなかにただ一度、「自然学を形而上学の原理によって推理しようとした被造の知恵」のうち「数学をつうじて自然学のなかに向かっていこうとした」具体的代表例のひとつとして登場するにすぎない。[58] それも『新しい学』の最終版である第三版（一七四四年）では削除されてしまっている。

それでもなお、『形而上学篇』において提示されたヴィーコのゼノンの形而上学は――パオロ・ロッシも指摘しているように[59]――『新しい学』のなかでも何カ所かのくだりにその痕跡らしきものをとどめている。

たとえば『新しい学』第一版（一七二五年）に登場する「物理的事物、あるいは物体の運動については、数学から抽出されたもろもろの真理の導きがなくては確かな知識をもつことができないように、道徳的事物についても、形而上学から抽出されたもろもろの真理の案内がなくては、ひいては神の証明がなくては、確かな知識をもつことはできない[60]」とか「かれら〔プラトン主義者たち〕は理性にそれらは不可分であるという永遠の特性をあたえているが、この特性は物体のものではまったくありえない。なぜなら、延長がそこから結果するところの物体の第一の特性は部分の分割可能性ということだからである[61]」といった述言がそうである。

また『新しい学』第三版には「幼児は単綴音からしゃべり始める」という観察をもとにして「言語は単綴音から始まったにちがいない」という推理が公理として掲げられているが[62]、この公理に関連して第二巻「詩的知恵」

の第二部「詩的論理学」のなかでは「言語がこのような発生の仕方をしたということは、万物の元素は不可分割であって、万物はそれら不可分割の元素によって構成され、またそれら不可分割の元素に解消される、という普遍的性質の原理に合致している」との説明がなされている。[63]

同じく『新しい学』第三版の第四巻「諸国民のたどる経過」には「法＝権利というのは精神的な実体のとる様態のことであって、それゆえ分割不可能なもの、ひいては永遠のものである」という記述が見える。そしてそうした法＝権利が腐敗堕落した状態が「部分への分割」になぞらえられている。[64]

これらの記述のうちにもヴィーコのゼノンの形而上学のこだまを聴きとることができるのではないだろうか。ロッシも述べているように、自分の過去をすっかり消し去ってしまうことはけっして容易ではないのである。[65]

（1）　*De antiquissima Italorum sapientia ex linguae latinae originibus eruenda*. Libri tres Joh. Baptistae a Vico Neapolitani Regii Eloquentiae Professoris. *Liber primus, sive Metaphysicus* (Neapoli, Ex Typographia Felicis Mosca, 1710). 同書からの引用個所には、読者の参考までに、拙訳『イタリア人の太古の知恵』（法政大学出版局、一九八八年）の該当頁数を本文中に記す。ただし、訳文は一部訂正してある。翻訳にさいして、わたしは底本として右のオリジナル・テクストを使用するとともに、Giambattista Vico, *Opere*, vol. I: *Le orazioni inaugurali, il de Italorum sapientia e le polemiche*, a cura di Giovanni Gentile e Fausto Nicolini (Bari, Laterza, 1914), pp. 123-192 所収のファウスト・ニコリーニによる校訂本を併用した。なお、同書については、最近、イタリア語対訳付のファクシミリ版、Giambattista Vico, *Sull'antichissima sapienza degli italici*, introduzione e cura di Fabrizio Lomonaco, presentazione di Fulvio Tessitore (CIVIS s.n.c/Scriptaweb.eu, 2011) が刊行された。

（2）　"L'Arte di conoscer se stesso," in: *Manoscritti napoletani di Paolo Mattia Doria*, vol. IV, a cura di Pasquale De Fabrizio (Galantina, Congedo, 1981), pp. 411-431. Cf. *Dizionario biografico degli italiani*, Vol. 41 (Treccani, 1992), sub voce « Doria, Paolo Mattia » di Pierluigi Roveto.

（3）　Cf. "Vita di Giambattista Vico scritta da se medesimo (1725-1728)," in: Giambattista Vico, *Opere*, a cura di Andrea Battistini (Milano, Mondadori, 1990), p. 29.〔ジャンバッティスタ・ヴィーコ著、上村忠男訳『自伝』（平凡社、二〇一二年）、五六頁〕

（4）　Paolo Mattia Doria, *Considerazioni sopra il moto e la meccanica de'corpi sensibili e insensibili* (Augusta, 1711).

（5）　Paolo Mattia Doria, *La vita civile, con un trattato della educazione del principe* (Francfort, s.d. [Napoli, 1709]).

（6）　Lucantonio Porzio, *De motu corporum nonnulla et de nonnullis fontibus naturalibus* (Neapoli,1704).

（7）　Doria, *Considerazioni* cit., Parte seconda: “Del moto de'corpi primi, o sia Della meccanica de'corpi insensibili,” p. 6.

（8）　Cf. “Vita di Giambattista Vico” cit., p. 29.〔上村訳『自伝』、五六頁〕

（9）　Cf. Paolo Mattia Doria, *Discorsi critici filosofici intorno alla filosofia degli antichi e dei moderni* (Venezia [Napoli], 1924).

（10）　Cf. *Filosofia di Paolo Mattia Doria con la quale si schiarisce quella di Platone* (Amsterdam, 1728). この著作のあとに執筆されたとみられる「エピクロスの学説とストア派の学説に異議を唱え、古代の哲学者たちの犯した多くの誤りを非難する一方、プラトンの哲学の正しさを立証し、プラトンの学説に付き従っているプルタルコスの冊子」についての「議論」と題された未公刊草稿、“Ragionamento Diviso in Capitoli Nel quale si commentano quelli Opuscoli di Plutarco, ne i quali impugna e condanna la dottrina d'Epicuro, quella degli stoici e condanna molti errori de' filosofi Antichi; ed all'incontro approva e siegue la Filosofia di Platone. Ed in occasione di ciò l'Autore adita le cose che ha scritto nella sua filosofia stampata in Amsterdam l'anno 1728 e nelle altre sue Opere, e le conferma facendo vedere che si è anco incontrato non solo con Platone ma anche, con Plutarco,” in: *Manoscritti napoletani di Paolo Mattia Doria*, vol. II, a cura di Marilena Marangio (Galantina, Congedo, 1979), pp. 185–270 も参照のこと。

（11）　Pierre Bayle, *Dictionnaire historique et critique* (Troisième ed.: Rotterdam, 1720), p. 2916.〔ピエール・ベール著、野沢協訳『歴史批評辞典』III（法政大学出版局、一九八七年）、九六三頁〕

（12）　Cf. “Vita di Giambattista Vico” cit., pp. 12 seqq.〔上村訳『自伝』、二二頁以下〕

（13）　ちなみに、Hans Friedrich August von Arnim, *Stoicorum veterum fragmenta*, I (Stuttgart, 1905)〔ゼノン他、中川純男訳『初期ストア派断片集』（京都大学学術出版会、二〇〇〇年）〕には、ディオゲネス・ラエルティオス『ギリシア哲学者列伝』中、ゼノンまたはストア派による「点」についての受けとめ方に言及した部分は収録されていない。

（14）　*Giornale de'letterati d'Italia*, tomo quinto, anno MDCCXI, art. VI, pp. 119–130; *Risposta del signor* Giambattista di Vico, *nella quale si sciogliono tre opposizioni fatte da dotto signore contro il Primo Libro* De antiquissima Italorum sapientia, *overo della Metafisica degli Antichissimi Filosofi Italiani tratta da'latini parlari* (Napoli, Felice Mosca, 1711), 48 pp.; *Giornale de'letterati d'Italia*, tomo ottavo, anno MDCCXI, art. X, pp. 309–338; *Risposta di* Giambattista di Vico *all'articolo X del Tomo VIII del* Giornale de'Letterati d'Italia (Napoli, Felice Mosca, 1712), 93 pp. このやりとりは Vico, *Opere*-Laterza, vol. I cit., pp. 195–277 に収録されている。

（15）　Bayle, *Dictionnaire* cit., p. 2916, nota 135.〔野沢訳『歴史批評辞典』III、九七〇頁、注141〕

（16） Rodrigo de Arriaga, *Cursus philosophicus* (Parisiis, 1647. Prima ed.: 1632), XVI, 9, 10, p. 426.

（17） Cf. Paolo Rossi, "I punti di Zenone: una preistoria vichiana," in: Id., *Le sterminate antichità e nuovi saggi vichiani* (Firenze, La Nuova Italia, 1999), p. 77.

（18） "Vita di Giambattista Vico" cit., p. 8.〔上村訳『自伝』、一四―一五頁〕

（19） Cf. Claudio Costantini, *Baliani e i Gesuiti. Annotazioni in margine alla corrispondenza del Baliani con Gio Luigi Confalonieri e Orazio Grassi* (Firenze, Giunti, 1969), p. 59.

（20） Cf. Bayle, *Dictionnaire* cit., p. 2916, nota 135.〔野沢訳『歴史批評辞典』III、九七〇頁、注141〕

（21） Rossi, *Le sterminate antichità* cit., pp. 61-62.

（22） Cf. Bayle, *Dictionnaire* cit., p. 2912.〔野沢訳『歴史批評辞典』III、九四九頁〕

（23） Rossi, *Le sterminate antichità* cit., p. 67.

（24） ゼノンの提出したパラドックスと日本で格闘した注目すべき例として、雨宮民雄「アキレスと亀――運動論の再構築のために」『現代思想』第七巻（一九七九年）第一四号、二三四―二五四頁と、中村秀吉『時間のパラドックス――哲学と科学の間』（中央公論社、一九八〇年）、それに大森荘蔵の一連の著作――『時間と自我』（青土社、一九九二年）、『時間と存在』（青土社、一九九四年）、『時は流れず』（青土社、一九九六年）――がある。

（25） Rossi, *Le sterminate antichità* cit., p. 103.

（26） G. W. Leibniz, "Système nouveau de la nature et de la communication des substances, aussi bien que de l'union qu'il y a entre l'âme et le corps," *Journal des Savants*, 27 juin 1695, in: *Die philosophischen Schriften von Gottfried Wilhelm Leibniz*, herausgegeben von C. J. Gerhardt (Berlin, 1875-1890), Bd. 4, pp. 477-487.〔ライプニッツ著、河野与一訳『単子論』（岩波書店、一九五一年）所収〕

（27） 日本におけるライプニッツ研究の記念碑的著作と目されるものに山本信の『ライプニッツ哲学研究』（東京大学出版会、一九五三年）があるが、そのなかで山本は「ライプニッツの実体は元来延長の分割と全く無関係であり、且つさう理解されねばならぬ」と述べている。そしてモナドを「物体の分割によつて達せられる何か小さなもの」と解するのは誤りであると指摘している。至極もっともな指摘である。ただ、そのさい山本は一六九五年の『新説』でライプニッツが「形而上学的点」という表現を用いていることに疑義を呈している。「形而上学的点」と聞けば、モナドが「何か小さな点」であるかのような誤解が生じかねないというのである（二七五―二七七頁）。しかし、『新説』で「形而上学的点」という表現を採用するにあたって、ライプニッツ自身、それは原子論者たちの言う「物質のアトム」とは区別された「実体のアトム」であり、「部分をまったくもたない実在的な〈一〉」のことであるとことわっている。したがって、山本の危惧するような「誤解」は生じようがないと言うべきだろう。

（28）　ここでヴィーコが用いている「卓越的に」というのはスコラ学の用語である。たとえばトマス・アクィナスの『神学大全』第一部第四問「神の完全性について」第二項「神のうちにはすべての完全性が存在するか」には、「結果のなかに存在するいかなる完全性も、すでにその原因のなかに存在しているのでなくてはならない」とあったうえで、「そのさい、同義的作用者（agens univocum　自己と同じ種に属する結果を生み出す作用者）の場合、たとえば人間が人間を生むというようなときには、その完全性は結果のうちに見いだされるのと同じ種的特質のままで原因のうちに見いだされるが、異義的作用者（agens aequivocum　自己と種を異にする結果を生み出す作用者）の場合、たとえば太陽のなかにすでに太陽の力によって生み出されるものの似像があるというようなときには、その完全性は卓越的に（eminenter）原因のなかに見いだされる」というように出てくる。またデカルトの『省察』（一六四一年）をめぐる「第二の反論にたいする答弁」中の「神の存在と霊魂の身体からの区別とを証明する、幾何学的な様式で配列された諸根拠」の定義四にも、「同じひとつのものが観念の対象のうちにそれをわたしたちが知覚するとおりのものとしてあるときには、観念の対象のうちに形相的に（formaliter）あると言われ、そのとおりのものではないが、この欠陥を償いうるほど大きなものであるときには、観念の対象のうちに卓越的に（eminenter）あると言われる」とある。Cf. *Œuvres de Descartes*, publiées par Charles Adam & Paul Tannery (Nouvelle présentation par P. Costabel et B. Rochot: Paris, Vrin, 1964-1974), vol. VII: *Meditationes de Prima Philosophia*, p. 161.〔所雄章訳「第二反論に対する答弁」『〔増補版〕デカルト著作集2：省察および反論と答弁』（白水社、二〇〇一年）、一九七頁〕

（29）　Galileo Galilei, *Discorsi e dimostrazioni matematiche, intorno à due nuove scienze attenenti alla mecanica & i movimenti locali* (Leida, Elseverii, M. D. C. XXXVIII), pp. 31-32.〔今野武雄・日田節次訳『新科学対話（上）』（岩波書店、一九三七年）、五七―五八頁〕

（30）　Cf. Vico, *Opere*-Laterza, vol. I cit., p. 217.

（31）　ここでは、厳密に数学的な意味における比例関係ではなく、かならずしも数量化されない「ものとものとの任意の関係」を指して用いられている。トマス・アクィナス『神学大全』第一部第一二問第一項参照――「〈比例〉ということは二つの意味で言われる。一つには、ある量の別の量にたいする一定の関係が比例と言われる。〔中略〕別の意味では、ある者の他の者にたいする関係が、それがどのような関係であるにせよ、比例と言われる。この意味では、被造物が神にたいして、結果が原因にたいし、また可能態が現実態にたいするような仕方で関係するかぎりにおいて、〔中略〕被造の知性は神を知ることにかんして〔神の知性と〕比例の関係にあると言うことができる」。

（32）　Cf. Giambattista Vico, *On the Most Ancient Wisdom of the Italians Unearthed from the Origins of the Latin Language*, including the

Disputation with the *Giornale de'letterati d'Italia*, translated with an Introduction and Notes by L. M. Palmer (Ithaca and London, Cornell University Press, 1988), p. 75, nota 22.

（33）Cf. *Œuvres de Descartes* cit., vol. VI: *Discours de la methode & Essais*, pp. 93-105.

（34）Lettres à p. Mersenne, 13 juillet 1638, in: *Œuvres de Descartes* cit., vol. II, p. 246.

（35）Cf. Porzio, *De motu* cit.

（36）Cf. Doria, *Considerazioni* cit., pp. 18-22.

（37）Isaac Newton, *Optice: Sive De Reflexionibus, Refractionibus, Inflexionibus & Coloribus Lucis. Libri Tres* (London, 1706).

（38）Cf. Christiaan Huygens, *Traité de la lumière* (Leide, 1690).〔ホイヘンス著、伊東俊太郎／原亨吉／横山雅彦訳『光についての論考他』（朝日出版社、一九八九年）所収〕

（39）『光学』の英語版第二版（一七一七年）ではさらに「疑問」の項が追加されたため、「疑問28」と「疑問29」となっている。英語版第三版（一七二一年）を底本にした島尾永康訳『光学』（岩波書店、一九八三年）を参照。

（40）*Œuvres de Descartes* cit., vol. VIII-1: *Principia philosophiae*, pp. 53-54.〔桝田啓三郎訳「哲学の原理」、『デカルト』〈世界の大思想７〉（河出書房新社、一九六五年）、二六九頁〕

（41）Idid., pp. 63-64.〔桝田訳、二七八頁〕

（42）*Œuvres de Descartes* cit., vol. XI: *Le monde, Description du corps humain, Passions de l'âme, Anatomica*, Varia, p. 84.〔神野慧一郎訳「世界論」、野田又夫責任編集『デカルト』〈世界の名著22〉（中央公論社、一九六七年）、一三七頁〕

（43）*Œuvres de* Descartes cit., vol. VIII-1, p. 54.〔桝田訳、二六九頁〕

（44）Ibid., p. 65.〔桝田訳、二七九頁〕

（45）Ibid., p. 52.〔桝田訳、二六七頁〕

（46）Ibid., p. 52.〔桝田訳、二六八頁〕

（47）Ibid., p. 49.〔桝田訳、二六四―二六五頁〕

（48）Ibid., p. 50.〔桝田訳、二六五―二六六頁〕

（49）Ibid., p. 62.〔桝田訳、二七六頁〕

（50）Ibid., p. 62.〔桝田訳、二七六頁〕

（51）Ibid., pp. 62-63.〔桝田訳、二七七頁〕

（52）Ibid., p. 65.〔桝田訳、二七九頁〕

（53）Ibid., p. 66.〔桝田訳、二八〇頁〕

（54）Ibid., p. 63.〔桝田訳、二七七頁〕

（55）Cf. "Thomae Cornelii Consentini ad Marcellum Crescentium Epistola. Qua motuum illorum qui vulgo ob fugam vacui fieri dicuntur, causa vera per circumpulsionem ad mentem Platonis explicatur. Et quadam experimenta proferuntur in lucem," in: Tommaso Cornelio, *Progymnasmata physica* (Posthuma ed.: Neapoli, MDCLXXXVIII), pp. 293-375.

（56）この論考はその後、上村忠男『ヴィーコの懐疑』（みすず書房、一九八八年）に収録された。

（57）*Œuvres de Descartes* cit., vol. VIII-1, p. 63.〔桝田訳、二七七頁〕

（58）Cf. Giambattista Vico, *Cinque libri de' principj d'una scienza nuova d'intorno alla comune natura delle nazioni* (Napoli, 1730), pp. 318-319.

（59）Cf. Paolo Rossi, "Dimenticare Zenone? Conati e punti nella *Scienza nuova*," in: Id., *Le sterminate antichità* cit., pp. 155-164.

（60）Giambattista Vico, *Principj di una scienza nuova intorno alla natura delle nazioni per la quale si ritruovano i principj di altro sistema del diritto naturale delle genti* (Napoli, 1725), p. 17.

（61）Ibid., p. 125.

（62）Giambattista Vico, Principj di Scienza nuova d'intorno alla comune natura delle nazioni (Napoli, 1744), pp. 92-93.〔上村忠男訳『新しい学1』（法政大学出版局、二〇〇七年）、一五一頁〕

（63）Ibid., p. 189.〔上村忠男訳『新しい学2』（法政大学出版局、二〇〇八年）、九四頁〕

（64）Ibid., p. 486.〔上村忠男訳『新しい学3』（法政大学出版局、二〇〇八年）、一八〇頁〕

（65）Cf. Rossi, *Le sterminate antichità* cit., p. 161.

第三部　雑録

B・クローチェの『ヴィーコの哲学』

ベネデット・クローチェ（Benedetto Croce）の著作『ジャンバッティスタ・ヴィーコの哲学』（*La filosofia di Giambattista Vico*）はヴィーコ研究史上のまさに金字塔と呼ばれるにふさわしい著作である。一九〇九―一〇年、クローチェがかれのいわゆる「精神の学としての哲学」の体系を展開しおえた直後に書かれ、一九一一年、バーリのラテルツァ出版社から『ベネデット・クローチェ著作集』の「哲学論集」第二巻として出版されている。

もちろん、ヴィーコが一七四四年に『新しい学』第三版の原稿を出版社に託したまま校正途上で世を去ってからこのクローチェの著作が現われるまでの一世紀半余りのあいだ、ヨーロッパの思想界は決してこのバロック期ナポリの哲学者を忘却の闇のなかに葬り去ってきたわけではなかった。

たしかに、クローチェも同書に付されている「ヴィーコの評判」という短文のなかで回顧しているように、ヴィーコは没後半世紀のあいだは同郷の者たちからもほとんどまともに取り上げられたことはなかったようである。一方、ハーマン、ゲーテ、ヘルダー等にはヴィーコへの言及が見られるが、これらとてごく付随的な関心の域を出るものではない。また、『法律の精神』（*De l'esprit des lois*）（一七四八年）のモンテスキューと『ホメーロス序説』（*Prolegomena ad Homerum*）（一七九五年）のヴォルフ（F. A. Wolf）に関しては学の構想および所説の面でヴィーコのそれとのあいだに注目すべき類似点が認められるものの、影響関係となると定かではない。もし立ち入った考察が見られるとすれば、それはむしろフィネッティ神父（P. Bonifacio Finetti）の『かつては野獣であったとの非難を浴びている人類の弁護』（*Apologia del genere umano accusato di essere stato una volta bestia*）（一七六八年）に代表されるカトリック系の著述家たちにおいてであろう。かれらはヴィーコの摂理観のうちに正統的理解にはそぐわないものを鋭敏にも読み取っていたのであり、しかもヴィーコのほうではそれを敬虔なカトリック信仰に鼓舞されたものであるかのように呈示していただけに、ゆるがせにできないものを感じていたのであった。

しかし、十八世紀も末を迎える頃には、バスティーユの襲撃に新時代の幕開けを見て自分たちもまた来たるべき一七九九年の革命を準備しつつあったナポリの青年たちのあいだに、どういうきっかけからか、ヴィーコに対する熱狂的な関心が湧き起こってくる。そして、この熱狂のなかから、やがて、深くヴィーコ的な歴史性の意識に貫かれつつ〈受動的革命〉としてのナポリ革命の顚末についての透徹した批判を展開したヴィンチェンツォ・クオーコ（Vincenzo Cuoco）の『ナポリ革命史論』（*Saggio storico sulla rivoluzione napoletana del 1799*）（一八〇〇年）や、ヴィーコの方法が歴史への社会科学的接近の可能性を示唆していることに着目した考古学者カタルド・イアンネッリ（Cataldo Iannelli）の『人間の事物と歴史の科学の本性と必然性について』（*Sulla natura e necessità della scienza delle cose e delle storie umane*）（一八一八年）などが現われるのである。また、ナポリの革命家たちが革命の挫折後それぞれの亡命先でヴィーコのことを喧伝して回ったこともあってか、ヴィーコへの関心は外国でも高まりを見せ、ミシュレ（J. Michelet）やヴェーバー（W. E. Weber）による翻訳・紹介の仕事を介してフランスやドイツの学者たちの著作のなかにも明らかな影響の跡をあまた印づけてゆくことになる。『イタリア人の太古の知恵』を読んでヴィーコの認識理論とカントのそれとのあいだに密接に通じ合うもののあることを指摘している『神的事物およびそれらの啓示について』（*Über den göttlichen Dingen und ihre Offenbarung*）（一八一一年）のヤコービ（F. H. Jacobi）のような人物がいたことにも注意しておいてよいであろう。また、一八九六年にはソレル（G. Sorel）が『ドウニール・ソシアル』（*Devenir social*）誌に「ヴィーコ研究」（Étude sur Vico）を発表して、原始キリスト教史およびプロレタリア運動理論へのヴィーコの〈再帰せる野蛮〉論の適用を試みている。

ただ、イタリアでは、いわゆるリソルジメント（民族再興）の運動の過程でそれを担った二つの主要な思想潮流、すなわち、アントニオ・ロズミーニ（Antonio Rosmini）とヴィンチェンツォ・ジョベルティ（Vincenzo Gioberti）に代表されるカトリック的イデアリズムの潮流と、ベルトランド・スパヴェンタ（Bertrando Spaventa）とフランチェスコ・デ・サンクティス（Francesco De Sanctis）という二人のヘーゲル派の哲学者に代表される合理論的イデアリズムの潮流の双方から、そしてまたカルロ・カッターネオ（Carlo Cattaneo）やジュゼッペ・フェッラーリ（Giuseppe Ferrari）らの実証主義者たちから大いに利用され、拠りどころとされたのちは、カルロ・カントーニ（Carlo Cantoni）の『ジャンバッティスタ・ヴィーコ』（*Giambattista Vico*）（一八六七年）あたりを最後に、十九世紀も後半になるとヴィーコへの関心は急速に衰えてしまっていたのであった。そして、このような沈滞を破るべく登場したクローチェの著作は、何よりもまず、その論述のわたる範囲とテクストの読み込みの点で、これに先立ってそれぞれドイツとイギリスで著されていた二つの研究、カール・ヴェルナー（Karl Werner）の『哲学者および博識なる研究者としてのジャンバッティスタ・ヴィーコ』（*Giambattista Vico als Philosoph und gelehrter Forscher*）（一八八一年）とロバート・フリント（Robert Flint）の『ヴィーコ』（*Vico*）（一八八四年）に優るとも劣らない包括性と実証的堅実さを具えており、ヴィーコ研究のアカデミックな意味における水準を一挙に高め上げるものであったのである。

それぱかりではない。最初にも述べたように、クローチェはこのヴィーコ論をかれのいわゆる「精神の学としての哲学」の体系を展開しおえた直後に書いている。それも自覚的に自己の哲学とヴィーコのそれとの対話としてである。そのために、このクローチェの著作にはかれ自身の体系のみずみずしい精神が高らかに脈打っており、テクスト読解の実証的堅実さに加えて、思想書としてもきわめて個性豊かで緊張度の高い作品に仕上がっている。実際、このクローチェの著作が現われてから今日にいたるまで、ヴィーコを論じた文献はいまや膨大な数量に上る。しかし、その思索の深度、思想書としての質の高さにおいてクローチェのヴィーコ論に匹敵しうるものとなると、ほんの算えるほどしかないのではなかろうか。わたしの知るかぎりでは、ヴィーコにおけるルクレティウス的モティーフに注目しつつ、その思想の展開を実存主義的な苦闘のドラマとして読み解こうとしているエンツォ・パーチ（Enzo Paci）の『大森林』（*Ingens Sylva*）（一九四九年）と、ヴィーコにおける人文主義的教養思想と宗教意識との、時としてするどく対立し矛盾し合う関係の軌跡を追求しているアントニオ・コルサーノ（Antonio Corsano）の『ヴィーコ』（*Giambattista Vico*）（一九五六年）くらいのものである。

もっとも、解釈そのものはきわめてクローチェ的である。たとえば、ヴィーコの数学観について、クローチェは、そこにおいて数学的概念の虚構性が指摘されている点をとらえてそれを基本的にノミナリズムの立場に立つものと解釈しているが、これなどもそのひとつであって、ここには、数学的概念は実用的用途のための意志的構築物であって純粋概念ならざる擬似概念（pseudoconcetto）であるとするクローチェ自身の数学観が濃厚に投影していると言ってよい。そして、このようなクローチェの解釈に対しては、むしろ、数学とは本質的に製作的な学であるとしているヴィーコの理解、ひいてはまた実験主義に対する評価の側面のほうを強調的に取り出してゆこうとする立場が当然にもあってよいであろう。近年来、超越論的構成主義とでも呼ぶべき方向においてヴィーコを読み解こうとしているミュンヘン大学のシュテファン・オットー（Stephan Otto）らのグループの試みがそれである。ヴィーコ自身〈新しい学〉は幾何学的方法に準拠して進められると明言しているわけであって、このことの意味を的確に把握するためにも、おそらくはこちらのほうがより首尾一貫した解釈の可能性を開いてくれているように思われるのである。また、クローチェは、ヴィーコが或るひとつの新しい批判方法によってフィロロギアを知識の形式にまで高め上げると言うとき、そこにはクローチェ自身が積極的に取り出した意味においての哲学と文献学との統一ということ以上の何ものか、すなわち、〈永遠の理念的な歴史〉という一個の理念型の構築とこれにもとづく社会の経験的科学の確立という企図があったことを認めつつも、こちらのほうには消極的な評価しか与えていないが、むしろ、この企図のほうこそが、さきのイアンネッリをはじめ、従来のヴィーコに対する学者的関心のなかでは主として注目されてきた側面であったこと、そして、この関心の流れを汲んだところから、最近もレオン・ポンパ（Leon Pompa）の『ヴィーコ——「新しい学」の研究』（*Vico: A Study of the 'New Science'*（一九七五年）のようなすぐれた研究が現われていることにも留意しておいてよいであろう。

しかし、これらの「偏り」も含めて、クローチェのこの著作はまさにヴィーコ研究史上の金字塔として、半世紀余りを経た今日もなおその価値をいささかも減じることなく、われわれに多くを教示してくれているのである。

K・レーヴィットのヴィーコ論

カール・レーヴィット（Karl Löwith）には、「ヴィーコの基礎命題〈真なるものと作られたものとは相互に置換される〉——その神学的諸前提と世俗的諸帰結」（Vicos Grundsatz: verum et factum convertuntur. Seine theologische Prämisse und deren säkulare Konsequenzen）という論文がある。一九六七年十一月十八日、かれがハイデルベルク学術アカデミーでおこなった講演がもとになっている。翌一九六八年はヴィーコ生誕三百周年にあたっており、たぶん、これを記念しておこなわれたものと思われる。*Sitzungsberichite der Heidelberger Akademie der Wissenschaften.* Philosophisch-historische Klasse, Jg. 1968, 1 Abhandlung（Heidelberg, Carl Winter, 1968）に公表された後、Karl Löwith, *Aufsätze und Vorträge 1930–1970*（Stuttgart, Kohlhammer, 1971）, pp. 157–88に収められた。そして、現在はKarl Löwith, *Sämtliche Schriften*, 9（Stuttgart, J. B. Metzlersche Verlagsbuchhandlung, 1986）, pp. 195–228に入っている。なお、この論文は、Anna Lucia Kunkler Giavotto によってイタリア語に翻訳されて、ヴィーコ生誕三百周年記念論文集 *Omaggio a Vico*（Napoli, Morano, 1968）pp. 73–112にも収められており、一方、同じくイタリアのサレルノ大学の雑誌 *Quaderni contemporanei*, n. 2（1969）（ヴィーコ生誕三百周年記念特集号）には、ドイツ語のまま、ただし、"Geschichite und Natur in Vicos « Scienza nuova »"と改題のうえ、掲載されている。また、*Merkur*, 22（1968）, pp. 1097–1110には同論

文を短縮したものが“Giovanni Battista Vico und die Folgen”と題して掲載されている。

題名からもうかがえるように、ヴィーコがかれの『諸国民の共通の本性についての新しい学の諸原理』の根底に置いている〈真なるものと作られたものとは相互に置換される〉という命題について、それの「神学的諸前提」と「世俗的諸帰結」を明らかにすることが、本講演＝論文においてレーヴィットが自らに課している課題である。全体は大きく二部に分かれており、まず第一部では、この命題がヴィーコにおいてはなおも基本的にはキリスト教神学の教義的伝統の地平上にあって、とりわけ、「諸国民の世界」(il mondo delle nazioni) もしくは「国家的制度の世界」(il mondo civile) の形成と展開の過程の全体を終始貫徹しているとかれの見る神の摂理に対する信頼に支えられつつ、敬虔の熱意努力への志向のなかで受け取られ解釈されていたことが力説されている。次いで、第二部では、しかしながら同じ命題がベーコンとホッブズ、カントとヘーゲル、そしてマルクスとディルタイに代表される近代ヨーロッパ哲学の主流においては、その神学的諸前提のほうは切り捨てられて、工作人 (homo faber) としての人間を自然および歴史の主人となさんとするような方向で継承・発展させられていったことが跡づけられるとともに、この世俗的諸帰結が技術文明という姿をとって今日のわれわれの人間存在としてのあり方の全体を規定するにいたっていることの重大さが深い憂慮の念を込めて指摘されている。なかなか読み応えのある論考である。

もっとも、この講演＝論文をヴィーコ論として受け止めた場合には、ここで開陳されているレーヴィットの解釈には、なおも説得的とは言いがたい点があると言わざるをえないであろう。レーヴィットは、ヴィーコについては、すでに一九四九年の *Meaning in History* においても一章を割いてその思想の包括的考察をおこなっている。そして、この著作はその後、一九五三年にドイツ語版が *Weltgeschichite und Heilsgeschehen* という表題で出ており、これに依拠した邦訳もあることなので（『世界史と救済史』、創文社、一九六四年）、読まれた方も少なくないと思うが、そこでの考察の少なからぬ部分が本講演＝論文にもそのまま引いてこられている。とともに、〈真なるもの〉と〈作られたもの〉の相互置換性に関する命題については、そこではとくに立ち入った分析がなされていなかったのにひきかえ、本講演＝論文では、この命題をヴィーコがどう受け止め解釈したかが、『新しい学』以前の著作、とくにこれについての最初の言及が見られる『われらの時代の学問方法について』と『イタリア人の太古の知恵』にまで一旦遡ったところから詳細に分析されている。したがって、この講演＝論文は一九四九年の著作におけるヴィーコ論の補論として読むこともできるわけであるが、そこにはなおもう少しばかり用意周到であって欲しかったと思わざるをえない点がいくつか見られるのである。

なかでも問題とされなければならないのは、ヴィーコの基礎命題〈真なるものと作られたものとは相互に置換される〉の歴史的淵源があまりにも一方的にキリスト教神学の教義的伝統との関連においてのみとらえられてしまっていることであろう。スコラ神学起源説にもまったく根拠がないというのではない。しかし、ほかにも同等の権利をもって主張しうる起源がいくつも想定されうることは、すでにクローチェも『ジャンバッティスタ・ヴィーコの哲学』公刊の翌年（一九一二年）に発表した論文「ヴィーコ認識論の諸源泉」（Le fonti della gnoseologia vichiana）において詳細に立証して見せているとおりである。また、この側面にはクローチェもほとんど考慮を払っていなかったのであるが、レーヴィットの参看しているロドルフォ・モンドルフォの論文「古代からガリレオとヴィーコにいたるまでの〈真なるものはすなわち作られたものなり〉」（«Verum ipsum factum» dall'antichità a Galileo e Vico）（一九六六年）には、問題の命題の技術知的ないし実験主義的起源に関するレーヴィットにとっては看過できなかったはずの重要な指摘がなされていたのであった。そして、この点に関しては、ほかにも、ビアジオ・デ・ジョヴァンニのものをはじめとして、裏付けを与えてくれるいくつかの注目すべき研究があったのである。

なるほど、たとえばハンナ・アーレントはその政治哲学論集『過去と未来のあいだで』において「ただひとり近代のテクノロジーのみが〔中略〕ヴィーコの認識理想に完全に適合するものであったことであろう。ヴィーコは多くの人々によって近代における歴史の父と見なされているが、もし近代の状況のもとにいたならば歴史に向かうことはまずなかったであろう。そしてテクノロジーに向かっていたことであろう」と述べているが、ここまで言うのは行き過ぎであろう。ヴィーコが『新しい学』に見られる歴史的世界の解釈学へと向かっていったのには、明らかに、かれにおける「近代の状況の欠如」以外の動機理由があったのであった。また、その『新しい学』を貫いているのが「歴史とは単に自己の行為であるのみでなく、とりわけ、生起であり、できごとである」という意識であり、これが近代ヨーロッパ思想の主流を成してきた工作人的なそれとはおよそ対蹠的な意識であることも、レーヴィットの指摘するとおりである。しかし同時にまた、ヴィーコが問題の命題に依拠してデカルトを批判したとき、それがキリスト教神学の教義的伝統によりは、むしろガリレオが立っていたのと同じ、したがってこのかぎりでは近代のテクノロジーにもつながる技術知的ないし実験主義的な地盤に立ったところからのものであったことも、いまやほぼ確実に立証しうるところとなっているのである〔拙稿「数学と医学のあいだで――ヴィーコとナポリの自然探求者たち」（本書収録）を参照されたい〕。

しかし、他方で、『歴史の意味』当時からのレーヴィットの問題関心がどのあたりにあったかを知っている者にとっては、ヴィーコに即して問題の命題の「神学的諸前提」を確認したうえで、ベーコン以降の近代ヨーロッパ哲学の展開のなかで同じ命題が到り着いた「世俗的諸帰結」のもつ重大性を際立たせようとしたその戦略的意図のほどはよくわかるところである。しかも、これはレーヴィットが死のわずか数年前におこなった講演であって、かれの近代ヨーロッパ観のひとつの凝縮的表現がここには見られると言ってよい。そして、人間が事実上作りうることのすべてを作るのを人間に禁ずるようなひとつの法廷がなおも存在しているであろうか、それとも、われわれの製作能力にはいまや何らの限界もなくなってしまっているのであろうか、という講演＝論文の最後に発せられている問いかけは、このわが国でも親しく知られている「大変貌の時代」(H・S・ヒューズ)のユダヤ系ドイツ人思想家がわれわれに託した精神的遺書として、そこに引かれている「われわれが知ることのすべて、すなわち、われわれが為しうることのすべては、ついには、われわれがわれわれであるところのものに敵対するにいたった、と言ってよい」というヴァレリーの言葉ともども、しかと受け止められてしかるべきであろう。

なお、アーレントを引き合いに出したついでに述べておくと、この講演＝論文に提示されているレーヴィットの近代ヨーロッパ観が『人間の条件』に見られるアーレントのそれと実質的に軌を一にしていること、そしてこの点では二人ともかつての師ハイデッガーとも見方をともにしていること、しかしまた、工作人的意識に支えられつつ飛躍的発達を遂げてきた近代ヨーロッパの技術文明が人間存在にとっていまや破壊的なものに転じるにいたっていると見る点ではこのように一致しながらも、救済の道の展望においては三者三様であり、とりわけ、アーレントの場合には、テクノロジーの発達そのものは社会的物質生活の分野における諸問題の有望な解決策として認めつつ、これを超えたところに言語的相互交流によって結ばれた政治的公共性の場を再建・確保することを目指しているのに対して、レーヴィットの場合には、むしろ自然との共生的な関係の修復が目指されていたようにうかがえることにも注目しておいてよいであろう。

サイードのヴィーコ

1

ヴィーコの『新しい学』第三版（一七四四年）の第一巻には、同書における論証全体を構成する要素となるべき公理がいくつかの要請および定義をも含めて一一四カ条にわたって列挙されているが、そのなかのひとつに「学説はそれの扱う素材が始まるところから始まるのでなければならない」という公理がある［三一四］。

このヴィーコの公理をエピグラフに掲げるとともに「かれの著作とこの著作とにおけるヴィーコ」に結びの章を当てたエドワード・W・サイードの著作『始まり――意図と方法』Edward W. Said, *Beginnings: Intention and Method* (New York, Basic Books, 1975) をわたしが最初に手にしたのは、たしか一九七六年の秋、出版後さほど時間が経っていないころであったと思う。いまでこそ有名なサイードであるが、当時はまだわが国ではほとんど無名に近かったのではなかろうか。わたしも著者についてはまったくなんの事前知識もないまま、ひいてはまたヴィーコ論が展開されていることなど予想もしないまま、ただ海外新刊情報に目を通していて題名が気にかかり、注文を出してみたのであった。

ところが送り届けられてきたものを見るとどうであろう。なんとエピグラフに右のヴィーコの公理が掲げられているではないか。また、六章から成るうちの最終第六章の見出しにも「結び——かれの著作とこの著作とにおけるヴィーコ」とある。カバー表紙に刷り込まれている著者紹介によれば、エドワード・W・サイードはコロンビア大学の英文学・比較文学教授。すでに十年ばかり前の一九六六年に『ジョーゼフ・コンラッドと自叙伝という名のフィクション』という著作を世に問うているとのことであった。

そこでさっそく一読してみたところ、まずは第一章の冒頭に〈始まり〉(beginning) という問題を扱うことの意義がつぎのようにあった。

始まりの問題は、もしそれに取り組もうとすれば、実践と理論の両方のレヴェルにおいて等しく相当の強度をもって迫ってくる問題のひとつである。始まりの選択が自分の書こうとしているものにとって決定的であること、それというのも、それが後続部分の多くを規定するからだけでなく、作品の始まりは実際上それの内容への大手門でもあるからであるということを知らない作家はいない。さらに、〔批評家として〕回顧してみる場合にも、始まりはある作品においてその作家が他のあらゆる作品をあとにして出発してゆく点であると見なすことができる。始まりは既存の諸作品との関係をただちに作り上げるのである。それが連続の関係であるにせよ、対立の関係であるにせよ、あるいはまた両者の混合した関係であるにせよ。しかし、その始まりなるものの特徴を詳述しようとするやいなや——こうした時点は多種存在する作家を〔批評家として比較の視点に立って〕考察しようとするときにはおそらくやってくるにちがいないのだが——、必ずやいくつかの区別を立てなくてはならなくなる。beginning と origin とは同じものなのか違うのか。ある作品の始まりはそれの本当の始まりなのか、それとも、その作品を真に開始させている別の隠れた地点が存在しているのではないのか。どの程度まで始まりは結局のところ単なる物理的な要請であってそれ以上のものではないのか。そもそも、批評的、方法論的分析にとって、あるいはまた歴史的分析にとってさえも、「始まり」なるものにどのような価値があるのか。どのような種類のアプローチ、どのような種類の言語、どのような種類の道具によって、始まりは自らを研究主題として提示するのか。（p. 3）

そして、これら一連の問いについての言ってみれば理論的・方法論的な考察を二章にわたって展開したのち、続く三つの章で、小説《ノヴェル》という新しい近代的文学ジャンルの成立と発展の時期であった十八・九世紀からポスト小説的テクスト実践の時期と規定してさしつかえないであろう二十世紀後半期にいたるまでの〈始まり〉をめぐる作家意識の歴史をたどり直すという手順を踏みつつ、現代における批評の新たな可能性を反省的に探り出すことが目指されていた。それもなにあろうか、ほかでもないヴィーコを〈始まり〉について徹底的に考え抜こうとした「最初の哲学者」（p. 350）と受け止めたうえで、そのヴィーコからの示唆を主要な道標にしながらである。結びの章でサイード自身がまとめているところによれば、つぎの七つがそれである。

一、異教的なもの、または歴史的なものと、聖なるもの、または始源的なものとのあいだの、筆頭に位置する区別――これは beginning と origin とのあいだにわたしの設ける区別と合致する。

二、特殊的で各個人に特有の問題と人類全体の集合的運命へのきわめて強烈な関心との知的作業のなかにあっての結合――これはこのテクストにおいても最初から立ち現われている結合である。

三、系譜的継起関係のみならず（それの生物学的基盤が明らかに存続している場合は別として）、並行関係、隣接関係、相補関係――すなわち、縦に一直線に繋がっているものや連鎖をなしているものよりもむしろ横並びになっているものや分散しているものを強調しているようなすべての関係――についての鋭い意識。
四、始まりと反復、あるいは始めることとふたたび始めることのあいだに存在する中心的な相互作用。
五、書き直しから成るものとしての、反復によって条件づけられた歴史としての、暗号化し散種してゆくものとしての言語――実践ならびに観念としてのテクストのもつ不安定さと豊饒さ。
六、原典の註解、編年史的記録、語幹探索といったカテゴリーにはきちんと嵌まり込まない批判的分析のための諸論題。
七、以前に存在していたかすでに存在している著作群から別の意味秩序を創始し維持しつづけてゆくこととしての書き始めるということ。ここでまたもや、異教的なものと聖なるものとの（一でなされた）区別が意味をもってくる。（p. 357）

実際にも、サイードの診断によれば、現代の批評家は、自分があるひとつの伝統のなかで書いているとはもはや想像することができなくなっており、ルカーチがその『小説の理論』において使っている表現を借りるならば「先験的に家をもたない者」、あるいはまたジョージ・スタイナーがその文学と言語革命に関する論考『エクストラテリトーリアル〈脱領域〉』において描き出しているように、自分の素材を求めて場所から場所へと移り歩いてゆきながらも、「本質的に家と家のあいだにある人間」、つまりは放浪者にとどまることを余儀なくされている。それというのも、そうした伝統を拒絶することこそが大部分の現代文学の意図となり、主題となり、方法となっているからである。

今日では、文学批評を書くとき、自分があるひとつの伝統のなかで書いていると想像するのは、もはや容認しがたいことである。しかしながら、このことは、どの批評家もいまでは革命家になって従来正典と目されてきたものを破壊し、自分の正典でもって置き換えようとしているという意味ではない。よりよいイメージは放浪者のそれである。今日の批評家は、自分の素材を求めて場所から場所へと移り歩いてゆきながらも、本質的に家と家のあいだにある人間（a man essentially *between* homes）にとどまりつづける。（p. 8）

オスカー・ワイルド以来、意識的で革新的な大作家は、そのほとんどが模倣的再現の野望を否定してきた（あるいは告発さえしてきた）。テクストは、なにか他のものの再現であるよりは、本質的にまさしくそれ自身であるように見える。〔中略〕かくて批評家は四方八方いずれを向いても不規則性に直面することになる。批評家はジョイスのような作家の問題を解くにあたってはもはや伝統に直接訴えることはできない。〔中略〕それゆえ、今日の批評家を特徴づけるには、ルカーチが小説を特徴づけるのに用いた先験的に家をもたない者という形容がぴったりなのである。（p. 11）

そして、そのホームレスでエクストラテリトーリアルな〈あいだ〉的存在性のなかにあって現代の作家、ひいてはまた批評家が営んでいるもの、それはまさしくヴィーコが言う意味での〈異教的〉な意味生産にほかならないとサイードは見るのである。

模倣的再現を疑うことによって、作品は――ヴィーコが俗史を指すのに用いている表現を借りるならば――異教的歴史の領域に入る。（p. 11）

始まりは意図的に別の意味生産——（聖なるものに対立するものとしての）異教的な意味生産を開始する。それが「別の」意味生産であるというのは、書くなかで、この異教的な意味生産は他のもろもろの作品と並ぶ地位を要求するからである。それはXあるいはYから直接に由来する作品というよりはむしろそれらとは別の作品なのである。わたしの扱うもろもろの始まりはいずれもこの差異を意図している。それらはいずれもがそれ自身が自らの最初の事例である。それらは街道の傍らにそれぞれ独自の道を作り出していっている。

(p. 13)

これはまことに思いがけない収穫であった。以来、二読三読。現在でも同書はわたしがヴィーコをめぐってささやかながらも思索を展開してゆくうえでの最も貴重な糧のひとつでありつづけている。

2

なるほど、解釈は大胆と言えば大胆と言えないこともない。また、ところどころに論理の飛躍が認められもする。たとえば、ヴィーコを〈始まり〉についての「最初の哲学者」であるととらえるとともに、これの意味をつぎのように説明して「原始の未開人と現代人とに共通するあるひとつの始まり」の発見者というように規定している際の、この規定に到達するまでの論の運び方がそうである。

ヴィーコは始まりについての最初の哲学者である。それは、時間的に見てかれが始まりについて考察した最初の人であったからではなく〔中略〕、かれにとっては、始まりというものは決して所与のものではなく、

> つねに無限定で、あるいは占われるしかないものでありながら、しかもつねに相当の代価を払って確言されうるものでもあるからである。またかれが最初の哲学者であるのは、もろもろの始まりについて再考するなかで、人はだれひとりとして——野蛮人も反省的な哲学者も——実際には最初の人ではありえないこと、それというのも、人はだれしもそのつどそれぞれに始まりを作り出すのであるからであり、ひいてはそれぞれがつねに最初の人でありつづけるのであるからであるということを見て取ったからでもある。(p. 350)

ここでサイードが着目しているのは、第一には、「学説はそれの扱う素材が始まるところから始まるのでなければならない」という命題を自らの目指す〈新しい学〉の公理に据えたことによって、そこから必然的に出てこざるをえない方法上の困難について、『新しい学』のなかでつぎのように述懐しているヴィーコである。

> この学で採用される諸原理を完全に確立するために、この第一巻では、それが用いなければならない方法について論じる仕事がまだ残っている。なぜなら、公理において提示しておいたように、この学はそれの素材が始まったところから始まらねばならないのである。そして、わたしたちはその素材を、文献学者たちを介しては、デウカリオンとピュラの石やアンピオンの岩、カドモスの畝やウェルギリウスの樫の木から生まれた人間たちから採ってこなければならないのであり、また哲学者たちを介しては、エピクロスの蛙やホッブズの蟬、グロティウスの単純な者たち、プーフェンドルフのいっさい神の加護なしにこの世界に投げ出された者たち、マゼラン海峡のそばで発見されたというパタコネスなる巨人たちにも似た不恰好で凶暴な者たち、つまりはプラトンが諸家族の並存状態における最初の家父長たちであったとしているホメロスのポリュペモスたちから採ってこなければならないのである。このような知識を文明の起源について文献学者や哲学

者はわたしたちに与えてきたのであった！　そして、わたしたちはそれらの者どもが人間的に思考することを始めた時点から推理し始めなければならないのである。しかも、かれらの途方もない凶暴さととどまるところを知らない野獣的放縦のもとにあっては、その凶暴を鎮め、放縦を抑えるには、あるなんらかの神性の存在についての畏怖に満ちた思考以外に手段はないのであって、公理において述べたように、そのような神性に対する恐怖のみが獰猛化した放縦を義務の道に連れ戻すことのできる唯一の強力な手段なのである。そこで、そのような最初の人間的思考が異教の世界に生まれた際のその生成の様式を発見するためには、わたしたちはいくつもの険しい難関に出会い、実に二十年に及ぶ探究を要したのであった。なんと言っても、このわたしたちの人間的な文明化された状態から、そのようなまったくのところ凶暴で途方もない状態にまで降りてゆかねばならなかったのであるから。そのような状態を具体的に心に表象してみることはわたしたちにはまったく拒まれており、ただ辛うじて頭で理解することだけが許されているのである。［三三八］

また第二には、古代世界がヘブライ人と異教徒とに二分されていたことについて、同じく『新しい学』のなかでつぎのように指摘しているヴィーコである。

ヘブライ人の宗教は、真実の神によって、すべての異教諸国民の生誕の土台をなしていた神占を禁止することにもとづいて創建された。［一六七］

右のようなヴィーコの述懐と指摘にサイードは注目する。とともに、まず前者の述懐のうちに、人間の知性が段階的な発達を遂げてゆくものであることと、このことに由来する〈理解のパラドクス〉とでも呼ぶべきもの、ひいてはそのパラドクスの必然的な帰結としての現代人が〈始まりにおいて始めること〉あるいは〈自ら始源たること〉の不可能性についての、ヴィーコの痛切ながらも透徹した認識を見て取る。『新しい学』の公理集の冒頭に「人間の知性は自然本性上無限定である」［一二〇］とあるのを念頭に置きつつ、サイードは解説している。

デカルトとは違って、ヴィーコは、人間の知性は「無限定な自然本性」を有していると信じていた。明晰かつ判明な観念は最初にではなく最後に考えられるべきものである。というのも、人は、哲学者になるまえに、すべて例外なく、子供としてその生涯を始めるのであり、それがやがて時が経つにつれてその子供らしい考えを脱ぎ捨て、一般に明晰で、判明で、成熟した観念として知られている、想像的なところがより少なく、詩的なところのより少ない観念を獲得してゆくのであるからである。それゆえ、歴史的に見た場合、人間の思考は最初は不分明なイメージの形態をとって現われるのであり、歴史的発展の比較的後期の段階になってはじめて、人々は明晰な抽象概念でもって思考する力をもつにいたるのである。〔中略〕同様に、歴史とは、事物の不分明な誕生（nascimento）から、それらの発達した、制度的な状態への移行のことである。そして、そうなったときに初めて、それらは明晰なものとなるのである。それらの自然本性はそれらの始まりによって規定されているにしてもである。（p. 347）

そして、かくては哲学者が万民の自然法といったものを理解しようとするとき、かれが使用するのは、当の法がもともとそこから出てきた原初の暗く闇に包まれた状況からはるかに離れてしまった時点で成立した概念的言語であることに注意を促すとともに、それでは「学説はそれの扱う素材が始まるところから始まるのでなければならない」というヴィーコの公理は一体全体どのようにして実践可能となるのか、と自問して述べている。

それというのも、ヴィーコによれば、人間の知性はより限定されたもの、正確なもの、科学的なものになってゆくにつれて、それとともに漸次、身体に基礎を置くことが少なくなってゆき、抽象的になってゆき、直接に自らの本質的な自己を把握すること、始まりにおいて始めること、自ら自身を定義することができなくなっていったからである。あるいはこれに劣らずパラドクシカルなことにも、悟性的な記述は、具体的な事物を記述するのには、まさしく、形象《イメージ》よりも不正確で無限定な手段なのである。あたかも子供たちが哲学については無限定な観念しかもっていないのと同じように、哲学者たちもまた、諸制度の幼児期については、無限定な、あるいは少なくとも不適切な観念しかもってはいないのである。(pp. 347-48)

他方、ヘブライ人と異教徒の区別に関するヴィーコの指摘のうちにサイードが見て取るのは、〈始まりにおいて始めること〉あるいは〈自ら始源たること〉は、単に現代の文明時代に生きる哲学者にとってのみならず、かれの対象たる原始の未開人――かれらをヴィーコは意味深長にも「最初の人間たち」というように呼んでいるのであるが、その当の異教諸国民の世界を創建した「最初の人間たち」自身にとっても不可能とされていたという事実、しかも、その一方で、かれら「最初の人間たち」には、ほかでもなく〈異教徒であること〉の可能性、すなわち、神的なものとしての〈始源〉からはひとたび断ち切られたところで、自らの〈始まり〉をたえず新たに歴史的＝発生的に作り出してゆくことの可能性が開かれていたという事実についての、同じく透徹した認識である。

決定的な区別が、一方における神占をおこなう異教徒、あるいは神性を想像する異教徒と、他方における真実の神が神占を禁止したヘブライ人とのあいだにはある。異教徒であるとは、真実の神への接近を否定されているということ、思考によって神占に頼ろうとするということ、恒常的に歴史のなかで、神の秩序とは別の秩序のなかで生きつづけるということ、その当の歴史の秩序を発生的に生み出す能力があるということである。ヴィーコの関心は、どのような場所にあっても、この別の秩序、人間たちの作り出す歴史の世界にある。(pp. 349–50)

いずれも、みごとな着目であり、読み取りである。このような着目と読み取りに立脚したところで、〈始まり〉について徹底的に考え抜こうとした「最初の哲学者」というサイードのヴィーコ像は打ち出されているのである。ただしである。そのさいサイードは、第一の着目点に関する考察から第二の着目点に関する考察に移行するにあたって、「ヴィーコは、〔中略〕始めるということが実践的現実へのゆるぎなき義務と共感的想像力とを等しく強く保ちつづけることを著作家に要求している活動であることに気づいている近代の原型的な思想家である」というこれはこれでなかなか鋭い指摘をおこなうとともに――なお、誤解があってはいけないので注意を促しておくが、ここで「共感的想像力」とあるのは「書き始めるということは、当初には案出することによってしか知られえないものを正確に、意図的に、独学的に〈知る〉ということである」という意味で言われているのであって、いわゆる対象への心理的自己移入のことではない――、「しかしながら、重要なのは、この義務と共感的想像力とを相互に結びつけている関係である」として、つぎのように述べている。

現代の探究する知性にとっては、わたしたちの野蛮な最初の祖父たちにとってもそうであったように、道理ではなく恐怖をつうじてやってくる〈神性〉の原理こそが「獰猛化した放縦を〈義務の道に〉連れ戻す」。

わたしたちの起源に先行するあるひとつの力――ヴィーコにとってはもはや矯正不可能な野蛮状態にまでさらに突き進んでゆくのを阻止することのできる唯一のものであったその力を想像する（神占をおこなう＝案出する）ことによってのみ、わたしたちは人間的たることを意図し始めることができるのである。（p. 349）

しかしながらどうであろう。これはなるほど実に警抜で示唆に富む重ね合わせ方ではある。が、このように「わたしたち」を異教諸国民の世界を創建した「最初の人間たち」に重ね合わせることができるためには、その間になお解決しておくべき問題点が多々存在しているのではないのか。ほかでもない、さきにサイード自身鋭敏にも見て取っているのを見た〈理解のパラドクス〉をはじめとしてである。それをただ、続いてあるように「原始の未開人を束縛していたものと哲学的な人間を束縛しているものとの一致は根拠のないことではない。野蛮人も哲学者もともに神のこの世における秩序、聖史からは疎外された存在なのである」（p. 349）と片付けてしまったのでは、飛躍もはなはだしいと言わざるをえないのではなかろうか。たしかに、『新しい学』の結びの言葉にも、「要するに、この著作において推理してきたすべてのことから最後に結論として述べておくべきであるのは、この学は敬虔たらんとする精励努力を分かちがたくともなっているということ、そして敬虔にあらざる者は真に賢明ではありえないのだということである」［一一一二］とあるにしてもである。そのうえ、ここでヴィーコの求めている〈敬虔たれ〉ということとサイードの言う〈神性の力を想像せよ〉ということがはたして同一のことなのかどうか。これはこれで別個に検討すべき問題であろう。

しかしまた、そうした大胆と飛躍のなかにあって、そこからは、出版時点でかの有名なクローチェの『ジャンバッティスタ・ヴィーコの哲学』（一九一一年）から数えてもすでに六十余年の歳月を刻んできた勘定になる従来のヴィーコ研究史からは求めても求めえなかったまことに斬新なヴィーコ像が浮かび上がってきていることも疑いのないところであろうと思われる。

なかでも注目に値すると思われるのは、さきに挙げられているのを見た七つの道標のうちの第三の道標にかかわっているヴィーコ像、すなわち、系譜的継起関係のみならず、並行関係、隣接関係、相補関係――言い換えるならば、縦に一直線に繋がっているものや連鎖をなしているものよりもむしろ横並びになっているものや分散しているものを強調しているようなすべての関係についての鋭い意識をもっていたとされるヴィーコ像である。これは掛け値なしにヴィーコ研究史上の一大画期をなすヴィーコ像であると言ってさしつかえない。

3

見てみよう。このヴィーコを探り当てるにあたってサイードが目を止めているのは、一つには、〈法〉という抽象的なものと〈貨幣〉という具体的なものを表わす語が各国民の言語のなかで示している関係についての、『新しい学』の第二巻の「詩的論理学」に関する部分に出てくるつぎのようなくだりである。

ローマ法では〈ノーメン〉と言えば〈法〉のことである。ところで、これと発音の似ているギリシア語に〈ノモス〉があるが、この語もギリシア人のもとでは〈法〉を意味しており、また、この〈ノモス〉から、アリストテレスも注意しているように、〈貨幣〉を意味する〈ノミスマ〉が出てくるのである。そして語源学者たちはローマ人のもとでの〈ヌムス〉〔貨幣〕も〈ノモス〉からそう言われるようになったのだと解釈しようとしている。さらには、フランス人のもとでも、〈ロア〉は〈法〉を意味し、〈アロア〉と言えば〈貨幣〉のことである。また、戻ってきた野蛮人たち〔中世の人々〕は、教会法のことをも、借地人が借地権を与えた地主に支払う地代のことをも、〈カノン〉と言っていた。［四三三］

また、いま一つには、同じく「詩的論理学」に関する部分中の、人語の形成が擬声語に始まることが指摘されたのち、それがさらには間投詞によって続行されることが説明されているつぎのくだりである。

人語の形成は間投詞によって続行される。それは激しい情念の爆発とともに分節される音声であって、どの言語においても単綴音の形態をとっている。それゆえ、最初の雷光によって人間たちのうちに最初に呼び覚まされたのは驚嘆であったのであるから、最初の間投詞は、ゼウスを指して最初は〈パ pa！〉と発せられ、それがやがて二重化されて〈パーペ pape！〉というかたちで残ることになった驚嘆の間投詞として生じたと見て大過ない。そして、ここからつぎにはゼウスに〈人間たちと神々の父 padre〉という称号が与えられることになったのであり、さらにのちにはすべての神々が〈父〉と呼ばれるようになるのであった。〔中略〕また神々がそうして〈父〉と呼ばれるようになったのは、〈パトラーレ patrare〉が最初は神に固有のものである為すことを指していたにちがいないのと同じ意味においてであったのである。〔中略〕そして、ここからつぎに〈インペトラーレ impetrare〉〔為し遂げる〕という言い方が出てきたのであったにちがいないのであって、実際にもこれはほとんど〈インパトラーレ impatrare〉と言っているに等しい。また、同じくこれは卜占学では〈インペトリーレ impetrire〉と言われており、〈吉兆をもたらす〉という意味であった。

〔中略〕このことは、最初の通訳 interpetrazione は前兆によって命じられる神の法律についてのものであったのであり、こうしてほとんど〈インテルパトラーティオー interpatratio〉〔神の行為たる為し遂げることに参加すること〕と言うに等しいものであったことを明らかにしている。［四四八］

これらはいずれも、普通に読めば、語の系譜的な継起性を探ろうとした文章であるということになろう。ところが、こうした読み方をサイードはそれ自体が「語を機械的に一直線になんらかの根源にまでたどり戻ってゆこうとするような知性の習慣」（p. 351）のなせるわざでしかないと言ってのける。そして、たとえば前者の場合について見るならば、そこでヴィーコが感知しているのはむしろ〈ノーメン〉〈ノモス〉〈ロア〉という複数の隣接線の存在なのであり、それらのいずれも〈法〉を意味する語がそれぞれの言語のなかで他方における〈貨幣〉を表わす語とのあいだに継起的というよりは隣接的な関係性において一個の体系を形成しているという事実、言い換えるならば、ある言語における抽象語と具体語との直接的な共存は系譜的な継起性によりは語相互のあいだの体系的な隣接性にもとづいて実現を見ているのだという事実をこそヴィーコは確認し指摘しようとしているのだとしたうえで、ここにはヴィーコが『われらの時代の学問方法について』（一七〇九年）その他の場所で機会あるごとにその意義を力説している例のトピカ的発見法のみごとな実践例が認められることに注意を促して、つぎのように解釈してみせるのである。

ヴィーコの主題は諸国民に共通の法であり、かれの野心はあるひとつの共通の始まりを見つけ出すこと——系譜学的な企図——であるにもかかわらず、かれの〈トピカ〉的方法はいたるところで相関性、相補性、隣接性によって証拠を集めてゆく。かれの願望はあるひとつの原初の始まりを見定めること、一本の直系的

> な線を見いだすことであるにもかかわらず、言語の提供している物証とかれの修めた学問とがその願望を抑制して、言語の有している神占と詩的創作の能力にかかわらせるのである。しかも、そこでは、遠くにあって回復不可能となった始源への切なる願望も実りなきものにおわることはない。それというのも、知性は新しいつながり（たとえば〈パ〉を共有するもろもろの語のあいだに認められる並行的な語源関係）を繰り返し模造的に作り出し直してゆくことによって自らの製作能力を再体験することができるからである——かくては、あるひとつの系譜学的な目標のために用いられる方法としての隣接性、相補性、並行性、そして相関性。
>
> (p. 352)

「あるひとつの系譜学的な目標のために用いられる方法としての隣接性、相補性、並行性、そして相関性」。つまりは「トピカ的方法」の活用！　そう言えば、ヴィーコが弁論術の教授としてトピカ——すなわち、一見したところでは無関係に見える遠く離れた事物間に類似性を見て取ってみせる方法に習熟していたことについては、わたしたちも先刻承知のはずなのであった。また、そのトピカ重視の立場をもって、新時代のポール＝ロワイヤル派のデカルト的教学方法に真っ向から反対していたことについてもである。しかし、そのトピカ的発見法が『新しい学』自体においても実践され、それの基本的な方法をなしているということをこれほどまでに的確に見て取り、具体的に実証してみせようとした者がほかにだれかいたであろうか。ヴィーコ自身の説明によれば、『新しい学』では幾何学と同様の方法が採られるとのことであった［三四九］。そのヴィーコの言う幾何学の方法というのが実はトピカ的発見法のことであったとは！　サイードの右の一節にわたしは目の覚める思いがしたものである。

『始まり』は初版が出てから十年後の一九八五年、コロンビア大学出版会のモーニングサイド・シリーズに入れられた。そのさいに新たに付加された序文のなかでサイードが回顧しているところによれば、「一九七五年に出版されたとき、『始まり』は、さる高名な批評家が〈尋常ならざる超自然的な批評〉(uncanny criticism) のジャンルと呼んでいるもの、すなわち、歴史学ないし文献学の伝統や常識化した約束事、そして率直に付け加えておくべきであろうが信仰にもはやもとづいてはいない批評を形成する一連の批評的著作のひとつであった」という。そして、その批評家、J・ヒリス・ミラーによれば、それは「言葉の論理から逃れ出ようとする迷宮的な試み」であるとのことでもあった (Edward W. Said, Preface to the Morningside Edition, in : *Beginnings: Intention and Method*, New York, Columbia University Press, 1985, p. xi)。しかしながら、『始まり』におけるサイードの試み、それは――ここに見てきたところからして――その十年後の時点ではすでにサイード自身にもなじみのものになっていた言葉で置き換えて、〈脱構築〉(deconstruction) の試みと規定するほうがより適切であろう。これは、その〈脱構築〉の実験家にしてはじめて探り出しえたヴィーコである。

また、これ以外にも、たとえば『新しい学』の掉尾を飾る「著作の結論」中に、「人間たちこそがこの諸国民の世界を作ってきたのではあるが〔中略〕、しかしまた、この世界は疑いもなく、人間たちが設定してきた個別的な諸目的とはしばしば異なり、ときにはまったく対立し、そしてつねにそれらの上位にあるひとつの知性から生じているのであって、その知性は〔人間たちの設定してきた〕それらの限られた目的をより広い目的のための手段となすことによって、この地上に人類を保存するためにつねに利用してきたのである」という文言に始まって、野獣的欲情を満たすことしか意図していなかった最初の人間たちがかえって貞節な婚姻生活を送るようになり、ここから家族制度が誕生するにいたったことをはじめとする同種の例が列挙されたのち、「これらのいっさいをおこなったもの、それはやはり知性なのであった。なぜなら、これらのいっさいを人間たちは頭を用いておこなったからである。それは運命ではなかった。なぜなら、これらのいっさいを人間たちは選択することによっておこなったからである。また、それは偶然でもなかった。なぜなら、人間たちはつねにそのようにおこなって、いつの場合にも決まって同一の結果を得ておわっているからである」と結ばれているくだり［一一〇八］がある。一般には「神の摂理」の全能を称讃したものと受け取られているくだりである。ところが、ここでもサイードは、ここに概括されている諸国民の世界の形成と発展の過程にあって「神の摂理」はひとつのいわば〈実在的ならざる役割〉をしか演じていないことに注意を促すとともに、記述の全体を、無限定な人間の知性も、人間存在のゼロ・ポイントたる〈存在しようとする意図〉をもっているという一点に関するかぎり、限定的であるということ、しかもそのさい、人間はその始まりを神の聖なる秩序からの〈逸脱〉として始めるのだということを述べようとしたものというように読み替えている（p. 353）。そして、このように読み替えたうえで、つぎのような考察を繰り出している。これなどもサイードの〈脱構築〉的テクスト読解の試みが威力を発揮してそれなりの成果を得ている一例であると見てよいのではなかろうか。

かれが「これらのいっさいをおこなったもの、それはやはり知性なのであった」と述べるときに言おうとしているのは、人間の歴史はあくまでも反復の秩序であって、自発的にたえまなく発揮される独創性からなる秩序ではないということである。そして、理論的に言えば、反復は同一性を含意している。しかし、実際には、周囲を見回してみると、現実はいたるところ差異だらけである。〔中略〕なるほど、理性的な理念は反復する。そして、このことは、ヴィーコが歴史の全体を神々の時代、英雄たちの時代、人間たちの時代という三つの時代の不変のサイクルの回帰的反復からなるひとつのセットに還元したことの理由を説明してくれる。しかし、にもかかわらず、一方、具体的諸事実〔中略〕すなわち、理性が暗々裡に非理性的な混沌と見なしている現実のほうは、差異ないし多様性に満ち満ちている。比較的興味薄くて不毛な三つの時代のサイクルと、ヴィーコがかれの文献学的情熱を傾けておしげもなく注ぎ出すところの手に負えない具体的な人間的諸事実の形成する真に力強いコミュニティーとのあいだの、ヴィーコの『新しい学』における奇妙な往復現象は、サミュエル・バトラーが〈エレウォンの非理性大学〉のために構想したたぐいのものでも十分にありえたにちがいない。「非理性とは」とその大学は主張している。「理性の一部である。したがって、それは始まりの状態を述べるにあたってはそれ相応の役分を十分に認められるべきなのである」と。(p. 354)

4

さて、このサイードの『始まり』の邦訳がこのたび(一九九二年二月)法政大学出版局から出た。どなたか適当な訳者を探して翻訳を出してくださるよう同出版局の稲義人さんにお願いしてから足かけ七年。待望の邦訳である。訳者は山形和美・小林昌夫の両氏。原著のタイトルがBeginningsと複数形になっていることのニュアンスを活かそうとされたのか、邦訳題名は『始まりの現象』となっている。また、底本にはモーニングサイド版が採用されている。

翻訳の出来ばえに関しては、率直なところ、最終章のヴィーコに関する部分について見ただけでも、残念な点がいくつかないわけでない。たとえば、『新しい学』のイタリア語原文で〈cosa〉とあるのが英語訳で〈institution〉となっているのを——イタリア語原文に当たることをされなかったのであろう——「体制」と訳してしまっておられる個所などは、重訳に潜む危険が現実のものとなった一例であろう。また、幾何学における点とのアナロジーで「形而上学的点」と呼ばれているものが「形而上学的論点」となっていたり、〈"topical" method〉に「〈題目的〉方法」とか「〈項目〉的なやり方」といったような訳語が当てられているのに出くわすと、ヴィーコについて訳者はどの程度の勉強をされたのかと疑ってしまう。その他、〈nazione/nation〉が「民族国家」となっているのもいただけない。さらには、少し注意深ければ誤植であることが容易に見て取れたはずの個所が誤ったまま訳されていたり、文脈上の意味連関が取り違えられている個所も散見される。しかし、サイードの英文がどんなに難解かは知る人ぞ知るところである。成否のほどはさておき、その難解をもって知られる原文をなんとか達意の日本文に移そうとされた訳者の努力には、いくら感謝しても余りあるものがある。ぜひとも一読されるようお勧めする。ここに紹介してきた諸点以外にも、ヴィーコにおける〈独学の流儀〉〈autodidacticism〉に関する考察など、いくつもの示唆に富む考察に出会えるはずである。

修辞のバロック——ヴィーコのキケロについて

古典古代以来の弁論術＝修辞学理論において「エピケイレーマ」と呼ばれてきた推論式がある。前提に理由がそえられている三段論法的推論式（帯証式）のことで、①大前提、②大前提の根拠理由、③小前提、④小前提の確証とその敷衍、⑤結論、の五つの部分からなる。この推論式について、ヴィーコが大学での講義用に作成した『弁論術教程』のなかの「確証」の項に、これは「もっとも完全な推論」の方式であり、「言葉ゆたかに敷衍的な議論を展開する」弁論家たちはこの推論式を活用してきたと指摘するとともに、キケロ流の確証の方法をとろうとおもう者はこの推論式の五つの段階を省略することなく踏み、とりわけ小前提の確証の敷衍に努めなければならない、との注意を学生たちにあたえたくだりが見える。デモステネス流の雄弁が好きな弁論家は「エンテュメーマ」、それも通常そう理解されているような「省略三段論法」という意味でのエンテュメーマではなくて「対立物からなる論証」という意味でのエンテュメーマを使わなければならない、としたうえでの注意喚起である。

デモステネス流の雄弁とキケロ流の確証。——これに似た対比については、同じヴィーコの『イタリア人の太古の知恵』に、公共の場における弁論に「幾何学的方法」を導入することを推奨しているデカルト主義的なポール＝ロワイヤル派の哲学者たちがひとりデモステネスのみを模範としてあげているのに驚きの声をあげて、つぎのようにあったことも想起しておいてよいだろう。

いまや、どういうわけかわからないが、キケロは、乱雑で、無秩序で、混乱の見本ということになってしまっている。従来、学識ある人々は、総じて、キケロのうちにこそ、かれが最初になにかを述べると、それがいわばひとりでに展開していって、つぎのことがらを支えていくさまを見て、そのかくも整然とした秩序と、各部分の配列にかんしてのかくも大いなる努力を称賛してきたというのにである。〔中略〕これにたいして、誓っていうが、デモステネスのほうは、修辞学者のうちでもっとも判断力にすぐれているディオニシオス・ロンギノスが正しくも指摘しているように、その全体が倒置法以外のなにものでもないのではないか。そして、これにわたしは付け加えたいのであるが、まさにそのかれの混乱した弁論の進め方のうちに、じつはエンテュメーマのもつ力のすべてがあたかも投石機のバネのように張り渡されているのである。

デモステネスは、まず最初には慣例どおり弁論の趣旨を述べ、自分が何について論じるのかを聴衆に告げる。ところが、そのあとですぐさま、提示された論題となんら共通するところのないようにみえることがらへと話をそらせていき、こうして一旦は聴衆を遠ざけ引き離す。そして最後に、いま述べている話と最初に提示しておいた論題とのあいだに類比関係を張り渡し、それが突然のことであるだけにいっそう強烈に弁論の稲妻が聴衆の頭上にひらめき落ちることをねらうというわけなのだ。〔ちなみに、このような「対立物からなる論証」という意味においてのエンテュメーマこそはデモステネスの弁論の神髄であるというヴィーコの理解については、クインティリアヌスの『弁論家の教育』五・一四・四にも「エンテュメーマの最良のタイプは、デモステネスのがそうであるように、本来の主題とは似ても似つかなかったり、反対のもののようにみえることがらについて論じて、それに根拠理由が付されているようなタイプのようである」とある。」

だが、デモステネスについてはいまは措く。ここでいますこし立ちいって見てみたいのは、「キケロ流の確証の方法」ということでヴィーコが考えていることの内実である。それというのも、ヴィーコは、かれが「もっとも完全な推論」の方式であるとみるエピケイレーマの例として、つぎのような推論式を提示してみせている。

大前提――「人間にとってもっともふさわしい素質である雄弁をなにゆえにわたしたちは培わなければならないのか」

大前提の根拠理由――「実際にも、わたしたちは他の生命あるものどもが各自に固有の素質をいつくしんでいるのをみているのである」

小前提――「しかしながら、たしかに雄弁は人間性そのものと同じほど人間に固有のものである」

小前提の確証――「実際にも、もし自然がわたしたちに話す能力をあたえなかったならば、たしかにわたしたちは、洞穴や隠れ場所に孤立して隠れて、野獣同然の生活を送っていたことであろう。だから、かの賢者が、自分の前にいる者が人間であるのかどうかを知ろうとして、その者に話すよう命じたのは、もっともなことであったのだ」

確証の敷衍――「しかも、言葉とは、人間たちが相互の意思疎通をおこなうのにもちいる記号でなくて、何であろう。ヒトという種が自分たちの権利を主張し、権利の侵犯をしりぞけるためにもちいる武器でなくて、何であろう。そして最後には、少数の者たちが大衆を支配するのにもちいる手段でなくて、何であろう」

刺すように鋭い結論――「したがって、人間が野獣に優位し、また、人間のうちでも一部の者たちが他の者たちに優越するための手立てとなる素質を培うことをなおざりにしてよいわけがどうしてあろうか」

しかしながら、これはどうであろう。とりわけ目をひくのは、キケロ流の確証の方法をとろうとおもう者が努力をそそがなければならないとヴィーコのいう小前提の確証とその敷衍の部分の異例さである。

たしかに、右の推論式における小前提の確証とその敷衍のプロセスでは、ファイも注意をうながしているように、万人の承認するところとなっている具体的な経験的事実にもとづいた意見という意味で「トピカ的」と称されてよい推論がもちいられていて、それが発見的＝総合判断的効果を発揮している。が、これもまたファイが鋭くも指摘しているように、その推論自体は三段論法のアリストテレス的ルールにおける中項ではなくて、エドワード・デ・ボノの用語を借りて「側生的思考（lateral thinking）」とでも称すべき思考の所産であることにわたしたちは留意しなければならない。すなわち、そこで確証と敷衍のためにもちいられている推論は、大前提にも小前提にもふくまれていなくて、それらの外部からやってきたものなのだ。その結果、三段論法は付加されたトピカ的推論の重みによって均衡を失い、エクセントリックで非正統的なものに転化してしまう。ここでは、探究者はさまざまな外部的観点へとジャンプし、それらの観点がひとつのホモジニアスな図式を形成するのを待たなければならない。この種のジャンプはアリストテレスによっては禁則とされていたものである。ところが、右のエピケイレーマにおいて、ヴィーコは三段論法の理論においては禁止されているそうしたジャンプを意識的におこなっている。しかも、このような禁則破りのエピケイレーマこそは、ヴィーコによれば、「もっとも完全な推論」であるというのだ。そして手本としてキケロの場合をあげているのである。しかし、これは「キケロ流」と称するにはあまりにもヴィーコ的な推論式であるというべきではないだろうか。

くわえては、結論に「刺すように鋭い」という形容詞が冠せられていることにも注意しておきたい。ここでいわれている「鋭さ」とは、十七世紀のスペインとイタリアにおいて流行した綺想主義的な文学・芸術趣味のなかでことのほか称揚された「たがいに離れたところにある相異なることどもをひとつに結合する能力」である「インゲニウム」が発揮する「鋭さ」を指しているのであって、これもまた、キケロ以来のレトリックの古典的伝統を汲んだものというよりは、それからの逸脱形態にほかならない「バロック」的思考に特有のものであるというべきであろう。

それとも、このような逸脱ないし発展の可能性自体、すでにキケロのうちに潜在していたとみたほうが妥当なのであろうか。たしかに、ヴィーコは、キケロから多くのことを継承した。そして、それを独創的な方向へと発展させた。クリティカ（判断術）にたいするトピカ（発見術）の先行性というテーゼは、その最たるものである。「論点の発見が、ことがらの本性からして、その真理性の判断に先立つように、教授においても、トピカがクリティカに先立たねばならない」。この一七〇八年のナポリ大学における開講講演『われらの時代の学問方法について』で高らかに謳われたトピカ宣揚の言にしても、それ自体はキケロの『トピカ』六—七における「発見術は判断術に自然の順序からしてたしかに先立つ」という言を踏襲したものでしかない。が、これをやがて『諸国民に共通の自然本性についての新しい学の諸原理』のヴィーコは、最初の人間たちはまず「感覚的トピカ」を培うことでもって知性の発達を開始したのだとして、キケロ的な人文主義的教養人の学問自体もふくめた「学者たちの論理」一般についてのニーチェ的意味における系譜学的批判の道具に仕立てあげていくのであった。とすれば、ここでわたしたちが見たような側生的にトピカ的推論を外部からとりこむことによる非正統的な科学的発見の方法も、キケロの弁論のうちに胚胎していたという可能性も一概には否定できないのかもしれない。当否についてはキケロの専門家の判断を待ちたいとおもう。

スピノザ、ヴィーコ、現代政治思想
——ビアジオ・デ・ジョヴァンニの考察の教示するもの

一九九二年に公刊されたイタリアの政治理論家アントニオ・ネグリ（Antonio Negri）の『構成する権力』*Il potere costituente* は政治思想の現代におけるひとつの「事件」といっても過言ではない著作であるとおもいます。そこには、ネグリが自ら指導的役割を演じてきた一九六〇―七〇年代のイタリアにおけるアウトノミーア運動をはじめとする急進的左翼の経験がみごとなまでの思想的表現を獲得するにいたっており、現代における政治のありようについて反省をめぐらせようとする者すべてに真摯な対質を要求してやまないものがあります。フランス語版（一九九七年）からの杉村昌昭・斉藤悦則両氏による邦訳が一九九九年に松籟社から出ましたので、まだお読みでない方は邦訳でも結構ですからぜひとも一読なさってみてください。

ところで、ここにご参集の皆さんのなかには事情に通じておられる方も少なくないのではないかとおもいますが、ネグリにおいて一九六〇―七〇年代の政治的経験がこのようなかたちでの思想的結実をみるにあたっては、かれがキリスト教民主党党首アルド・モロの誘拐・暗殺事件を引き起こした「赤い旅団」の黒幕であったという嫌疑で逮捕・投獄された一九七九年四月から翌年四月までのあいだに獄中で集中的にとりくんで書きあげたスピノザ論『野生のアノマリー』*L'anomalia selvaggia. Saggio su potere e potenza in Baruch Spinoza*（一九八一年）が決定的といってもよい理論的触媒の役割を演じています。この点はだれよりもネグリ自身がよく自覚していたところでした。

じっさいにも、これもここにご参集の皆さんは先刻ご承知のようにネグリはその後も何篇かのスピノザ論を書いていますが、その全体を一冊にまとめた本が最近イタリアで出ました。*Spinoza. L'anomalia selvaggia, Spinoza sovversivo, Democrazia ed eternità in Spinoza*（Roma, Derive Approdi, 1998）がそれですが、これに付されているあとがき「そして結語に代えて――スピノザとポストモダン派」のなかで、ネグリは『野生のアノマリー』において導きの糸となっているのは一九六〇年代末に「スピノザに当時の空気を吸わせようとした」ところから誕生した二冊の本、すなわち、ジル・ドゥルーズの『スピノザと表現の問題』（一九六八年）とアレクサンドル・マトゥロンの『スピノザにおける個人と共同体』（一九六九年）によって提起された「新しい存在論的スピノザ解釈」であったことに読者の想起をうながすとともに、そのようにしてスピノザに一九六八年当時の空気を吸わせたところから導き出された新しい存在論的スピノザ解釈の諸仮説をとりわけ政治的なレヴェルにおいて発展させようとしたのが『野生のアノマリー』であったとの位置づけをおこなっています。

参考までにいま少し詳しく紹介しておきますと、ネグリは、ドゥルーズとマトゥロンの二人によってくわだてられたスピノザの読み直し（rilettura）が伝統的解釈にたいしてもたらした主要な修正点（revisione）を五点挙げています。

第一の修正点は内在性の観念――というよりは経験にかかわるものです。ドゥルーズとマトゥロンの二人によってくわだてられた新しいスピノザ解釈は深層（profondità）としての内在性という観念を破壊し、内在性についての表層（superficie）の読みを提示したというのです。かれらの新しいスピノザ解釈にあっては、人間の運命を支配する神はそれ自体あくまでも「表層」に存在しているのであって、必然性と自由との一致可能性はわたしたちの状況への参加そのものの経験のなかで了解可能なものとなる。状況へのわたしたちの主体的な参加のなかにあって、先立って起こったことの必然性がいまだ到来せざるもの（a-venire）の自由と一体化する。スピノザにおいては世界の演繹は世界の建設と同じことであったのだというわけです。

第二は合理的目的とか倫理的目的についての考え方の修正です。まず前者については、その概念はいっさいの形而上学的前提から解き放たれた。そして、そこではその意味内容が人間の共同的経験ないし建設行動の能力に等しいような共通概念に転化されるにいたった。また、倫理的目的の概念のほうも、生の欲望の展開過程へと還元されることとなったとネグリは述べています。

第三の修正点は政治です。新しい存在論的スピノザ解釈とともに、いまや政治学上のいっさいの超越概念は消滅する。そして、「それでもなお主権的権力（potere sovrano）について語ることができるとしても、それはいまや群集のデモクラシー（democrazia della moltitudine）としてしか、あるいは、各自の欲望を追求するなかで共同的なものの構成へと導かれていく諸個人の総体による絶対的な自己統治としてしか、表象されえなくなった」というのです。

第四の修正点は形而上学と神学にかかわるものです。新しいスピノザ解釈とともに、「一種の umanesimo integrale、あるいはより正確には ecosofia cosmica とでもいうべきものが、世界の地平に永遠的なものの感覚をもたらすにいたった」というのです。そして、いまや系譜学（genealogia）がいっさいの目的論（teleologia）に取って代わることとなった、というようにも指摘されています。

第五の修正点は唯物論の観念にかかわるものです。新しい解釈が描き出したスピノザのもとでは、物質はいまや世界を構成する運動の内部にあって世界の形態変化を織り成すものとしてみられるようになったというのです。

したがって、新しい存在論的スピノザ解釈の諸仮説をとりわけ政治的なレヴェルにおいて発展させようとしたのが『野生のアノマリー』であったのだとすれば、そのネグリにおける政治的なレヴェルにおいての発展はなかでも第三の修正点を軸として遂行されたものであったということになります。が、そうであってみれば、ここでいわれている第三の修正点はとりもなおさずネグリの「構成する権力」論を支えている基礎テーゼ中の基礎テーゼでもあるわけです。ネグリがその独特な「構成する権力」の概念を練りあげていくにあたってスピノザについての新しい存在論的解釈との出会いがどれほどまでに決定的な理論的触媒としての役割を演じていたかがよく了解されるのではないかとおもいます。

*

さて、そうであってみれば、このことは、ネグリの「構成する権力」論との対質をくわだてるにあたっては、なによりも、そのスピノザ論から攻めていくのが効果的であろうということを示唆しているのではないかとおもわれます。そこで、この方向からの攻略を試みてみたいとおもうのですが、ここでは、そのためのさしあたってのAnsatzpunktとして、あたかもネグリの『野生のアノマリー』が公刊された直後に同じイタリアのいまひとりの政治理論家が発表した一篇の論考をとりあげてみようとおもいます。ビアジオ・デ・ジョヴァンニ（Biagio de Giovanni）の「スピノザとヴィーコにおける〈身体〉と〈理性〉」という論考がそれであります。ただ、ビアジオ・デ・ジョヴァンニと申しましても皆さんのなかでもご存じの方は少ないのではないかとおもわれますので、その経歴と仕事について簡単に紹介しておきますと、参考文献一覧をご覧になってください。一九七〇年代には主としてアントニオ・グラムシの政治思想についてプルラリズムの可能性という観点からの読解を試みたのち、一九八一年にはいって哲学と政治理論の雑誌『チェンタウロ』*Il Centauro*を創刊しています。四カ月ごとの刊行で、八〇年代中頃まで続きました。ここでとりあげる論考は、そのデ・ジョヴァンニがロベルト・エスポジト（Roberto Esposito）とジュゼッペ・ザローネ（Giuseppe Zarone）と共同で同年六月に出した『近代的理性の生成

――デカルト、スピノザ、ヴィーコ』*Divenire della ragione moderna. Cartesio, Spinoza, Vico* のために書かれたものです。

なお、このデ・ジョヴァンニの論考につきましては『現代思想』の一九九八年三月号で《ユーロ・ラディカリズム――アントニオ・ネグリの思想圏》という特集が組まれたときにも簡単に紹介したことがあります。それを本日このスピノザに関心をお持ちの方々の協会であらためて紹介させていただくのはほかでもありません。わたしが読んだかぎりでは、このデ・ジョヴァンニのスピノザ読解はなかなかのものです。そして、ネグリのいう「スピノザに六八年当時の空気を吸わせようとした」ところから誕生したドゥルーズやマトゥロンの「新しい存在論的解釈」にも通じるものが処々に感知されます。ところが、どういうわけかわかりませんが、知るかぎり、これまでのところ、スピノザ研究者からもネグリアンからもなんらの言及もないのです。ここであらためて紹介させていただいて、皆さんのご感想とご意見をうかがいたいとおもった次第です。

＊

近代的理性は当初から「複数形における理性」としてあったということ。これがまずもっては本書『近代的理性の生成』全体およびデ・ジョヴァンニの論考「スピノザとヴィーコにおける〈身体〉と〈理性〉」の基本的視点をなしています。

一九八〇年前後の時期はイタリアの思想界でも「近代的理性の危機」ということがさかんに口にされるようになっていました。一九七九年には、ずばり『理性の危機』*Crisi della ragione* と銘打った論文集がエイナウディ出版社から刊行されたりもしています。副題には「知と人間的諸活動との関係における新しい諸モデル」とあります。これを睨んでのことなのでしょうか。本全体の「まえがき」（無署名）ではこう宣言されています。――「近代的理性は危機におちいっている」というのが、いまや人々の共通理解である。が、その現在人口に膾炙している

「理性の危機」なるモデル、ひいてはまた当の「近代的理性」なるもののモデルの復元作業のなんと単純思考的で紋切り型であることか。近代的理性は当初から「複数形における理性（una ragione plurale）」としてあったのであって、けっして単純化を寄せつけない生成の過程に巻きこまれていた。この近代的理性の複雑な生成のありさまを複雑なままに記録し、それに声と形をあたえることこそが、自分たちのめざした課題であった、と。また、デ・ジョヴァンニ自身の論考でも、ヘーゲルが『哲学史講義』において「デカルトに始まる」としてあたえている「単一の理性」の持続的発展図式を批判して、このヘーゲルの「呪縛」から身を解き放ったならば「「近代的なもの」のなかでは最初から「複数の理性」が相対立しあっていたことが判明する」とあります。さらには、つぎのようにも。

今日その「危機」を云々できるような「対象」など、どこにも存在していない。「理性」というのはそれ自体ひとつの問題を表示した述語なのであって、それは根源的に〈開かれたものであること（apertura）〉がただちに了解される。今日わたしたちに可能な任務があるとすれば、それはその理性の危機なるものを混乱したかたちで描きだすことではなくて、それの複雑な構成の過程を探究しなおしてみることである。〈中略〉すなわち、近代的理性の形成過程をそれがもろもろの実定的な知となって生産される〈以前〉のところでつかまえることをこそ、試みなければならないのだ。

こうした視点に立ったところから、デ・ジョヴァンニは自らの論考の目的を提示して言います。「すでにスピノザとともに――ホッブズやロックとよりも――、デカルト的言説の糸は裂け目が生じ、ほとんど破断寸前の状態にあったこと」、そして「この裂開‐破断はデカルトが近代史の舞台に出現させた「理性」のモデルそのものの根源、それが「主体」として構築されるさいの様式の根源に触れるものであったこと」を検証することが目的である、と。デ・ジョヴァンニは書いています。

スピノザとともに、「理性」の他のもろもろの可能性が姿を見せる。が、これらの「可能性」は、デカルトの「主体」、あるいはより正しくは「理性」がデカルトにおいて主体として構成されるさいの様式を、その構成のレヴェルにおいて侵食する。／スピノザは理性にさまざまな世界が存在することを開示する。そして、デカルトが語るような〔単一の理性の〕漸進的成長のうちに自らを置こうとはしない。かれもまた、それなりの仕方で、最初から始めなおすのである。

それでは、スピノザはその最初からの始め直しをどこから始めるのか。この点がただちに問題になりますが、これについては、「「存在すること」の本源的な力」――これがスピノザにとっての始点であったというのがデ・ジョヴァンニの答えです。

典拠にされているのは、『エチカ』第一部の定理七「実体の本性には存在すること（exsistere）が属する」や、定理八備考二に登場する「実体の存在はその本質と同様に永遠の真理である」という文言です。これらの文言に着目しつつ、デ・ジョヴァンニは言うのです。――デカルトにおいては「思惟」が「主観的主体」の構成の場であり、存在は思惟の結果でしかない。これにたいして、スピノザにおいては「存在すること」の存在論的な力こそが本源的なものであって、実体は自らが存在する「以前」にあるのでもなければ、「存在すること」を導き出す論理的演繹のための前提でもない。実体は、他の何ごとにも先立って、まずもっては「存在する」のである。実体が「実体」であるのは、それが他の何ものかによって産出されるのではなく、自己産出的なものであるからである。ひいては、それは「存在すること」を自らの本質のうちに含んでいる。第一部冒頭の定義一にあるとおり、「自己原因」とは「その本質が存在を含むもの、あるいは存在する者としてしかその本性が考えられないもの」の意味であってみればである、と。

そのうえで、このように実体の本源的な自己産出的能力としてとらえられたスピノザの「存在」は、〈cogito〉との連関においてとらえられたデカルトの〈sum〉よりも広い概念であるだけでなく、〈cogito〉－〈sum〉の関係を超えたところにあること。そして、それは〈ego sum qui sum〉という神の自己定義を世界に拡大したような意味においての「在る」に近いものであって、人間たちの立てるいっさいの「主観的」諸目的からは切り離された場所において構成されるものであること。——デ・ジョヴァンニは、これらの点にとりわけ『エチカ』第一部の付録における目的論的自然観の批判と「目的には関係せずにたんに図形の本質と諸特質のみに関係する数学」の提示する「真理の別の規範」への言及個所を引き合いに出して注意をうながすとともに、「目的論的見方にとっては、まずは主体を世界から分離し、ひきつづいて主体の世界にたいする支配権によって媒介された関係を構成することが必須の要件となる。これにたいして、数学の提示する「真理の別の規範」は理性の糸を「目的」の発見から「本質」の分析へと転位させる。そして、すべてが完全に「関係」と「連結」に解消されているような次元を開示する。そこではもはや「心」－「身」の区別が表出される余地はどこにもない。「目的」が姿を消すような知のもとにあっては「主体」も姿を消すのである」との解釈を繰り出します。そして、まずは『エチカ』の第一部についての考察を締めくくって言うのです。——このようにとらえるとき、神の存在論的証明にあてられた『エチカ』の第一部は全体としてそれ自体が「総体の知としての「構造」の必然性」を論証しようとしたものであることが判明する、と。

スピノザにとっては「「存在すること」の本源的な力」こそが一からのやり直しの始点であったということ。

これがデ・ジョヴァンニのスピノザ読解においておさえておくべきまずは第一の点です。デ・ジョヴァンニの論考には、かれが読解にあたって参照にした研究文献についての言及がありません。しかし、ご覧のように、これはネグリによって「スピノザに六八年当時の空気を吸わせようとした」ところから誕生した「新しい存在論的解釈」というように規定されたドゥルーズやマトゥロンの解釈と深く共鳴しあうところのある読みです。

おさえておくべき第二の点は、そのような「「存在すること」の本源的な力」の織りなす無限の連関が構成される場は「身体」にほかならず、「身体」こそは「精神」にとって世界への「開かれた通路」をなしているとの認識がスピノザにはあって、この「身体」の論理をその複雑性と総体性において再獲得しようとする努力こそが『エチカ』という著作の全体を最初から最後まで一貫して特色づけているとの指摘がなされていることです。くわえては、「身体」こそは社交性が構成される場であるという考え方がスピノザには存在することも指摘されています。詳細についてはここでは省略させていただかねばなりませんが、この点もまた、とりわけネグリを魅了したスピノザの「唯物論」と深く呼応するところのある指摘です。

それだけではありません。ご存じのように、『野生のアノマリー』については、アレクサンドル・マトゥロンが、そのフランス語訳（一九八二年）によせた序文のなかで、同書におけるネグリのスピノザ読解の努力を全体としては好意的に評価しながらも、ネグリが『エチカ』の前半第一・二部と後半第三・四・五部とのあいだに『神学・政治論』の執筆による断絶とその結果としての「基礎づけ」方法の一大転換を見てとろうとしているのに「留保」を表明しています。そして、『エチカ』執筆当時のオランダの情勢といった外的な要因もさることながら、なによりもテクストそのものの内部にあっての「論拠の順序（ordre des raisons）」を基本的なものと考えるのであれば、ネグリのいう「第一の基礎づけ」と「第二の基礎づけ」のあいだには矛盾も対立もなく、前半部での神の実体と属性にかんする理論が「第二の基礎づけ」自体を基礎づけつづけていることが判明するのではないか、と指摘しています。そうであってみれば、デ・ジョヴァンニがくわだてているスピノザ読解はほかでもありません、このマトゥロンの疑義と注文に——それをマトゥロンが提出するのに先立って——図らずも傍らから応答してみせたものになっているのではないかとおもわれます。そして、マトゥロンの指摘するとおり、ネグリのいう「第一の基礎づけ」が「第二の基礎づけ」自体を基礎づけていることを立証してみせてくれているのではないかとおもわれるのですが、どうでしょうか。

*

ところで、「存在の力」の存在論から出発することの必要性については、ジョルジョ・アガンベン（Giorgio Agamben）の『ホモ・サケル——主権的権力と剝き出しの生』*Homo sacer. Il potere sovrano e la nuda vita*（一九九五年）にも一見したところではこれまでに見てきたところと通じあうものであるかにみえる指摘があります。「構成する権力」と「主権的権力」との区別に関連しての指摘です。

ネグリは『構成する権力』のなかで「構成する権力」を「自由のなかでたえず更新され自由な実践の持続するなかで組織される構成的行為の実践」というように規定しています。そして、そのうえで、そうした意味での「構成する権力」はいかなる構成された法秩序の形式にも回収されえないものであることの論証に努めるとともに、それが主権の原理に回収されうるものであることをも否定しようとしています。

ネグリは書いています。「構成する権力の真理は、（その様式がどのようなものであれ）主権の概念によってあたえられうるような性質のものではない。そうであるのは、構成する権力は（自明のことながら）構成された権力から発出するものではないからだけでなく、構成された権力を制定するものでもないからである。〔中略〕構成する権力が構成の過程を発動させるとき、いっさいの決定は自由になされるのであり、自由なものでありつづける。これに反して、主権は構成する権力の固定化、ひいてはそれの終結、それがになっている自由の消滅として立ち現われる」。

このネグリの主張に反論して、アガンベンは『ホモ・サケル――主権的権力と剝き出しの生』の第一部「主権の論理」の第三章「潜勢力と法」の註記のなかで指摘しているのです。構成する権力が構成された権力から発出するものでもなければ、構成された権力を制定するにとどまるものでもなく、あくまでも自由な実践であるということは、なおもそれが主権的権力と異他なる関係にあるということを意味することにはならない、と。

アガンベンの考察は、カール・シュミットの「主権＝例外状態」理論を批判的に検討することでもって始められています。その考察の締めくくりには、こうあります。「もしも例外状態が主権を構成するのであってみれば、そのときには主権はもっぱら政治的な概念でもなければ、もっぱら法律的な範疇でもないことになる。法の外部にある力（シュミット）でもなければ、法律的秩序の最高規範（ケルゼン）でもないのである。そうではなくて、それは法が生と関係し、自らの機能を一時停止させることをつうじて生を自らのうちに内包しようとするさいの本源的な構成のあり方なのである」。そして、法律が自らを剝奪することをつうじて自らを維持しようとする、このような法律の力を共同体からの排除と領主の命令（罰令権）の双方を同時に意味する古ゲルマン語から採って〈bando〉と呼ぶことにするとしたうえで、さらにつづけて述べています。「bando の状態に置かれた者は、たんに法律の外に置かれて法律と無関与な存在になるのではなくて、法律によって追放される（abbandonato）のである。すなわち、生と法権利、外と内とが混ざり合った閾のところに身をさらされるのである。法律が生とのあいだにとりむすぶ本源的な関係は適用（applicazione）ではなくて追放（Abbandono）なのである」。

主権の本源的構成がこのようにしてなされるのであってみれば、ネグリが「構成する権力」に付与している属性はいずれも「主権的権力」にも当てはまるのであって、ネグリがおこなっている「構成する権力の歴史的現象形態についての分析」からは両者を区別する基準は見いだせないだろうというのです。

ただ、このようにして「構成する権力」と「主権的権力」の区別不可能性を指摘したのちに、アガンベンはネグリの著作において注目に値する点はむしろそれが開示してみせている最終的な展望にあると言います。「力の構成（costituzione della potenza）」と題された最終第七章のことです。そこでは、「構成する権力」はひとたびその根源性において思考されるやいなや狭い意味での政治的概念であることをやめて存在論のカテゴリーとして立ち現われることが示されているというのです。アガンベンは書いています。「そのとき構成する権力の問題は「力の構成」の問題に転化する。そして、構成する権力と構成された権力との解決不可能な弁証法は potenza と atto の関係の新しい分節化に場所を譲り渡す。〔中略〕問題はこうして政治哲学から第一哲学へと転移させられる。〔中略〕新しい首尾一貫した potenza の存在論が（スピノザ、シェリング、ニーチェ、ハイデッガーがこの方向にむかって進めたいくつかの歩みをこえて）atto の優位とそれのもとにあっての atto と potenza の関係にもとづいた存在論に取って代わらないかぎり、主権のアポリアを免れた政治理論はいつまで経っても考えられないままにとどまることであろう」。

しかし、これはどうでしょう。アガンベンが「力（potenza）」というとき、これはアガンベン自身がわざわざ読者に注意をうながしていることなのですが、はっきりとアリストテレスのいうデュナミスの意味でいわれています。つまりは「現勢態（atto）」ないしエネルゲイアとの対関係のもとでとらえられた「潜勢力・可能態」のことなのです。だとすれば、アガンベンがここでネグリからとりだそうとしている方向は、ネグリ自身が深層としての内在性という観念を破壊して内在性についての表層の読みを提示したというように規定して受容しようとしたドゥルーズらの「新しい存在論」の方向とは大きく相違するというか、むしろ正反対のものではないのでしょうか。

アガンベンの批判にかんしてわたしが注目したいのは、むしろ批判の前半、「構成する権力」と「主権的権力」とはそれぞれの本源的な構成のありようのところでは区別不可能であるということを指摘した部分です。これはネグリにおける「構成する権力」論の核心をついた鋭い指摘だとおもいます。

＊

しかし、そうだとしたならば、この点に関連してもまたデ・ジョヴァンニの論考には十分に参照されてしかるべきものがあるのです。スピノザの反デカルト主義につづいて、これとの比較対照のもとで、ヴィーコの反デカルト主義について省察をめぐらせた部分がそれです。

そのヴィーコの反デカルト主義について省察をめぐらせた部分において、デ・ジョヴァンニは考察を一七〇八年のナポリ大学での開講講演『われらの時代の学問方法について』のなかの「レスボスの定規」に言及されているくだりの意味についてとりあげることから始めています。「実生活においてどう行為すべきかはことがらの生じた時とそれに付帯する事情とから判断されるのであるから、人間たちの行為は知性の硬直したまっすぐの定規によって裁断することはできないのであり、まっすぐな自分に物体を合わせるのではなくて、でこぼこの物体に自分のほうを合わせていく、あのレスボスの柔軟な定規によって計測されなければならないのである」。こう述べられているくだりです。この「レスボスの定規」についての言及をデ・ジョヴァンニは『新しい学』における公理中の基本公理である「理論はそれがあつかう素材が始まるところから始まるのでなければならない」という公理に直結させます。そして、ここには、〈思惟するわたし（cogito）〉の覇権のもとで単一の方法規則を繰り出しつつ事を始めようとするデカルト的始め方とは根本的に異なる、対象の多様性に即応した方法に準拠した真理の探究の必要性についての認識があることに読者の注意を喚起したうえで、ヴィーコの場合には、それが「身体のまなざし（vista del corpo）」をとおしての現実把握という方法となって帰結せざるをえなくされていることを指摘します。それというのも、ヴィーコがめざすのは、かれが「諸国民の世界（il mondo delle nazioni）」ないし「国家制度的世界（il mondo civile）」と呼ぶ、わたしたちの文明世界の成立事情の解明です。ところで、この世界を創建した「最初の人間たち」というのは悟性的理解力はいまだ皆無で、全身が感覚と想像力だけでできあがっているような存在でした。この全身が感覚と想像力だけでできあがっていた「最初の人間たち」の「身体のまなざし」がこの文明世界をつくりだしたというのです。具体的には、ある日突然閃き轟いた雷に驚いて天を見上げ、そこに巨神ゼウスを見てとって、その「神なる天」ゼウスにたいする恐怖のもとでそれまでの野獣的放浪を停止して洞穴に隠れ棲み、婚姻と定住を開始したという、ゼウス神話誕生の経緯についての描写個所が準拠にされています。このヴィーコにおける「身体のまなざし（vista del corpo）」をとおしての現実把握という方法の採択がデカルト的「コギト」的主体の無根拠性の批判となってあらわれていることのうちに、デ・ジョヴァンニは、「「存在すること」の本源的な力」を始点に据えるとともに、その「存在」‐「能力」の無限の連関が構成される場として「身体」をおさえ、それが「精神」にとって世界への「開かれた通路」をなしているとの視点に立脚したところからデカルト的「コギト」的主体を批判したスピノザとの「スタイル」の面における共通性を見てとっています。

しかし、この「身体のまなざし」をとおしての現実把握の方法を採択したことによるデカルト的主体の批判という点もさることながら、アガンベンのネグリ批判との絡みでいまのわたしたちにとって注目されるのは、むしろ、「国家制度的世界」の創建にとってゼウス神話が決定的契機となったという指摘のほうです。ここでデ・ジョヴァンニのヴィーコが示唆しているのは、ネグリ‐アガンベンとの絡みでいえば、「構成する権力」はまずもっては「主権的権力」という形態で登場したということにほかなりません。

また、これにくわえて注目されるのは、ひとつには、ヴィーコにおいては「時間」はほかでもない「身体」から生まれると認識されていた点にデ・ジョヴァンニが注意をうながしていることです。じっさいにも、『新しい学』の草稿群のなかにはこうあります。「真の実有（神）は身体＝物体から自由であり、したがって身体を超越している。ひいては時間を超越している。時間は身体の運動によって測定されるのである。〔中略〕時間は身体から生まれたのである。そして、身体と、その身体の運動によって測定される時間とから、（身体の運動を規制する知性が存在しないところでは）偶然が生じるのである」。このくだりに着目して、デ・ジョヴァンニはヴィーコにおける「時間」概念は通常そう理解されているような「歴史的時間」ではなくて、それの根底にあって歴史そのもののテンポとリズムを生み出すような「根源的時間」であることを示唆しています。

そしていまひとつには、こうした身体＝時間の運動と、それからこちらのほうは感覚と想像力の塊であった人間たちの知性のなかにやがて悟性的判断力が生い育ち、理性＝道理の全面的な展開が見られるようになるにつれて、文明世界の内部には「根拠の弁証法」とでも呼ぶべき危機がおとずれることになると指摘していることです。もっとも、この「根拠の弁証法」についてデ・ジョヴァンニが詳しく考察しているのは、いまここで紹介させていただいている論考ではなくて、時期を同じくして雑誌の『チェンタウロ』の第二号によせられている「ヴィーコの国家神学」という論考です。そこでは、まずもっては「神なる天」ゼウスの絶対主権として登場することとなった「構成する権力」のその後が人間たちのあいだでの知性の発達との錯綜した関係のなかで雄弁に描かれています。ヴィーコの「国家制度的世界」における「根拠の弁証法」をもってデ・ジョヴァンニは主権概念に領導された近代の政治思想が自らのうちにはらむこととなったアポリアのひとつの「範型」を見てとっているのです。このヴィーコの世界における「根拠の弁証法」については、わたし自身『ヴィーコの懐疑』に収録してある「はじめに怖れありき」という論考のなかで立ち入って分析してみたことがありますので、詳しくはそちらを見ていただきたいとおもいますが、これまでの簡単な紹介からでも、デ・ジョヴァンニの論考においては、スピノザの反デカルト主義についてネグリもその線上に位置するところのドゥルーズ的な存在論的解釈と軌を一にした解釈が提示されたうえで、そこにヴィーコといういまひとりの反デカルト主義者にして同時に反スピノザ主義者でもあった人物の思想を比較対照的に並列させてみることによって、ひとつの注目すべき新たな問題局面が批判的に浮き彫りにされているのがわかっていただけるのではないかとおもいます。

*

ネグリは、一九九八年に編まれたかれのスピノザ論集に付したあとがき「そして結語に代えて――スピノザとポストモダン派」において、つぎのように述べています。

一九七〇年代の後半にスピノザ再解釈の基礎を据えた諸著作を読むことになったとき（そしてそれらの著作が提示している諸仮説をとりわけ政治的なレヴェルにおいて発展させることになったとき）、わたしは心底自分がしているのは哲学史家としての仕事であるとおもっていた。そうであったからこそ、わたしはスピノザのアノマリーはとりわけ近代の黎明期に生じていた権力の哲学と転覆の哲学とのあいだの亀裂を掘りさげる助けになると考えたのであった。そうであったからこそ、スピノザの周りには、哲学思想における、マキャヴェッリとマルクスのあいだにあっての、ホッブズ－ルソー－ヘーゲルという主権的系譜に抗する「別の」伝統が凝縮されているのを見てとったのであった。このわたしの判断は正しかったし、現在もなお正しさを失っていない。しかし、当時わたしが考えおよばなかったのは、当時進行しつつあったこの新しいスピノザ読解が現代にあってポストモダン時代のもろもろの新たな弱い現象学的考察にひとつのポジティヴな（経験と存在の）存在論、ひとつの肯定の哲学を対置するのに、いかに有益で重要なものであったのかということであった。

「ポストモダン時代のもろもろの新たな弱い現象学的考察」というのは、たぶん、一九八三年にジャンニ・ヴァッティモ（Gianni Vattimo）とピエル・アルド・ロヴァッティ（Pier Aldo Rovatti）によって編まれた『弱い思考』*Il pensiero debole* に代表されるような思想傾向のことを言っているのでしょう。が、問題＝罠はむしろ、ネグリのほうの「強さ」、あるいは徹底して肯定的たらんとする姿勢のうちにこそ潜んでいるのではないでしょうか。ポストモダン派の「シニシズム」を批判するのはよい。経験と存在の無限定な多数性（multitudo）からの新たなデモクラシーの構築をくわだてるのもよい。しかし、『現代思想』一九九八年三月号によせた小文でも指摘しておきましたように、ネグリらが現存の法治形式をとった国家にたいして志向し実践しようとしている「転覆の政治（politica della sovversione）」が内部にアイロニカルな懐疑の契機を欠如させた物質的集合理性または「多数者＝群集（moltitudine）」の直接無媒介的なたえざる自己構成のいとなみとして了解されるとき、そこから出現する新しいデモクラティックな共和国がそれ自体ひとつの自己抑圧的な全体主義社会でないという保証はないのです。

ここはやはり「弱い思考」の提唱者たちの主張にもそれなりの根拠と道理があったとみるべきでしょう。そして、ぜひとも、『新しい学』の最後を「この学は敬虔（pietà）の研究をわかちがたくたずさえているのであり、敬虔にあらざる者は真に賢明でもありえないのだ」と結んでいるヴィーコに学ぶことです。

ちなみに、ヴィーコは当初、これのあとに「新しい学の応用法」なる一節を置く予定でいたようです。草稿は現在ものこっています。そこでは、「本書において解明された諸国民が時間のなかで反復的にたどる「永遠の理念的な歴史」に照らして、政治をになう賢者たちが自国民の生をそのアクメーにとどめおく方策を講じるように」との提言がなされています。しかし、これをヴィーコは自らの判断で最終的に削除したのでした。妥当かつ賢明な判断であったとおもいます。このヴィーコの判断の示唆するところを現代社会の建設立案者《テクノクラット》たちは篤と考えてみるべきではないかとおもうのです。

参考文献

AGAMBEN, Giorgio:

—— *Homo sacer. Il potere sovrano e la nuda vita* (Torino, Einaudi, 1995)

DE GIOVANNI, Biagio:

—— *Filosofia e diritto in Francesco D'Andrea. Contributo alla storia del previchismo* (Milano, Giuffré, 1958)

—— "Cultura e vita civile in Giuseppe Valletta," in: *Saggi e ricerche sul Settecento* (Napoli, Istituto per gli studi storici, 1968), pp. 1-47.

—— *Hegel e il tempo storico della societa borghese* (Bari, De Donato, 1970)

—— "Il revisionismo di B. Croce e la critica di Gramsci all'idealismo dello Stato," *Lavoro critico*, 1975, n. 1, pp. 131-166.

—— *La teoria politica delle classi nel 'Capitale'* (Bari, De Donato, 1976)

—— "Lenin, Gramsci e la base teorica del pluralismo," *Critica marxista*, 1976, nn. 3-4, pp. 29-53.

—— "Gramci e l'elaborazione successiva del partito comunista," in: B. De Giovanni, V. Gerratana, L. Paggi, *Egemonia Stato partito in Gramsci* (Roma, Riuniti, 1977), pp. 55-81.

—— "Crisi organica e Stato in Gramsci," in: Istituto Gramsci, *Politica e storia in Gramsci. Atti del convegno internazionale di studi gramsciani, Firenze, 9-11 dicembre 1977*, I (Roma, Riuniti, 1977), pp. 221-257.

—— "La vita intellettuale a Napoli fra la metà del '600 e la restaurazione de Regno," in: *Storia di Napoli*, vol. VIII (Edizioni Scientifiche Italiane, 1980), pp. 353-466.

—— "<Corpo> e <ragione> in Spinoza e Vico," in: Biagio de Giovanni, Roberto Esposito, Giuseppe Zarone, *Divenire della ragione moderna. Cartesio, Spinoza, Vico* (Napoli, Liguori, 1981), pp. 93-165.

——"La <teologia civile> di G. B. Vico," *Il Centauro*, n. 2 (maggio-agosto 1981), pp. 12–22.
——"Vico barocco," *Il Centauro*, n. 6 (settembre-dicembre 1982), pp. 52-69.

GARGANI, Aldo, ed.:
——*Crisi della ragione. Nuovi modelli nel rapporto tra sapere e attività umane* (Torino, Einaudi, 1979)

NEGRI, Antonio:
——*L'anomalia selvaggia. Saggio su potere e potenza in Baruch Spinoza* (Milano, Feltrinelli, 1981)
——*Spinoza sovversivo. Variazioni (in) attuali* (Roma, Pellicani, 1992)
——"E per concludere: Spinoza e i postmoderni" (settembre 1998). Postfazione a : *Spinoza. L'anomalia selvaggia, Spinoza sovversivo, Democrazia ed eternità in Spinoza* (Roma, Derive Approdi, 1998), pp. 391–396.

VATTIMO, Gianni et ROVATTI, Pier Aldo, eds.:
——*Il pensiero debole* (Milano, Feltrinelli, 1983)

『現代思想』一九八六年七月号（特集《イタリアからのメッセージ》）
『現代思想』一九九六年十一月臨時増刊号（総特集《スピノザ》）
『現代思想』一九九八年三月号（特集《ユーロ・ラディカリズム：アントニオ・ネグリの思想圏》）

上村忠男
——『ヴィーコの懐疑』（みすず書房、一九八八年）
——『バロック人ヴィーコ』（みすず書房、一九九八年）
——「アントニオ・ネグリのスピノザについて」『現代思想』一九九八年三月号

＊　本稿は、二〇〇一年三月三十一日、東京大学駒場キャンパスで開催された二〇〇一年度スピノザ協会総会での講演原稿である。標題は一部改めさせてもらった。

ヴィーコ――「科学革命」の内破にむけて

今日わたしたちによって「近代ヨーロッパ」というように了解されている存在がその草創期、十七世紀の「科学革命」の時代に、デカルトにおいてひとつの新しい学問の方法を手に入れたとき、そこには同時に学問の目的そのものについてのある明確な自覚が存在していた。真理がそれである。デカルトにとっては、学問とはなによりも第一義的には真理探求の行為のことであり、真理こそは学問の究極目的、それもおそらくは唯一の目的であった。ひいては、かれが「方法」と言う場合にも、それはまさに『方法叙説』のフル・タイトルにあるように「理性を正しく導き、諸科学において真理を求めるための方法」のことにほかならなかった。そして、これをデカルトはかれが諸学のうちで唯一その知識の確実性を信用するに足るとみた数学の証明諸規則を範として編み出すのであるが、こうして編み出されたデカルトの方法がかれの掲げる学問目的にとってきわめて適合的なものであり、それなりに有効なものであったことは、デカルトの方法に準拠して真理の探求に専念していった近代諸科学の歩みが実証しているとおりである。

だが、この一方で、デカルトによって開発された近代ヨーロッパ的な学問方法の危機が意識されるようになってすでに久しいこともまた事実である。知識の確実性を求めて「方法」の研磨に励めば励むほど、学問は生にたいする有意義性を喪失していく――ニーチェが『反時代的考察』の第二論文「生にとっての歴史の利害について」(一八七四年)において鋭くも指摘し、フッサールも『ヨーロッパ的諸科学の危機と超越論的現象学』(一九三六年)、通称『危機』書の冒頭で確認しているように、このようなアンビヴァレントな状況が、十九世紀も終わりにさしかかったあたりから、いたるところで露顕するにいたったのであった。しかも、この危機のなんとしぶとくて根深いことか。それが意識されるようになって一世紀余りを経た今日もなお、わたしたちはそれからの脱出の道を求めて暗中模索しているというのが実情である。

さて、このようなフッサールの言う「ヨーロッパ的諸科学の危機」のさなかにあって、生誕三百周年にあたる一九六八年頃からであろうか、長年にわたる忘却の闇のなかから忽然と姿を現わして、わたしたちの探しあぐねている危機からの脱出の道を指し示してくれているかにみえる思想家がいる。それもあろうことか、フッサールが『危機』書で展開している近代ヨーロッパ的諸科学の成立事情についての歴史 - 批判的省察をその核心部分においてほぼそのまま先取りしつつである。あちらこちらから啓蒙主義の足音が聞こえ始めていた十八世紀前半の時期に、王立ナポリ大学の雄弁術教授といういかにも古めかしい職に就きながら、『新しい学』と銘打った著作(第一版一七二五年、第二版一七三〇年、第三版一七四四年。最終第三版のフル・タイトルは『諸国民に共通の自然本性についての新しい学の諸原理』)の完成に学者的人生のすべてを賭けた人物、ジャンバッティスタ・ヴィーコ(一六六八―一七四四)がその人である。

じっさいにも、この雄弁術教授が大学でおこなった一七〇八年の開講講演『われらの時代の学問方法について』には、自然学への幾何学的方法の導入という十七世紀「科学革命」の最も特徴的で核心的な企てのなかで生じているひとつの重大な錯誤についての、つぎのような指摘が見られる。

最近の自然学者たちは、豪奢さと便利さにおいてはなんの不足もなく、ただ多くある家具の置き場所を変えるとか、あるいはなにか少しばかり手を加えて時代の様式に合ったように飾り立てることのみが残されている邸宅を祖先から遺贈された人々に似ている。しかも、学識ある人々は、かれら自身がそういった〔幾何学的〕方法にもとづいて教えるこの自然学は自然そのものと同一であり、あなたがこの世界の森羅万象の観照に向かうところではどこでもこの自然学を眺めることになる、と主張している。ひいては、自然についてさらに思索する多大な労苦からわれわれを解放してくれ、かくも広大で設備の整ったこの邸宅を遺贈してくれた創始者たちに感謝すべきである、と考えている。しかし、もし自然が他の仕方でできているとしたならば、もし運動法則のひとつでも虚偽であったならば（これまで虚偽であることが判明しているのはけっしてひとつだけではないということは措くとしても）、かれらは注意しなければならない。自然についてはもう間違いなく心配ないなどとはおもわないよう、邸宅の屋根の手入れをしている最中に危険なことにも土台のことを忘れてしまわないよう、繰り返し繰り返し注意しなければならない。

フッサールの『危機』書の第九節「ガリレオによる自然の数学化」が、諸科学の機能を「生活世界」における意味基底にまで遡行したところから問い返そうという同書における企図全体のなかでも最も成功を見ている部分であり、同時に最も啓発的な部分であることはよく知られているところであろう。そこでは、なかでも、自然をそれ自体本質的には数学的構造をもつものと見ることに起因する自然の学と自然そのものとの取り違えが「危機」の最大の原因のひとつとして批判的に剔抉されている。そのフッサールを先取りするかのような批判をヴィーコはやってのけているのである。

また同じ節でフッサールは、幾何学が図形を媒体とする直観的な作図的解析という古来の行き方を守っていたあいだは、それはなおも理念化された数量的関係自体を生活世界における意味基底との具体的なつながりにおいて意識しえていたのにたいし、ここに代数解析的方法が開発されて、数量的関係の理念性が具体的な意味基底による被規定性から解放され、変幻自在な記号的形象の連関性へと移し換えられたことによって、幾何学には意味の空洞化、つまりは生活にたいする有意義性の自覚の喪失という事態が生じることになりはしなかったかと問うているが、この点にかんしても、わたしたちは同様の問いかけを右のヴィーコの開講講演と、さらにはまた、『ラテン語の起源から導き出されるイタリア人の太古の知恵』というタイトルからは想像もつかないが、ヴィーコ自身の説明によると新時代の実験的自然学に奉仕しうる形而上学の確立をめざしたものであるという一七一〇年の著作のうちに、見いだすことができる。ヴィーコの見るところでは、新時代の発明と発見は「遠く離れたこどものあいだに連関を見いだす能力」であるインゲニウムに負うところが大きい。そして、直観的な作図的解析という古来の総合的な方途をとる幾何学は、それが学習されているあいだはそのインゲニウムをむしろ抑制しておき、応用の段になってはじめてそれの力が鋭敏に発揮されることをねらうのであり、そのとき、知性は自分の眼前にあたえられた多数の図形を驚くべき迅速さでもって一瞥し、それらを結合・合成して問題を解く。これにたいして代数解析のほうはどうかとみれば、それは神がいまだ十分に乗り移っていない『アエネーイス』の巫女のようにやみくもに推論を繰り出すのみであるというのであった。

くわえては、『危機』書のテクストがフッサールの生前最後に発表された第一部と第二部に生前未刊の第三部をあわせて《フッサリアーナ》第六巻（一九五四年）に収録されたさい、編者のヴァルター・ビーメルによって第九節「ガリレオによる自然の数学化」への補論として付された手稿「幾何学の起源」（一九三六年執筆）のなかの、つぎのようなくだり。

なんであれ歴史的事実として経験的に現在しているもの、あるいは歴史家によって過去の事実として示されるものは、必然的にその内的な意味構造をもっている。〔中略〕事実史がすべてわけのわからないものにおわっているのは、それがつねに素朴にもすぐさま事実から推論をおこない、そうした推論のことごとくが依拠している普遍的な意味基盤を主題化することをけっしてせず、また、その基盤に固有の強力な構造的アプリオリを探究することもけっしてしなかったからである。われわれの現在や、ついではあらゆる過去ないしは未来の歴史的現在そのもののうちに横たわっている本質的に普遍的な構造を露呈すること、しかも、それを、その全体において、もっぱら、われわれが生き、われわれ全人類が生きている具体的な歴史的時間をその全体的な本質的に普遍的な構造にかんして露呈することによって露呈すること——ただこのことによってのみ、真に理解する歴史学、洞察力をもつ本来の意味で科学的な歴史学は可能となる。

これは、『算術の哲学』（一八九一年）における基数の論理学的起源についての心理分析的研究から出発しながら、やがて『論理学研究』（一九〇〇—〇一年）において当初の心理学主義をイデア的直観の方法へと自己批判的に転回させつつ、対象のいっさいを意識の作用の志向的相関者としてとらえる立場を確立し、さらに『イデーンI』（一九一三年）において意識を超越したところにある対象がそれにもかかわらず意識の志向性によって意味付与される仕組みを反省的に構成してみせようとする「超越論的現象学」の体系化に乗り出したのち、最後には「ヨーロッパ的諸科学の危機」についての切迫した認識のもとで歴史的世界への接近をくわだてるにいたったフッサールの、その極点における主張である。と同時に、ほかでもないこの手稿についての詳細な註解（一九六二年）からジャック・デリダにおける「脱構築」のくわだてが開始されたことからもうかがえるように、世界にたいする近代ヨーロッパ的な科学的認識態度についての「ポストモダン」の現在におけるわたしたちの学問論的反省の導きの糸をなしている主張でもある。じじつ、危機からの脱出の道があるとすれば、このフッサールの手稿「幾何学の起源」における問題構制をつぶさに吟味してみることこそは最も有力な方策のひとつなのではないかとおもわれる。

が、そうであってみればどうであろう。ここでフッサールが真に科学としての資格を具備した歴史学の可能性の条件として示唆している「意味の本質的に普遍的な構造的アプリオリ」の存在予想は、これまたほぼそのまま、ヴィーコによって『新しい学』のなかで先取りされていたのではなかったか。諸国民の歴史が時間のなかを経過していくさいの根底にあってそれを根拠づけている「永遠の理念的な歴史」という観念がそれである。

ヴィーコが「新しい学」と言うとき、それは具体的には「新しいフィロロジー」のことを指していた。「フィロロジー」ということでヴィーコが考えているのは、言語の研究だけでなく、諸国民の歴史研究一般であって、これをヴィーコはかれのめざす「諸国民に共通の自然本性」の解明にとって必要不可欠な研究部門であると受けとめる。ただ、アリストテレス以来の定義にしたがって〈学〉とは「永遠にして普遍的なものについての認識」のことであるとすれば、フィロロジーはなおも〈学〉としての形式を備えるにいたっていないというのが、ヴィーコの診断であった。そして、これを〈学〉の形式にまで高めるには、人間が人間として生きていくのに必要かつ有益なことどもについての人類の共通感覚を諸国民の言語と神話のうちに探り出して「知性の内なる辞書」にまとめあげ、そこから諸国民が時間のなかで経由する歴史の根底にある「永遠の理念的な歴史」の図式を取り出す必要があるとヴィーコは考えるのであった。フッサールにおける問題構制との相同性は明らかであろう。

相違が存在しないというのではない。たとえばデカルトにたいする評価。フッサールはかれの「超越論的現象学」の構想を練りあげるにあたってデカルトの「コギト・エルゴ・スム」を範型にしている。これにたいして、ヴィーコのほうでは、デカルトの「コギト・エルゴ・スム」は意識（conscientia）の事実を述べたものにすぎず、知識（scientia）ではないとして、すげなく切って捨ててしまっている。知識とは「原因による知」のことでなければならない。「コギト・エルゴ・スム」はそのような「原因による知」ではないというのである。

しかしまた、フッサールが「超越論的現象学」と称する、意識を超越したところにある対象がそれにもかかわらず意識の志向性によって意味付与される仕組みを反省的に構成してみせようとする企てそのものは、ヴィーコのものでもあった。いわく、「この諸国民の世界はたしかに人間たちによって作られてきたのであるから、それの諸原理はわたしたちの人間の知性自体の諸様態のうちに見いだされるはずである」。

近代ヨーロッパ的なものの生みの親にほかならなかった「科学革命」の内破にむけて、ヴィーコの示唆するところには大なるものがあるといってよいだろう。

バロックとポストモダン

他人の本の表題を目にしてぎょっとさせられたという経験は、ものを書く者ならだれにでもあるのではないだろうか。わたしがジュゼッペ・パテッラという美学を専攻するイタリア人研究者の近著『ジャンバッティスタ・ヴィーコ――バロックとポストモダンのあいだで』Giuseppe Patella, *Giambattista Vico tra Barocco e Postmoderno*（二〇〇五年）を手にしたときもそうであった。

それというのもほかでもない。ヴィーコをひとりの典型的なバロック人と受けとめるとともに、近代ヨーロッパ的な諸科学の危機がいまや全面化しつつあるかにみえる現代においてかれのバロック的な思考のスタイルが有しているとみられるアクチュアルな意義を明らかにすること。このことこそは、わたしが拙著『ヴィーコ――学問の起源へ』（中公新書、二〇〇九年）でも告白したような事情から一九六八年にヴィーコに本格的に取り組み始めて以来、今日にいたるまで四十年余りにわたって追求してきた、もっとも中心的なテーマであった。タイトルから推察するに、どうやら本書の著者もわたしと同じような問題関心からヴィーコに接近しようとしているらしい。ぎょっとさせられたのも分かろうというものである。

と同時に、わたしと同じような関心からヴィーコへの接近をくわだてる研究者がイタリアでもついに登場したかというのが、パテッラの本に接してまずはわたしが覚えた感慨であった。

じっさいにも、二十世紀イタリアにおけるヴィーコ研究の主流は、ヴィーコの哲学のうちに「萌芽状態における十九世紀」を見てとったベネデット・クローチェの圧倒的な影響下にあった。そして、そのクローチェはといえば、「バロック」にたいして生理的ともいえる嫌悪感を露わにしていたのだった。これは、たとえばドイツでは、マイネッケやアウエルバッハのように、ヴィーコを典型的にバロック的な思想家として解釈しようとする動きが早くから登場していたのとはきわだった対照をなす、イタリア特有の現象であったといってよい。

もっとも、二十世紀も八〇年代を迎える頃からは、イタリアでも、ビアジオ・デ・ジョヴァンニをはじめとして、バロック人ヴィーコへの関心が盛り上がりを見せはじめる。ただ、その場合でも、ヴィーコのうちにバロック的な心性の持ち主を見てとることの現代的意義は何かとなると、答えはかならずしも明確ではないというのが率直な感想である。ヴィーコを現代思想との関連のなかでとらえることには、どうやらイタリアのヴィーコ研究者はおおむね慎重なようなのであった。

一方、ヴィーコ生誕三百年にあたる一九六八年以来、ヴィーコにかんするいくつかの国際シンポジウムを組織してきたアメリカ合州国の研究者、ジョルジョ・タリアコッツォは、一九七八年に開催されたヴィーコ／ヴェネツィア会議での報告から三六本を選んで編んだ『ヴィーコ――過去と現在』（一九八一年）に寄せた序言のなかで、ヴィーコを「ポスト近代（Post-Modern）ないしポスト西洋（Post-Western）と呼びうるような哲学における新時代の創始者」であると規定している。しかし、そのタリアコッツォにおいて「バロック」への言及は皆無に近い。

こうしたなかでのパテッラの本の登場である。感慨にはひとしおのものがあった。

なかでも注目されるのは、本の表題と同じ見出しの付いた最終第七章である。

そこではまずバロックの文化が隆盛を見た十七世紀について、それはかつてなく異種混淆的な世紀であったとの理解が示されている。十七世紀は、一方では、かずかずの偉大な発明・発見をもたらした実験主義と、デカルト的な「コギト」の明証的確実性に立脚する理性、ひいては幾何学的様式によって組織された思考の確立された世紀であった。とともに、他方では、インジェーニョ（ingegno）の発揮する結合の能力と感覚の有する無限の資源の権利要求がなされ、幾何学的様式にもとづく理性の矛盾を人間の歴史的な経験の土壌の上でとらえようとするパスカル的な「繊細の精神」が主張された世紀でもあった。そして、パテッラによると、ヴィーコは年代的には十八世紀啓蒙主義の時代にあって著作を世に問いながらも、その思想はあくまでも十七世紀におけるバロックの文化のそうした多面体的な経験の哲学的達成物であるとみなすことができるというのだった。

しかも、パテッラによると、そのようなバロックの文化の最深部から、ヴィーコは現代人の感性に予想もしなかったような仕方で語りかけてくるのだという。

パテッラは書いている。現代の哲学理論、ことに「ポストモダン」の名のもとで通用している哲学理論が追求しているのは、「近代」を支え導いてきたのとは別種の思考の論理であろう。もはや一枚岩的で直線的で自己閉塞的な合理性ではなくて、多声的で複数的で多極的な合理性、そして歴史的な流動性を特徴とする新たな理性の形態であろう。そうであってみれば、わたしたちはそこに同様の原理によって賦活されていたバロックの文化的世界への強力な注意喚起がなされているのを見いださないわけにはいかないのではないだろうか、と。これは十分な説得性をそなえた主張であるといってよい。注目されるゆえんである。

あとがき

十八世紀ナポリの哲学者ジャンバッティスタ・ヴィーコにかんして、わたしはこれまで『学問の方法』（岩波書店、一九八七年、佐々木力との共訳）、『イタリア人の太古の知恵』（法政大学出版局、一九八八年）、『新しい学1・2・3』（法政大学出版局、二〇〇七—二〇〇八年）、『自伝』（平凡社、二〇一二年）の翻訳を手がけたほか、みすず書房から『ヴィーコの懐疑』（一九八八年）と『バロック人ヴィーコ』（一九九八年）の二著を世に問うてきた。また二〇〇九年には『ヴィーコ——学問の起源へ』と題する啓蒙書を中央公論新社の中公新書に収めさせてもらった。

しかし、これらのうち、訳書は現在も書店で入手可能のようであるが、著書はいずれも現在では在庫切れないし絶版の状態になっている。一方、わたし自身も昨年十二月七日をもって満七十五歳になり、そろそろ仕事の総仕上げを考えるべき時期を迎えるにいたった。そこで企画させてもらったのが本書『ヴィーコ論集成』である。

本書に収録されている論考の初出は以下のとおりである。

「ヴィーコとヨーロッパ的諸科学の危機」
『無調のアンサンブル』（未來社、二〇〇七年）、一九―六〇頁
「ヴィーコ――学問の起源へ」
『ヴィーコ――学問の起源へ』中央公論新社、中公新書、二〇〇九年
「数学と医学のあいだで――ヴィーコとナポリの自然探求者たち」
『思想』（岩波書店）第七五二号（一九八七年二月）、五九―八六頁〔『ヴィーコの懐疑』（みすず書房、一九八八年）、五三―九九頁に収録〕
「喩としての『自伝』」
『みすず』（みすず書房）第三六一号（一九九一年四月）、四三―五三頁〔『バロック人ヴィーコ』（みすず書房、一九九八年）、一―二五頁に収録。ジャンバッティスタ・ヴィーコ著、上村忠男訳『自伝』（平凡社、二〇一二年）に「訳者解説」として再録〕
「森のバロック――ヴィーコと南方熊楠」
『みすず』第四〇二号（一九九四年九月）、四七―五七頁、第四〇三号（一九九四年十月）、二〇―二九頁、第四〇四号（一九九四年十一月）、八〇―八九頁、第四〇八号（一九九五年三月）、八七―九四頁、第四一〇号（一九九五年五月）、一九―二九頁〔『バロック人ヴィーコ』（みすず書房、一九九八年）、一九三―二七二頁に収録〕
「ヴィーコのゼノン――『形而上学篇』第4章「本質あるいは力について」を読む」
『思想』第一〇八三号（二〇一四年七月）、七―四一頁

「ベネデット・クローチェの『ヴィーコの哲学』」
『思想』第七五二号（一九八七年二月）、一二五―一二八頁〈ベネデット・クローチェ著、上村忠男・押場靖志訳「ヴィーコの哲学」解題〉〔『ヴィーコの懐疑』、二七七―二八二頁に収録〕

「K・レーヴィットのヴィーコ論」
『思想』第七五九号（一九八七年九月）、一〇七―一一〇頁〈カール・レーヴィット著、上村忠男・山之内靖訳「ヴィーコの基礎命題〈真なるものと作られたものとは置換される〉――その神学的諸前提と世俗的帰結」の解題〉〔『ヴィーコの懐疑』、二八三―二八八頁に収録〕

「サイードのヴィーコ」
『みすず』第三七三号（一九九二年四月）、二三―三六頁

「修辞のバロック――ヴィーコのキケロについて」
『キケロー選集』（岩波書店）月報10（二〇〇一年三月）〔『超越と横断』（未來社、二〇〇二年）、一四六―一五二頁に収録〕

「スピノザ、ヴィーコ、現代思想――ビアジオ・デ・ジョヴァンニの考察の教示するもの」
『スピノザーナ』（スピノザ協会年報）第三号（二〇〇二年一月）、三―二一頁〔『超越と横断』、二二九―二四六頁に収録〕

「ヴィーコ――「科学革命」の内破にむけて」
別冊『環』（藤原書店）5「ヨーロッパとは何か」（二〇〇二年十二月）、三四七―三五一頁

「バロックとポストモダン」
『みすず』第五九二号（二〇一一年四月）、七六―七七頁（「ヘテロトピア通信19――バロックとポストモダン」）
〔『ヘテロトピア通信』（みすず書房、二〇一二年）、七五―七八頁に収録〕

"Giambattista Vico in the Crisis of European Sciences"
Vico e l'Oriente: Cina, Giappone, Corea, a cura di David Armando, Federico Masini, Manuela Sanna (Roma, Tiellemedia, 2008), pp. 163–179.

"Vico's Autobiography as Metaphor"
Investigations on Giambattista Vico in the Third Millennium: New Perspectives from Brazil, Italy, Japan and Russia, edited by Julia V. Ivanova and Fabrizio Lomonaco (Roma, Aracne, 2014), pp. 13–20.

"Vico's Zeno: Reading *Liber Metaphysicus*, Chap. IV: *De essentiis, seu de virtutibus*"
Bollettino del Centro di Studi Vichiani, 46 (2016), pp. 53–73.

長期間におよぶ論考の集成のため、表記の仕方には不統一が目立つ。しかし、明らかな誤りとおもわれるものは訂正させてもらったが、あえて表記法の統一を図ることはしなかった。また、引用されているヴィーコのテクストの訳文にも、『学問の方法』と『イタリア人の太古の知恵』を訳出した一九八七―八八年の時点と『新しい学』と『自伝』の翻訳を手がけた二〇〇七―一二年の時点とでは、相当の開きがある。しかし、この開きについても、修正の措置は講じなかった。初出時のままにしておいたほうがこれはこれで有意義ではないかと判断した次第である。了解願いたい。

なお、『ヴィーコ――学問の起源へ』はイタリア語版が近くローマの出版社アラクネ（Aracne）から出る予定である。また法政大学出版局から出版された『新しい学』が中央公論新社で来春文庫化されることになったほか、『新しい学・第一版』（一七二五年版）の新訳が来年中に京都大学学術出版会から刊行されることになり、目下、翻訳作業に取り組んでいるところである。

編集作業は今年四月にみすず書房の社長に就任なさった守田省吾さんが担当してくださった。

守田さんとの付き合いが始まったのは、守田さんがわたしの最初の単著『ヴィーコの懐疑』の編集を担当することになったときである。その後、御自身が編集長をつとめる雑誌『みすず』に連載の場を設けて二番目のヴィーコ論『バロック人ヴィーコ』の出版に漕ぎつけてくださったほか、カルロ・ギンズブルグの一連の著作とアントニオ・グラムシの『知識人と権力』、ガーヤートリー・チャクラヴォルティ・スピヴァクの『サバルタンは語ることができるか』と『ある学問の死――惑星思考の比較文学へ』など、多くの翻訳の編集も担当してくださった。さらに二〇〇九年春からは『みすず』に「ヘテロトピア通信」と題するコラム記事の連載の場も設けてくださった。じつに長い、しかもきわめて濃密な三十年間であった。その間の思い出はどれほど語っても語りきれない。しかし、いまはただひと言、「ありがとう」とだけ申しあげたい。

二〇一七年九月

上村 忠男

上村忠男

ヴィーコ論集成

2017年11月15日　第1刷発行

発行所　株式会社 みすず書房
〒113-0033 東京都文京区本郷2丁目20-7
電話 03-3814-0131(営業) 03-3815-9181(編集)
www.msz.co.jp

本文組版　キャップス
本文印刷所　理想社
扉・函印刷所　リヒトプランニング
製本所　誠製本

Printed in Japan
ISBN 978-4-622-08665-9
[ヴィーコろんしゅうせい]

著者略歴

（うえむら・ただお）

1941年兵庫県尼崎市に生まれる．1968年，東京大学大学院社会学研究科（国際関係論）修士課程修了．東京外国語大学名誉教授．学問論・思想史専攻．著書『ヴィーコの懐疑』（みすず書房，1988）『バロック人ヴィーコ』（同，1998）『歴史家と母たち——カルロ・ギンズブルグ論』（未來社，1994）『ヘテロトピアの思考』（同，1996）『超越と横断——言説のヘテロトピアへ』（同，2002）『歴史的理性の批判のために』（岩波書店，2002）『グラムシ 獄舎の思想』（青土社，2005）『韓国の若い友への手紙』（岩波書店，2006）『無調のアンサンブル』（未來社，2007）『現代イタリアの思想をよむ——〔増補新版〕クリオの手鏡』（平凡社，2009）『ヴィーコ——学問の起源へ』（中公新書，2009）『知の棘——歴史が書きかえられる時』（岩波書店，2010）『カルロ・レーヴィ『キリストはエボリで止まってしまった』を読む——ファシズム期イタリア南部農村の生活』（平凡社，2010）『ヘテロトピア通信』（みすず書房，2012）ほか．ヴィーコの訳書として『学問の方法』（共訳，岩波文庫，1987）『新しい学』全3冊（法政大学出版局，2007-08）『自伝』（平凡社，2012）がある．またみすず書房からの訳書にC・ギンズブルグ『夜の合戦』（1986）『歴史・レトリック・立証』（2001）『歴史を逆なでに読む』（2003）『糸と痕跡』（2008）『ミクロストリアと世界史——歴史家の仕事について』（2016），G・C・スピヴァク『サバルタンは語ることができるか』（1998）『ある学問の死』（共訳，2004），A・グラムシ『知識人と権力』（1999），M・プラーツ『バロックのイメージ世界』（共訳，2006），G・アガンベン『いと高き貧しさ——修道院規則と生の形式』（共訳，2014）『身体の使用——脱構成的可能態の理論のために』（2016）『哲学とはなにか』（2017），バーバ／ミッチェル編『エドワード・サイード 対話は続く』（共訳，2009），M・カッチャーリ『死後に生きる者たち』（2013）などがある．他に訳書多数．

付　録

Giambattista Vico in the Crisis of the European Sciences

1

It was in a passage of Karl Marx's *Das Kapital* that I had met Vico for the first time. In 1960, when the nationwide scale anti-American and anti-governmental movement around the amendment of Treaty of Security between Japan and the United States of America came to the boiling point, I entered Tokyo University. Those days were my Marxian *Sturm und Drang*: I read *Das Kapital* page after page, and I had met Vico in the following note to the chapter "Machinery and Large-Scale Industry" in the first volume of the book:

> Darwin directed attention to the history of natural technology, i.e., the formation of the organs of plants and animals, which serve as the instruments of production for sustaining their life. Does not the history of the productive organs of man in society, of organs that are the material basis of every particular organization of society, deserve equal attention? And would not such a history be easier to compile, since, as Vico says, human history differs from natural history in that we have made the former, but not the latter? Technology reveals the active relation of man to nature, the direct process of the production of the social relations of his life, and of the mental conceptions that flow from those relations(1).

Inexplicable enough, I have not, however, any memory of such Marx's reference to Vico. It was through my reading of Georges Sorel's essay, "Étude sur Vico" (1896) at the beginning of 1970's, that I realized I had met Vico in the above mentioned note on technology in *Das Kapital*: Sorel quoted the note as one of Marx's points worthy of the highest praise(2). But, by that time, being realized that the technological

innovation had radically transformed our socio-economical structure during ten years of 1960's to deprive Marxism of his revolutionary potentialities, I had started my critical reexamination of Marxism, and, first of all, Marx's high estimation of technology had begun to seem to me to be problematic. If Vico were a theorist of technology as supposed by Marx and Sorel, there could not be any reason to be attracted by such a person.

2

In our country, there was a Japanese version of Benedetto Croce's monumental work, *La filosofia di Giambattista Vico* (1911), translated by Aoki Iwao and published in 1942 (Tōkyō, Tōkyō-dō). I read it in Italian and in Japanese in the middle of 1960's. It was my second encounter with Vico.

But, again at that time, my interest was in Croce himself, not in Vico. And my reading of Croce was, in its turn, chiefly in the interest of understanding Antonio Gramsci: as a New Leftist Marxian, I sympathized deeply with the thoughts of the latter.

On the other hand, Croce's Vico-work was written immediately after the completion of his *Filosofia come scienza dello Spirito* and gave an impression of explaining his own philosophy through Vico. Moreover, according to Croce, Vico was "the nineteenth-century in germ"(3). If that is the truth, Hegel will be sufficient, I thought, and no need to return to Vico! Besides, my Gramsci, too, advised: The philosophy of Hegel was born in the organic relation to the French Revolution; can we find the corresponding one in Vico?(4) This time was after all a lost encounter, too.

3

My third encounter with Vico occurred through Edmund Husserl and an eighteenth-century Japanese philologist Motoori Norinaga.

In the spring of 1968, I stopped my course of study in graduate school and started my new free (that is, without occupation) life with my just married wife in her native country town, which was to continue till 1975 when I was invited to teach at Tokyo University of Foreign Studies, by reading Husserl's *Die Krisis der europäischen Wissenschaften und die transzendentale Phänomenologie* (1936, 1954).

My research theme in graduate school was Italian fascism. It was when I was

examining the views on fascism by representative intellectuals in Italy during the fascist period, beginning with Croce, that such questions as "What is learning?" or "What does it mean to deal with the world in a learned or scholarly manner" arose in my mind and I fell into a state of not knowing what to do anymore at all. Perhaps one might call the problem I was faced with at that time that of a rationalist mistake which accompanies the learned or scholarly understanding of the world. In fact, modern European scholarship has completely excluded most of the life-historical facts of the common people as being irrational, while – at its summit (Hegel) – achieving an understanding of the real as immediately rational, and the rational as immediately real. The views of the Italian intellectuals I examined towards fascism are one typical example of this kind of scholarship. Yet isn't there a grave mistake here, a mistake that originates in the system itself of scholarly knowledge? It is necessary to go back, I thought, to the origin or starting point of the scholarly way of knowing and to reflect upon it. To speak in Nietzschean terms, we must attempt a genealogical reflection of learning.

Under the spell of a terrible obsession, I decided to re-question everything from scratch. And, in the hope that "a science of the life-world" Husserl had planned in his last years would match with my task, I began to read *Krisis*, using as a guide the Italian phenomenologist Enzo Paci's commentary entitled *Funzione delle scienze e significato dell'uomo* (1963), in which the author suggested that Husserl's science of the life-world was "a new science in Vico's sense"(5). This was the very occasion that led me to take up Vico for the first time directly.

One more occasion which led me to read Vico was that Husserl had attempted to realize his science of the life-world through a mediation of language. In Husserl's intent, the attempt originated probably from its connection with hermeneutics of Wilhelm Dilthey and Martin Heidegger. However, when I knew that Husserl had designed his idea starting from the standpoint of the life-world as a field of original meaning-formation, it reminded me, first and foremost, of Motoori's philological method. In the introductory chapter of his *Kojiki-Den,* 48 vols (*Commentary to the Ancient Chronicle of Japan*, 1790–97, 1820), Motoori explicates, in fact, his method to grasp "things/events" (*koto*) and "intention/meaning" (*kokoro*) in a unified manner in "words" (*kotoba*) and to interpret the world in accordance with the "practical scene of language" (*monoii no sama*)(6). In this sense Motoori certainly anticipates Husserl. But, if Motoori is an anticipator of language-centered Husserl, may not be said the same about Vico? This was my expectation.

4

As I had heard, *La Scienza Nuova* was an extremely difficult book. However, it was also a book that was rich in implications and suggestions. And it was no doubt that, both in idea and method, there was something akin to Husserl's and Motoori's.

The passage at the beginning of the section entitled "Del metodo" in the first volume of the 1744 version of *Scienza Nuova* is one good example. Vico starts by writing: "This Science must begin where its subject matter begins"(7). As shown by the full title of the work, "Principi di Scienza nuova d'intorno alla comune natura delle nazioni," *La Scienza Nuova* seeks to explicate the "common nature" of the nations, and "humanity" (*humanitas*) is its subject matter. Therefore, what is required is to begin inferring from the point in time of the establishment of humanity, when "the first men" of the gentile world began "to think humanly." Although, Vico says, "we cannot at all imagine and can comprehend [such a primitive state] only with great effort." He adds, "To discover the way in which this first human thinking arose in the gentile world, we encountered exasperating difficulties which have cost us the research of a good twenty years"(8).

When I encountered this passage, I was assured that I discovered a Motoori Norinaga figure trying to force his way into the world of the Ancient Chronicle (*Kojiki*) of Italy. Moreover, I understood this journey of Vico and Motoori into the primitive origin of *humanitas* as something that corresponded to Husserl's attempt to go back to the origin of scholarly knowledge.

In the section entitled "Degli elementi," there is the following passage: "It is another property of the human mind that whenever men can form no idea of distant and unknown things, they judge them by what is familiar at hand. This axiom points to the inexhaustible source of all errors about the principle of humanity that have been adopted by entire nations and by all scholars." And under this heading, Vico gives two types of conceit: "the conceit of nations" and "the conceit of scholars"(9). It would not probably be wrong to see this "conceit of scholars" as pointing to the danger of a rationalist mistake contained in the learned or scholarly understanding of the world in general. Starting from a clear self-awareness of such a danger, Vico pursued his science. In other words, it is true that his attempt was an attempt to found a new science, but, at the same time, there is a constant element of transcending it self-reflectively.

Moreover, in *La Scienza Nuova* we find a "new critical art" based on "the mental dictionary for assigning origins to all the diverse articulated languages"(10): this art is sharply different from that of Isaiah Berlin's so-called "entering into"(11); it rather resembles Motoori's method who, being keenly aware of the danger of a sort of rationalist mistake (*karagokoro*) and, at the same time, being probably self-conscious of the impossibility of *Einfühlung,* attempted to penetrate into the world of Gods in Japan, in conformity with "*monoii no sama*"(12). It also reminded me of "the structural apriori of meaning" that, in the chapter "Galileis Mathematisierung der Natur" and in the corresponding Appendix "Die Frage nach dem Ursprung der Geometrie" of *Krisis,* Husserl presumed to lie at the root of the life-world(13).

I had completely become a captive to Vico.

5

However, I devoted most of my time in several years after 1968 to the inaugural oration Vico delivered at Naples University in 1708: *De nostri temporis studiorum ratione,* chiefly for the following reason:

Speaking in general, the method is in function of the end. When modern Europe acquired a new method through Descartes, there was a clear awareness about the end of science: that is, Truth. According to Descartes, truth was the ultimate and only end of science. And, as the full title of *Discours de la Méthode* (1637) says, method was above all "for conducting justly the reason and seeking the truth in the sciences."

But it is already a long time since we became aware of the crisis of the modern European study method invented by Descartes. The more we sharpen the method for the sake of scientific certainty, the more we lose the meaningfulness of sciences for life — we can find nowadays everywhere such an ambivalent situation as pointed out by Nietzsche in his second essay of *Unzeitgemäße Betrachtungen*, "Vom Nutzen und Nachteil der Historie für das Leben" (1874), and confirmed by Husserl in the beginning of *Krisis.*

Now, I found it was precisely Vico's *De ratione* that first criticized such a Cartesian study method radically.

Firstly, a laconic but penetrating critical judgment of the geometrical method introduced into the physical sciences which constituted the most outstanding characteristic of the seventeenth- century Scientific Revolution. Vico says:

> Our modern physicists remind me of certain individuals who have inherited from their parents a gorgeous mansion leaving nothing to be desired in comfort or luxury. There is nothing left for them to do except to move the furniture around, and by slight modifications, add some ornaments and things up to date. In the opinion of our scientists, that type of physics which they teach, based on the geometrical method, is nature itself. Wherever you turn in contemplating the universe, you will constantly be met by this physics. We owe a tremendous debt of gratitude, modern scientists says, to those authors who have freed us from the burdensome task of speculating on nature, and who have bequeathed to us such wealthy and luxuriously furnished mansion. If it is true that the structure and functions of nature are exactly as they describe them, then let those scientific pioneers be most fervently thanked. But if nature is organized differently, if a single one of the laws of motion is false (not to mention that already more than one has been proved false), they must be careful, repeatedly careful, lest they should act as if it were no longer any room for doubt about nature. It may happen that, while they are trying to repair the roof of the mansion, they may, at their peril, pay too little attention to the foundation(14).

While astonished by his unexpected knowledge of mathematics and physics, I read this passage of Vico in close connection with the chapter "Galileis Mathematisierung der Natur" and the corresponding Appendix "Die Frage nach dem Ursprung der Geometrie" of Husserl's *Krisis*. Also as for the lost of meaning caused by the invention of analysis which Husserl pointed out in that uncompleted work, Vico had already put it into question(15).

Secondly, a relentless attack against "those who transfer the way of judgment which is used in the domain of science into the prudent conduct."

> When it comes to the matter of prudence in civil life, it is well for us to keep in mind that human events are dominated by chance and choice, which are extremely subject to change and which are strongly influenced by simulation and dissimulation... As a consequence, those who take only care of truth experience great difficulty in achieving their means, and greater difficulty in attaining their ends...Since, then, the course of action in life must consider the importance of the single events and their circumstances, it may happen that many of these

> circumstances are extraneous and trivial, some of them bad, some even contrary to one's goal. It is therefore impossible to assess human affairs by the inflexible rigid standard of the intellect; we must rather gauge them by the pliant Lesbic rule, which does not conform bodies to itself, but adjusts itself to their contour...Therefore, we cannot say that those who transfer the way of judgment which is used in the domain of science into the prudent conduct act appropriately(16).

This was a typically Aristotelian-Ciceronian or humanistic moment of Vico's thought as well as the statement that follows it: "Satisfied with truth alone, and not cultivating common sense, unused to following verisimilitude, they do not worry with at all what people commonly sense about those truths and whether those seems truths also to people"(17). As such, it might have been rather a commonplace to the audience of his oration. But to me at least, these words of Vico sounded like a message from another world. It was my honest impression with surprise that Europe had cultivated such a rich wisdom behind her rationalist surface.

This is the reason why I devoted most of my time in several years after 1968 to the Vico's 1708 inaugural oration.

6

My reflection started from the latter's question. From Vico's attack against "those who transfer the way of judgment which is used in the domain of science into the prudent conduct" I learned first of all that practice is not the technical application of theory and assumed that the above mentioned antinomy between the method and the meaningfulness for life in the modern social sciences was caused by confusion and identification of the former with the latter. And, in order to get rid of such an antinomy, I attempted a genealogical interpretation of Vico's assertion that "in our days, *critica* alone is celebrated; *topica*, far from being given first place in the curriculum, is utterly disregarded. Again, I say, this is harmful, since the invention of arguments is by nature prior to the judgment of their truths, so that, in teaching, *topica* should be given priority to *critica*"(18).

Critica means the art of judgment (*ars iudicandi*) of whether a proposition is true or false; *topica* means the art of invention (*ars inveniendi*) of arguments themselves. Vico draws out this distinction from Cicero's *Topica*. Especially as for the assertion of

priority of the invention of arguments to the judgment of their truths by natural order, the same statement is found in passage 7 of Cicero's *Topica*. But, as Cicero himself admitted, it was obvious that behind Cicero's *Topica* there was Aristotle's *Topica*. And Aristotle's statement in that book (100a27–30) that *dialektiké* (to which is equivalent Cicero's *ars inveniendi*) is based on *endoxa* (opinion commonly received by the people) reminded me of Vico's statement that common sense (*sensus communis*) is born from verisimilitude (*verisimilia*). At the same time, Aristotle suggested that *dialektiké* has a way to the principles of all sciences (101a37–101b4), which seemed to me to give the paradigm of a genealogical self-reflection upon the sciences akin to that of Husserl's *Krisis*. I set forth these points in my essay "Vico no Kaigi" (The Doubt of Vico) which was published in *Chi-no-Kōkogaku (The Archaeology of Knowledge)*, No. 11 (March-April 1977).

By the way, to Vico's attack against "those who transfer the way of judgment which is used in the domain of science into the prudent conduct" in the 1708 oration, Jürgen Habermas paid attention in his inaugural lecture at the appointment to Professorship of Marburg University "Die klassische Lehre von der Politik in ihrem Verhältnis zur Sozialphilosophie" (1961): after looking at how modern social philosophy became "science" and lost its capacity to provide practical knowledge or hermeneutic power, he pointed out that "this loss of hermeneutic power in the theoretical penetration of situations which were to be mastered practically was recognized as early as by Vico"(19). This observation of Habermas proved of great benefit to me.

7

As for the question of introduction of the geometrical method into physics and the question of analysis, it was not until 1980's that I could prepare theoretical and philological requisites necessary for having something worth saying about it.

In my reading of Vico's first philosophical work, *De antiquissima Italorum sapientia* (1710), I found that Vico defined his work as metaphysics able to serve to experimental physics(20). In Vico's own understanding, this was the meaning of "*verum et factum convertuntur*": that is, the proposition was no other than the justification of experiments which Galileo and other modern physicists had attempted by way of geometry. From *De antiquissima*, I also knew that Vico connected *ingenium*, the faculty respectfully used in the literary school of *concettismo/conceptismo* that was in full

flourish in the Baroque Italy and Spain, to *ingegnere*, "engineer"(21).

Fluttered by these "discoveries," I turned my attention to the Neapolitan intellectual environment in the young Vico's years and gathered, above all, the works of *Accademia degli Investiganti* (1663-1670), of whose ex-members' salons it is known Vico was a frequenter: *Parere del Signor Lionaldo di Capoa divisato in otto ragionamenti, ne'quali partitamente narrandosi l'origine, e'l progresso della medicina, chiaramente l'incertezza della medesima si fa manifesta* (Napoli, Antonio Bulifon, 1681), Tommaso Cornelio, *Progymnasmata physica* (Napoli, Raillard, 1688), Francesco D'Andrea, *Risposta a favore del Sig. Lionardo De Capoa contro le lettere apologetiche del P. De Benedictis gesuita* (1697), ms, foll. 11 (Biblioteca Nazionale di Napoli, coll. I. D. 4) and so on. The essay "Sūgaku to Igaku no Aida de – Vico to Napoli no SizenTankyūsha-tachi" (Between Mathematics and Medicine: Vico and the Neapolitan Investigators) which I wrote chiefly based on these first hand materials and which was published in *Shisō (The Thought)*, No. 752 (February 1987), is, I believe, a small but not insignificant contribution in that it holds that Vico's thought is not a backward reaction against the seventeenth-century Scientific Revolution from outside but a critique from within emanated through more or less direct acquaintance with the results of experiments attempted by modern physicists.

8

Of course, my ultimate target was *La Scienza Nuova.*

Suggested by Biagio de Giovanni's essay "La «teologia civile» di G. B. Vico," *Il Centauro*, No. 2 (May-August 1981), I chose the theme of a "dialectic of the foundation" as an *Ansatzpunkt* and elaborated an essay entitled "Hajime ni Osore ariki – Vico to Konkyo no Benshōhō" (In the Beginning There Was Fear: Vico and the Dialectic of the Foundation) which was published in *Area and Culture Studies*, annals of Tokyo University of Foreign Studies, vol. 35 (1985) and vol. 36 (1986).

De Giovanni says:

> Life calls for force, politics; and force, politics allude to the foundation, in the sense that they are legitimated through a *difference*. But the foundation is not in itself, and continually is measured, is internalized, is divided. It turns into unfounded one's. Life and death are between these extremes. [In Vico] «politics», as in all modern tradition, is the only answer for the conservation of

life. But «politics» too repeats the dialectic of the foundation. And its movement exposes it to the dispersion and the fall of legitimacy. It risks perpetually its own foundation[22].

Following the course all the nations have traversed in time, de Giovanni's analysis was principally concerned with the antinomy between sense and imagination, on the one hand, and reason, on the other. Behind this antinomy, it was my intention to ascertain, at the same time, the transformation of what was originally a foundation or an authority into knowledge-object: this is, I think, one of the central themes of *Scienza Nuova*.

9

The second time I had a chance to set forth something that seems to me to be significant about *La Scienza Nuova* was my essay "«Sōzōteki Huhen» ni tsuite — Vico no Siteki Kigōron" (About «universale fantastico»: Vico's Argumentation on Poetical Character) published in *Kigō no Gekijō (The Theater of Signs)*, edited by Tanigawa Atsushi (Kyōto, Shōwadō, 1988).

In his book *Vico in the Tradition of Rhetoric* (1985), Michael Mooney suggests that Vico's was a generalization of the rhetor's act: "The rhetorical act, the art of speaking effectively *inter rudes* – this act of the rhetor is here generalized, made the common, universal, and necessary act of the ancestors of the race"[23]. While, in this essay, I argued that Vico's "discovery" that the first men of the gentile world spoke with the poetical character borrows its constituents too heavily from the tradition of rhetoric for us to acknowledge it as a discovery, it is true; but, this does not necessarily mean that Vico's was a generalization of the rhetor's act, as Mooney suggests.

First of all, behind Vico's "discovery," we find, in fact, his strenuous efforts of getting rid of "the conceit of scholars." And then his "discovery" reminds us of what Hans-Georg Gadamer calls "die grundsätzliche Metaphorik des sprachlichen Bewußtseins" in his enlarged edition of *Wahrheit und Methode* (1972): the "natural" concept-formation which, anterior to all logical thoughts and all classifications, operates at the bottom and which consists in finding out similarities between things we encounter and nominating them one by one[24].

Finally, seeking after his "discovery," Vico breaks through the plane of Gadamer's

"grundsätzliche Metaphorik des sprachlichen Bewußtseins" itself and penetrates into a more original point. In Gadamer, metaphoric presupposes that the world of language has been already constituted: Metaphoric is itself, after all, an operation of "sprachlichen Bewußtseins." While, Vico tries to grasp the constitution process itself of the world of language from, as it were, the zero point of language-consciousness, and, justly in that constitution process itself, he finds a sort of metaphorical operation. In other words, when he holds that there is a metaphor in the origin of "Sapienza poetica" of the first men of the gentile world, this "metaphor" does not mean *meta-phorein* within the world of language already constituted, but a self-differential image-making the first men of the gentile world found out from their own idea, that is, on their self-image, under the condition that they were ignorant of the natural causes producing things and could not even explain them by analogy with similar things, as Donald Phillip Verene observes referring to Ernesto Grassi's conception of rhetoric as a speech of first principles or *archai*(25).

In 1988, I put the above mentioned essays into one book and published under the title of *Vico no Kaigi* (*The Doubt of Vico*) (Tōkyō, Misuzu Shobō), my first book on Vico.

In the mean time, I translated with Sasaki Chikara, a historian of modern European sciences, *De ratione* into Japanese in 1987 (Tōkyō, Iwanami Shoten) and alone by myself *De antiquissima* in 1988 (Tōkyō, Hōsei Daigaku Shuppankyoku).

10

Ten years after the publication of *Vico no Kaigi* I concentrated my effort on the elucidation of "Vico the Baroque." Again this time, it was Biagio de Giovanni's essay "Vico barocco" published in *Il Centauro*, No. 6 (September-October 1982) that led me to meditate on such a theme at so great a cost of time.

Starting from a revaluation of Erich Auerbach's philological and tendentiously anti-Crocian interpretation of *Scienza Nuova*, de Giovanni calls our attention, first and foremost, to its form as a *representation*. And especially in "Dipintura proposta al frontespizio che serve per l'introduzione dell'opera," he acknowledges a typically Baroque spirit(26).

Suggested by de Giovanni's observation, and aided by Mario Praz's erudition in his *Studies in Seventeenth-Century Imagery* (1964), I began with an analysis of the

woman with the winged temples who surmounts the globe or the world of nature of "Dipintura." And it was my conclusion on this matter that the woman called Metaphysics might be rather Contemplative Life.

The woman is called Metaphysics, but, strangely enough, according to the 1611 enlarged version of Cesare Ripa's *Iconologia*, there is no description of the winged temples in the paragraph "Metafisica." We find, on the contrary, in the paragraph "Vita contemplativa" the woman with the winged temples(27). Moreover, the latter fits well with Vico's account that "she [metaphysics] contemplates in God the world of human minds"(28), which is lacking in Ripa's account of "Metafisica." By the way, Paolo Rossi proposes a supposition that, of Ripa's *Iconologia*, the related woman might come out from a "contamination" of Metaphysics, on the one hand, and of Science and Mathematics, on the other hand(29). However, I am not convinced.

Then, I attempted a speculation on what means the enigmatic phrase: "to contemplate in God the world of human minds." To tell the truth, this expression appears only here; but a similar phrase: "to know the human mind in God" appears two times in *La Scienza Nuova* and one time in *De antiquissima*:

> Wisdom among the gentiles began with the Muse, defined by Homer in a golden passage of the *Odyssay* as "knowledge of good and evil," and later called divination...Still later the word "wisdom" came to mean knowledge of natural divine things; that is, metaphysics, called for that reason divine science, which, seeking knowledge of man's mind in God, recognizing God as the source of all truth, must recognize him as the regulator of all good(30);

> ...and thus even this vulgar metaphysics began to know the human mind in God(31);

> But if that most acute man, Malebranche, contends that these propositions are true, I wonder why he agrees with René Decartes's primary truth, *Cogito ergo sum*. Since he recognizes that God creates ideas in me, he should rather put things as follows: "Something thinks in me; therefore, it exists. However, I acknowledge no idea of body in my thought; therefore, what thinks in me is an absolutely pure mind, namely, God."...Mind exhibits itself in the act of thinking. God thinks within me and, therefore, I know my own mind in God(32).

Based on these materials, I ascertained that "to know the human mind in God" means "to recognize God as the source of all truth," and especially from the above mentioned passage of *De antiquissima* I induced a supposition that, at least on the divine origin of ideas, Vico might have entertained an opinion akin to that of Malebranche, the seventeenth century representative Christian Platonist.

If I stopped my speculation at this moment, I would not, however, learn almost anything from de Giovanni. As it is said in his essay "«Corpo» e «ragione» in Spinoza e Vico" (1981), what his "Vico barocco" emphasized above all was Vico as a metaphysician determined by "the view of the body (la vista del corpo)," that is, as a non-Platonist, or rather, an anti-Platonist(33). Therefore, it was my next task to elucidate the very process of conversion of Platonism in Vico, beginning with the point at which "a few giants...were frightened and astonished by the great effect they did not know, and raised their eyes and became aware of the sky," and began to contemplate it "with the bodily eyes (con gli occhi del corpo)"(34).

I would leave you to judge for yourself whether and how far my attempt was succeeded in, but, when he says that "this civil world has certainly been made by men, whose principles are therefore to be found in the modifications of our own human mind"(35), Vico borrows the phrase "the modifications of our own human mind" from Malebranche, as Antonio Corsano suggests(36), and in Malebranche's *De la Recherche de la Vérité* "the modifications of mind" indicated "perception sensible" which was distinguished from "perception pure" superficial to human mind and which was defined to penetrate vividly into human mind and modify it sensibly(37): that leads me to make a supposition that a conversed Platonism in Vico might have already begun to operate in that moment in which he sought the principles of the civil world or the world of nations into "the modifications of our own human mind."

11

The provisional result of my speculation was published in 1998 under the title of *Barokku-jin Vico* (*Vico the Baroque*) (Tōkyō, Misuzu Shobō).

In this second book on Vico of mine, I also attempted to throw his *ingenium*-centered rhetoric into its baroque excessiveness Christine Buci-Glucksmann defines "folie du voir"(38).

Besides, I added two essays: one is "*Vita* as a Metaphor"; another is "The

Baroque Forest: Vico and Minakata Kumagusu." In the former, I observed that such words as "fortune" and "sign" and "good genius" Vico in his *Vita* uses in order to explain various occasions and moments in his life are metaphors of something that cannot be uttered directly, and that his endeavor towards establishment of *Scienza nuova* as a new philology was itself a reflection upon the reason why those must be metaphorical. In the latter, which is a review of Nakazawa Shin-ichi's essay on Minakata Kumagusu, a pioneer of ethnology in Japan, *Mori no Barokku* (*The Baroque Forest*) (1992), I pointed out above all the affinity of thinking-stile between Minakata and Vico which consists in the crush of the sonata-formed logic and the catastrophic jump or Aristotelian *metabasis* from one level into another heterogeneous one.

12

I am now rethinking the beginning-problem proposed by Edward W. Said.

In his book *Beginnings* (1975), Said put up as an epigraph Vico's axiom "Doctrines must take their beginning from that of the matter of which they treat" and, while devoting the conclusive chapter to "Vico in His Work and in This," particularly in the first chapter made a remarkable statement of what is a beginning or beginnings:

> It is less permissible today to imagine oneself as writing within a tradition when one writes literary criticism. This is not to say, however, that every critic is now a revolutionist destroying the canon in order to replace it with his own. A better image is that of a wanderer, going from place to place for his material, but remaining a man essentially *between* homes[(39)].

> I have so far tried to show that when the modern literary critic begins to write he cannot sustain himself at all well in a dynastic tradition...He must therefore undertake his work with initiative. He, too, must seek a more suitable point of departure, a different *topos*, for his study. I have been hinting very broadly that such a *topos* is the "beginning" or "beginnings" ... Beginnings inaugurate a deliberately *other* production of meaning – a gentile (as opposed to a sacred) one. It is "other" because, in writing, this gentile production claims a status *alongside* other works: it is *another* work, rather than one in a line of decent from

X or Y[40].

Beginnings as the other or gentile production of meaning which are determined by the contemporary human condition of "between homes": this notion which reflects Said's own life as an exile from Palestine who in his autobiographical memoir confessed that "with so many dissonances in my life I have learned actually to prefer being not quite right and out of place"[41] reminds me of that of "hétérotopie" Michel Foucault presented in the 1966 preface to *Les mots et les choses*[42] and in the 1967 discourse in Tunis "Des espaces autres"[43]: that is, a counter-site in which all the other real sites that can be found within a culture are simultaneously represented, contested, and inverted. In short, as Abdul R. JanMohamed suggests in his essay "Worldliness-without-World, Homelessness-as-Home: Toward a Definition of the Specular Border Intellectual" (1992)[44] paraphrasing Foucault, Said is a typically specular border intellectual situating himself in a "heterotopia" of discourse.

And in his turn, this specular border intellectual Said calls Vico "a hero of mine" in his 1993 Reith Lectures on Representations of the Intellectual broadcasted by BBC[45]. It is my present intention to make once more a working-through reflection on the crisis of European sciences with a Saidean Vico situated in such a "heterotopia" of discourse.

(1) Marx-Engels, *Werke*, Bd. 23 (Berlin, Dietz, 1962), pp. 392-93.
(2) Cf. Georges Sorel, "Étude sur Vico," *Le Devenir Social*, 2ᵉ année (Octobre 1896), p. 786.
(3) Benedetto Croce, *La filosofia di Giambattista Vico* (Sesta ed.: Bari, Laterza, 1962), p. 259.
(4) Cf. Antonio Gramsci, *Quaderni del carcere*. Edizione critica dell'Istituto Gramsci, a cura di Valentino Gerratana (Torino, Einaudi, 1975), p. 1317.
(5) Cf. Enzo Paci, *Funzione delle scienze e significato dell'uomo* (Milano, Il Saggiatore, 1963), pp. 21-22.
(6) Cf. *Motoori Norinaga Zenshū*, vol. 9 (Tōkyō, Chikuma-Shobō, 1978), p. 33.
(7) Giambattista Vico, *La Scienza nuova seconda*, giusta l'edizione del 1744 con le varianti dell'edizione del 1730 e di due redazioni intermedie inedite, a cura di Fausto Nicolini (Quarta ed.: Bari, Laterza, 1953), p. 123.
(8) Ibid., pp. 123-24.
(9) Ibid., pp. 73-74.
(10) Ibid., pp. 77-78.
(11) Cf. Isaiah Berlin, *Vico and Herder: Two Studies in the History of Ideas* (London,

Hogarth, 1976), p. 27.

(12) Cf. *Motoori Norinaga Zenshū* cit., pp. 49-63.

(13) Cf. Edmund Husserl, *Die Krisis der europäischen Wissenschaften und die transzendentale Phänomenologie*, hrsg. von Walter Biemel (2. Aufl.: Haag, Martinus Nijhoff, 1962), pp. 20-60 et 365-86.

(14) Giambattista Vico, *Le orazioni inaugurali, il De Italorum sapientia e le polemiche*, a cura di Giovanni Gentile e Fausto Nicolini (Bari, Laterza, 1914), p. 85.

(15) Cf. Ibid., p. 87.

(16) Ibid., pp. 91-92.

(17) Ibid., p. 92.

(18) Ibid., p. 82.

(19) Cf. Jürgen Habermas, *Theorie und Praxis. Sozialphilosophische Studien* (Frankfurt am Main, Suhrkamp, 1971), pp. 49-53. Erste Aufl.: 1963.

(20) Cf. Vico, *Le orazioni* cit., p. 191.

(21) Cf. Ibid., p. 179.

(22) Biagio de Giovanni, "La «teologia civile» di G. B. Vico," *Il Centauro*, n. 2 (maggio-agosto 1981), p. 22.

(23) Michael Mooney, *Vico in the Tradition of Rhetoric* (Princeton, New Jersey, Princeton University Press, 1985), p. 210.

(24) Cf. Hans-Georg Gadamer, *Wahrheit und Methode. Grundzüge einer philosophischen Hermeneutik* (3., erweiterte Aufl.: Tübingen, Mohr, 1972), pp. 405-06.

(25) Cf. Donald Phillip Verene, *Vico's Science of Imagination* (Ithaca and London, Cornell University Press, 1981), pp. 79, 181-83; Ernesto Grassi, *Rhetoric as Philosophy. The Humanist Tradition* (University Park and London, The Pennsylvania State University Press, 1980), pp. 19-20.

(26) Cf. Biagio de Giovanni, "Vico barocco," *Il Centauro*, n. 6 (settembre-dicembre 1982), pp. 53-69.

(27) Cf. Cesare Ripa, *Iconologia* (Reprint of the 1611 ed. published by P. P. Tozzi, Padua: New York & London, Garland, 1976), pp. 350 et 544.

(28) Vico, *La Scienza nuova seconda* cit., p. 5.

(29) Cf. Paolo Rossi, *Le sterminate antichità. Studi vichiani* (Pisa, Nistri-Lischi, 1969), pp. 184-85.

(30) Vico, *La Scienza nuova seconda* cit., pp.137-38.

(31) Ibid., p. 219.

(32) Id., *Le orazioni* cit., pp. 173-74.

(33) Cf. Biagio de Giovanni, "«Corpo» e «ragione» in Spinoza e Vico," in: Biagio de Giovanni, Roberto Esposito, Giuseppe Zarone, *Divenire della ragione. Cartesio, Spinoza, Vico* (Napoli, Liguori, 1981), p. 140.

(34) Vico, *La Scienza nuova seconda* cit., p. 147.

(35) Ibid., p. 117.

(36) Cf. Antonio Corsano, *Giambattista Vico* (Bari, Laterza, 1956), pp. 219-20.

(37) Cf. Malebranche, *Œuvres*, I (Paris, Gallimard, 1979), p. 23.

(38) Cf. Christine Buci-Glucksmann, *La folie du voir. De l'esthétique baroque* (Paris, Galilée, 1986).

(39) Edward W. Said, *Beginnings: Intention and Method* (New York, Basic Books, 1975), p. 8.

(40) Ibid., p. 13.

(41) Edward W. Said, *Out of Place: A Memoir* (New York, Knopf, 1999), p. 295.

(42) Cf. Michel Foucault, Préface à *Les mots et les choses. Une archéologie des sciences humaines* (Paris, Gallimard, 1966), pp. 7-16.

(43) Cf. Michel Foucault, "Des espaces autres" (1967), in: Id., *Dits et écrits*, vol. 4 (Paris, Gallimard, 1994), pp. 752-62.

(44) Cf. Abdul R. JanMohamed, "Worldliness-without-World, Homelessness-as-Home: Toward a Definition of the Specular Border Intellectual," in: Michael Sprinker ed., *Edward Said: A Critical Reader* (Cambridge, Mass. and Oxford, Blackwell, 1992), pp. 96-122.

(45) Edward W. Said, *Representations of the Intellectual: The 1993 Reith Lectures* (London, Vintage, 1994), p. 45.

Vico's Autobiography as Metaphor

1

In his Autobiography, Giambattista Vico presents himself not in the first person, but in the third one. This fact seems somewhat odd to the modern reader. This style of narration, however, may belong to the Ciceronian-humanistic tradition that, in the public speech, the speaker used to portray himself in the third person(1).

What impressed me is another aspect of Vico's Autobiography: namely, what is told in it seems to be too metaphorical to be taken as an autobiography in the ordinary meaning of the word and to be used as historical data in order to understand the author's *Bildung* or intellectual formative processes.

In so far as an autobiography is in itself a literary artifact, it might not be strange to be found rhetorical apparatus in it. But, when I say that what is told in Vico's Autobiography is too metaphorical, I do not mean this fact.

As we all know well, Vico was a professional of rhetoric: when he wrote his Autobiography, it had already been nearly thirty years since he started his career as a professor of eloquence at the Royal University at Naples. And, as Andrea Battistini analyzes minutely in his book *La degnità della retorica*, this skill of rhetoric is fully exhibited also in his Autobiography(2). What is particularly worth to be noticed is the fact that a rhetorical way of expression called *sententiae* and embellishing the story is here and there used effectively.

Firstly, the sentences which open the part of his Autobiography, which was written in 1725-1728 and was published in *Raccolta d'opusculi scientifici e filologici*, t. 1 (1728), pp. 143-256, under the title "Vita di Giambattista Vico scritta da se medesimo":

Mr. Giambattista Vico was born in Naples in the year 1670 [*sic*] of honest

parents who left a good fame after them. His father was of a cheerful disposition, his mother of a quite melancholy temper, both contributed to the character of their son... [After the mischance that at the age of seven he fell head first from the top of a ladder] he grew up with a melancholy and irritable temperament such as belongs to men of ingenuity and depth, who, thanks to the ingenuity, are quick as lightning in perception, and thanks to the reflection, take no pleasure in verbal cleverness or falsehood(3).

This is one of the most typical instances of *sententiae* or brief aphoristic sayings, along with the following paragraph that embellishes the end of the whole story, which was written in 1731 as a continuation of the former part of his Autobiography:

These finally led him to the discovery of the *New Science*. And after that, enjoying life, liberty and honor, he held himself more fortunate than Socrates, on whom Phaedrus has made the following magnanimous vow:

I would not shun his death to win his fame;
I'd yield to odium, if absolved when dust(4).

Secondly, the sentence which embellishes the opening of the paragraph which follows the author's testimony that, after "the period of solitude, which lasted a good nine years"(5) in the wood of Vatolla apart far from the city in which "taste in letters changed every two or three years like styles in dress"(6), he returned to Naples and that he "lived in his native land not only a stranger but also quite unknown"(7):

Fortune is said to be friendly to young men, for they choose their lot in life from among those arts and professions that flourish in their youth; but as the world by its nature changes in taste from year to year, they later find themselves in their old age strong in such wisdom as no longer pleases and therefore no longer profits(8).

But, it is not these *sententiae* that impressed me above all in Vico's Autobiography. When I say that what is told in it is too metaphorical, the word "metaphor" points to the other meaning than that of a rhetorical way of expression called *sententiae*.

To add to this, it seems to me that, in writing his Autobiography, Vico's self-consciousness as a professional of rhetoric was rather weak. As Keisuke Hanada, a Japanese philosopher known principally by his work on Francis Bacon, observes, "Vico is tired of his real life as a professor of rhetoric, and does his best endeavors to create a new style of philology, taking up his own position on the fissure which has been opened on the ground of rhetorical art"(9).

If this is not the case, it will be difficult to explain the reason why many things which we can hardly believe that they were written by the professional of rhetoric are found in his Autobiography: such as too much disorderly arrangements, repetitions and delays, and the insertion of a great deal of digressions, and above all, obscurities which remain from beginning to end unsolved in the whole statements.

2

What kind of metaphor is it, then, that predominates and determines the universe of discourse in Vico's Autobiography?

In it, we meet often the words such as "sign [*segno, indizio*]," "good genius [*buon genio*]," "adverse fortune [*avversa fortuna*]" and so on, which take up the role of explainer of the turning points Vico encountered in his life.

Instance 1: When Vico was yet twelve or thirteen years old and, offended by the teacher's conduct that seemed to him an insult, left the school and, withdrawing to his home, learned by himself in Alvarez, "he would sit down at his desk at nightfall; and his good mother, after rousing from her first slumber and telling him for pity's sake to go bed, would often find that he had studied until daybreak. This was a sign (*segno*) that as he grew older in the study of letters he would vigorously maintain his reputation as a scholar"(10).

Instance 2: In 1684, when Vico was sixteen years old, "he betook himself to the Royal University, and his good genius (*buon genio*) led him into the classroom of Don Felice Aquadia, the excellent head lecturer on law, just when he was giving his pupils this judgment of Herman Vulteius: that he was the best who had ever written on the civil institutes. This opinion, stored in Vico's memory, was one of the principal causes of all the better ordering of his studies"(11).

Instance 3: When he returned to Naples as "a stranger in his native land," Vico "thanked those woods [of Vatolla] in which, guided by his good genius (*buon genio*), he had followed the main course of his studies untroubled by any sort of sectarian

affection"[12].

Instance 4: "The dissatisfaction with grammatical etymologies which Vico had begun to feel [since he published the first book of the treatise *On the Most Ancient Wisdom of the Italians Unearthed from the Origins of the Latin Language*] was a sign [*indizio*] of the source whence later, in his most recent works [i.e. the 1725 edition of *New Science*], he was to recover the origins of languages, deriving them from a principle of nature common to all nations on which he establishes the principles of a universal etymology to give the origins to all languages living or dead. And his slight satisfaction with Bacon's book attempting to trace the wisdom of the ancients in the fable of the poets, was another sign [*segno*] of the source whence Vico, also in his most recent works, was to recover principles of poetry different from those which the Greeks and Latins and the others since them have hitherto believed"[13].

Instance 5: "That Vico was born for the glory of his native city and therefore of Italy (since, being born there and not in Morocco, he became a scholar) is evidenced by nothing so much as by this: that after this blow of adverse fortune [*avversa fortuna*], which would have made others henceforth renounce all learning if not repent of having ever cultivated it [i.e. after being compelled to withdraw his candidacy for the vacant chair of lecturer on law at the University in the year 1723], he did not even suspend his labors on other works"[14].

Instance 6: "By a blow of adverse fortune [*avversa fortuna*] he found himself in such straits he could not afford to print the work [i.e. a *New Science* in a negative form of exposition] and yet felt only too obliged to do so as a matter of honor, since he had promised its publication. So he did his best to find, by intense meditation, a positive method [of exposition] which would be more concise and thus more efficacious"[15].

What I mean by saying that the metaphor predominates and determines the universe of discourse in Vico's Autobiography is precisely a metaphorical role the above mentioned words such as "sign [*segno, indizio*]," "good genius [*buon genio*]," "adverse fortune [*avversa fortuna*]" and so on play in it.

3

Now, in the part that was published in 1728 of his Autobiography, Vico explains his plan of writing as follows:

> We shall not here feign what René Descartes astutely feigned [*astutamente finse*] as to the method of his studies in order to exalt only his philosophy and mathematics and degrade all the other studies that complete the divine and human erudition. Rather, with the candor proper to a historian [*con ingenuità dovuta da istorico*], we shall narrate step by step and with frankness the entire series of Vico's studies, in order that the proper and natural causes of his development which was such as it was and not otherwise as a scholar [*le proprie e naturali cagioni della sua tale e non altra riuscita di letterato*] may be known(16).

And in the part of continuation written in 1731, concluding the work, he states as follows:

> He wrote it [i.e. Autobiography] as a philosopher [*da filosofo*]; and, therefore, he meditated on the causes, natural and moral [*cagioni così naturali come morali*], and the occasions of fortune; he meditated on why even from childhood he had felt an inclination for certain studies and an aversion from others; he meditated on what opportunities and misfortunes had advanced or retarded his progress; and lastly he meditated the effect of his own exertions in right directions, which were destined later to bear fruit in those reflections on which he built his final work, the *New Science*, which was to demonstrate that his scholarly life was bound to have been such as it was and not otherwise [*tale e non altra aver dovuto essere la sua vita letteraria*](17).

"Astutely feigned [*Astutamente finse*]": What a bold saying! Descartes says that his *Discourse on the Method* is nothing but "a history [*une histoire*]" and that everyone will find his "frankness [*franchise*]" agreeable(18), while Vico considers that Descartes astutely feigned [*astutamente finse*] the method of his studies, and claims that "the candor proper to a historian [*ingenuità dovuta da istorico*]" belongs not to Descartes, but to Vico himself. Truly, Vico was the enemy of Descartes, as the Japanese sociologist Ikutaro Shimizu put it(19).

On the meaning of this rivalry of Vico with Descartes, however, I would discuss in the other eventual occasion. Also on the fact that the word "historian [*storico*]" in the former passage is transformed into "philosopher [*filosofo*]" in the latter, I would limit myself, for the present, to call the reader's attention to it.

What I want to discuss here is whether Vico had really accomplished the

cognition of "the proper and natural causes of his development which was such as it was and not otherwise as a scholar."

It was Giuseppe Ferrari who saw in Vico's Autobiography a sort of "natural illusion" that represents us the discoveries that only in the *New Science* have been done for the first time as if an object which had been aimed at since Vico started his course of a literary life. Ferrari judges that Vico's Autobiography was, after all, "nothing but a common and ordinary biography, or, at best, simply a historical document" and failed to complete the investigation of "the proper and natural causes" of his development as a scholar it aimed at(20).

In opposition to this judgment, Benedetto Croce calls the reader's attention to the fact that Ferrari pays no heed to Vico's saying that he wrote his Autobiography "as a philosopher." According to Croce, the meaning of a philosophical treatment of a philosopher's life is nothing but an understanding of the objective necessity of his thought and a perception of the scaffolding it involves even where the author at the moment of thinking did not clearly perceive it. And, from this point of view, Croce considers that "Vico's *Autobiography* is, in a word, the application of the *New Science* to the life of its author, the course of his own individual history," and that"its method is as just and true as it is original," although admitting that "Vico succeeded in part only of his attempt"(21).

On this issue, however, I would rather agree with the opinion of the above mentioned Keisuke Hanada, who calls Vico's Autobiography "an Oedipus' type of autobiography."

Indeed, when Hanada calls Vico's Autobiography "an Oedipus type of autobiography," he pays a particular attention to the fact that it is dominated from beginning to end by the consciousness of "fortune [*fortuna*]"(22). I think this fact is worth while being paid a sufficiently careful attention, on the condition that, instead of calling it a "subterfuge," as Hanada does(23), the word "fortune" itself should be taken as a metaphor of something that binds up tightly, as if a chain, all the course of Vico's life. Vico cannot describe that "something" directly, and therefore he gives the word "fortune" to it metaphorically.

4

Lastly, one more word in conclusion.

In his remarkable essay on Vico's Autobiography, *The New Art of Autobiography*,

Donald Phillip Verene says:

> In Vico's view autobiography is not simply introspection, nor is it reflective knowledge in the sense of critical understanding of the connection between concepts and phenomena. Autobiographical thinking, in Vico's view, is *speculative* or, to put it in his own terms, it is meditative-narrative thinking. In this kind of knowing the knower repeats or 'imitates' in language the actions of his own being until the knower holds that he has attained the true *speculum* of himself. The autobiographer's task of self-knowing is complete when he judges to have placed, within the theatre of the world, the theatre of himself(24).

My assumption concerning this topic is that the speculation toward the attainment of what Verene calls "the true *speculum*" of Vico is attempted putting itself on the zero point, as it were, of language.

As I have mentioned elsewhere(25), when Vico holds in his *New Science* that there is a metaphor in the origin of "poetical wisdom [*sapienza poetica*]" of the first men of the gentile world, this "metaphor" does not mean *meta-phorein* or an act of transfer of a word to another within the world of language already constituted. Rather, as Verene observes referring to Ernesto Grassi's conception of rhetoric as a speech of first principles or *archai*(26), it means a self-differential image-making those first men found out from their own "idea" or corporeal self-image, under the condition that they were ignorant of the natural causes producing things and could not even explain them by analogy with similar things. It is from this primordial plane of language that the essentially metaphorical character of Vico's Autobiography arises.

Notes:

* This paper is a revised English version of my essay "Yu to shite no Jiden" attached to the Japanese edition of Giambattista Vico, *Jiden,* translated by Tadao Uemura (Tōkyō, Heibonsha, 2012) as Introduction.

(1) Gustavo Costa assumes, in his essay "An Enduring Venetian Accomplishment: The Autobiography of G. B. Vico," *Italian Quartely*, 21 (1980), pp. 49–50, that, in entitling his autobiography as "Vita di Giambattista Vico scritta da se medesimo," Vico imitated the title which the Venetian poet Gabriello Chiabrera (1552–1638) gave to his autobiography — *Vita di Gabriello Chiabrera scritta da se medesimo*–, while

Donald Phillip Verene, in his book *The New Art of Autobiography: An Essay on the Life of Giambattista Vico Written by Himself* (Oxford, Oxford University Press, 1991), pp. 66-69, notices, though admitting the possibility of derivation of the style of narration in Vico's Autobiography from Chiabrera's one, that some precedents are found in the humanistic tradition from the ancient Rome to Renaissance.

(2) Cf. Andrea Battistini, "Il traslato autobiografico," in: Id., *La degnità della retorica. Studi su G. B. Vico* (Pisa, Pacini, 1975), pp. 15-50.

(3) Giambattista Vico, *Opere,* V: *L'autobiografia, il carteggio e le poesie varie*, a cura di B. Croce e F. Nicolini (Seconda ed. riveduta e aumentata: Bari, Laterza, 1929), p. 3; *The Autobiography of Giambattista Vico*, translated from the Italian by Max Harold Fisch and Thomas Goddard Bergin (Great Seal Books: Ithaca, NY, Cornell University Press, 1963), p. 111; Giambattista Vico, *Jiden*, translated from the Italian by Tadao Uemura (Tōkyō, Heibonsha, 2012), pp. 8-9.

(4) Vico, *Opere*, V, p. 79; *The Autobiography*, p. 200; *Jiden*, p. 169.

(5) Vico, *Opere*, V, p. 17; *The Autobiography*, p. 128; *Jiden*, p. 40.

(6) Vico, *Opere*, V, p. 22; *The Autobiography*, p. 133; *Jiden*, p. 48.

(7) Vico, *Opere*, V, p. 22; *The Autobiography*, p. 134; *Jiden*, p. 50.

(8) Vico, *Opere*, V, pp. 24-25; *The Autobiography*, p. 137; *Jiden*, p. 55.

(9) Keisuke Hanada, "Viko ni totte no Viko: Jiden wo yomu [Vico for Vico: Reading His Autobiography]," *Shisō* [Thought], no. 752 (February 1987), p. 55.

(10) Vico, *Opere*, V, p. 4; *The Autobiography*, pp. 112-113; *Jiden*, pp. 11-12.

(11) Vico, *Opere*, V, p. 6; *The Autobiography*, pp. 114-115; *Jiden*, p. 15.

(12) Vico, *Opere*, V, pp. 21-22; *The Autobiography*, pp. 132-133; *Jiden*, pp. 46-48.

(13) Vico, *Opere*, V, pp. 37-38; *The Autobiography*, p. 153; *Jiden*, pp. 82-83.

(14) Vico, *Opere*, V, p. 48; *The Autobiography*, p. 165; *Jiden*, p. 104.

(15) Vico, *Opere*, V, pp. 48-49; *The Autobiography*, p. 166; *Jiden*, p. 105.

(16) Vico, *Opere*, V, p. 5; *The Autobiography*, p. 113; *Jiden*, pp. 11-13.

(17) Vico, *Opere*, V, pp. 62-63; *The Autobiography*, p. 182; *Jiden*, pp. 133-134.

(18) Cf. Descartes, *Œuvres*, publiées par Charles Adam & Paul Tannery, VI: *Discours de la Méthode & Essais* (Paris, Vrin, 1965), p. 4; *Discourse on the Method and Meditations*, tr. Elizabeth S. Haldane and G. R. T. Ross (Mineola, NY, Dover Publications, 2003), p. 5.

(19) Cf. Ikutarō Shimizu, *Rinrigaku Nōto* [*Notes on Ethics*] (Tōkyō, Iwanami Shoten, 1972), Chapter 17: "Dekaruto no Teki [The Enemy of Descartes]."

(20) Cf. Giuseppe Ferrari, Prefazione a: *Opere di Giambattista Vico*, ordinate ed illustrate da Giuseppe Ferrari (Seconda ed.: Milano, Classici italiani, 1852-1854), vol. IV, pp. X-XVI. Prima ed., 1835-1837.

(21) Cf. Benedetto Croce, "Intorno alla vita e al carattere di G. B. Vico" (1911), in: Id., *La filosofia di Giambattista Vico* (Bari, Laterza, 1911), Appendice I, pp. 280-281; *The Philosophy of Giambattista Vico*, translated by R. G. Collingwood (London,

Howard Latimer, 1913), Appendix I, pp. 265-266.

(22) Cf. Hanada, art. cit., pp. 48-49.

(23) Cf. Hanada, art. cit., p. 45.

(24) Verene, *The New Art of Autobiography* cit., pp. 229-230.

(25) Cf. Tadao Uemura, "Giambattista Vico in the Crises of European Sciences," in: *Vico e l'Oriente: Cina, Giappone, Corea*, a cura di David Armando, Federico Masini, Manuela Sanna (Roma, Tiellemedia, 2008), pp. 174-175; Id., "Giambattista Vico nella crisi delle scienze europee," *Bollettino del Centro di Studi Vichiani*, a. XXXVIII (1/2008), p. 134 [traduzione di D. Armando e L. Pica Ciamarra].

(26) Cf. Donald Phillip Verene, *Vico's Science of Imagination* (Ithaca-London, Cornell University Press, 1981), pp. 79, 181-183; Ernesto Grassi, *Rhetoric as Philosophy: The Humanist Tradition* (University Park-London, The Pennsylvania State University Press, 1980), pp. 19-20.

Vico's Zeno: Reading *Liber metaphysicus*, Chap. IV: *De essentiis, seu de virtutibus*

1

Giambattista Vico starts the preamble of chap. IV: *De essentiis, seu de virtutibus* of *Liber metaphysicus* (1710), the first book of his first philosophical work entitled *De antiquissima Italorum sapientia ex linguae latinae originibus eruenda*, with the statement that «what the Scholastics designate as *essentia* the Latins call *vis* and *potestas*. And all philosophers agree that essences are eternal and unchangeable»(1), which we can sufficiently make certain on good authorities from the Greek-Latin classics. It is unanimously admitted by all scholars that the Scholastic *essentia* designates «what a thing is» Aristotle pointed out as one of the meanings of *ousia* in his *Metaphysics* (1028b33-34), that is, essence or significance of a thing, while we can find the examples where the Latin words *vis* and *potestas*, which mean usually strength, force, power, energy, are used to mean the sense or significance of a thing, in Cicero, *Orator ad M. Brutum* (32, 115), Seneca, *De beneficiis* (2, 34, 4) and so on.

The perplexity begins when, in the passages following to it, after the assertion that «we may fairly conjecture that the ancient philosophers of Italy held that indivisible essences were the eternal and infinite powers of all things»(2) and that «we may legitimately question whether, whenever motion and *conatus* which is the power of motion are given, the extended and the power by which something is extended are given likewise. Moreover, just as body and motion are the proper subject of physics, so *conatus* and power of extension are the matter proper to metaphysics»(3), Vico declares that «I esteem you to be, most illustrious Paolo, the author of these things, for you think that there are *actus* in physics and *virtutes* in metaphysics»(4).

«Paolo» mentioned here by Vico is the Genoese philosopher and mathematician Paolo Mattia Doria (1667-1746) who lived in Naples from c. 1690. He was a friend

of Vico's to whom *Liber metaphysics* is dedicated. As far as I could investigate, however, there are no passages such as reported by Vico in Doria's writings, even if Doria might eventually express, in the conversation with Vico, such an opinion to the latter.

Besides, the coupling of *virtus* and *actus* immediately reminds us of that of Aristotelian *dynamis* (potentiality) and *energeia* (actuality), which is generally admitted to have been coined against Plato's Idealism, while Doria professed himself a Platonist and pointed out «Idea Esemplare» (Idea as exemplar) as one of the principles that constitute the doctrine of Plato and explained that from this Idea are eternally produced non-material and non-corporeal and infinite «forme substanziali» (substantial forms)[(5)].

2

Equally perplexing is Vico's explanation of «metaphysical point» in §I: *De punctis metaphysicis & conatibus.*

First, we find in it the confusion between Zeno the Eleatic (fl. 464 B.C.) and Zeno the Stoic (died 264/5 B.C.).

After an etymological explanation that for the Latins *punctum* and *momentum*, that is, a thing that moves, were synonymous and hence for them *punctum* and *momentum* meant an indivisible something, Vico conjectures that the ancient philosophers of Italy held the view that there is a certain indivisible power of extension and motion, and that this doctrine crossed the sea from Italy to Greece, where Zeno later reshaped it. For, to Vico's view, «no one felt more correctly about this indivisible power of extension and motion than Stoics, who treated it in the hypothesis of the metaphysical point»[(6)]. We meet, however, a little later, with a statement as follows: «Nor would Aristotle's demonstrations about metaphysical points against the Zenonians have such great authority among his followers if the geometrical point were not a symbol for the Stoics after the fashion of the metaphysical point and the metaphysical point were not the power of physical body»[(7)]. It is evident that here Vico confused Zeno the Eleatic with Zeno the Stoic: it is well known that in his *Physics* Aristotle (384B.C.-322B.C.) argued against the paradoxes of Zeno, but this Zeno is certainly Zeno the Eleatic, and not Zeno the Stoic.

Pierre Bayle, while pointing out that the confusion is generally observed among Jesuits in the 16th and 17th centuries, says that only the Jesuits of Coimbra in their

commentary on the book VI of Aristotle's *Physics* were not fallen in such a common mistake and stated expressly that Zeno against whose paradoxes Aristotle argued is Zeno the Eleatic[(8)]. In Vatolla, where he says that he devoured a great deal of books ancient and modern[(9)], did not Vico read the commentary by the Jesuits of Coimbra?

3

To add to this confusion, also the Vichian conception of Stoicism is questionable.

As we saw above, Vico says that Stoics treated the indivisible power of extension and motion in the hypothesis of the metaphysical point. According to Vico's supposition, the point from which geometricians derive their synthetic constructions is metaphysical in nature, because it has no part, as Euclid defines it in his *Elements*, book 1, def. 1, and, therefore, prior to extension and in itself non extended. In like manner, arithmeticians have borrowed from metaphysics the power of number, namely the one, which because it is the power of number is not a number. And just as the one, which is not a number, generates number, so the point, which is not extended, gives birth to extension[(10)].

Was there, however, really anyone among Stoics who treated such a power of extension and motion in such a hypothesis of the metaphysical point?

Diogenes Laertius, in the book VII of *Lives and Opinions of Eminent Philosophers*, reports that Stoics held generally the view that a point is the extremity of a line and «the smallest possible mark or dot» (VII, 135). If this is the case, it would not be that which has no part such as Euclid defines nor Vichian metaphysical point[(11)]. We may also take notice of the fact that, according to Diogenes Laertius' report, Stoics supposed that body is the primary matter that constitutes the substratum of all things, and it is divisible *ad infinitum* (VII, 150).

4

What, then, if «Zeno» who was in Vico's mind were Zeno the Eleatic, and not Zeno the Stoic? Really did Zeno the Eleatic hold the view that the point is «the image of what the human mind is capable of thinking in regard to the indivisible power of extension and motion»[(12)]?

The writings of Zeno the Eleatic had been lost, but we can find some fragments

in Simplicius' commentary on Aristotle's *Physics*. In it, the Alexandrian Neoplatonist quotes *verbatim* Zeno's statement that, «if what is has not magnitude, it would not even exist» and that, «if it exists, each must have some magnitude and thickness, and one part of it must extend away from another. And the same account applies to the part out ahead. For that part too will have magnitude and will have part of it out ahead. Indeed, it is the same to say this once as always to keep saying it; for no such part of it will be last, nor will one part not be related to another. Thus if there are many things, they must be both small and large, so small as to have no magnitude, and so large as to be unlimited» (Zeno fr. 1 in: Diels-Kranz, *Die Fragmente der Vorsokratiker* = Simplicius, *In Physica aristotelis,* 140.34). He also quotes Zeno's following statement: «if it [what has neither magnitude nor thickness nor bulk] were added to another entity, it would not make it any larger; for since it is of no magnitude, when it is added, there cannot be any increase in magnitude. And so what was added would just be nothing. But if when it is taken away the other thing will be no smaller, and again when it is added the other thing will not increase, it is clear that what was added and what was taken away was nothing» (Zeno fr. 2 in: Diels-Kranz, *Die Fragmente der Vorsokratiker* = Simplicius, *In Physica,* 139.5).

What does Zeno the Eleatic mean to say in those arguments? At first glance, he seems to deny the existence of what has neither magnitude nor thickness nor bulk, that is, a geometrical point. Aristotle's explanation in book 3, part 4 of his *Metaphysics* (1001b7–13) confirms this understanding. After having equated Parmenides' indivisible unity-itself to arithmeticians' one, Aristotle says that «if unity-itself is indivisible, according to Zeno's postulate it will be nothing. For that which neither when added makes a thing greater nor when subtracted makes it less, he asserts to have no being, evidently assuming that whatever has being is a spatial magnitude. And if it is a magnitude, it is corporeal; [...] yet how can a magnitude proceed from one such indivisible or from many? It is like saying that the line is made out of points».

According to Simplicius, however, Zeno's argument is one of *epikeirémata*, i.e. arguments addressed to the opponent, and not aims to deny the indivisible unity-itself, but to demonstrate how those who claim the existence of many are compelled to say the opposite (Zeno fr. 2 in: Diels-Kranz, *Die Fragmente der Vorsokratiker* = Simplicius, *In Physica,* 139.5). And, in *Parmenides* of Plato (128C-D), Zeno himself tells to Socrates that «these writings of mine were meant to protect the arguments of Parmenides against those who make fun of him and seek to show the many ridiculous

and contradictory results which they suppose to follow from the affirmation of the one. My answer is addressed to the partisans of the many, whose attack I return with interest by retorting upon them that their hypothesis of the being of many, if carried out, appears to be still more ridiculous than the hypothesis of the being of one».

Anyway we cannot find in Zeno's fragments a statement concerning the point as «the image of what the human mind is capable of thinking in regard to the indivisible power of extension and motion».

5

In Article X of *Giornale de'letterati d'Italia*, volume VIII (1711)(13), the anonymous reviewers of *Liber metaphysics* pointed out that «Vico's claim that the existence of metaphysical points was taught by Zeno and by the Stoics is in need not only of explanation, but even more of proof, because we do not even find the expression among the ancients». To the reviewers Vico responded as follows: «I am giving you the view itself not altered by Aristotle, not improbable as it stands in the record, but rescued from the sinister opinions of others and corroborated by reason. And if in the end you don't want to accept this statement as Zeno's, I am sorry that I must give it as my own. But I will offer it to you anyway, alone and not supported by great authorities»(14).

The response of Vico leads us to the conclusion that Vico's Zeno is neither Zeno the Stoic nor Zeno the Eleatic, but a product of Vico's own imagination derived from his doubt about Aristotle's arguments against Zeno the Eleatic. We would, therefore, read Chapter IV of *Liber metaphysicus,* taking the arguments that Vico ascribes to Zeno for those of Vico's own.

6

There are, however, two philological and historical facts to be previously taken into consideration.

First, we find in Pierre Bayle's *Dictionnaire historique et critique* the information that Rodrigo de Arriaga (1592-1667) and other many Spanish Scholastics called «Zenonists» those who maintained that continuum consists of parts indivisible and non extended(15). In fact, Arriaga says in his *Cursus philosophicus* (1632) that «some of those who obeyed the doctrine of Aristotle rose against Zenonists»(16). And, according

to Paolo Rossi, Arriaga himself was one of «Zenonists»[17]. When Vico told of «Zenonians» in his *Liber metaphysicus*, in his mind weren't those «Zenonists» of the 17th century? We may also take notice of the fact that in his *Autobiography* Vico mentions to Giuseppe Ricci (1650–1713) he met in the Jesuit fathers' school to which he was sent in his childhood as «a Scotist by sect, but at bottom a Zenonist» and that he says that Ricci's teaching was «a presage [...] that later he [Vico] would be led to discuss the "points" of Zeno, as Aristotle had done in his *Metaphysics* but with sentiments far different from his [Aristotole's] perverse ones»[18].

By the way, the Society of Jesus issued an edict that forbids the teaching of Democritus' doctrine of «atoms» or particles in his schools at August 1, 1632, the day immediately after the publication of Arriaga's *Cursus philosophicus*[19]. But Bayle points out that «Zenonists» mentioned by Arriaga maintained that matter consists of mathematical points and had a view radically different from that of those who maintain that body consists of atoms[20]. After all, «Zenonists» of the 17th century were, as Rossi says, pursuing the way to avoid unsurpassable difficulties by substituting the notion of mathematical points without extension for that of atoms as particles which are endowed with extension however small they are[21].

7

Secondly, the word «points métaphysiques» appears in an essay, "Système nouveau de la nature et de la communication des substances, aussi bien que de l'union qu' il y a entre l'âme et le corps," which G. W. Leibniz published anonymously in *Journal des Savants*, 27 June 1695[22].

In this essay, Leibniz confesses that, although the ways of mathematics and modern authors to explain nature mechanically charmed him in his youth, since then, in trying to dig down into the principles of mechanics themselves, he became aware that physics needs more than the concept of *mere extended mass*, and that we must use also of the notion of *force* — a notion from metaphysics, but a perfectly intelligible one. «So in order to get a real unity — a thing that is deep-down just *one* thing —», he continues, «I had to bring in what might be called *a real and living point*, an atom of substance that is a complete being only because it contains some kind of form or activity. So I had to bring back and (as it were) rehabilitate *substantial forms*, which are in such disrepute these days».

He gives to those substantial forms which Aristotle called *first entelechies* «the

perhaps more intelligible label "basic forces"». «They are *forces*», he explains, «because they involve not only *actuality* (as opposed to mere possibility) but also a basic *activeness*».

Moreover, after he accused Géraud de Cordemoy (1626-1684) who, in searching for true unities, was forced to abandon Descartes who held that every portion of matter is divisible into smaller portions and to adopt Democritus' doctrine of *atoms* of being contrary to reason, he makes an assertion that «it is only *atoms of substance*, that is to say real unities absolutely devoid of parts, that can be the sources of activity, the absolutely basic reasons for the composition of things, and, as it were, the ultimate elements in the analysis of substantial things». And he says that they might be called «points métaphysiques». According to his additional explanation, they are related to mathematical points, which are their points of view for expressing the universe. Later he will give them the name «*monade*».

Astonishing is the fact that not only the same terminology as that of Vico's is used, but also the argumentation is almost similar to that which Vico gives in his *Liber metaphysicus*. We are told that Vico could not sufficiently understand French, but it will not be improbable that he had been informed of the content of the anonymous essay of Leibniz through some Latin or Italian academic journals.

8

Now, according to Vico, the common belief that geometry purifies, or, as the Scholastics say, geometry «abstracts» its major concepts from matter is false, for «the Zenonians believed that no science treated matter more exactly than geometry--meaning the simple matter that metaphysics supplies to geometry, namely the power of extension»(23).

In Vico's view, throughout all human memory, we can establish four classes of philosophers. The first were outstanding geometricians who discussed physical principles on the basis of mathematical hypotheses. Such was Pythagoras. The second are those educated in geometry and devoted students of metaphysics who thought about the principles of things on the basis of no hypothesis, but discussed the things of nature in the metaphysical mode. Such was Aristotle. The third class, ignorant of geometry and hostile to metaphysics, devised a simple extended body for use as matter (i.e., the atomic theory). And although they made grave mistakes right at the outset in their explanation of principles, still they thought more successfully about

the specific phenomena of nature. Such was Epicurus. Finally, the forth class claimed that the principles of everything were body in its quantity and quality. Among the ancients such were those who spoke of earth, water, air, and fire, either singly or coupled or as group; and among the moderns, such as the chemists. Yet these men have made no worthwhile contribution to the discussion of principles. Explanations of specific natural phenomena upon their principles were successful only in those few instances where daring rather than forethought gave them the answer(24).

What was, then, Zeno's position? Vico explains it as follows: «Zeno, the supreme metaphysician, adhered to the hypotheses of the geometricians and explained the origin of things by means of points, just Pythagoras did it by means of numbers»(25). And he maintains that, while Aristotle proves by geometrical demonstrations that the smallest possible particles of an extended entity may be divided to infinity, Zeno remains unmoved by these demonstrations of Aristotle, asserting that «just as, in this world of forms which man feigns for himself and in which he is in a way the god, this nominal definition, this fictitious thing without parts, equally underlies the unequal extended, so likewise on this same model in the true world that God founded there is a certain indivisible power of extension which, because it is indivisible, stretches equally under the unequal extended», with a Galilean addition that «powers are indefinite and, therefore, we may not speak of their being "so many" or "how many"; it is not possible to think of their being "more" or "fewer"; they do not tolerate this "more" or "less"»(26).

A Galilean addition. In fact, we find in Galileo Galilei's *Discorsi e dimostrazioni matematiche, intorno* à *due nuove scienze attenenti alla mecanica & i movimenti locali* (1638) the following dialogue between Simplicio and Salviati akin to Vico's statement:

In answer to the objection that the addition of one indivisible to another cannot produce a divisible, Salviati explains that «a divisible magnitude cannot be constructed out of two or ten or a hundred or a thousand indivisibles, but requires an infinite number of them». Simplicio says that «here a difficulty presents itself which appears to me insoluble». According to Simplicio, since it is clear that we may have one line greater than another, each containing an infinite number of points, we are forced to admit that, within one and the same class, we may have something greater than infinity, because the infinity of points in the long line is greater than the infinity of points in the short line. This assigning to an infinite quantity a value greater than infinity is, however, «quite beyond my comprehension». Salviati replies to Simplicio

that «this is one of the difficulties which arise when we attempt, with our finite minds, to discuss the infinite (*gl'infiniti*), assigning to it those properties which we give to the finite and limited; but this I think is wrong, for we cannot speak of infinite quantities as being the one greater or less than or equal to another»(27).

Vico's statement is done undoubtedly putting Galileo's *Discorsi* aside.

By the way, also in the first Response to the reviewers of *Giornale de'letterati d'Italia*, Vico quotes the above sentence of *Discorsi* as a testimony of Galileo's penetrating self-awakening about the peculiarity of geometry, while criticizing that, notwithstanding the infinite constitutes the indivisible one and does not allow to numerate it, Galileo «looked at physics with the eyes of a great geometrician, but not in the full light of metaphysics» and speaks of *gl'infiniti* in plural(28).

9

Then, entering on the argument of conatus, Vico maintains that the above-mentioned demonstrations also go to show that conatus, or the power of motion, in as much as it is a metaphysical things, equally underlies unequal motions: «When nature exists or, as the Scholastics say, *in fact esse*, all things are in motion. Before it existed, all things were at rest in God. Therefore, nature began to exist through conatus, or as the Scholastics also say, conatus is *natura in fieri*. In fact, conatus is the mean between rest and motion. In nature there are extended things, but before all nature there is a thing that abhors all extension — God. [...] God, the mover of all, remains at rest within Himself; matter exercises conatus; and extended bodies are put in motion. And just as motion is a mode of the body and rest is an attribute of God, so conatus is a gift of the metaphysical point. And just as the metaphysical point is the indefinite power of extension that equally underlies unequal extended bodies, so conatus is the indefinite power of moving that equally unfolds unequal motions»(29).

Reminding us of the assertion in Chap. I of *Liber metaphysicus* that to understand (*intelligere*) is proper to God and to the human mind is permitted only to think (*cogitare*)(30), Vico says that we cannot follow the path by which the indefinite has descended to the level of definite things, because this is a truth proper to only the divine mind, and the human mind, being finite and formed, cannot understand the limitless and formless and can only think about them. And yet, Vico continues, «to think this is to confess that what one thinks is formless and has no limits»(31).

Vico concludes §I: *De punctis metaphysicis & conatibus* as follows: «God's mind

sees things in the sunlight of His truth. [...] But this clearness of the metaphysical truth is exactly like that of a light, which we cannot distinguish unless it is in the midst of opaque objects. [...] This metaphysical light or, as the Scholastics say, the transition from *virtutes* (potentialities) into *actus* (actualities) is generated by conatus, that is, by the unlimited power of motion which equally underlies unequal motions. This is the gift of the point or of the infinite power by which something is extended; and it is stretched equally under the unequal extended»[(32)].

Here we can find the metaphysics of Vico's Zeno summarized concisely.

Some comments in addition: Vico mentions critically Descartes' meditations on the reflection and refraction of motions. According to Vico's understanding, from the assumption that motion is different from its determinations, Descartes derives the consequence that there is more motion in oblique than in straight directions, and thus, when a body falls on a completely impenetrable plane, it reflects its motion in such a way that the angle of reflection equals the angle of incidence, but if it were to fall on a penetrable plane, it would refract its motion, and in proportion to the greater or lesser fluidity of the surface it penetrates, it would depart either more or less from the perpendicular than it would if it were carried down through a surface that was uniformly penetrable. As for this Cartesian proof, Vico says, however, that «Descartes saw certainly the truth that under the same mode of determination there can be more motion, but he hides the reason why for it because he agrees with Aristotle and not with Zeno. He hides, I say, the reason why, just as an equal power of extension underlies a diagonal and a lateral line, so too an equal power of motion underlies the rectilinear motion and the motion oblique to the horizon»[(33)].

It is an assertion truly becoming to Vico who professes himself a Zenonian. From where, however, had he got the information of the above-mentioned Descartes' meditations on the reflection and refraction of motion? L. M. Palmer who translated *Liber metaphysicus* into English, although admitting that it is difficult to determine with precision what Cartesian proof Vico is using to show the inadequacy of Descartes' physics, points out the proof in the Second Discourse of Descartes' *Dioptrique* as «the only possible candidate»[(34)]. However, in it we can certainly find an explanation of the reflection and refraction of light, but there is not an explanation of a body falling on the oblique surface[(35)]. We find the reference to such a body in the letter of July 13, 1638 from Descartes to Mersenne[(36)], but it is not likely that Vico who is presumed to have been unable to understand French sufficiently had read this letter written in French directly. From where else, then, did he got the information? I

suppose that he got it from Lucantonio Porzio's *De motu corporum nonnulla et de nonnullis fontibus naturalibus* (1704) in which the problem is minutely discussed quoting the above-mentioned letter of Descartes(37).

I would also recall the reader's attention to the fact that, in his *Considerazioni sopra il moto e la meccanica de'corpi sensibili e insensibili* (1711), Paolo Mattia Doria criticizes Porzio's demonstration of a ball falling on the oblique surface which is, in the view of Doria, done on the «false supposition» that the force by which a ball on the oblique surface is supported belongs to only the one imaginary geometrical point, whereas really it belongs to the whole length of the surface, and that also Doria, as Vico does, concludes that «without the aid of metaphysics, geometry is of almost no use and it cannot make up a right idea of the essence of things»(38).

10

Next to the argument of conatus, Vico attempts the demonstration of the nature of motion, articulating it in four paragraphs; 1. There is no conatus in extended things; 2. All motions are composite; 3. Extended bodies are not at rest; 4. Motion is not communicated.

In these paragraphs of *Liber metaphysicus*, to be noteworthy, Vico maintains that the word *conatus* should not be used in physics: «Thanks to the better physicists, the way of dissertation by "natural sympathies and antipathies" and by "nature's secret designs", called "hidden qualities", has already been expelled from the schools of physics. The word *conatus* survive as a holdover from metaphysics. So in order for the way of dissertation on physical matter to be perfected, conatus should be taken out of the schools of physicists and restored to those of metaphysicians»(39).

Here we find Vico who, after having accepted the mechanistic theory of motion that was presented by the most representative scientists of 17th century, is pointing out critically the remaining of metaphysical language in it, especially in that of Descartes.

In fact, when Vico points out that «nowadays the belief that extended bodies have conatus toward straight motion is based on the assumption that if a body were to move freely, that is, without encountering any obstacles, it would move in a straight line in the immensity [*immensum*] of space» and maintains that «the feigning of this hypothesis is ruled out by the fact that those who construct it define motion as change in the location of nearby bodies»(40), there seems to have been in his mind

Descartes who in Part II: *The principles of material things* of *Principles of Philosophy* (1664), while defining motion in the strict sense as «transferring of a piece of matter or body from being in immediate contact with some bodies that are regarded as being at rest to being in immediate contact with other bodies» (§. XXV)[(41)], yet establishes as the second law of nature the fact that «every piece of matter tends [...] to continue moving in a straight line» (§. XXXIX)[(42)]. The use of the word *tend* (*tendere*) seemed to Vico a remnant of *conatus*.

Moreover, also when Vico maintains that all motions are composite, he seems to argue against Descartes who thought as if motion were not composite but simple[(43)].

11

To tell the truth, Vico's argumentations are in some respects mistaking what the texts of Descartes truly mean. In my view, Vico's doctrine of motion is in its outline substantially rather Cartesian than anti-Cartesian.

First, as for the use of the word *tend*, we find in Part II, §. XXIV of *Principles of Philosophy* the following statement of Descartes: «And I say *transferring*, not force or action which causes the transfer, in order to show that motion is always in the moved, not in the moving»[(44)]. Also in *The World or Treatise on Light,* which he began to write from 1629, but, informed of the conclusion of the Galileo trial, resigned himself to publish while living, Descartes says that «one must know that, when I say that a body tends in some direction, I do not thereby want anyone to imagine that there is in the body a thought or a desire carrying it there, but only that it is disposed to move there»[(45)].

Secondly, after having referred to *immensum*, Vico asks as follows: «what nearby bodies are there in the void?»[(46)] Here Vico seems to equate *immensum* with the void. In fact, Vico maintains that it is proper to the mentality of a Scholastic who invented *spacia imaginaria* (imaginary spaces) to suppose that a body continues to move farther and farther through the immeasurable void (*per immensum inae*) from a place whence it was first moved[(47)], perhaps with Descartes' statement of Part II, §. XXI of *Principles of Philosophy* in mind. However, although there is a reference to Scholastics' *spacia imginaria* in it, what Descartes maintains is not that it is vacuous, but that we should acknowledge the real existence of a space indefinitely extended[(48)].

Vico maintains also that bodies subsist stably only because they are moved in a plenum and, therefore, nature does not allow to feign such a void[(49)]. Also Descartes,

however, as Vico does, denies the existence of the void, stating that «we see very clearly that the matter whose nature consists simply in its being an extended substance already occupies all the imaginable space» (§. XXII)[(50)].

Thirdly, Vico says that «the opinion that things steadily pursue the form with which they have once and for all been endowed befits the Scholastics, who regard these principles of self-conservation as belonging among the causes of natural things. In fact, what form is the property of each natural thing when something may be added or subtracted at every moment? Therefore, a physical form is nothing but the continuous change of the thing. Accordingly, [the notion of] perfect rest must be entirely eliminated from physics»[(51)], perhaps with Descartes who in Part II, §. XXXVII of *Principles of Philosophy* establishes as the first law of nature the fact that each thing when left to itself continues in the same state in mind. However, we should pay attention to the fact that also Descartes declares in it as follows: the old prejudice that it is in the very nature of motion to come to an end, or to tend towards a state of rest is utterly at variance with the laws of nature[(52)].

Fourthly, Vico says that «the opinion that motion can be communicated from one body to another seems no less objectionable than the common scholastic doctrine that explains attraction and motion by appealing to the abhorrence of a vacuum. For, to my mind, the view that a projectile carries with it the full force (*impulsus*) of the throwing hand appears similar to the opinion that air sucked up out of pumps draws up the water after itself»[(53)], referring implicitly to Descartes who in the Part II, §. XLII of *Principles of Philosophy* states that «when God created the world He did not just give various motions to different parts of the world but also set up so that each of the parts would drive forward its motion to another and transfer it each other»[(54)]. As for the motion of projectiles, however, although also Descartes refers to it as an example which confirms his first law of nature in the Part II, §. XXXVIII of *Principles of Philosophy*, we cannot find in it such a statement as Vico supposes. The explanation we encounter in it is an essentially mechanistic one: Descartes admits that the javelin does eventually slow down, but asserts that it is just because of the resistance of the air[(55)].

12

There is, however, one noteworthy element in Vico's doctrine of motion that cannot be absorbed into the Cartesian physics: Vico asserts that *circumpulsio aëris*,

namely, the pressure of the surrounding air, is the common principle of motion in general, while Descartes refers to the air only as a resistant factor to the motion of a body in a straight line.

In fact, after having disputed against the opinion that motion can be communicated from one body to another, Vico maintains that «through most illuminating experiments on the basis of the new improved physics, these attractions have now been discovered to be truly *circumpulsio aëris* (the pressure of the surrounding air)»(56), or that «air is the mechanism common to all motions, and its pressure is God's perceptible hand, by which all things are moved»(57).

The word *circumpulsio aëris* appears at first in Plato's *Timaeus* (79 A-E), in which it is used in order to explain the mechanism of respiration. And since this ancient word was took up for the justification of Torricellian vacuum by Tommaso Cornelio (1614-1684), the co-founder of Accademia degli Investiganti, in his *Progymnasmata physica* (1663)(58), the doctrine of *circumpulsio aëris* has been accepted as the common principle of motion in general among the Neapolitan physicists. The adoption of this doctrine in Vico's *Liber metaphysicus* is itself a testimony of vastness of its influence. It is well known that the young Vico was deeply influenced by the works of ex-Investiganti(59).

13

Thereafter the name *Zeno* disappears almost completely from the writings of Vico, except in his two Responses to the reviewers of *Giornale degl'letterati d'Italia* (1711-1712) and in the summary of *Liber metaphysicus* in his *Autobiography* that had been written during 1725 and 1728. We can find it only once as one of the representatives that descended into the world of physics through mathematics in the chapter on *Fisica poetica* of Book II of the 1730 edition of *Scienza nuova*(60), which was erased in the 1744 edition of it.

And yet, also in *Scienza nuova* we can find some vestiges of the metaphysics of Vico's Zeno presented in *Liber metaphysicus*.

To give some examples, in the 1725 edition of *Scienza nuova* we find the following statements: «just as it is impossible to have certain knowledge of physical things, or of the movements of bodies, without the guidance of the truths abstracted from mathematics, so it is impossible to have knowledge of moral things without the guidance of the truths abstracted from metaphysics and, therefore, without a

demonstration of God»[(61)] or «Platonists assign to the reasons the eternal property that they are indivisible, which cannot be of bodies at all, for the first property of bodies whence extension is derived is that they are divisible into their parts»[(62)].

Moreover, we find in the 1744 edition of it the following explanation: «This [theory of] genesis of language [i.e., that languages must have begun with monosyllables] is in conformity with the principles of universal nature, by which the elements of all things, out of which they are composed and into which they are bound to be resolved, are indivisible»[(63)].

As Paolo Rossi says, it is not easy to cancel definitively and entirely one's own past[(64)].

Notes

(1) *De antiquissima Italorum sapientia ex linguae latinae originibus eruenda.* Libri tres Joh. Baptistae a Vico Neapolitani Regii Eloquentiae Professoris. *Liber primus, sive metaphysicus* (Neapoli, Ex Typographia Felicis Mosca, 1710), p. 53: «Quod Scholae *essentiam* vocant, latini *vim*, & *potestatem* appellant. Essentias autem omnes Philosophi aeternas, & immutabilis statuunt».

(2) Ibid., p. 53: «Hinc conjicere licet, antiquos Italiae Philosophos essentias putasse individuas omniom rerum virtutes aeternas, & infinitas».

(3) Ibid., pp. 53-54: «Hinc dubitare licet, anquemadmodum datur motus, & conatus, qui virtus movendi est; ita detur extensum, & virtus, qua quid extendatur: & uti corpus, & motus sunt proprium physicae subjectum; ita conatus, & virtus extensionis sint materia propria metaphysices».

(4) Ibid., p. 54: «cujus rei te habeo Authorem Paulle praestantissime, qui illud sentis, in Physica actus in Metaphysica esse virtutes».

(5) Cf. "Ragionamento Diviso in Capitoli Nel quale si commentano quelli Opuscoli di Plutarco, ne i quali impugna e condanna la dottrina d'Epicuro, quella degli stoici e condanna molti errori de' filosofi Antichi; ed all'incontro approva e siegue la Filosofia di Platone. Ed in occasione di ciò l'Autore adita le cose che ha scritto nella sua filosofia stampata in Amsterdam l'anno 1728 e nelle altre sue Opere, e le conferma facendo vedere che si è anco incontrato non solo con Platone ma anche, con Plutarco," in: *Manoscritti napoletani di Paolo Mattia Doria*, vol. II, a cura di Marilena Marangio (Galantina, Congedo, 1979), pp. 185-270.

(6) *De antiquissima* cit., pp. 55-56: «Enimvero Latinis *punctum* & *momentum* idem significabant: momentum autem est res, quae movet: & cum punctum, tum momentum iisdem latinis quid indivisibile dicebatur. An igitur antiqui Italiae sapientes in placitis habuerunt, virtutem esse quandam individuam extensionis, &

motus? & haec doctrina ab Italia transmare, uti & aliae multae in Graeciam trajecta, a Zenone postea interpolata? Etenim de hac individua extensionis, ac motus virtute nulli rectius quam Stoici sensisse mihi videntur, qui de ea per hypotesim puncti metaphysici diseruere».

(7)　Ibid., p. 58: «Neque Aristotelis contra Zenonios demonstrationes super punctis metaphysicis tantam apud ejus asseclas haberent authoritatem, nisi Stoicis punctum geometricum signum ad instar metaphysici, & punctum metaphysicum corporis physici virtus esset».

(8)　Pierre Bayle, *Dictionnaire historique et critique* (Troisième ed.: Rotterdam, 1720), p. 2916.

(9)　Cf. "Vita di Giambattista Vico scritta da se medesimo (1725-1728)," in: Giambattista Vico, *Opere*, a cura di Andrea Battistini (Milano, Mondadori, 1990), pp. 12 seqq.

(10)　*De antiquissima* cit., pp. 56-57: «Geometria ex Metaphysica virtutem extendenti desumpsit; quae quia virtus est extensi, prior extenso est, scilicet inextensa. Quemadmodum Arithmeticus ex Metaphysica desumpsit virtutem numeri, nempe unum, quae quia virtus est numeri, non est numerus: & quemadmodum unum, quod non est numerus, numerum gignit; ita punctum, quod non est extensum, parit extensionem».

(11)　By the way, we cannot find in Hans Friedrich August von Arnim, *Stoicorum veterum fragmenta*, I (Stuttgart, Teubner, 1905) the passage on «point» that Diogenes Laertius attributes to Zeno and the Stoics.

(12)　*De antiquissima* cit., p. 57: «quantum sit punctum instar ad quod de indivisibili extensionis motusque virtute mens humana cogitare possit».

(13)　*Giornale de'letterati d'Italia*, tomo ottavo, anno MDCCXI, art. X, pp. 309-338: «Aggiungasi in terzo luogo esser bisognoso non tanto spiegazione quanto anche di prova cio che 'l signor di Vico afferma, che da Zenone e dagli stoici s'insegnasse che si dessero que' suoi "punti metafisici", mentre non ne troviam pure il vocabolo negli antichi autori».

(14)　*Risposta di* Giambattista di Vico *all'articolo X del Tomo VIII del* Giornale de'Letterati d'Italia (Napoli, Felice Mosca, 1712): «Voi hor desiderate autori di questo sentimento che dò a Zenone. Io vi dò il medesimo non alterato da Aristotile, non improbabile, come giace; ma vendicato da' sinistri sentimenti altrui ed assistito dalla ragione. Che se finalmente non volete ricevere questa sentenza come di Zenone; mi dispiace di darlavi come mia; ma pur la vi darò sola, e non asistita da nomi grandi» (pp. 51-52).

(15)　Cf. Bayle, *Dictionnaire* cit., p. 2916, nota 135.

(16)　Rodrigo de Arriaga, *Cursus philosophicus* (Parisiis, 1647. Prima ed.: 1632), XVI, 9, 10, p. 426: «Nunnulli ex his qui sententiam Aristotelis sequuntur, sic insurgunt contra Zenonistas».

(17) Cf. Paolo Rossi, "I punti di Zenone: una preistoria vichiana," in: Id., *Le sterminate antichità e nuovi saggi vichiani* (Firenze, La Nuova Italia, 1999), p. 77.

(18) Cf. "Vita di Giambattista Vico" cit., p. 8. The testimony of Vico on the father Ricci «zenonist» is confirmed by the letter of the censors of Collegium Romanum to the Provincial of Naples, dated 23 December 1687, which prohibited Ricci to teach in the Jesuit schools his several presumably anti-orthodox propositions including the one that «Aristoteles dum negavit contra Zenonem, quantitatem componi ex punctis, non negavit eam componi ex indivisibilibus, sed ex his habentibus rationem extremi, secundum quam manifestum est non posse cum alio componere, neque facere maius». The letter is cited in Romano Gatto, *Tra scienza e immaginazione. Le matematiche presso il Collegio gesuitico napoletano (1552-1670 ca.)* (Firenze, Olschki, 1994), p. 264. Also cf. Roberto Mazzola, *Metafisica Storia Erudizione. Saggi su Giambattista Vico* (Firenze, Cáriti, 2007), p. 163, where the author points out that the case of Ricci is not an isolated one, but is inserted in the strategy of control and repression of latent tension innovative leading back to atomism, by the censors of Collegium Romanum.

(19) Cf. Claudio Costantini, *Baliani e i Gesuiti. Annotazioni in margine alla corrispondenza del Baliani con Gio Luigi Confalonieri e Orazio Grassi* (Firenze, Giunti, 1969), p. 59.

(20) Bayle, *Dictionnaire* cit., p. 2916, nota 135.

(21) Cf. Rossi, *Le sterminate antichità* cit., p. 67.

(22) Cf. Gottfried Wilhelm Leibniz, *Die philosophischen Schriften,* verausgegeben von C. J. Gerhardt (Berlin, 1875-1890), Bd. 4 (Hildesheim-New York, Olms, 1978), pp. 477-87.

(23) *De antiquissima* cit., pp. 56-58: «Quare falso illud vulgo putant, Geometriam suum subjectum a materia depurare, seu, ut vulgo Scholae loquuntur, *abstrahere*. Nam Zenonii nullam scientiam geometria exactius materiam tractare existimabant; nempe materiam, quam ei meram suppeteret metaphysica, hoc est extensionis virtutem».

(24) Cf. ibid., pp. 59-60.

(25) Ibid., p. 60: «Zeno summus metaphysicus ad Geometrarum hypotheses accessit: & uti Pythagoras per numeros, is per puncta de principiis rerum commentatur».

(26) Ibid., p. 64: «Quemadmodum enim in hoc Mundo formarum, quem homo sibi confingit, & cujus homo quadammodo Deus est, hoc definitum nomen, haec res commencia, cujus nulla pars est, ex aequo iniquis extensis subest; ita & ad hoc instar in Mundo vero, quem Deus condidit, est quaedam individua virtus extensionis, quae, quia individua est, iniquis extensis ex aequo sternitur. Atque adeo virtutes sunt indefinitae; &, quia indefinitae, de iis illa *tot*, & *quot* proloqui non datur; illa *plura*, *minora* cogitare non licet; illa *magis* & *minus* indignantur».

(27) Cf. Galileo Galilei, *Discorsi e dimostrazioni matematiche, intorno* à *due nuove scienze*

attenenti alla mecanica & i movimenti locali (In Leida, Elsevirii, MDCXXXVIII), pp. 31-32.

(28) Cf. *Risposta del signor* Giambattista di Vico, *nella quale si sciogliono tre opposizioni fatte da dotto signore contro il Primo Libro* De antiquissima Italorum sapientia, *overo della Metafisica degli Antichissimi Filosofi Italiani tratta da'latini parlari* (Napoli, Felice Mosca, 1711), pp. 33-34.

(29) *De antiquissima* cit., pp. 65-67: «extante enim natura, seu ut Scholae dicunt, *in fact esse*, omnia moventur: antequam extaret, omnia in Deo quiescevant: igitur natura conando coepto existere: sive conatus *natura*, ut Scholae quoque loquuntur, *in fieri* est. Conatus enim quietum & motum est medius. In natura res extensae sunt: ante omnem naturam, res omnem extensionem indignans, Deus. [...] Deus omnium motor in se quietus: materia conatur: corpora extensa moventur: & ut motus est modus corporis, quies Dei attributum; ita conatus dos puncti metaphysici est: & uti punctum metaphysicum est indefinita virtus extensionis, quia iniquis extensis aequa subest; ita conatus indefinita virtus movendi est, quae iniquos motus ex aequo explicat».

(30) Cf. ibid., pp. 14-16.

(31) Ibid., pp. 71-72: «Quo autem pacto infinitum in haec finita descenderit, si vel Deus id nos doceret, assequi non possemus: quia id verum mentis divinae est, quod & nosse, & fecisse idem. Mens autem humana finita est, & formata; ac proinde indefinita, & informia intelligere non potest, cogitare quidem potest. [...] Sed id ipsum cogitare fateri est, quae cogitas informia esse, & fines habere nullos».

(32) Ibid., pp. 72-73: «Mens divina in suae veritatis sole res videt. [...] Sed haec metaphysici veri claritas eadem est numero ac illa lucis, quam non nisi per opaca distinguimus. [...] Haec lux metaphysica, sive, ut Scholae loquuntur, deductio virtutum in actus [...] vero conatu gignitur, hoc est indefinita virtute movendi, quae iniquis motibus aequa subest; quae dos est puncti seu indefinitae virtutis, qua quid porrigitur, & iniquis extensis ex aequo sternitur».

(33) Cf. ibid., pp. 67-68: «Videt quidem verum illud Renatus, sub eodem determinationis modo plus motus fieri posse; rationem autem dissimulat, quia juxta sentit cum Aristotele contra Zenonem: dissimulat, inquam, quod uti diagonali, & laterali aequa subest virtus extensionis; ita motui recto, & obliquo ad orizontem aequa virtus quoque subest movendi».

(34) Cf. Giambattista Vico, *On the Most Ancient Wisdom of the Italians Unearthed from the Origins of the Latin Language*, including the Disputation with the *Giornale de'letterati d'Italia*, translated with an Introduction and Notes by L. M. Palmer (Ithaca and London, Cornell University Press, 1988), p. 75, nota 22.

(35) Cf. *Œuvres de Descartes*, publiées par Charles Adam et Paul Tannery. Nouvelle présentation par P. Costabal et B. Rochot (Paris, Vrin, 1964-74), vol. VI: *Discours de la méthode & Essais*, pp. 93-105.

(36) Lettres à p. Mersenne, 13 juillet 1638, in: *Œuvres de Descartes* cit., vol. II, p. 246.

(37) Cf. Lucae Antonii Portii, *De motu corporum nonnulla, et De nonnullis fontibus naturalibus* (Neapoli, Berardini Gessarj, 1704).

(38) Cf. Paolo Mattia Doria, *Considerazioni sopra il moto e la meccanica de'corpi sensibili e insensibili* (In Augusta, Daniello Hopper, MDCCXI), pp. 19-22.

(39) *De antiquissima* cit., p. 77: «Jam enim meliorum virtute Physicorum illud disserendi genus per *studia*, & *aversiones naturae*, per *arcana ejusdem consilia*, quae *qualitates occultas* vocant, jam, inquam, sunt e Physicis scholis eliminata. Superest ad huc ex metaphysica id *conatus* vocabulum. Quare quo disserendi genus de rebus physicis omnino perficiatur, e Physicorum scholis est ad metaphysicos amandandum».

(40) Ibid., p. 80: «Sed extensorum conatus ad rectos motus hodie eo firmatur, quod si corpus libere, hoc est per non obstantia moveretur, recta quidem & in immensum moveretur. Sed id fingere primo prohibet, quod qui id fingunt motum definiunt viciniae corporum mutatione».

(41) *Œuvres de Descartes* cit., vol. VIII-1: *Principia philosophiae*, p. 53: «translationem unius partis materiae, sive unius corporis, ex vicinia eorum corporum, quae illud immediate contingunt & tanquam quiescentia spectantur, in viciniam aliorum».

(42) Ibid., p. 63: «unamquamque partem materiae, seorsim spectatam, non tendere unquam ut secundum ullas lineas obliquas pergat moveri, sed tantummodo secundum rectas».

(43) Ibid., p. 65: «res, non composita, sed simplex, qualis est motus».

(44) Ibid., p. 54: «Et dico esse *translationem*, non vim vel actionem quae transfert, ut ostendam illum semper esse in mobili, non in movente».

(45) *Œuvres de Descartes* cit., vol. XI: *Le monde, Description du corps humain, Passions de l'ame, Anatomica, Varia*, p. 84: «Et pour cela il faut sçavoir que, lors que je dis qu'un corps tend vers quelque costé, je ne veux pas pour cela qu'on s'imagine qu'il ait en soi une pensée ou une volonté qui l'y porte, mais seulement qu'il est disposé a se mouvoir vers là».

(46) *De antiquissima* cit., pp. 80-81: «Quaenam autem vicinia in vano?»

(47) Cf. ibid., p. 81.

(48) Cf. *Œuvres de Descartes* cit., vol. VIII-1, p. 52.

(49) Cf. *De antiquissima* cit., p. 81.

(50) *Œuvres de Descartes* cit., vol. VIII-1, p. 52: «perspicue intelligimus illam materiam, cujus natura in eo solo consistit quod sit substantia extensa, omnia omnino spatia imaginabilia [...] jam occupare».

(51) *De antiquissima* cit., pp. 83-84: «Et illud pacitum, quod res pergant obtinere formam, qua semel praeditae sunt, Scholas decet, quae ista tutoria naturae consilia in rerum naturalium caussis habent. Nam sane quae cujusque rei naturalis propria forma est, cum omni temporis momento ei accedat aliquid, vel decedat? Quare

forma physica nihil aliud nisi continens rei mutatio est. Igitur ista perfecta quies omnino e physica est procul eliminanda».

(52) Cf. *Œuvres de Descartes* cit., vol. VIII-1, pp. 62-63.

(53) *De antiquissima* cit., pp. 83-84: «Nec sane minori reprehensione dignum videtur hoc placitum, motum a corpore in corpus communicari, quam illud de attractionibus, motibusque, qui ob fugam vacui vulgo Scholarum obtinet: nam tantundem mihi videtur, corporis projectum secum ferre omnem manus projicientis impulsum, quantum aërem in antlia haustum post se aequam sursum attrahere».

(54) *Œuvres de Descartes* cit., vol. VIII-1, p. 66: «perspicuum est Deum ab initio, mundum creando, non modo diversas ejus partes diversimode movisse, sed simul etiam effecisse, ut unae alias impellent motusque suos in illas transferrent».

(55) Cf. ibid., p. 63: «Et manifestum est, ipsa [projecta] solere ab aëre, aliisve quibuslibet fluidis corporibus in quibus moventur, paulatim retardari, atque ideo motum ipsorum diu durare non posse. Aërum enim motibus aliorum corporum resistere».

(56) *De antiquissima* cit., p. 85: «Jam virtute Physicae melioris per praeclarissima experimenta isthaec attractiones veri aëris circumpulsus comperti sunt».

(57) Ibid., p. 86: «commune ominium motuum machinam aërem, & circumpulsionem esse sensibilem Dei manum, qua omnia moventur».

(58) Cf. "Thomae Cornelii Consentini ad Marcellum Crescentium Epistola. Qua motuum illorum qui vulgo ob fugam vacui fieri dicuntur, causa vera per circumpulsionem ad mentem Platonis explicatur. Et quadam experimenta proferuntur in lucem," in: Tommaso Cornelio, *Progymnasmata physica* (Posthuma ed.: Neapoli, MDCLXXXVIII), pp. 293-375.

(59) Cf. Fausto Nicolini, *La giovinezza di Giambattista Vico (1668-1700). Saggio biografico* (Seconda edizione riveduta: Bari, Laterza, 1932), pp. 113-16; Tadao Uemura, "Sūgaku to Igaku no aidade. Viko to Napoli no Sizen Tankyūshatachi (Between Mathematics and Medicine. Vico and Natural Investigators in Naples)", *Shisō*, No. 752 (February 1987), pp. 59-86.

(60) Cf. Giambattista Vico, *Cinque libri de'principj d'una scienza nuova d'intorno alla comune natura delle nazioni* (Napoli, Felice Mosca, 1730), p. 319.

(61) Giambattista Vico, *Principj di una scienza nuova intorno alla natura delle nazioni per la quale si ritruovano i principj di altro sistema del diritto naturale delle genti* (Napoli, Felice Mosca, 1725), p. 17: «siccome delle cose fisiche, o sia de'moti de'corpi non si può avere certa Scienza, senza la guida delle verità astratte dalla Mattematica; cosi delle cose morali non si può averla, senza la scorta delle verità astratte dalla Metafisica, e quindi senza la dimostrazione di Dio».

(62) Ibid., p. 125: «Platonici assegnano alle Ragioni quel eterna proprietà d'essere indivisibili, la quale proprietà affatto non puo esser de'corpi: perchè la prima

proprietà de'corpi, onde risulta l'estensione, è essa divisibilità delle parti».

(63) Giambattista Vico, *Principj di Scienza nuova d'intorno alla comune natura delle nazioni* (Napoli, Muziana, 1744), p. 189: «Questa Generazione delle Lingue è conforme a'Principj così dell'Universale Natura, per gli quali gli elementi delle cose tutte sono indivisibili, de'quali esse cose si compongono, e ne'quali vanno a risolversi».

(64) Cf. Paolo Rossi, "Dimenticare Zenone? Conati e punti nella Scienza nuova," in: Id., *Le sterminate antichità* cit., p. 161.